Les fondements du droit administratif camerounais

Sous la direction de
Magloire ONDOA et Patrick E. ABANE ENGOLO

Les fondements du droit administratif camerounais

Actes du colloque
organisé à l'université de Yaoundé-II
les 3 et 4 novembre 2015

CERCAF

L'Harmattan

5-7, rue de l'Ecole-Polytechnique, 75005 Paris

http://www.harmattan.fr
diffusion.harmattan@wanadoo.fr
harmattan1@wanadoo.fr

ISBN : 978-2-343-10822-3
EAN : 9782343108223

COMITÉ SCIENTIFIQUE

Pr ABANE ENGOLO Patrick Edgard, Université de Yaoundé II ; *Pr ATEMENGUE Jean de Noël,* Université de Ngaoundéré, *Pr BIAKAN Jacques,* Université de Yaoundé II ; *Pr BIPOUN WOUM Joseph-Marie,* Université de Yaoundé II ; *Pr DONFACK SOKENG Léopold,* Université de Dschang ; *Pr GUIMDO DONGMO Bernard-Raymond,* Université de Yaoundé II ; *Pr KOFFI AHADZI Nonou, Université de Lomé ; Pr HOURQUEBIE Fabrice,* Université Montesquieux Bordeaux IV *; Pr MAMBO Paterne,* Université Houphouet Boigny ; *Pr MARKUS Jean Paul,* Université Versailles-Saint-Quentin ; *Pr MBALLA OWONA Robert,* Université de Yaoundé II ; *Pr NAREY Oumarou,* Université Abdou Moumouni/Niamey ; *Pr NGANDO Blaise Alfred,* Université de Yaoundé II ; *Pr NGUELE ABADA Marcelin,* Université de Yaoundé II ; *Pr OLINGA Alain Didier,* Université de Yaoundé II ; *Pr ONDOA Magloire,* Université de Yaoundé II ; *Pr ONDOUA Alain,* Université de Yaoundé II ; *Pr OWONA Joseph,* Université de Yaoundé II ; *Pr PEKASSA NDAM Gérard Martin,* Université de Yaoundé II ; *Pr TCHEUWA Jean-Claude,* Université de Yaoundé II.

SECRÉTARIAT TECHNIQUE

- Dr Christophe BETI ETOA, Chargé de cours, Université de Yaoundé II
- Dr Raphaël ATEBA EYONG, Assistant, Université de Maroua
- Dr Sylvie NGUECHE, Monitrice, Université de Yaoundé II
- Yannick KOUAM, Assistant, Université de Yaoundé II
- Emmanuel BEYEGUE BOULOUMEGUE, Ater, Université de Yaoundé II
- Lazare II AMYE ELOUMA, Doctorant, Université de Yaoundé II
- Nathalie TAKA EBONG, Doctorante, Université de Yaoundé II
- Francine BOUMENI, Doctorante, Université de Yaoundé II
- Salomon NDJE TOLET MBAINANG, Doctorant, Université de Yaoundé II
- Carole Cécile BILOA, Doctorante, Université de Yaoundé II
- Antoinnette Y. EYENGA NKOA, Doctorante, Université de Yaoundé II
- Serge Yves NZALI, Doctorant, Université de Yaoundé II
- Francis Olivier ESSIMI, Doctorant, Université de Yaoundé II
- Jean Marie Noël NDZINA NOAH, Doctorant, Université de Yaoundé II
- Francis EDO'O ASSENE, Doctorant, Université de Yaoundé II

SOMMAIRE

PRÉFACE

Avec la fin de la Première Guerre mondiale, la défaite de l'Allemagne devait avoir des conséquences profondes sur les territoires africains qui relevaient jusqu'alors de cet État. Le Kamerun allemand devait échoir simultanément à la France et à la Grande-Bretagne, dans le cadre du mandat confié par la Société des nations.

La partie du Cameroun sous mandat français et dans le cadre d'une politique dite assimilationniste s'est vue « administrer » un régime institutionnel conçu en France. Dès 1921, le droit administratif, par le truchement du Conseil du contentieux administratif, est alors formellement intégré dans l'ordre juridique camerounais. À partir de ce moment et au regard de l'impérialisme institutionnel français, une certaine doctrine affirme que l'assimilationnisme dont il est question prononce l'identité du droit administratif dans les États d'Afrique noire d'expression française au droit administratif français.

Sans avoir à refaire le débat, cet ouvrage intitulé *Les fondements du droit administratif camerounais* prend position pour l'autonomie du droit administratif camerounais en particulier et du droit administratif des États d'Afrique noire d'expression française en général. En effet, dès l'origine, le procédé d'injection du droit français dans ces colonies, au Togo et au Cameroun, était l'application sélective, ce qui fait qu'à la base, le droit en vigueur au Cameroun n'était ni intégralement ni textuellement celui en vigueur en France.

En synthèse, dans divers aspects du droit administratif camerounais les différentes contributions se prononcent quasi identiquement, non pas sur l'identité avec le droit administratif français, mais plutôt sur l'autonomie de ce droit camerounais à partir du seul aspect de ses fondements.

Il faut dire qu'un droit est étatisé toujours à partir de ses fondements. L'étatisation de ce droit procède donc de la reconnaissance de ses orientations et des connaissances de ses sources, additionnées aux spécificités essentielles du dispositif positif.

L'approche *lato sensu* du fondement amène à y voir l'origine, la philosophie, les réponses qu'un droit compte donner aux problèmes d'une société, et surtout les sources du droit dans leur processus d'élaboration et leurs contenus. Aussi la complexité des fondements face à la diversité des nécessités ne peut-elle que logiquement donner lieu à une différence entre les droits nationaux. À partir de ce postulat, tout droit est toujours stato-centré, quoiqu'il n'y ait pas de cloisonnement parce que les ordres juridiques sont en permanence en contact les uns avec les autres dans un flux constant d'enrichissements, de répliques et aussi de replis identitaires.

Le droit administratif camerounais a ses fondements propres. En fait, il s'agit d'un droit qui exprime un état de société et en même temps qui résulte d'une volonté politique. Ces deux facteurs ne peuvent pas conduire à un mimétisme juridique entre le droit administratif camerounais et celui français. Avec l'autonomie interne d'abord, et l'indépendance ensuite, l'Etat du Cameroun s'est politiquement orienté vers l'unification de l'État et son développement. Ce dernier aspect a produit des institutions qui ne pouvaient être pareilles à celles des États qui avaient eu leurs révolutions deux siècles auparavant, et où la contradiction et la promotion des droits avaient déjà fait leurs nids.

Dès l'indépendance, la fonction instrumentale du droit et la perspective selon laquelle les organes de création et d'application du droit agissaient selon une idéologie impérative de protection de l'État ont façonné notre droit administratif. L'évolution n'a pas fondamentalement changé cette orientation qui est celle d'un droit administratif camerounais constitué à l'aune d'une puissance publique privilégiée. L'état de société confortait également cette position, car la faiblesse de la culture juridique et *la méconnaissance de ce qu'est un droit,* ont laissé aux autorités publiques la latitude d'administrer de manière autoritaire, les usagers étant des spectateurs privilégiés d'un droit administratif de l'administration, par l'administration et pour l'administration.

La notion d'ordre juridique suggère aussi une scission entre droits étatiques, car l'ordre juridique est le droit d'un État ; par voie de conséquence, l'ordre juridique est une unité des règles juridiques d'un territoire souverain, parce que seules les normes produites ou acceptées par les organes de création du droit de l'État régissent les rapports entre ses sujets. De ce fait, les sources du droit administratif camerounais se distinguent de celles françaises. C'est dans ce sens que le droit administratif camerounais a ses sources propres et qu'à leur étude, il apparaît même une orientation différente de celle française.

En effet en France, le droit administratif fondamentalement jurisprudentiel à l'origine et donc laissé à l'appréciation du juge, subit l'emprise des textes normatifs. Le droit administratif camerounais, par contre, ne s'illustre pas trop par une jurisprudence abondante. Le sort de ce droit est largement laissé à la merci de la majorité par les lois, et des autorités administratives par les règlements. Ce droit est donc fortement textuel. Or, il est difficile que l'auteur d'une norme se desserve lui-même. Cela a pour conséquence, la formulation d'un droit administratif conservateur de l'intérêt de la puissance publique qui est la principale *force créatrice de ce droit.*

Le contenu du droit administratif camerounais qui est exposé dans les différentes contributions atteste d'une dualité entre la libéralisation recherchée, et des prescriptions attentatoires à cette quête. C'est ainsi que la décentralisation camerounaise accorde une autonomie très encadrée aux collectivités publiques décentralisées. La justice administrative est d'accès difficile pour le justiciable, parce que les juridictions ne sont situées que dans les chefs-lieux de région, et que le formalisme dans la saisine de ce juge est un critère d'affaiblissement du volume du contentieux. La police administrative et le droit de domanialité publique sont également sous un régime de consolidation du pouvoir administratif, faisant que ce droit était et demeure protecteur pour l'administration.

L'idéologie de la construction nationale, fer de lance des droits africains dès l'accession de ces États à l'indépendance est aujourd'hui atténuée, mais le droit administratif tel que constaté au Cameroun ne s'est pas radicalement transformé, car il se caractérise encore par des prescriptions et des réflexes conservateurs. De même et au-delà du fondement théorique et idéologique, celui positif établi par des sources du droit propre, et des règles de conduite uniquement applicables aux administrés installés dans le territoire camerounais, autorise à parler d'un droit administratif camerounais.

Professeur ONDOA Magloire et Professeur ABANE ENGOLO Patrick E.

Professeur titulaire
Agrégé de droit et de science politique
Doyen de la Faculté des
Sciences Juridiques et politiques
de l'Université de Yaoundé II

Maître de conférences
Agrégé de droit public
Directeur du Centre d'Études et de Recherches
Constitutionnelles Administratives et Financières
(CERCAF)

EXISTE-T-IL UN DROIT ADMINISTRATIF CAMEROUNAIS ?

Patrick Edgard ABANE ENGOLO[1]

Existe-t-il un droit administratif camerounais ? Cette question d'entame en cache une autre qui est : le Cameroun est-il un État ? À la vérité, c'est de cette seconde question que découle la réponse à la première interrogation. Tout compte fait, une réponse positive à la deuxième question voudrait dire que le Cameroun a peut-être son propre droit. La conséquence directe serait l'irrémédiable existence d'un droit camerounais, et partant, un droit administratif camerounais.

En effet, le Cameroun accède à la souveraineté internationale le 1er janvier 1960. En cette date, le Cameroun devient donc sur le plan international, un État. Il va se détacher de ses anciennes puissances qui l'occupaient. La France en premier, et par la suite la Grande-Bretagne. Il va ainsi acquérir tous les attributs de l'État. Entre autres, il aura un territoire. Il faut dire que le territoire permet d'identifier le périmètre de compétence de l'État. L'État aura dans cet espace le pouvoir des pouvoirs. S'il y a territoire, il devrait y avoir ordre juridique. En identifiant les ordres juridiques, Hans Kelsen les rattache à l'État et donc à son territoire[2]. Cela signifie qu'il n'y a ordre juridique que dans l'État[3]. Si telle est l'identification faite, cela induirait qu'il y a autant d'ordres juridiques que d'États.

On pourrait prendre la thèse existentialiste[4] inappropriée, parce que l'existentialisme s'attache à l'être humain, à un être biologique ; et indique que l'existence de l'être humain fait en sorte que ce dernier soit le maître de ses propres actions. Une extension de cette perception de l'existentialisme permet de dire que, du moment que l'État existe, il est maître de sa destinée et donc, l'État devrait logiquement être maître de son droit. L'État ne serait donc pas, en rapport avec la thèse existentialiste, déterminé de l'extérieur.

---

[1]*Agrégé des Facultés de droit ; Enseignant à l'Université de Yaoundé II-Cameroun ; Directeur du Centre d'Études et de Recherches Constitutionnelles, Administratives et Financières.*

[2]KELSEN (H.), *Théorie pure du droit*, Dalloz, Paris, 1962, p. 378.

[3] *Ibid.*

[4] *Ibid.*, p. 339.

L'État a donc son propre droit. Ce droit propre à l'État est notamment civil, pénal, ou administratif en ce qui concerne cette étude.

Il existe une pléthore de définitions du droit administratif. En fait, selon certains auteurs, le droit administratif est une notion polysémique[5]. Jacques PETIT et Laurent FRIER soutiennent l'idée d'un droit administratif comme droit de l'organisation de l'administration et de ses relations avec les autres sujets du droit[6]. On constate qu'il y a deux dimensions dans l'appréhension du droit administratif à partir d'une définition davantage énumérative qui prend en compte l'administration en action.

L'administration en action parce que dans le cadre de l'identification du droit administratif comme droit de l'administration, le sujet central des règles consacrées qui permet la définition du droit administratif est l'administration. Il n'y a d'administration qu'à partir de son droit, et il n'y a pas de droit administratif sans administration. L'un est consubstantiel à l'autre.

De même, en traitant de son organisation, il y a une perspective d'identification, de regard sur le fonctionnement des institutions administratives. Enfin, puisque les institutions fonctionnent, elles sont en relation avec d'autres sujets de droit. D'où le prisme du droit administratif comme droit de l'organisation et des relations de l'administration. Toutefois, cette approche ne peut être prise de manière rigide. Parfois en droit administratif on a des actes de l'administration qui sont pris par des sujets qui sont des personnes privées[7]. Néanmoins, deux actes pris par deux personnes privées peuvent bénéficier d'une reconnaissance d'administrativité. C'est le cas notamment du fonctionnaire de fait[8]. En effet, à partir de cette théorie fictive du fonctionnaire de fait, on va considérer l'acte posé comme administratif. Pour autant, ces définitions ne remplissent pas la totale satisfaction. Une définition plus rigoureuse du droit administratif semble nécessaire.

À l'évidence, le droit administratif devrait être considéré comme l'ensemble des règles qui organisent l'administration, régissent son fonctionnement et encadrent ses relations avec les différents sujets de droit. Il faut également dire que l'administration, sujet principal du droit administratif, peut être perçue comme une organisation, mais également comme exerçant une fonction. Justement, dans le cadre de l'exercice de ses fonctions, on pourra déterminer le domaine du pouvoir

---

[5] PETTIT (J.), FRIER (L.), *Droit administratif*, Montchrestien, 7ème édition, 2012, p.11.

[6] *Ibid.*

[7] DE LAUDADERE (A.), VENEZIA (J-C.), GAUDEMET (Y.), *Traité de droit administratif*, T1, 15ème édition, LGDJ, 1999, p.616 et s.

[8] CCA, Arrêt n° 224 du 27 mars 1953, Dame CIVRA contre Administration du Territoire.

administratif. Il s'agit d'un pouvoir qui se distingue de ceux législatif et juridictionnel[9] pour se fondre dans le pouvoir exécutif.

Le pouvoir administratif est donc incrusté dans le pouvoir exécutif. Il y est identifié à la fonction de gouvernement qui aurait davantage une vocation politique et correspondrait à des actes *juridictionnellement* immunisés.

Au regard du sujet de cette étude, nous pourrions nous poser la question de l'opportunité de rechercher l'existence d'un droit administratif camerounais. Pourrait-il venir à l'imagination qu'un enseignant de droit administratif en France, ou qu'un publiciste français se pose la question sur l'existence d'un droit administratif français ? En fait, cette interrogation n'effleure même pas la pensée des publicistes de l'hexagone. Cela va en fait de soi, car l'existence du droit administratif français ne pose pas de problème puisque le droit administratif est français.

Dire que le doit administratif est français permet d'observer que dans son origine, c'est en France que le droit administratif naît. Ce droit naît en France et s'impose comme tel progressivement. Le droit administratif est *créé* face à la fronde des parlements. L'arrêt mythique Blanco du Tribunal des Conflits de 1873 pose les fonts baptismaux du droit administratif, en disant que c'est un droit spécial qui déroge aux règles du droit civil. On ne peut pas appliquer à l'administration les règles qui s'appliquent pour la responsabilité civile[10]. Et encore à la différence de la responsabilité civile, qui serait générale, la responsabilité administrative n'est pas absolue ; elle est exceptionnelle. À partir de là, le droit administratif a son identité. Ainsi, le droit administratif est né en France, il est façonné par la jurisprudence et la doctrine françaises ; c'est donc le patrimoine de la France.

Le droit administratif se caractérise dès sa conception par ses critères théoriques et son caractère jurisprudentiel. Relativement aux critères théoriques, deux tendances y ont eu grand succès : le critère du service public[11], et le critère de la puissance publique[12].

Aussi apparaît-il que le droit administratif est français. Ceci fait que le publiciste français ne devrait donc pas se poser la question de savoir s'il existe un droit administratif français. C'est justement à partir de la présence française en Afrique que le droit administratif intègre nos ordres juridiques.

---

[9]KELSEN (H.), *Théorie pure du droit, op.cit.*, p.181.

[10] V. les articles 1382 et s. du Code civil.

[11]HAURIOU (M.),*Précis de droit administratif et de droit public,* préface 11ème éd., Dalloz, Paris, 2002.

[12]*Ibid.*

La marque fondatrice de cette réception au Cameroun est le décret de 1920 qui constitue le Conseil du contentieux administratif, dans une quête de spécialisation du contentieux de l'administration. Ce contentieux devait donc être distingué de celui judiciaire. À partir de cette réception s'est posée la question du suivisme ou mimétisme de la situation normative et institutionnelle en France. Le postulat de certains juristes africains étant alors que finalement, le droit administratif en Afrique et notamment au Cameroun ne serait en réalité que le droit administratif de la France qui a été copié et que l'on est simplement venu coller au Cameroun. En plus, si l'on regarde de près la dénomination du Conseil du contentieux administratif, on constate qu'elle se rapproche de la dénomination en usage en France. En hexagone, le Conseil d'État était initialement un conseil du roi. Ce conseil avait et détient encore un pouvoir d'avis. On a donc reçu au Cameroun un conseil et pas une cour ou un tribunal[13]. Ce seraient alors des marques de mimétisme.

Mais alors, si ce postulat est posé, nous devons le questionner à l'aune même de notre entame où l'on demandait si le Cameroun est un État et que chaque État a par principe son ordre juridique, ce qui signifie donc que chaque État devrait avoir ses propres règles. Aussi, la question finale que l'on doit se poser est la suivante : le droit administratif en vigueur au Cameroun est-il propre à cet État ?

Cette question mérite d'être posée d'autant plus qu'il y a une doctrine convertie par l'inexistence. Celle-ci a été défendue par certains auteurs africains qui avancent l'idée du« mimétisme »[14]. D'aucuns ont affirmé que « *le juge est non enclin à l'originalité* »[15] parce qu'il mime le droit consacré en France. Le juge administratif africain serait donc un « copieur » qui reproduirait simplement les positions du juge français.

En réalité, le juge administratif africain ne statue pas exactement comme celui français, car il n'a ni la même philosophie ni la même culture que le second. Toutefois, les enseignants de cette discipline qui sont africains en général et camerounais en particulier, diffusent inconsciemment dans leurs cours de droit administratif l'idéologie défendue en France par la doctrine française comme

---

[13] Décret du 14 avril 1920 portant création d'un Conseil d'Administration et d'un Conseil du contentieux administratif dans le territoire du Cameroun.

[14] SCHAEFFER (E.), "*Aliénation- Réception- Authenticité. Rélexion sur le droit du développement*", Penant 1974, pp.311-332, cité par ONDOA (M.), *Le droit de la responsabilité publique dans les États en développement : Contribution à l'étude de l'originalité des droits Africains postcoloniaux,* L'Harmattan, 2010, p. 80.

[15] DEGNI SEGUI (R.), *Droit administratif général, CRES*, Abidjan, 1990, pp.25-29, cité par ONDOA (M.), « *Le droit administratif français en Afrique francophone : Contribution à l'étude de la réception des droits étrangers en droit interne* », in RJPIC, 2002, p.28.

applicable *in extenso* dans nos espaces. Tous les grands auteurs de la doctrine administrativiste française deviennent alors un patrimoine commun[16].

Pour autant, et au-delà de ces travers psychologiques du juge et du métadiscours, il ne peut qu'être affirmé que le droit administratif camerounais existe.

Pour s'en convaincre, nous avons voulu analyser le droit suisse qui connaît le système de droit administratif. Dans ce droit, et à la différence de la France, la coutume est source du droit administratif. De même, la codification y est forte. Dans ce droit, on ignore quasiment les grands auteurs du droit administratif français. De plus, on n'y évoque pas véritablement les critères théoriques retenus en France et pourtant, la Suisse a bien un droit administratif avec un ordre administratif pour parler de la juridiction spécialisée en matière de contentieux administratif.

Au regard de ces éléments, si les Suisses ont leur propre droit administratif, pourquoi pas les Camerounais ? En fait, pour identifier l'existence d'un droit propre, il faudrait rechercher des règles attachées exclusivement à l'ordre juridique camerounais. Aussi :

- Est-ce que les régimes applicables se distinguent ?
- Avons-nous les mêmes sources que la France ?
- Avons-nous les mêmes fondements ?

À l'examen de toutes ces bases d'analyse, nous devons dire que les règles, les régimes et les sources se distinguent. Mais seulement, il y a une telle divergence qu'il est difficile de conceptualiser tout cela. Il faut peut-être se référer à l'origine et à l'orientation qui sont les fondements de la différence.

Nous pensons donc que l'assise même du droit administratif camerounais provient de ses fondements. C'est à partir de ces fondements qu'on pourrait plus que toute autre démonstration qui serait tout à fait utile, mais qui pourrait être débattue, identifier l'existence d'un droit administratif camerounais. De ce point de vue, il faudra prendre le fondement comme la racine d'un système, la racine de l'ensemble normatif droit administratif. En fait, il peut être avancé que le fondement du droit administratif camerounais c'est l'intérêt supérieur de l'État. Cela peut être démontré à deux niveaux : d'abord l'existence fondée sur l'intérêt supérieur de l'État **(I)**, et ensuite, l'existence déclinée dans l'intérêt supérieur de l'État **(II)**.

[16] BIPOUN WOUM (J-M.), « *Recherche sur les aspects actuels de la réception du droit administratif dans les États d'Afrique noire d'expression française : Le cas du Cameroun* », RJPIC, 1972, n° 3, pp.359-388.

I- L'existence fondée sur l'intérêt supérieur de l'État

Au Cameroun, dans tous les discours officiels, on évoque l'intérêt supérieur de l'État. Mais quelle est sa signification ? Cette notion révèle la formulation et l'acceptation dans notre conscience collective de la domination de l'État sur toute chose. Elle signifie en fait que, vaille que vaille, l'administration est au-dessus, elle doit rester debout. Aussi les institutions doivent-elles être protégées, même si la conséquence était préjudiciable aux intérêts des administrés. En fait, l'intérêt supérieur de l'État peut être appréhendé à partir même des critères théoriques du droit administratif. Ces critères existent au Cameroun, mais ont été déformés. Cette déformation vise à véhiculer cet intérêt supérieur de l'État. Il faut dire que cette orientation de notre droit administratif est incarnée d'abord par un critère du service public dénaturé (A), et ensuite par un critère de la puissance publique renforcée (B).

A- Un critère du service public dénaturé

La notion de service public est attachée aux écrits du doyen Duguit. Par ailleurs, l'idée de service public émise par l'auteur a été renforcée par d'autres grands auteurs de la doctrine française. Dès lors, le droit administratif se définirait au travers des buts poursuivis. Si tel est le cas en France, il faut dire que le constat est tout autre au Cameroun, ce qui concourt à la dénaturation de l'idée de service public. Cette dénaturation du service public est due au fait que l'intérêt général est conditionné par l'intérêt de l'État.

1- La notion de service public

C'est au doyen Duguit que l'on doit la notion de service public qui, plus qu'une notion, est une école de pensée : l'école du service public. D'ailleurs, c'est de cette école que naissent les fameuses lois du service public ou de Rolland. Le service public postule la solidarité sociale[17]. Tout est solidarité à partir du droit administratif, comme pour dire que le droit administratif contient des règles qui permettent de voir que l'administration est solidaire du sort des administrés. Ainsi, la mission de l'administration est de pourvoir aux besoins des populations. D'après Duguit, « *le service public, c'est toute activité dont l'accomplissement doit être assuré, réglé et contrôlé par les gouvernants, parce que cette activité est de telle nature qu'elle ne peut être réalisée complètement que par l'intervention de la force gouvernante* »[18].

D'après l'auteur, et au même titre que ses disciples, le service public poursuit la réalisation de l'intérêt général qui est peut-être appréhendé comme la satisfaction des besoins ou de l'intérêt du plus grand nombre. L'intérêt général est alors l'intérêt

---

[17] HAURIOU (M.), *Précis de droit administratif et de droit public*, préface, *op.cit.*, 2002.

[18] V. en ce sens, JÈZE (G.), *Droit constitutionnel*, 2ème éd, II, 1923, p. 54.

collectif, l'intérêt commun. La matérialisation de l'intérêt général est visible par les interventions de l'État dans son domaine régalien[19]. Ces interventions de l'État vont être réorientées par la suite au travers du déploiement de l'« *État providence* » qui est l'intervention de l'État dans des domaines non régaliens comme celui productif. La présence de l'État dans le secteur productif est alors justifiée, car il n'est plus question seulement que l'administration fasse les règles du jeu, mais qu'elle soit aussi actrice. On pourrait citer en France l'arrêt Société commerciale de l'ouest africain[20], dit encore l'Affaire du Bac d'Eloka, dont le principal considérant mérite d'être rapporté :

« *Sur la compétence :*

(...) Considérant, d'une part, que le bac d'Eloka ne constitue pas un ouvrage public ; d'autre part, qu'en effectuant moyennant rémunération, les opérations de passage des piétons et des voitures d'une rive à l'autre de la lagune, la colonie de la Côte d'Ivoire exploite un service de transport dans les mêmes conditions qu'un industriel ordinaire ;

Que par suite, en l'absence d'un texte spécial attribuant compétence à la juridiction administrative, il n'appartient qu'à l'autorité judiciaire de connaître des conséquences dommageables de l'accident invoqué (...), que celui-ci ait eu pour cause (...) ; une faute commise dans l'exploitation ou un mauvais entretien du bac (...), c'est à bon droit qu'il a retenu la connaissance du litige ».

En conclusion, l'école du service public retient l'intérêt général comme le but même de l'administration et, partant, de l'État. Loin de croire que la même conception du service public a été reçue au Cameroun, la réalité s'avère être tout autre. En effet, l'intérêt général dont il s'agit y est conditionné par celui de l'État.

2- L'intérêt général conditionné par celui de l'État

Que devrait on entendre par intérêt général conditionné par l'intérêt de l'État ? En réalité, il faut entendre par l'intérêt de l'État celui de l'administration.

Après les indépendances, les administrations et partant, les États africains « postcoloniaux » étaient plus préoccupés par le souci de développement que par la garantie des droits et libertés des citoyens. Dans cette logique, l'administration camerounaise n'est pas restée en retrait, d'autant plus qu'elle était animée par le souci de rapporter la preuve qu'elle était capable de s'autogérer. C'est d'ailleurs la raison pour laquelle le système mis en place était celui d'une administration forte. La conséquence directe en a été l'instauration d'un droit administratif dans lequel la raison d'État est au-dessus de toute autre finalité comme l'intérêt général.

[19] V. en ce sens, l'intervention de l'État dans le secteur de la paix, sécurité, la diplomatie, etc.

[20] T.C., 22 janvier 1921, Sté commerciale de l'Ouest Africain.

La raison d'État est incarnée dans la personne du chef de l'État. La Constitution camerounaise dans son article 5 dispose que « (le Président de la République) *élu de la nation tout entière, il incarne l'unité nationale ; il définit la politique de la nation…* »[21]. De la lecture de cet article, il ressort très précisément que le chef de l'État est la personne qui définit et oriente les objectifs de l'administration. Ces objectifs censés concourir à la satisfaction des besoins des administrés le sont-ils réellement ? Le droit administratif tel qu'appliqué au Cameroun ne le laisse pas directement entrevoir.

Les objectifs tels que définis par le chef de l'État sont mis en œuvre par ses collaborateurs dont la plupart tiennent leurs fonctions de lui[22]. La conséquence directe en est que les agents de l'État sont peu enclins à l'innovation ; il faut éviter de compromettre le supérieur hiérarchique au risque de perdre son poste. Les agents sont astreints au respect scrupuleux des consignes données par leur chef. Dès lors, la fragilisation des droits et libertés des agents de l'État est des plus visibles.

La prégnance du contrôle exercé par l'administration centrale sur les autres personnes morales de droit public fragilise leur liberté. À titre d'exemple, la loi n° 2004/017 portant orientation de la décentralisation au Cameroun institue un contrôle double : *a priori* et *a posteriori*[23]. *A priori*, la tutelle de l'État sur les collectivités territoriales décentralisées consiste à approuver certains actes pris par celles-ci. *A posteriori*, la tutelle exercée permet, au moyen de la saisine du juge administratif, d'obtenir l'annulation des actes des collectivités locales. La justification d'un tel contrôle poussé se situe sans l'ombre d'un doute dans la nécessité de préserver l'unité nationale, mais aussi, et surtout, de faire prévaloir l'intérêt de l'État.

B- Un critère de la puissance publique renforcé

La puissance publique est rattachée aux travaux du doyen Maurice Hauriou qui indique que le droit administratif et partant, l'administration, se reconnaît à travers les prérogatives de puissance publique qui sont reconnues et exercées[24]. À ce stade, l'on peut retenir que la puissance publique est renforcée sur des bases idéologiques d'une part, et d'autre part, qu'elle s'exprime à travers de nombreux privilèges de l'administration.

---

[21] Article 5 alinéa 2 de la Constitution du 18 janvier 1996.

[22] L'article 10 de la Constitution dispose que « *le président de la République nomme le premier ministre et, sur proposition de celui-ci, les autres membres du gouvernement. Il fixe leurs attributions ; il met fin à leurs fonctions ; il préside les conseils ministériels* ».

[23] On lira utilement MVA EBEME (E-S.), *Les rapports entre l'État et les communes au Cameroun depuis les lois du 22 juillet 2004*, mémoire DEA, UYII-Soa, 2008, 87p.

[24] HAURIOU (M.), *Précis de droit administratif et de droit public*, *op.cit.*, p. Préface de la 11^{ème}éd.

1- Les bases idéologiques du renforcement

L'idée du renforcement provient de la thèse « *développementaliste* »[25], qui a été développée par plusieurs auteurs africains et qui a été prolongée par la théorie de « *l'originalité* »[26]. En s'intéressant par exemple aux écrits de KEBA MBAYE[27] ou encore du doyen Maurice KAMTO, la thèse « *développementaliste* » permet de se rendre compte que la perspective initiale et originelle, à partir des indépendances, a été de construire les États, parfois au détriment des droits. Cela signifie qu'on a contextualisé notre droit administratif.

Ce contexte se distingue de celui français et fera que forcément, le droit qui sera généré, et le droit qui sera appliqué devraient être pour le moins dans ses détails, distinct de celui formulé et appliqué en France. Le droit est alors perçu comme un « *levier du développement* »[28]. C'est « *un droit qui pousse et qui tire* »[29]. C'est donc davantage l'idée du droit administratif utilitaire qui est mis en avant au détriment des droits et libertés des gouvernés.

Telles sont les postures qui permettent de dire que les États africains n'avaient pas la même logique que celle des États occidentaux. Les États africains n'ont pas fondamentalement changé parce que nous avons été longtemps sous ajustement structurel et que nous ne sommes pas sortis de ce long cycle où l'on parle toujours de développement.

Le développement humain est un élément du développement parmi tant d'autres ; d'où le besoin de développer les droits. Cependant, et avec le développementalisme, les droits ne sont reconnus dans ces espaces et mis en œuvre qu'à la condition que ces droits conviennent à l'État. Ce qui signifie que du point de vue du renforcement, il y a effectivement une intensification des privilèges de l'État.

Le renforcement du critère de la puissance publique trouve indirectement ses racines dans l'idéologie de la « *construction nationale* ». À titre d'appréhension, « *L'idéologie de la construction nationale est une idéologie de mobilisation des énergies physiques, de captation de l'imagination et des pulsions effectives des populations. Elle vise*

---

[25] KAMTO (M.), *Pouvoir et Droit en Afrique. Essai sur les fondements du constitutionnalisme dans les États d'Afrique noire francophone*, Paris, LGDJ, 1987, p. 491.

[26] BERNARD (M.),*Existe-il un droit administratif ivoirien* ? R.I.D, n° 4, 1970, p.13 ; ONDOA (M.),*Le droit de la responsabilité publique dans les États en développement : Contribution à l'étude de l'originalité des droits Africains postcoloniaux, op.cit.*, p.25.

[27] KEBA MBAYE, « *Le développement et les droits de l'Homme* », R.S.D n° 22, spécial, 1978, p. 32.

[28] RAINAUD (J-M.),"*Réflexion sur le droit administratif du développement*", in CONAC (G.), (sous la dir. de), *Les grands services publics dans les États francophones d'Afrique noire*, Economica, coll. La vie du droit en Afrique, 1984, pp.53-75.

[29] *Ibid.*, p. 55.

à mobiliser (l'action de) celles-ci sur des thèmes ayant une portée globalisante, totalisante ; à façonner une conscience collective nouvelle marquée par le désir de vivre en commun et la volonté de combler son aspiration au bien-être matériel »[30]. Ce postulat est renforcé par le fait que, « *pour bien la saisir, la notion de construction nationale doit être définie par rapport à ses objectifs. Elle apparait alors comme la mobilisation de l'ensemble du potentiel (humain et économique) national en vue de la réalisation, d'une part, de l'unité nationale, d'autre part, du développement national (...) »*[31].

Dans sa compréhension de la notion de construction nationale, le doyen Magloire ONDOA y voit une sorte d'« *autoritarisme »*[32]. Il reconnaît par la même occasion que cette notion de construction nationale « *légitime l'autoritarisme »*[33]. Dès lors, l'auteur semble véhiculer cette idée-force comme mode d'action des Africains. En effet, ne dit-on pas que l'Africain ne peut rien faire si le bâton n'est pas à ses trousses.

Le renforcement de la puissance publique peut aussi se trouver dans ce que l'on a voulu qualifier d'essentialiste. L'essentialisme est à percevoir comme cette posture de l'Africain et, partant, du Camerounais qui se contente du strict minimum. Il ne revendique pas ses droits. Dès qu'on lui en donne un peu, il n'en demande pas plus. Dès que l'on préjudicie à son intérêt, s'il trouve que l'atteinte n'est pas grave, il laisse passer. Il préfère laisser à Dieu le soin de rendre justice.

Cela signifie que l'essentialisme qui est ici une sorte de néologisme postule effectivement que les Camerounais et les Africains se contentent de ce qu'ils ont, ils ne vont pas revendiquer ce que les autres estiment qu'ils devraient avoir ; et la puissance publique en profite parce que s'il y a du terrain à occuper, la puissance publique va l'occuper. Les Camerounais pratiquent ainsi l'idéologie de la résignation, laissant de ce fait tous les pouvoirs à l'administration de décider en leurs lieu et place. On devrait à l'aune de ce qui précède, indiquer que cette prépondérance de l'administration est représentée par les privilèges.

2- La prépondérance des privilèges de l'administration

Cette prépondérance des privilèges est visible durant les circonstances exceptionnelles tout comme en période normale ; les circonstances exceptionnelles

---

[30] KAMTO (M.), *Pouvoir et Droit en Afrique. Essai sur les fondements du constitutionnalisme dans les États d'Afrique noire francophone*, *op.cit.*, p. 325.

[31] *Ibid.*, p.329.

[32] ONDOA (M.), *Le droit de la responsabilité publique dans les États en développement : Contribution à l'étude de l'originalité des droits Africains postcoloniaux*, *op.cit.*, p. 80.

[33] *Ibid.*

relevant du pouvoir discrétionnaire de celui qui est chargé de décréter[34]. Cela veut dire qu'il va déterminer s'il y a ou non circonstances exceptionnelles, c'est-à-dire s'il y a nécessité de les décréter. En période normale, la liberté d'aller et de venir, ainsi que la liberté de manifestation, pourtant consacrées, ne sont pas pleinement exercées.

En outre, on pourrait prendre le cas du droit administratif camerounais qui est davantage textuel. C'est un droit textuel, il n'existe peut-être pas un code, aussi certains auteurs se sont-ils essayés à ressusciter le caractère jurisprudentiel de ce droit[35]. Que non, on ne peut pas dire que le droit administratif camerounais n'est jurisprudentiel qu'à partir du nombre de décisions de justice ; c'est davantage à la qualité des décisions rendues qu'il faudrait se référer. Si un juge est rarement saisi, ou quand il est saisi, il prononce en général l'irrecevabilité de la requête à lui soumise par le justiciable ; il rentre difficilement au fond de l'affaire et, quand bien même il s'y aventure, il rend le plus souvent des décisions malheureuses.

Pourrait-on dans ce cas véritablement parler d'un droit administratif jurisprudentiel simplement à la quantité des décisions rendues ? Ne faudrait-il pas que la caractéristique jurisprudentielle vienne de la qualité des décisions qui augure et détermine les règles de conduite de l'administration ? Ceci n'est malheureusement pas le cas. D'ailleurs, les compétences du juge administratif sont déterminées par la loi au Cameroun. Pourtant, le juge administratif est quand même un acteur central dans la création du droit administratif.

Un juge qui voit sa compétence largement déterminée par les textes est un juge muselé. Le fait en est que le texte qui détermine cette compétence est en général une loi, mais la loi est l'œuvre de la majorité.

Cela signifie, dans un contexte où nous avons davantage des projets de lois et non des propositions de lois, que c'est l'exécutif qui dépose les textes au niveau du Parlement ; qui défend les textes en commission tout en ayant à l'heure actuelle la majorité parlementaire et donc indirectement, c'est l'administration qui fait son propre droit.

Le juge a vocation à être plus neutre, plus partial. Si le droit administratif s'est véritablement développé en France, c'est grâce à ce juge. Cela amène donc à conclure à ce niveau que le droit du fait de l'abondance des textes, limite le juge et par conséquent renforce la prérogative de l'administration de façonner son propre droit.

---

[34] V en ce sens, l'article 9 de la Constitution camerounaise du 18 janvier 1996.

[35] En ce sens, lire les travaux de : GUESSELE ISSEME (L-P.), *L'apport de la Cour suprême en droit administratif Camerounais,* thèse de doctorat PH/D, UYII-Soa, septembre 2010, 703p., ENGOUTOU (J-L.), *La cour fédérale de justice et le droit administratif Camerounais*, thèse de doctorat PH/D, UYII-Soa, 2011, 436p.

Au-delà de ce critère de l'existence du droit administratif décliné par l'intérêt supérieur de l'État, preuve que nous sommes véritablement dans un droit administratif purement camerounais, on pourrait essayer de retenir un autre critère de l'existence du droit administratif camerounais déclinée dans l'intérêt supérieur de l'État.

II- L'existence déclinée dans l'intérêt supérieur de l'État

Dans son essence, le droit administratif français peut être qualifié de libéral, c'est un droit protecteur des administrés. Le droit administratif camerounais répond-il aux mêmes exigences ? Le droit administratif en Afrique en général et au Cameroun en particulier épouse-t-il la même orientation ?[36]

En fait, si le droit administratif français est un droit protecteur des droits[37], celui camerounais est naturellement autoritaire parce que garantissant la puissance publique. Cela signifie qu'il y a une exagération dans le déséquilibre de forces entre l'administration et les autres. En l'occurrence, le constat peut être fait à travers une organisation institutionnelle établissant l'intérêt supérieur de l'État (A), et ensuite un droit substantiel et processuel liberticide (B).

A- Une organisation institutionnelle établissant l'intérêt supérieur de l'État

Le constituant du 18 janvier 1996 a fait du Cameroun un État unitaire décentralisé, distinguant ainsi comme collectivités territoriales décentralisées les régions et les communes[38]. Pourtant, dans la construction et dans la pratique, l'organisation administrative s'avère « *stato-centrée* », entraînant de ce fait même une diminution de la justice administrative qui reflète l'intérêt supérieur de l'État.

1- L'organisation administrative « stato-centrée »

Il peut être constaté que l'organisation administrative est « *stato-centrée* ». Prétendre qu'elle est « *stato-centrée* » revient à dire qu'il y a une convergence vers l'État. Autrement dit, toutes les administrations publiques qui existent tiennent leur existence et sont contrôlées par l'administration centrale. Dès lors, il y a une forte présence de l'État et un contrôle pesant de ce dernier sur les autres personnes publiques.

---

[36] ONDOA (M.),« *Le droit administratif français en Afrique francophone : Contribution à l'étude de la réception des droits étrangers en droit interne* », in RJPIC, 2002, p.307.

[37] CHAPUS (R.), *Droit administratif général*, Montchrestien, t.1, 14ème éd., 2000, p. 1 ; V. en ce sens, ONDOA (M.), *Ibid.*, p. 313.

[38] Article 55 de la loi constitutionnelle du 18 janvier 1996.

L'exemple des administrations dotées de personnalités juridiques et surtout des autorités administratives dites indépendantes le confirme davantage. En effet, ce sont des personnes morales de droit public qui sont reconnues distinctes et détachées de l'administration d'État. Leur création pourrait provenir de la loi[39], mais en général, et dans plusieurs autres États, leur création est souvent le fait des textes constitutionnels. Constitutionnaliser une autorité administrative ne renforce pas leur autonomie, mais leur indépendance. Par voie de conséquence, une autorité administrative indépendante par exemple, ne devrait pas être sous tutelle.

L'illustration du conflit existant entre le Conseil national de la communication et le ministère de la Communication, qui estime être sa tutelle, en dit long. Le Ministre donne des injonctions au conseil de lever certaines contraintes, et le Conseil de refuser, motif pris de ce qu'il ne relève pas de son autorité. En fait, le problème est celui du texte[40] qui est mal monté à dessein, de sorte que l'administration d'État devrait avoir une mainmise sur les autres administrations, même si celles-ci étaient indépendantes.

De plus, dans le cadre de la décentralisation, nous savons, et pour prendre l'exemple des collectivités territoriales décentralisées, que l'État doit toujours donner son accord pour qu'il y ait regroupement de ces collectivités décentralisées[41]. Toutes choses qui rentrent en contradiction avec la perception qui reconnaît qu'il n'y aurait pas décentralisation administrative si « *la réglementation législative est importante et déterminée au point de ne pas laisser à l'autorité chargée de son application en décisions concrètes la moindre part de choix, de liberté d'opinion, autrement dit le pouvoir discrétionnaire* »[42]. Sans doute, c'est de la pratique de l'organisation administrative au Cameroun qu'un auteur a pu retenir l'idée du retour à la « *recentralisation* » administrative au Cameroun[43]. En effet, l'analyste s'appuyant sur l'avènement de la « *déconcentralisation* », reconnaît que celle-ci apparaît comme « *une des manifestations de la recentralisation au Cameroun* » qui se manifesterait au Cameroun par l'application du principe de « *subsidiarité* »[44] et « *la consécration de l'exercice*

---

[39] V la loi n° 2004/017du 22 juillet 2004 portant orientation de la décentralisation au Cameroun.

[40] *Idem.*

[41] *Ibid.*

[42] EISENMANN (C.), *Cours de droit administratif*, t.1, L.G.D.J., 1982, p. 278.

[43] MONEMBOU (C.), « Les paradoxes de la décentralisation camerounaise : De la décentralisation à la recentralisation », in *R.A.D.S.P*, Janv-Juin 2013, p.161.

[44] Selon M. Cyrille MONEMBOU, « *dans un contexte de centralisation jacobine comme celui du Cameroun marqué par une recentralisation, la subsidiarité ne peut être interprétée que comme une matérialisation du retour en force de l'autorité étatique dans le champ de compétence des collectivités locales* », *ibid.*, p. 167.

concurrentiel des compétences transférées »[45]. La décentralisation consacrée par la Constitution[46] serait dans la pratique, une simple vue de l'esprit, car le principe demeure celui de l'unité de l'État[47]. Au nom de cette unité, l'État ou l'administration se doit de veiller au respect au plan local, de la politique telle que définie par le chef de l'État[48].

L'État accompagne la décentralisation parce que les structures de suivi sont, soit au ministère de l'Administration territoriale et de la Décentralisation, soit au premier ministère. En plus et surtout, les élus locaux ne sont pas très souvent représentés dans ces institutions de suivi et de contrôle. Conclusion, l'État gère indirectement les collectivités territoriales décentralisées.

L'organisation administrative « *stato-centrée* » se vérifie également par la présence du délégué du gouvernement. En effet, le délégué du gouvernement est une institution qui fait jaser. Ce chef de l'organe exécutif de la communauté urbaine se trouve être à la tête d'une collectivité territoriale décentralisée, alors même qu'il est nommé par le président de la République, au lieu d'être élu. On parle du délégué non pas comme un représentant des populations locales, mais de l'administration puisque n'est représentant que celui qui tient son mandat des représentés[49].

On aurait pu retenir le cas de la création des établissements publics administratifs. L'emprise que l'État exerce sur leurs conseils d'administration ou même l'exercice du pouvoir de tutelle sur eux.

La tutelle est d'ailleurs très renforcée au Cameroun. Avec les lois de 2004, on a essayé d'alléger le contrôle en estimant que désormais, l'exercice du pouvoir de tutelle doit davantage pousser le représentant de l'État à saisir la juridiction en l'occurrence celle administrative, mais cette juridiction doit être saisie pour des cas d'illégalités ordinaires.

L'ensemble de ces éléments permet d'indiquer que le droit administratif camerounais formule une organisation administrative qui met toujours aux avants l'intérêt de l'État. Ceci est également perceptible au niveau de la justice administrative qui se trouve diminuée.

---

[44] *Ibid.*, p.168.

[46] Cf Article 9 alinéa 2 de la loi camerounaise n° 2004/017 du 22 juillet 2004 portant orientation de la décentralisation.

[47] Cf Article 1er alinéa 2 de la Constitution du 18 janvier 1996.

[48] KANKEU (J.), « *L'autonomie des collectivités territoriales décentralisées : Quelle autonomie ?* », Juridis périodique, n° 85, 2011, p. 91.

[49] Au Cameroun, le délégué du gouvernement est nommé. Toutes choses qui témoignent de la volonté de l'État d'avoir une mainmise sur les collectivités locales quoique l'on puisse arguer que l'essentiel est l'élection de l'organe délibérant.

2- La justice administrative diminuée

Le justiciable camerounais est souvent indexé à tort par la doctrine[50] qui y voit un citoyen peu enclin à la revendication de son droit devant le juge administratif. La justice administrative est alors diminuée par ce manque de confiance et par cet esprit défaitiste et fataliste des justiciables administratifs.

L'oubli de cette position est le pendant administratif du problème. Le justiciable qui n'a pas la culture juridique est-il le seul coupable ? L'administration n'est-elle pas une grande forteresse, un fleuve à la fois silencieux et dangereux ? Sa juridiction n'est-elle pas partie prenante à une justice administrative retenue ?

On constate que la justice administrative a ses faiblesses, et surtout que l'organisation de la juridiction administrative révèle effectivement un état de convergence vers l'intérêt de l'État central, c'est-à-dire l'administration. C'est ainsi que, du point de vue du déploiement territorial, alors qu'on aurait pu faire pareil qu'au Gabon[51], l'option a été de ne créer la juridiction administrative inférieure qu'au niveau des chefs-lieux des régions. Ce qui illustre peut-être la continuité de la thèse « *développementaliste* » consistant ici à simplement éviter une prodigalité des ressources publiques, du fait du coût de la multiplication des juridictions administratives.

Il y a ainsi une quête d'éloignement de la justice des justiciables. L'un des reproches que l'on puisse formuler à l'endroit de l'organisation de la juridiction administrative est effectivement son éloignement des justiciables administratifs. L'article 5 alinéa 1 de la loi n° 2006/022 du 29 décembre 2006 fixant l'organisation et le fonctionnement des tribunaux administratifs au Cameroun dispose qu'*« il est créé un tribunal administratif par région. Son siège est fixé au chef-lieu de ladite région... »*. Le droit camerounais place ainsi les juridictions administratives de premier ressort au niveau régional. En l'état actuel de cette organisation de la juridiction administrative, tout porte à croire que l'administration dont l'objectif est la sauvegarde de ses intérêts pousse les justiciables à la résignation sur la base de la disparité des instances du jugement administratif.

On pourrait renforcer l'idée d'une justice administrative diminuée en s'appuyant sur le fait que la juridiction administrative que l'on qualifie le plus souvent de juridiction spécialisée est en réalité une juridiction mitoyenne à la juridiction de droit commun. Si d'aucuns avaient avancé à raison, vu le contexte de l'heure, l'idée de la

---

[50] KAMTO (M.), *Droit administratif processuel du Cameroun : Que faire en cas de litige contre l'administration ?* coll. Sciences juridiques et politiques, PUC, Yaoundé, 1990, p.3.

[51] En effet, au Gabon, la juridiction administrative s'étend jusqu'aux départements.

formation privatiste du juge, il va sans dire que cette idée ne saurait plus faire problème[52]. L'organisation qui se dégage de la réforme de la justice administrative au Cameroun est celle du monisme juridictionnel. En effet, l'article 2 de la loi n° 2006/016 du 29 décembre 2006 dispose clairement que « *la Cour suprême est la plus haute juridiction de l'État en matière judiciaire, administrative, et des comptes* ». La lecture de cet article laisse entrevoir que la Cour suprême est en même temps la juridiction de cassation tant en matière judiciaire qu'en matière administrative pour ne prendre que ces cas. À proprement parler, le juge administratif n'est donc pas libre au Cameroun, il est ligoté. Ce manque d'isolement de la juridiction administrative de la juridiction judiciaire conduit à une jonction des juges, un couplage des ministères publics, qui sont des facteurs de *judiciarisation* de la juridiction administrative.

En dehors de ces arguments, on pourrait indiquer que le droit substantiel et processuel est liberticide.

B- Un droit substantiel et processuel liberticide

Le droit administratif camerounais est décidément un droit tourné vers l'intérêt supérieur de l'État. Quoique les gouvernants essaient tant bien que mal de justifier leurs actions qui seraient effectuées pour le compte du peuple, il ressort de l'esprit et de la pratique du droit administratif camerounais que l'intérêt supérieur de l'État est majoritaire. On en veut pour preuve un droit substantiel *"a-libéral"*, ayant pour conséquence immédiate un droit processuel sous contrition.

1- Le droit substantiel "a-libéral"

Il est a-libéral dans la mesure où les différentes règles en vigueur dans l'ordonnancement juridique camerounais montrent une certaine convergence de ce droit vers la primauté de l'administration. Prenons simplement le cas des agents publics. Ces derniers ont droit à la protection, ils ont des statuts qui déterminent leurs droits, mais également leurs obligations. Certains fonctionnaires sont même qualifiés de privilégiés parce qu'ils sont régis par des statuts dits spéciaux. Le statut spécial est un statut accordé au fonctionnaire qui est considéré comme exerçant une fonction délicate. Il jouit alors d'une protection dérogatoire à celle applicable aux autres fonctionnaires.

En regardant de manière comparative ce qui se passe en France par exemple, tous les corps de la fonction publique sont régis par des règles législatives, ce sont des lois. Qui imaginerait que le statut d'un magistrat français, qui est dans un pouvoir chargé

[52] BIPOUN-WOUM (J-M.), « *Recherches sur les aspects actuels de la réception du droit administratif dans les États d'Afrique noire d'expression française : Le cas du Cameroun* », *op.cit.*, p. 367.

de contrôler et de juger les différents actes de l'administration, soit déterminé par un décret ? Au Cameroun cela existe. Le statut des magistrats est déterminé au Cameroun par un décret[53]. Le seul corps qui bénéficie d'une loi, c'est celui des forces de défense (militaires). Or, la dépendance d'un statut à un décret signifie que celui qui prend ledit décret peut à tout moment le modifier. En l'occurrence, c'est le président de la République qui fixe par décret le statut de ces corps et va de ce fait leur donner les droits qui lui conviennent. Non sans préjuger de la bonne ou mauvaise foi de l'auteur du décret, il sied toutefois de dire qu'il serait souhaitable de conférer aux corps de fonctionnaires des statuts légaux et non pas réglementaires.

L'exercice des libertés au Cameroun fournit aussi un exemple de droit substantiel liberticide, c'est-à-dire sans liberté. Dans l'exercice des libertés, l'autorité administrative s'empresse le plus souvent de brandir la fameuse menace de « *trouble à l'ordre public* »[54] pour interdire une manifestation. Mais alors, il s'agit d'une notion creuse. Elle est vide parce que très difficilement on pourra prouver qu'une activité menée ne porte pas menace à l'ordre public. L'exemple de la manifestation organisée par le parti politique « MRC », dans un hôtel de la place mérite attention. Alors même que cette manifestation avait déjà commencé, elle fut interdite au motif de menace de trouble à l'ordre public. La chose curieuse et paradoxale est que ceux qui sortaient de la salle n'étaient pas armés ou manifestement dangereux. Quel était donc le fondement de cette menace de trouble à l'ordre public, d'autant plus qu'ils étaient dans une salle de réunion d'un hôtel, et avaient informé au préalable les autorités de la tenue de cette réunion ? De manière évidente, il y a au Cameroun comme un réflexe de protection de l'ordre public. Pourtant, sous d'autres cieux, on oblige une administration à n'interdire ce genre de manifestation que si elle ne peut pas l'encadrer.

Ce réflexe indique de manière explicite l'état mental de ceux qui appliquent les règles du droit administratif camerounais, et par ricochet l'état d'un droit qui, tant qu'il n'est pas clairement défini, indique un pouvoir discrétionnaire qui lui-même est utilisé et instrumentalisé à volonté par les autorités publiques.

Si le droit substantiel est *"a-libéral"*, il va de soi que le droit processuel sera aussi sous contrition puisque le second est en général le reflet du premier.

---

[53] V. en ce sens le Décret n° 95/048 du 8 mars 1995 portant statut de la magistrature au Cameroun.

[54] On lira utilement MVOGO BIDZANGA (F-L.), *Le trouble à l'ordre public en droit administratif Camerounais,* mémoire de Master, Université de Yaoundé II-Cameroun, 2012, 121p.

2- Le droit processuel sous contrition

Le droit processuel est sous contrition à travers divers mécanismes dont il importe de rappeler quelques-uns. D'après le doyen Maurice KAMTO, « *une exploitation systématique des greffes des deux niveaux de la juridiction administrative au Cameroun, montre en effet que nombre de Camerounais perdent leurs procès administratifs avant même de les avoir commencés, alors qu'ils ont des moyens sérieux quant au fond...* »[55]. Le constat est clair, l'accès au prétoire du juge administratif camerounais relève d'un véritable « *casse- tête chinois* »[56]. Alors même que le droit d'accès à la justice est consacré au Cameroun[57], des obstacles viennent limiter son exercice. Au nombre de ces obstacles, il faut citer le recours gracieux préalable exigé à tout justiciable désireux de faire valoir ses droits devant le juge administratif camerounais. L'article 17 de la loi n° 2006/022 dispose que « *le recours devant les tribunaux administratifs n'est recevable qu'après rejet d'un recours gracieux...* »[58]. De manière constante, le législateur camerounais a toujours exigé au recourant de justifier de l'introduction d'un recours gracieux préalable.

Si une partie de la doctrine a souvent vu en cette règle un moyen encourageant la résolution amiable des différends entre l'administration et ses administrés, preuve de l'identité des droits africains[59], une autre par contre et sans remettre en cause cette dernière, voit en elle un véritable « *grain de sable* »[60] bloquant l'exercice du droit à la justice devant le juge administratif camerounais. D'ailleurs, le juge administratif fait une application rigide de cette règle[61]. Pourtant en France, cette règle tend à devenir exceptionnelle. Là se cache encore la spécificité du droit administratif en vigueur au Cameroun.

Le droit processuel sous contrition peut aussi s'observer à partir du silence gardé par l'administration. En règle générale, les actes administratifs revêtent une forme

---

[55] KAMTO (M.), *Droit administratif processuel du Cameroun : Que faire en cas de litige contre l'administration, op.cit.*, p.3.

[56] On lira utilement AMBASSA MINLO (P-S.), *Les moyens d'irrecevabilité du recours en droit du contentieux administratif Camerounais*, mémoire de Master, université de Yaoundé II, 2015, 149p.

[57] Le préambule de la Constitution camerounaise du 18 janvier 1996 reconnaît le droit d'accès à la justice. Il affirme que « *la loi assure à tous les hommes le droit de se faire rendre justice* ».

[58] Article 17 de la loi n° 2006/022 du 29 décembre 2006 fixant l'organisation et le fonctionnement des tribunaux administratifs au Cameroun.

[59] HOLO (T.), *Le contrôle de la légalité et la protection des administrés au Bénin*, *RBSJA*, n° 5, juin 1985, pp.23-38, cité par ONDOA (M.), « *Le droit administratif Français en Afrique Francophone : Contribution à l'étude de la réception des droits étrangers en droit interne* », *op.cit.*, p.329.

[60] ABA'A OYONO (J-C.),« *Chronique du grain de sable dans la fluidité jurisprudentielle à la chambre administrative au Cameroun* », RASJ, Vol.5, n° 1 ? 2008, pp.51-75.

[61] GUIMDO DONGMO (B-R.), « *Le droit d'accès à la juridiction administrative au Cameroun* », RASJ, Vol.4, n°1, 2007, pp.169-216.

écrite. Mais le juge tient également compte des actes non écrits, dans la mesure où ceux-ci, alors même qu'ils ne remplissent pas les conditions formelles de l'acte administratif, n'en produisent pas moins des effets juridiques[62]. Le silence gardé par l'administration est plus interprété par le juge comme silence refus dans le cadre du recours gracieux préalable, alors qu'en France, ce silence devient plus une acceptation. Cette interprétation, que fait le juge, du silence gardé par l'administration lorsqu'elle est saisie d'un recours gracieux, témoigne à suffisance de la volonté de limiter l'accès au prétoire et partant à sauvegarder les intérêts de celle-ci.

Plusieurs autres arguments permettent de reconnaître le droit processuel comme étant sous contrition. Le comportement du juge administratif dans le contentieux de l'urgence laisse quelque peu perplexe. Alors qu'on se serait attendu à une procédure rapide vu l'urgence, le législateur, au même titre que le juge, exige même dans les conditions de l'urgence que le justiciable ait préalablement saisi l'administration d'un recours gracieux[63]. Le contentieux de l'urgence n'est donc pas toujours un contentieux urgent, encore que le juge administratif camerounais prend en général trop de temps pour juger les différents contentieux qui lui sont présentés dans ce cadre.

Au regard de ces éléments, une perspective libérale se dégage de l'ordonnancement juridique français. Ici, le droit administratif est libéral. La protection des libertés n'est peut-être pas son critère, mais son fondement. Dans le cas camerounais, on contextualise le droit administratif substantiel ou processuel pour finir par produire un droit administratif qui est « *a-libéral* », parce qu'une seule chose doit prévaloir, l'intérêt supérieur de l'État.

---

[62] KAMTO (M.), GUIMDO DONGMO (B-R.), « *Le silence de l'administration en droit administratif Camerounais* », in Lex Lata, n°005, 1994, p. 10.

[63] Article 27 de la loi n° 2006/022, *op. cit.*

LES FONDEMENTS JURIDIQUES DU DROIT ADMINISTRATIF FRANÇAIS AU CAMEROUN (LA QUESTION DE L'APPLICABILITÉ)

Magloire ONDOA[1]

Le sujet qui va nous occuper est, et c'est peu de le dire, un sujet éminemment complexe. Il aurait amplement mérité, au moins pour cette raison, bien plus que les trop brèves réflexions qui vont suivre sous forme de prolégomènes à une problématique aussi déterminante qu'elle paraît glissante. De fait, la question des fondements juridiques -éventuels- du droit administratif au Cameroun pose d'emblée une difficulté, une double difficulté même en fait. Elle mêle deux notions dont chacune se trouve affectée, déjà à l'« état de repos » pourrait-on dire, d'un fort coefficient d'incertitude.

Le droit administratif tout d'abord, et plus précisément le droit administratif « à la française »[2]. Ce droit-là, né du miracle[3], doit son développement aussi bien au hasard qu'à la nécessité[4]. Le principe de séparation des autorités administratives et judiciaires appelait la théorie du ministre-juge. Cette dernière conduira, au fil d'un processus de spécialisation fonctionnelle, d'autonomisation progressive, à la séparation conceptuelle puis institutionnelle de la fonction d'administration d'avec celle de justice administrative. Les conditions se trouvant ainsi réunies pour l'émergence d'un ensemble cohérent de règles particulières régissant l'activité administrative en lui fournissant ses règles spéciales orientées vers la conciliation des

---

[1] *Professeur titulaire agrégé / Doyen de la Faculté des Sciences Juridiques et Politiques de l'Université de Yaoundé II, Chef de Département de Doit Public Interne.*

[2] La précision paraît s'imposer désormais à la faveur de l'émergence d'un « administrative law » dans les pays anglo-saxons (v. not. ENDICOTT (T.), *Administrative law*, 2e éd., Oxford University Press, 2011, 696 pages) et d'un « droit administratif global » (v. KINSBURY (B.), KRISCH (N.), STEWART (R. B.), « L'émergence du droit administratif global », *Revue internationale de droit économique*, n° 2013/1, p. 37-58) qui, l'un et l'autre, n'ont pas directement partie liée avec le « droit administratif » tel qu'il s'est formé historiquement et s'est développé en France sous les efforts conjugués de la doctrine et de la jurisprudence du Conseil d'État.

[3] Selon la belle formule de Prosper Weil (v. WEIL (P.), POUYAUD (D.), *Le droit administratif*, 23e éd., Paris, PUF (Que sais-je ?), 2013, p. 1).

[4] Adaptation au droit administratif d'une idée formulée en droit constitutionnel par VEDEL (G.), « Le hasard et la nécessité », *Pouvoirs*, n° 50, 1989, p. 15-30.

intérêts privés avec les nécessités du service public selon la formule de l'arrêt Blanco. Ce sont elles, ces règles, cette partie « spéciale » du droit applicable à l'administration en France, qui constituent le droit administratif au sens restrictif, néanmoins, le plus courant où il est entendu.

Vient ensuite la notion de fondement. Le mot, polysémique au possible, se comprend au mieux avec le renfort d'une métaphore biologique. Ainsi dira-t-on que, ce qu'en biologie on appelle les racines, ce qu'on qualifie de base, c'est à cela que correspond, chez les juristes, la référence aux « fondements ». De ce point de vue, le fondement, le « ce sur quoi repose » un objet juridique, parfois aussi la/les raison(s) qui le justifie (nt), n'est pas toujours lui-même de l'univers du droit. Si le fondement peut être juridique, il peut tout autant être extra juridique et d'ordre historique, théorique, économique, idéologique, etc.[5] L'intérêt porté à cette question paraissant fort variable suivant les disciplines juridiques et, au sein de chacune d'elles, des époques. Tout est ici fonction du degré de maturité de chaque discipline dans sa structuration interne et sa démarcation externe vis-à-vis de disciplines voisines ou – chronologiquement - antécédentes. Les unes et les autres pouvant se trouver en situation de plus ou moins forte concurrence ainsi qu'en témoigne précisément l'exemple du droit administratif.

Historiquement, le droit administratif naît en France au 19e siècle, sous sa forme moderne tout au moins[6]. Or, à la même époque, le droit civil définitivement constitué comme corps de règles et *corpus* de connaissances apparaît comme le droit commun. Il est le droit « normal » des rapports sociaux. Basé sur le code civil, monument de rationalité et de systématicité tel que décrit par une doctrine structurée, communiant avec la jurisprudence dans une même fascination pour l'œuvre de codification napoléonienne[7]. Dans ces conditions, le droit administratif de son côté ne pouvait apparaître au départ que comme une collection de dérogations particulières, pour ne pas dire accidentelles, à ce qui devait demeurer le « vrai » droit, le droit commun ; entendons le droit civil. Aussi, une part importante du travail de réflexion de ce que l'on pourrait qualifier de « doctrine fondative » du droit administratif français consistera en un effort de justification de la légitimité d'un droit administratif aux côtés du droit civil. Il s'agira de porter le droit administratif

[5] La notion de fondement recoupe alors en pareil cas, peu ou prou, celle de « source matérielle » du droit.

[6] La précision s'impose sans doute en rapport avec les travaux des historiens du droit qui ont identifié les traces d'un droit administratif en France avant la Révolution et le principe de séparation. Sur la question, v. not. MESTRE (J.-L.), *Un droit administratif sous l'ancien régime : le contentieux des communautés de Provence*, Paris, LGDJ, 1975, 597 p.

[7] La période visée voit en effet le triomphe de l'école de l'exégèse en droit civil.

au même seuil de majesté et de dignité en lui procurant une assise, une justification, un fondement qui puisse lui conférer une unité et une identité propre en tant que champ scientifique autonome.

Les intenses débats doctrinaux qui agiteront la doctrine spécialisée de la fin du 19e siècle jusqu'à la première moitié du 20e siècle autour de la recherche du critère du droit administratif, véritable quête du « Graal », ne s'expliquent pas autrement. Ils polariseront le champ doctrinal naissant en deux camps irréductiblement opposés dans la défense et l'illustration de deux schémas explicatifs - et en même temps justificatifs- de l'existence d'un droit administratif en France : l'École du service public constituée autour de Léon Duguit et l'École de la puissance publique avec Maurice Hauriou comme principal maître à penser. Que l'on ne s'y trompe pas, au-delà de leurs divergences manifestes, les savants auteurs engagés dans ce duel œuvraient au même but : délimiter en faveur du droit administratif un objet propre correspondant ainsi à un champ scientifique autonome par rapport au droit privé. Non sans que la doctrine elle-même ne se trouve légitimée dans son effort de construction d'un discours, d'une méthode destinée à rendre compte spécifiquement de l'objet ainsi délimité. Le débat sur le critère du droit administratif[8], sur son fondement a donc été un débat fondateur, car n'ayant pour enjeu rien moins que l'existence même du droit administratif en tant qu'objet scientifique à part entière, fort de sa singularité, de sa différence. À bien des égards, constitue une figuration de ce qui précède, le débat autour du mode de formation du droit administratif camerounais dans son rapport au droit administratif français.

La naissance du droit administratif camerounais est évidemment postérieure à celle du droit administratif français. L'on pourrait même dire, pour rester dans l'ordre des métaphores biologiques, que le second a « accouché » du premier[9] ; il l'a en tout cas précédé chronologiquement dans l'encadrement de l'activité administrative sur le territoire de l'État. Dès lors, la question initiale qui se posait était celle de l'existence même d'un droit administratif que l'on pourrait dire proprement, substantiellement, « camerounais », c'est-à-dire autonome à l'égard du droit administratif français dont il a été extrait. Les deux questions de l'existence et de l'autonomie apparaissent en effet étroitement reliées ici. Un système normatif ne pouvant s'affirmer comme unité particulière, au plan scientifique, qu'à raison de sa

[8] Dont on peut trouver deux intéressantes tentatives de synthèse respectivement chez RIVERO (J.), « Existe-t-il un critère du droit administratif ? », *RDP*, 1953, 279-296, et CHAPUS (R.), « Le service public et la puissance publique », in : *L'administration et son juge*, Paris, PUF, 1999, p. 37-75.

[9] Le droit administratif camerounais s'étant construit, comme dans les autres pays africains francophones, sur l'héritage légué par la France à l'issue de la période de domination coloniale.

différence, de son autonomie par rapport à d'autres systèmes normatifs situés dans son voisinage immédiat.

Seulement, ce travail de construction doctrinale du droit administratif camerounais en tant que champ scientifique autonome n'a jamais été véritablement effectué. L'étude du droit administratif, voire même du droit tout court, au Cameroun comme dans la plupart des pays africains francophones, a été entamée sans que la question de son autonomie n'ait été posée. Ou plutôt, sans avoir été posée, la question s'est trouvée implicitement réglée, comme par prétérition, dans le sens de la négation de l'autonomie du droit administratif camerounais par rapport au droit administratif français considéré comme applicable au Cameroun. Or, ce faisant, et le fait ne semble pas avoir été clairement perçu comme tel, c'est l'existence même d'un droit administratif camerounais qui se trouvait ainsi remise en cause et, de loin en loin, celle de l'ordre juridique camerounais et même de l'État dont il constitue l'assise[10] ; l'office des juristes de doctrine devant se limiter et, de fait, se bornant très souvent à une étude du droit administratif tel que représenté par les auteurs français ; sans considération, ou presque, pour les sources nationales.

En cela, c'est véritablement revenir aux fondamentaux que de rouvrir la discussion sur ces points. Notre sujet y invite en tout cas, certes en inversant les termes de la question de l'autonomie. S'interroger sur les fondements juridiques du droit administratif français au Cameroun revient à prendre pour point de départ le postulat majoritaire de la réalité de tels fondements. Y compris son corrélat immédiat, l'applicabilité au Cameroun du droit administratif français. Toute la question étant de savoir sur quoi repose (rait) le droit administratif français au Cameroun ; existe-t-il un fondement juridique à son -éventuelle- applicabilité ? Ainsi posé, le problème qui va être brièvement examiné ici[11] sollicite un retour au passé récent de notre pays.

Si l'on part de l'idée que le Cameroun accède à l'indépendance en 1960, cela veut dire que le Cameroun est souverain au plan juridique depuis cette date. Or, le propre de la souveraineté n'est autre que la capacité à se fixer sa propre loi, ce qui se traduit

---

[10] Dès lors que l'État et l'ordre juridique se confondent l'un et l'autre selon la théorie kelsénienne (v. KELSEN (H.), *Théorie pure du droit*, 2ᵉéd. (trad. française de Charles Eisenmann), Paris, Dalloz, 1962, p. 375s.).

[11] Nous y avons consacré ailleurs des réflexions de plus grande ampleur, et qu'il nous soit permis d'y renvoyer simplement ici : *Introduction historique au droit camerounais : la formation initiale. Éléments pour une théorie de l'autonomie des droits africains*, Yaoundé, Les Éd. Le Kilimandjaro, 2013, 319 p. (coll. Doctrine juridique africaine et malgache) ; ONDOA (M.), « Le droit administratif français en Afrique francophone : contribution à l'étude de la réception des droits étrangers en droit interne », *RJPIC*, n° 3, sept.-déc. 2002, p. 284-333.

techniquement par la puissance normative de l'État souverain et le caractère exclusif de celle-ci sur l'étendue de son territoire. En conséquence, l'on aboutit à cette idée essentielle que le droit administratif français a perdu tout titre juridique à s'appliquer au Cameroun dès l'accession de notre pays à l'indépendance. Même si des raisons autres que juridiques peuvent justifier son application dans différentes hypothèses.

Sur ces bases, notre propos peut donc s'articuler autour de deux lignes directrices : d'une part, l'absence actuelle de fondements juridiques à l'applicabilité du droit administratif français au Cameroun (**I**) et, d'autre part, la présence ou la permanence de fondements extra juridiques ou non juridiques à l'application du droit administratif français au Cameroun (**II**).

I- L'absence de fondements juridiques à l'applicabilité du droit administratif français au Cameroun

Avant l'avènement de l'indépendance, il existait bien des fondements juridiques à l'applicabilité du droit administratif français sur le territoire du Cameroun (**A**). Seulement, ces fondements ont disparu avec l'accession du pays à la souveraineté (**B**).

A- La consécration des fondements juridiques de l'applicabilité du droit administratif français au Cameroun avant les indépendances

Possession coloniale allemande en vertu du « traité » germano-douala du 12 juillet 1884[12], le Cameroun se retrouve sous le giron de la France et de la Grande-Bretagne après la défaite des puissances de l'axe lors de la Première Guerre mondiale. À partir de cette période, différents instruments juridiques seront adoptés qui peuvent être considérés comme servant de fondement juridique à l'applicabilité du droit administratif français au Cameroun.

Tout d'abord, dans le cadre du régime d'administration internationale érigé sous les auspices de la Société des nations (SDN), c'est l'acte de Londres du 20 juillet 1922 qui donnera mandat à la France pour administrer le Cameroun. Ce texte, dont la conformité au Traité de Versailles peut être discutée[13], constituera ainsi le premier fondement de la transposition au Cameroun, dans un sens non technique, du droit édicté par la puissance mandataire. Un fondement qui sera renouvelé, lorsqu'à la

[12] Un « traité » qui, à vrai dire n'en était pas vraiment un, car conclu entre des entités n'ayant pas la qualité de sujet du droit international à l'époque des faits, les firmes allemandes JANTZEN et THORMALEN d'un côté, les chefs douala DEIDO, AKWA et BELL de l'autre.

[13] Rien dans l'article 119 du Traité de Versailles qui réglait le sort des anciennes possessions coloniales de l'Allemagne ne suggérait que les puissances tutélaires auraient pleine liberté d'administration desdits territoires.

SDN succédera l'Organisation des Nations unies (ONU), avec l'accord de tutelle du 13 décembre 1946.

Ensuite, sur cette base, la France étendra au Cameroun, sans nul compte tenu du statut spécifique du territoire en vertu du régime de mandat de la SDN, le droit applicable dans l'ensemble de ses territoires et possessions ultra-marines. Ainsi sera édicté un arrêté du 1er mai 1923 qui déclarera applicable au Cameroun tous les textes pris en Afrique équatoriale française (AEF) jusqu'au 1er mai 1923. L'on se retrouvera alors dans une situation d'un territoire sous mandat international auquel il sera fait application d'une législation *lato sensu* élaborée pour les besoins de territoires, ceux de l'AEF, ayant quant à eux le statut de possessions coloniales[14] ; ledit texte pouvant être vu comme une deuxième assise du droit administratif français sur le territoire du Cameroun.

Encore ne s'agissait-il pas d'un droit exactement de même teneur que celui applicable en métropole. Dès le début de son entreprise coloniale en Afrique, en effet, nonobstant la politique d'assimilation qui la sous-tendait, la France devait faire plutôt le choix de la non assimilation au plan juridique. De fait, dès 1774 déjà, date d'établissement de la suzeraineté française sur le Sénégal un siècle avant de prendre pied au Cameroun, une Lettre de Cachet du roi consacrait une règle essentielle de différenciation juridique entre la France elle-même et ses colonies : c'est le principe dit de la spécialité législative. Il sera réitéré par les ordonnances de 1776 sous la IIe République, c'est-à-dire sous la Constitution de 1848. Éclipsé sous la IIIe République où il ne fera l'objet que d'une application coutumière en défaut de consécration formelle par les lois constitutionnelles de 1875, il réapparaîtra sous la IVe République dans la Constitution du 27 octobre 1946 avant d'être confirmé par celle du 04 octobre 1958 sous la Ve République.

En vertu de ce mécanisme, les textes métropolitains n'étaient pas automatiquement applicables dans les possessions coloniales ; l'extension de leur champ d'application aux colonies étant suspendue à une autorisation du roi. En d'autres termes, certains textes, généralement les plus importants, étaient applicables de plein droit en colonie. Tel était notamment le cas des textes régissant les organes constitutionnels (par exemple les compétences du président de la République) ainsi

[14] C'est ainsi, par exemple, que le Code civil sera rendu applicable au Cameroun, et encore pas tout à fait dans son entièreté. En matière de droit de la famille notamment, l'ancêtre de la législation camerounaise actuelle n'est pas le Code civil, mais un arrêté de 1924 régissant le mariage indigène, premier texte relatif au droit de la famille dans notre pays. Autre illustration, le Code d'instruction criminelle qui n'a jamais été totalement en vigueur au Cameroun dans sa version métropolitaine. L'on rendait applicable tel article, puis tel autre sous réserve de modification, et ainsi de suite à 15 ou 20 reprises.

que les juridictions suprêmes des différents ordres (Cour de cassation, Conseil d'État, Tribunal des Conflits). Pour les autres, seule leur promulgation aux colonies permettait leur applicabilité en ces contrées[15].

Au demeurant, l'accession du Cameroun à l'indépendance viendra priver de fondement juridique cette applicabilité formelle du droit administratif français dans notre pays.

B- La disparition des fondements juridiques de l'applicabilité du droit administratif français au Cameroun à l'indépendance

L'accession du Cameroun à la pleine souveraineté a été l'aboutissement d'un processus entamé en 1946[16] et qui connaîtra plusieurs étapes essentielles. La première étape a été celle de l'autonomie interne. Elle sera immédiate dès l'adoption de la loi-cadre du 23 juin 1956 dite loi « Gaston Defferre » précisée par un décret du 16 avril 1957. Celui-ci sera abrogé par l'ordonnance du 31 décembre 1958 *portant statut du Cameroun* qui viendra instaurer la deuxième étape de l'évolution annoncée, ce que l'on appellera l'« autonomie interne élargie ». Sur la base de ce texte, le Cameroun devient « virtuellement » un État au sens plein du terme[17]. Il dispose d'une organisation constitutionnelle propre assise sur la loi du 18 février 1959 *portant organisation des pouvoirs publics* sur le fondement de l'ordonnance de 1958. Il dispose en outre, tel qu'organisé par la « loi fondamentale » de février 1959, de l'essentiel des compétences souveraines liées à ce statut d'État : la puissance législative, la puissance exécutive, et la puissance de juger. D'ailleurs sur ce dernier aspect précis, et de manière fort significative, un décret du 04 juin 1959 viendra créer la première juridiction administrative proprement camerounaise, le Tribunal d'État. Conséquence somme toute inéluctable de l'accession à l'autonomie interne élargie, car comme le dira la doctrine, l'excès de pouvoir d'un État indépendant ne saurait être sanctionné par une juridiction étrangère[18].

De fait, et c'est la dernière étape, préparée par l'autonomie interne élargie, débattue à l'Assemblée générale des Nations unies lors de la session dite « du

---

[15] De fait, un texte aussi déterminant qu'a pu l'être, dans la genèse du droit administratif en France, la loi des 16-24 août 1790 n'a jamais été rendu applicable au Cameroun ni davantage la jurisprudence qui en est issue et, principalement, l'arrêt Blanco. Autre exemple plus récent, la loi du 31 décembre 1957 qui est venue harmoniser en France le régime de responsabilité du fait des accidents de la circulation n'a jamais été rendue applicable au Cameroun.

[16] Sur l'ensemble de cette évolution, v. BORELLA (F.), *L'évolution politique et juridique de l'union française depuis 1946*, Paris, LGDJ, 1958, 499 p.

[17] Ce statut d'État n'avait pas encore fait l'objet d'une reconnaissance formelle à cette date. Et il manquait toujours au Cameroun la souveraineté internationale.

[18] OWONA (J.), *Droit administratif spécial de la République du Cameroun,* Paris, Edicef, 1985.

Cameroun » du 13 février 1959 au 14 mars 1959, l'indépendance du Cameroun sera juridiquement consacrée par la résolution 1349 du 14 mars 1959 précisément[19]. Ce faisant, ledit texte consacrait par le même mouvement l'abrogation du régime de tutelle appliqué au Cameroun. À partir de là, corrélativement, la France perdait toute habilitation juridique à légiférer pour le Cameroun notamment en matière administrative et, l'un étant lié à l'autre, ses tribunaux perdaient leur titre à connaître du contentieux administratif camerounais. Ce que confirmera d'ailleurs le Conseil d'État dans un important arrêt *Kotto Eyoum*. La haute juridiction y décidera en effet qu'à partir du moment où l'indépendance du Cameroun était proclamée, le Conseil d'État et même toutes les juridictions françaises ont perdu le droit de connaître du contentieux administratif camerounais. Parce qu'il s'agit désormais du contentieux d'un État souverain étranger[20]. En d'autres termes, la consécration de l'indépendance et la suppression du régime de tutelle ont conduit à la disparition des fondements juridiques de l'applicabilité du droit administratif français au Cameroun.

L'existence de la clause de reconduction, due à Alain Plantey et consacrée dans la plupart des constitutions africaines notamment celles successivement adoptées au Cameroun[21], n'est pas de nature à remettre en cause une telle conclusion. Certes, au moment de l'indépendance, malgré la souveraineté acquise si ce n'est d'ailleurs plutôt en vertu de celle-ci, les autorités camerounaises ont fait le choix de la reconduction du droit applicable à l'époque coloniale. Cependant, ce dispositif paraît revêtir une portée bien moindre que celle qui lui a parfois été indûment attribuée par la doctrine. Il ne semble pas devoir être considéré, en tout cas, comme constituant un fondement juridique de portée générale à l'applicabilité du droit administratif français au Cameroun à l'heure actuelle pour trois principales raisons.

Primo, la clause de reconduction ne vise que le droit en vigueur au moment de l'indépendance ; elle écarte donc *ipso facto* toute idée d'applicabilité au Cameroun du droit administratif français postérieur à l'indépendance. *Secundo*, s'agissant même du droit reconduit, celui-ci ne correspond qu'à une fraction du régime de droit public applicable en France métropolitaine pendant la « colonisation ». Principe de spécialité législative oblige, le droit administratif français applicable au Cameroun

---

[19] Au plan strict, l'on doit d'ailleurs y voir la véritable date d'indépendance du Cameroun. Le 1er janvier 1960 n'étant que la date de proclamation solennelle d'une réalité qui avait déjà été « actée » juridiquement le 14 mars 1959.

[20] v. CE, 10 novembre 1969, *sieur Kotto Eyoum.*

[21] v. actuellement l'art. 68 de la loi constitutionnelle n° 96/06 du 18 janvier 1996 qui dispose que « *La législation résultant des lois et règlements applicables dans l'État fédéral du Cameroun et dans les États fédérés à la date de prise d'effet de la présente Constitution reste en vigueur dans ses dispositions qui ne sont pas contraires aux stipulations de celle - ci, tant qu'elle n''aura pas été modifiée par voie législative ou réglementaire* ».

dans cette période anté-indépendance, loin de former un bloc uniforme, était en réalité un « ramassis de textes », selon l'expression suggestive de Jean Foyer. L'on pouvait y distinguer trois blocs juridiques bien distincts : le droit administratif français métropolitain applicable de plein droit à tout ou partie des territoires coloniaux ; le droit administratif français métropolitain promulgué aux colonies ; le droit administratif élaboré par les autorités françaises locales pour les besoins spécifiques de la colonie[22]. À telle enseigne que ce droit administratif là, celui reconduit au Cameroun par le truchement de la clause de reconduction, doit surtout sa « francité » à un critère de rattachement formel et non point à ses caractéristiques substantielles. Enfin, *tertio*, la clause de reconduction n'assure l'applicabilité du droit administratif français reçu que dans la mesure de sa non-abrogation ou de sa non-incompatibilité avec le droit produit par les autorités camerounaises postérieurement à l'indépendance. En sorte qu'on peut considérer que la clause n'avait été conçue que comme un mécanisme de transition offrant une solution provisoire et d'application limitée dans le temps d'évitement d'un vide juridique lié à la transition politique du territoire du Cameroun.

Toutefois, si elle apparaît ainsi privée de tout fondement juridique probant, l'applicabilité du droit administratif français au Cameroun se revendique, et assez largement, de fondements extra juridiques, de justifications en dehors du droit.

II- La présence de fondements extra juridiques de l'applicabilité du droit administratif français au Cameroun

L'on peut identifier, hors du droit, deux types de justifications à l'applicabilité du droit administratif français au Cameroun. La première justification est d'ordre idéologique et tient à l'idée du mimétisme juridique (**A**), tandis que la seconde est d'ordre théorique et réside dans la théorie de la réception (**B**).

A- Le fondement idéologique : le mimétisme juridique

Le droit administratif camerounais est fortement empreint de la trace des règles et institutions du droit administratif français. Il y a là un constat indéniable qui ne se discute pas et qui, pour cette raison, n'a jamais été discuté pas plus qu'il ne le sera ici. L'influence de la jurisprudence du Conseil d'État affleure de la production jurisprudentielle du juge national qui parfois s'y réfère d'ailleurs explicitement[23]. De même, au seuil des textes législatifs et réglementaires, l'on peut observer le même

[22] Pour plus de détails sur ces points, v. ONDOA (M.), « La réception du droit administratif français… », *op. cit.*

[23] Demeure un cas topique à cet égard, la décision CS/CA, jug. n° 50, 1er février 1985, AMSECOM-AMSECONCOM (Tamegui Boniface) c/ E.C.

phénomène d'inscription en filigrane de règles issues du droit applicable aux institutions administratives en France. Aucune « branche » de notre droit administratif n'échappe à ce constat, qu'il s'agisse du droit administratif général, ou de ses démembrements spécialisés, droit de la décentralisation, droit de la fonction publique, droit administratif des biens, etc.

La doctrine, dans sa portion majoritaire, a pu voir traditionnellement dans cette inclination des autorités normatives pour l'utilisation massive de la technique juridique française la manifestation d'une forme de mimétisme[24]. Celui-ci a souvent été associé à la « solidarité idéologique » qui existerait de part et d'autre de la Méditerranée entre les Africains et la pensée juridique de l'ex-métropole[25]. La solidarité idéologique c'est la communauté de vues, la communauté de pensées, la fascination qu'exerce en Afrique le droit français. Cette solidarité tend alors à constituer une forme de fondement idéologique à l'application du droit administratif français ne fût-ce que par son antériorité historique.

Le problème, parce qu'il y en a cependant un, c'est que le procès en mimétisme fait aux organes producteurs de droit semble quelque peu manquer sa cible. La solidarité idéologique, la difficulté à penser le droit administratif camerounais en dehors des lignes tracées en France se traduisent bien moins dans les sources positives du droit que dans la pensée spéculative des juristes savants. Si les organes producteurs de droits savent, en s'inspirant du droit français, faire œuvre de sélection et d'adaptation, cette forme de créativité fût-elle *a minima* selon le goût et les vues de chacun se retrouve peu dans les écrits de la doctrine. Les critiques formulées à l'encontre de tel ou tel autre dispositif du droit national pour cause de non-similitude à l'équivalent français traduisent, à ce propos, une sorte de mimétisme doctrinal. Tandis que les jugements inégalement approbateurs suscités par le recours du juge administratif au droit français minorent plus que de raison, voire ignorent la vertu explicative de la théorie de la réception en pareil cas.

B- Le fondement théorique : la théorie de la réception

Si l'accession du Cameroun à la pleine souveraineté internationale a rendu formellement inapplicable le droit administratif français au Cameroun, son influence continue de se faire sentir fortement dans notre contrée sans que le mimétisme

[24] En la matière, v. not. le texte fondateur de BIPOUN-WOUM (J.-M.), " Recherches sur les aspects actuels de la réception du droit administratif dans les États d'Afrique noire d'expression française" *op cit.*, pp. 359-388,

[25] La jurisprudence du Conseil d'État constituant alors une sorte de « patrimoine commun » pour reprendre l'expression de Du Bois de GAUDUSSON (J.), "La jurisprudence administrative des Cours suprêmes en Afrique", in Gérard Conac, Jean Dubois de Gaudusson (dir.), *Les Cours suprêmes*, T. III, Paris, Economica, 1988, p. 2.

constitue une explication satisfaisante. Plus convaincante paraît être à cet égard la « théorie » de la réception. Ce faisant, l'on voudrait simplement se référer à l'idée que les autorités nationales demeurent libres de procéder -ou pas- à une réception matérielle du droit étranger selon leur appréciation de l'opportunité d'une telle opération d'importation juridique. La règle ainsi « reçue » devient formellement une règle camerounaise, même si sa source matérielle, le « fonds » d'où elle a été tirée est, lui, étranger. La rationalité de cette entreprise étant de surcroît soutenue par son caractère sélectif : les autorités nationales ne procèdent à la réception du droit administratif français textuel et jurisprudentiel que sous bénéfice d'inventaire en fonction de leur vision d'ensemble, de leur politique, de leur idéologie.

Au demeurant, il n'y a là nulle particularité camerounaise. La circulation des droits est une donnée permanente de l'expérience juridique. Elle connaît d'ailleurs un fort regain à l'époque contemporaine à la faveur de la multiplication des points de contact entre ordres juridiques encouragée par la globalisation. Le Cameroun s'inscrit dans une tendance généralisée à l'import-export juridique et au dialogue qui se noue, dans ce cadre, entre les organes producteurs de droits de divers horizons en particulier les juges, et singulièrement en matière constitutionnelle[26].

Dès lors, il importe peu que la réception du droit administratif français obéisse *également* à des ressorts historiques et culturels spécifiques et particulièrement forts. Ces données ne font qu'éclairer les facteurs et la structure du procédé de réception du droit administratif français dans notre pays, ils n'en altèrent pas l'essence. Peu importe également que, dans ce qui est présenté comme un grand marché mondial d'import-export, nous soyons davantage dans une position d'importateur net vis-à-vis de la France ; que le dialogue allégué prenne ici la forme, à -très- peu de choses près, d'un monologue toujours dans le même sens, de la France vers l'ordre juridique camerounais. Il y a là beaucoup moins l'effet d'un manque de créativité des autorités normatives camerounaises, législateur *lato sensu* et juge compris, que d'un aménagement déficitaire des conditions de diffusion du droit au Cameroun[27]. Celui-ci se doublant, ou s'aggravant comme on voudra, d'une extraversion déjà relevée de la doctrine locale qui inhibe sa capacité à assurer le « service après-vente » des produits originaux de notre droit[28]. Le premier contact que des agents externes

---

[26] v. not. ROSENFELD (M.), « Le constitutionnalisme comparé en mouvement : d'une controverse américaine sur les références jurisprudentielles au droit étranger », in : Pierre Legrand (dir.), *Comparer les droits, résolument*, Paris, PUF, 2009, p. 562.

[27] La jurisprudence en particulier, y compris celle de la Cour suprême, ne fait pas l'objet d'une publication systématique et organisée.

[28] Lors même que le juge national innove substantiellement, ses créations originales sont, le plus souvent, vertement critiquées pour cause de « non-conformité » à la jurisprudence du Conseil d'État en pareil cas.

prennent avec le droit d'un pays s'opère toujours par le truchement des travaux doctrinaux. Ainsi, la représentation donnée par les auteurs commandera largement ces agents en quête de source d'inspiration.

La question de l'applicabilité du droit administratif français au Cameroun débouche ainsi, après le constat de l'absence de fondements juridiques en la matière, sur celle des conditions de production et de diffusion du droit administratif proprement « camerounais ». Et, surtout, celle du rôle que la doctrine camerounaise a joué dans la construction des représentations -erronées- concernant les fondements juridiques de l'applicabilité du droit administratif français au Cameroun. Celle, enfin, du rôle qu'elle est appelée à jouer et des enjeux épistémologiques qui en découlent dans la formation d'un droit administratif camerounais arrimé aux nouvelles exigences de qualité du droit liées à la compétition économique mondiale : la visibilité, la clarté, et l'efficacité.

LES FONDEMENTS TEXTUELS DU DROIT ADMINISTRATIF CAMEROUNAIS

Sédéna AKONO ONGBA[1]

Toute ambition sérieuse de saisir les contours d'une discipline scientifique impose une contrainte universelle. Celle-ci consiste à déterminer son objet et sa méthode[2]. À cette première nécessité sont intimement liées deux autres : outre la précision de la méthode adoptée ou envisagée, la détermination de ses fondements et par suite, les critères de son autonomie. La science du droit en général, le droit administratif en Afrique en particulier et de manière singulière, celui enseigné et pratiqué au Cameroun n'échappent guère à ces exigences. Ainsi, la restitution des fondements textuels du droit administratif camerounais recommande quelques précautions théoriques préalables.

Au plan conceptuel d'une part, il convient d'abord de préciser le contenu des notions de « *fondement* » et de « *droit administratif* ».

En effet, le concept de fondement fait référence **à** « *ce sur quoi repose un certain ordre ou un certain nombre de connaissances* »[3]. Il s'agit encore de « *ce qui donne à quelque chose son existence ou sa raison d'être* »[4]. Cette acception littéraire et philosophique du concept n'est guère éloignée de celle de « **source** » qui est juridiquement plus orientée. Fondement et source du droit seraient donc assez proches de sens. Car comme le fondement, la source évoque « *l'endroit où l'on puise, et par extension, les principes, la cause, l'origine* »[5]. La source et le fondement du droit semblent donc désigner, « *selon une métaphore de Cicéron, les forces d'où surgit le droit objectif, ce qui l'engendre* »[6].

Même s'il n'expose pas clairement le contenu exact du concept de fondement, Hans Kelsen explique que le fondement de la validité des ordres normatifs est leur

---

[1] *Ph.D en Droit Public, Chargé de Cours à l'Université de Yaoundé-II, Secrétaire permanent du CERCAF.*

[2] GRAWITZ (M), *Méthodes des sciences sociales*, 11ème éd. Dalloz, Paris, 2001, pp 3-15.

[3] LALANDE(A), *Vocabulaire technique et critique de la philosophie*, PUF, Paris, 2007, pp 364-365.

[4] *Ibid.*

[5] *Ibidem*

[6] ALLAND(D), RIALS (S), *Dictionnaire de la culture juridique*, Lamy, PUF, Paris, 2003, pp1430-1434, Spéc., p1435.

vocation ou leur capacité à régler la conduite des êtres humains. En sorte qu'une norme valable est la norme obligatoire qui détermine la façon dont les individus doivent se conduire[7]. En substance, le fondement d'une matière ou d'une discipline juridique renvoie autant à ses sources formelles et matérielles qu'à d'autres substrats idéologiques et philosophiques sur lesquels reposent son objet, sa particularité, sa spécificité et finalement, son autonomie. Rien ne semble donc faire obstacle à ce qu'un même objet juridique repose sur une diversité de fondements. Tel est le cas du droit administratif auquel sont attribués des fondements idéologiques[8], théoriques, jurisprudentiels et même textuels.

Sous ce rapport, le droit administratif dont les fondements textuels sont sous étude doit être envisagé ou appréhendé selon sa double acception substantielle et processuelle.

La première considère que le droit administratif est constitué d'un corps de normes régissant l'organisation et le fonctionnement de l'administration, agissant comme puissance publique. La dimension processuelle du droit administratif commande d'intégrer dans cette discipline, l'ensemble des règles, principes et procédures régissant la résolution des litiges dans lesquels l'administration est partie. Ces deux acceptions du droit administratif sont clairement systématisées par Édouard Lafferière qui écrit : « *le droit administratif correspond à deux idées ; l'idée d'administration, l'idée de droit. À la première se rattache l'étude de l'organisation administrative, c'est-à-dire, les différents organes de la vie publique dans l'État, le département, la commune, des services qu'ils assurent, des ressources qui alimentent ces services. À la seconde se rattache l'étude du contentieux administratif, c'est-à-dire des contestations juridiques auxquelles peuvent donner lieu les actes et les décisions de l'administration, des règles de droit qui président leur solution : règles de compétence servant à déterminer les attributions respectives des différentes juridictions, règles de légalité ayant pour but d'assurer, entre l'administration et les particuliers, l'observation des lois et le respect de tous les droits* »[9].

Au bénéfice des considérations qui précèdent, l'analyse des fondements textuels du droit administratif camerounais amène à rechercher au travers de leur identification, le soubassement idéologique sur lequel reposent les actes normatifs majeurs du droit administratif camerounais. À la vérité, le prétexte de leur identification impose la nécessité de restituer leur esprit, ou de manière plus générale, la vision de l'État et de son administration, telle qu'exprimée par ces textes. En clair,

---

[7] KELSEN (H), *Théorie pure du droit*,traduit par C. Eisenmann, Dalloz, Paris, 1990, p. 255.

[8] CHEVALLIER (J), *Les fondements idéologiques du droit administratif français.*

[9] LAFERRIERE (E), *Traité de la juridiction administrative et recours contentieux*, Tome I, Berger Levrault Préface.

la question à laquelle l'on cherche réponse est la suivante : quels sont les fondements textuels du droit administratif camerounais ?

A priori banale, la question est plus complexe qu'il n'y paraît au premier abord. Elle est en effet affectée d'un fort coefficient historique. En effet, cette question rappelle la longue trajectoire historique traversée par le Cameroun depuis l'occupation allemande en 1884 jusqu'à ce jour, en passant par la période où ce pays se trouvait d'abord sous le mandat confié à la France et la Grande-Bretagne par la Société des nations (SDN), puis sous la tutelle confiée aux mêmes puissances par l'Organisation des Nations unies (ONU). Cette dernière phase devait conduire à son autonomie interne, suivie de son autonomie interne élargie et finalement à son indépendance formelle.

Si elle peut être appréhendée avec moins d'ambiguïté, la dimension juridique du sujet n'en est pas moins complexe. Car une esquisse de recherche des fondements textuels du droit administratif camerounais plonge l'analyste dans l'arène d'une controverse doctrinale fort ancienne. Celle-ci oppose deux écoles de pensée. Il s'agit des défenseurs de l'applicabilité du droit administratif français dans ses anciennes colonies et territoires précédemment administrés par elle d'une part[10] ; d'autre part, les auteurs qui soutiennent sinon l'originalité des droits africains[11], du moins, ceux qui, plus modérés, avancent la thèse de la réception sélective de ce droit. Loin de prétendre trancher de manière définitive ce débat, l'étude des fondements textuels du droit administratif camerounais ambitionne de restituer les poutres maîtresses de l'esprit des textes normatifs majeurs du droit administratif camerounais depuis la période coloniale jusqu'aux réformes les plus récentes de cette discipline au Cameroun. En privilégiant donc une approche diachronique au détriment d'une simple description de ces textes, la recherche vise à démontrer que le droit administratif camerounais apparaît, à la lumière de ses textes fondateurs, comme le fruit d'un article d'importation de l'administration coloniale française **(I)**. Toutefois, l'accession de ce pays à l'autonomie interne et à la subjectivité internationale a offert aux organes juridiques[12] de l'État nouvellement indépendant, l'opportunité d'édicter

[10] Sur ce point, lire utilement : DEGNI SEGUI(R), *La succession d'États en COTE D'IVOIRE*, Th.D.E, Aix-Marseille, 1979, 2 T, 504 p.

[11] Voir. ONDOA (M), *Le Droit de la responsabilité publique dans les États en développement, op cit.*

[12] La notion d'organe doit être envisagée ici au sens où l'envisagent notamment Hans Kelsen et Raymond Carré de Malberg. En effet, le Maître de Vienne considère comme organe juridique tout individu qui remplit une fonction juridique, c'est-à-dire les fonctions d'application, de création et d'obéissance au droit. Cf. KELSEN(H), *Théorie pure du droit, op.cit.*, p.204.
Même si R. Carré de Malberg appréhende les organes de l'État *mutatis mutandis* de manière similaire à Hans Kelsen en écrivant : « *les personnages ou corps qui exercent une partie quelconque de la puissance publique, sont en cela les organes de l'État...* », cet auteur précise que l'organe juridique se reconnaît à sa

une batterie de textes juridiques régissant l'organisation, le fonctionnement et les procédures contentieuses de l'administration de l'État du Cameroun. Ainsi, les textes fondateurs du droit administratif camerounais peuvent être considérés comme des instruments de consolidation et de libéralisation de l'État. Cette observation substantielle peut être portée par l'idée d'autonomisation de l'État par les actes normatifs du droit administratif camerounais (**II**).

I- L'inspiration « coloniale » des textes fondateurs du droit administratif au Cameroun

La restitution des fondements textuels du droit administratif au Cameroun est inséparable de la trajectoire historique et notamment « **coloniale** » de ce pays.

Si la rigueur notionnelle impose la nécessité de souligner que le Cameroun n'a jamais été une colonie au sens strict du terme[13], une vérité historique et juridique reste difficilement discutable. Celle-ci révèle que les premiers actes normatifs destinés à régir l'activité et le fonctionnement de l'administration publique au « *Cameroun* », ont été édictés par le colonisateur français **(A)**. L'applicabilité effective de ces textes dans la partie du territoire du Cameroun sous administration française fut rendue possible moyennant leur réception formelle par les autorités françaises chargées d'administrer cette aire géographique[14]**(B)**.

A- L'édiction des textes de base du droit administratif par la métropole française

L'appareillage normatif qui régit le droit administratif au Cameroun a pour fondements un ensemble d'actes administratifs édictés par la métropole française. Au-delà de leur simple identification, l'interprétation de ces textes incline à penser

capacité propre de volition, et par suite, de création du droit .V, CARRE DE MALBERG(R), *Contribution à la théorie générale de l'État*, CARRE DE MALBERG(R), Tome II, 2ème édition,Dalloz,Paris, 2004,p.143 .

[13] Citant sur ce point François Luchaire, **in « *Services d'outre-mer, États autonomes du Cameroun* »,** jurisclasseur administratif. 2.1958, Fascicule 133, le doyen Magloire Ondoa écrit : *« Le mot « colonisation » est entendu au sens large, car, stricto sensu, bien que politiquement dominés, tous les territoires français d'Afrique n'obéissent pas au régime juridique de la colonisation. Ce fut le cas du Cameroun et du Togo, territoires allemands confiés par la SDN à la France et /ou à la Grande-Bretagne après la Première Guerre mondiale* ». ONDOA (M*), « Le droit administratif français en Afrique francophone », op.cit.*

[14] L'on rappellera que le Cameroun visé par les textes de droit administratif en cause ici est le Cameroun oriental placé sous administration française : est donc exclu de l'analyse, le Cameroun occidental, administré par la Grande-Bretagne qui avait soumis l'administration aux tribunaux ordinaires, conformément au droit commun.

Sur cette question, lire utilement Jacquot (H), « *Le contentieux administratif au Cameroun* », R.C.D. n7, janvier-juin 1975. p.16.

que le droit administratif appliqué et /ou enseigné au Cameroun est le résultat d'une importation de la juridiction administrative française **(1)**. Cette considération qui relève de la technique juridique adoptée par les autorités coloniales entretient une forte connexité avec une réalité strictement politique. Il s'agit de l'ambition politique qui semblait animer les autorités françaises chargées d'administrer ce territoire **(2)**.

1- La technique juridique adoptée : l'importation de la juridiction administrative

L'identification et l'analyse des premiers textes destinés à régir l'organisation et le fonctionnement de la juridiction administrative dans la partie du Cameroun placée sous administration française imposent une observation de taille. Celle-ci révèle que le droit administratif appliqué dans ce territoire est une production du jurislateur métropolitain.

En effet, le décret du 14 avril 1920 portant création d'un Conseil d'administration et d'un Conseil du contentieux administratif dans le territoire du Cameroun est une sorte d'acclimatation locale, une institution française vieille de près de deux siècles. Il s'agit des Conseils du contentieux administratif créés à partir de 1825 dans les départements d'outre-mer français, notamment la Réunion, la Martinique, la Guadeloupe et la Guyane. Cette institution fut généralisée à la faveur des décrets des 05 août et 07 septembre 1881 portant unification des règles d'organisation et de compétence des Conseils du contentieux administratif et réglementant la procédure à suivre devant ceux-ci.

Cette première « *juridiction* » administrative qui fit l'objet de moult aménagements et modifications[15] était juge de droit commun du contentieux local à l'exception des recours pour excès de pouvoir qui devaient être portés devant le Conseil d'État français. Cette même juridiction était encore compétente pour connaître des recours dirigés contre l'État français. Dans le même temps, elle avait vocation à statuer sur les litiges concernant les marchés publics, les dommages de travaux publics, les concessions de service public, le statut des fonctionnaires, le contentieux électoral, la comptabilité publique, les contributions directes.

Si l'on peut regretter qu'il viole le principe du double degré de juridiction, le Conseil d'État était juge en premier et dernier ressort du contentieux administratif[16].

---

[15] L'on fait notamment référence à l'arrêté du 16 décembre 1921 déterminant la procédure à suivre devant le Conseil du contentieux du Cameroun ; au décret n° 52-818 du 08 juillet 1952 portant modification du décret du 13 avril 1927 réorganisant le conseil du contentieux administratif dans le territoire du Cameroun sous tutelle française.

[16] ATEBA ATEBA (A), Le double degré de juridiction en contentieux administratif camerounais, Mémoire de DEA, en Droit public, Université de Yaoundé II, Année académique 2005-2006,142 p.

Ce manquement fut corrigé par la loi n° 61-12 du 20 juin 1961 relative au contentieux administratif dont l'article 2 dispose que : « *la Cour suprême connait des pourvois en annulation formés contre les arrêts du Tribunal d'État* ».

En tout état de cause, les textes normatifs portant création, organisation et fonctionnement du tribunal d'État ainsi que leurs différents actes de modification, imposent une observation de taille : il s'agit de l'origine coloniale du droit et du contentieux administratif au Cameroun. Une telle production normative peut être analysée comme un instrument politique au service de la métropole.

2- L'ambition politique affichée : l'accompagnement du territoire vers l'indépendance

Une analyse rigoureuse des textes normatifs destinés à régir l'organisation administrative et les différentes juridictions administratives ayant succédé aux juridictions coloniales incline à penser que les premiers actes du jurislateur colonial visaient à un objectif précis : celui de poser les balises d'une organisation administrative du futur État indépendant d'une part, ainsi que les fondements de la soumission de celle-ci au droit, d'autre part. Il est vrai qu'« *assimilation politique et assimilation juridique ne rimaient pas* »[17]. Pour autant, l'organisation de la juridiction administrative au Cameroun, ainsi que les principes et procédures appliqués par le juge administratif camerounais sont largement influencés par l'administration coloniale. Le décret n° 60-33 du 22 février 1960 fixant le règlement intérieur et le fonctionnement de la Cour suprême, la loi n° 61-12 du 20 juin 1 961 relative au contentieux administratif et même l'ordonnance n° 61-07-6 du 04 octobre 1961 fixant la composition, les conditions de saisine et la procédure devant la Cour fédérale de justice, confortent l'observation qui précède. L'admission du Cameroun à la subjectivité internationale ne changea guère cette réalité, car depuis l'accession à l'autonomie interne jusqu'à l'indépendance formelle, l'État du Cameroun n'aura pas hésité à intégrer dans son ordonnancement juridique, les textes, sinon édictés, du moins, initiés par la puissance colonisatrice.

B- La réception du droit administratif par le Cameroun

Inspirées par la puissance colonisatrice, les règles de droit administratif appliquées dans le système juridique camerounais y rentrent en vigueur par le truchement de deux principales techniques juridiques. La première est la promulgation formelle d'actes réglementant la justice administrative (**1**). La seconde est la conclusion d'une convention judiciaire entre la France et le Cameroun (**2**).

---

[17] ONDOA (M),« *Le droit administratif français en Afrique francophone…* », *op.cit.*, p 293.

1- La promulgation de la réglementation de la justice administrative au Cameroun

L'identification des actes réglementaires pris en métropole à l'effet de régir l'organisation et le fonctionnement de la justice administrative au Cameroun incline à considérer la promulgation de ces textes comme la principale technique d'introduction du droit administratif au Cameroun.

En réalité, les bases de la justice administrative au Cameroun furent posées par différents décrets promulgués au Cameroun de manière formelle. Tel est par exemple l'objet du décret du 22 mai 1924 rendant applicable au Cameroun, le décret du 05 août 1881 concernant l'organisation et la compétence des conseils du contentieux administratif dans les colonies de la Martinique, de la Guadeloupe et de la Réunion et réglementant la procédure à suivre devant ces conseils. Ce décret du 22 mai 1924 fut précédé de celui du 14 avril 1920 portant création d'un conseil d'administration et d'un conseil du contentieux administratif dans le territoire du Cameroun. La procédure à suivre devant cette « *juridiction* »[18] était régie par un arrêté du 16 décembre 1921[19]. En raison d'insuffisances structurelles[20], le Conseil du contentieux administratif dut subir quelques aménagements à la faveur d'un décret du 13 avril 1927 réorganisant le Conseil d'administration et le Conseil du contentieux administratif dans le territoire du Cameroun sous mandat français. Ce décret fut promulgué à Yaoundé le 22 juillet 1927, par un arrêté du commissaire de la

---

[18] Le Conseil du contentieux administratif ne saurait être regardé comme une juridiction au sens strict du terme. Son organisation, sa composition initiale ainsi que les modifications successives dont il fut l'objet ne suffisent guère à lui reconnaître les critères d'une juridiction. Sur ce dernier point, lire utilement :

- CHAPUS (R), « *Qu'est-ce qu'une juridiction ? La réponse de la jurisprudence administrative* », in Recueil d'études en hommage à Charles Eisenmann, Paris, Cujas, 1977, pp. 265-292, Spec, p. 272.
- GOHIN (O), « *Qu'est-ce qu'une juridiction pour le juge français ?* », in Revue Pouvoirs, n° 9, 1989, pp.94-105, Spec, p.98.
- CHEVALLIER (J), « *Fonction contentieuse et fonction juridictionnelle* », in Mélanges Stassinopoulos, Paris, LGDJ, 1974, pp.275-290, Spec, p.288.
- BONNARD (R), « *La conception matérielle de la fonction juridictionnelle* » in Mélanges Carré de Malberg, Paris, Librairie Édouard Duchémin, 1977, pp. 3-29, Spec, pp.9-10.

Voir également : CE, 07 février 1947, d'Aillieres, Rec, 50, RDP, 68,Cancol, Odent, note Waline, J.CP, 1947, II. 3508 note Morange.

[19] Arrêté du 16 décembre 1921 déterminant la procédure à suivre devant le Conseil du contentieux administratif du Cameroun (JOC, 1922, p.9).

[20] Selon Henri Jacquot, l'organisation initiale du Conseil du contentieux administratif n'était pas satisfaisante du point de vue de son efficacité. Voir : JACQUOT (M), « Le contentieux administratif au Cameroun », RCD, n° 7, janvier – juin 1975, p.16.

République française au Cameroun[21]. Un autre décret n° 52-815 du 08 juillet 1952 portant modification du décret du 13 avril 1927 fut lui-même promulgué au Cameroun par l'arrêté n° 3823 du 15 juillet 1952. L'objectif visé par cette ultime modification consistait à offrir plus de garanties au contribuable à travers une séparation entre l'administration active et la juridiction administrative.

En ce qui concerne sa compétence, le Conseil du contentieux administratif était « *juge de droit commun du contentieux local à l'exception des recours pour excès de pouvoir qui devaient être portés directement devant le Conseil d'État* »[22]. Cette juridiction était également « *juge d'attribution pour les recours dirigés contre l'État français* »[23]. Dans le même temps, elle connaissait des litiges concernant les marchés publics, les dommages de travaux publics, les concessions de terres, d'eau, de mines, les contestations domaniales, l'application du statut des fonctionnaires locaux, le contentieux électoral, la comptabilité publique et les contributions[24].

Cette première juridiction administrative vécut jusqu'à l'avènement du tribunal d'État qui fut créé par le décret n° 59-83 du 04 juin 1959 portant réforme du contentieux administratif et organisation du tribunal d'État. Le fonctionnement de cette juridiction était régi par l'arrêté n° 1784 du 09 juin 1959 d'Ahmadou AHIDJO, alors Premier ministre, chef du Gouvernement camerounais.

En clair, la publication au Cameroun de décrets et arrêtés portant création, organisation et/ou fonctionnement du conseil du contentieux administratif et du tribunal d'État, apparaît comme la modalité première d'introduction du droit administratif au Cameroun. La conclusion d'une convention judiciaire entre le représentant du gouvernement de la République française et celui de l'État du Cameroun procède de la même préoccupation.

---

[21] Arrêté promulguant au Cameroun le décret du 13 avril 1927 réorganisant le Conseil d'administration et le Conseil du contentieux administratif dans les territoires du Cameroun sous mandat français.

[22] JACQUOT (M), « *Le contentieux administratif au Cameroun* », *op.cit.*

[23] *Ibid.*

[24] *Ibidem.*

Dans le même sens, voir également le décret n°59-23 du 17 février 1959 rattachant le Conseil du contentieux administratif à la Présidence du gouvernement. L'article premier de ce décret dispose : « *le Conseil du contentieux administratif de l'État du Cameroun est juge de droit commun en matière administrative* ».

2- La conclusion d'une convention judiciaire entre la France et le Cameroun

En vertu de l'article 22 de l'ordonnance n° 58/1375 du 30 décembre 1958 portant statut du Cameroun[25], le Cameroun conclut avec la France, le 31 décembre 1958, une convention judiciaire qui contribue également à poser les bases du droit administratif dans ce pays. Deux principes majeurs sont consacrés par cet instrument normatif en matière de justice administrative. Outre la séparation des autorités administratives et judiciaires, les voies de recours contre les décisions des juridictions coloniales étaient recevables devant le conseil d'État français. En effet, en disposant que « *l'autorité judiciaire est indépendante de l'autorité administrative et du pouvoir législatif* », l'article 3 de cette convention judiciaire franco-camerounais réitère le principe de la séparation des autorités administratives des autorités administratives et judiciaires initialement consacré par l'article 22 de l'ordonnance du 30 décembre 1859 portant statut du Cameroun. De même, l'article 7 de cette convention judiciaire pose-t-il les bases du principe de double degré de juridiction en ces termes : « *les décisions juridictionnelles rendues en matière administrative sont susceptibles de pourvoir en appel et en cassation devant le Conseil d'État selon les formes et les délais prévus par la procédure en vigueur devant cette juridiction* ».

Ainsi, la consécration par voie conventionnelle des règles et principes fondamentaux de la procédure administrative contentieuse achève de révéler l'inspiration coloniale du droit administratif au Cameroun. L'accession du Cameroun à l'autonomie interne et à l'indépendance permit aux autorités émettrices du droit de consolider les bases de construction de l'État au moyen de la production des normes de droit administratif.

II- L'autonomisation de l'État par les normes administratives

Depuis l'admission du Cameroun à l'autonomie interne et à l'indépendance formelle, les organes juridiques de cet État n'ont cessé de produire des textes de droit administratif. Certains visaient à remplacer au plan administratif, l'indépendance politique nouvellement acquise (**A**). D'autres continuent de concourir à la libéralisation du cadre organique et processuel de l'activité administrative (**B**).

A- La consolidation normative de l'indépendance politique

Une identification minutieuse et une interprétation rigoureuse des prescriptions normatives du jurislateur camerounais révèlent que le renforcement de

[25] Cet article dispose : « *le transfert de la justice à l'État du Cameroun interviendra dans les conditions prévues par une convention qui devra fixer les principes de l'organisation judiciaire du Cameroun dans le respect de la séparation des autorités administratives et judiciaires et de l'indépendance de la magistrature* ».

l'indépendance politique était la préoccupation majeure des organes de création du droit au sein de l'État camerounais. Deux catégories de normes justifient l'observation liminaire qui précède. Les premières, essentiellement constitutionnelles, définissaient l'organisation administrative de l'État (**1**). Les secondes déterminaient la procédure de résolution des litiges dans lesquels l'administration était partie (**2**).

1- La définition de l'organisation administrative de l'État

Dès le lendemain de l'Indépendance, la production normative camerounaise relativement à l'organisation administrative de l'État n'a cessé d'abonder. À cet égard, l'article 1er de la Constitution du 04 mars 1960 consacre un principe juridique majeur. Il s'agit du principe de l'unité et de l'indivisibilité de l'État qui résulte de la disposition selon laquelle : « *le Cameroun est une République unie et indivisible...* ». De même, le titre III détermine les fonctions administratives du président de la République[26], tandis que le titre IV aménage celles du gouvernement[27].

Dans le même registre de l'organisation administrative, le titre ***X*** de la Constitution du 04 mars 1960 consacre deux principaux types de collectivités locales. Il s'agit des provinces et des communes. Aussi peut-on observer que cette Constitution du 04 mars 1960 représente la première assise normative de la décentralisation administrative au Cameroun[28]. Il s'ensuit que la décentralisation administrative telle qu'aménagée par le titre ***X*** de la loi constitutionnelle du 19

[26] Celles-ci sont régies notamment par les dispositions pertinentes des articles 11, 15, 16 et 17 de la Constitution du 04 mars 1960.

- Article 11 « Le Président de la République, chef de l'État, veille au respect de la Constitution. Il assure par son arbitrage le fonctionnement des pouvoirs publics ainsi que la continuité de l'État ».
- Article 15 : « Le président de la République préside le conseil des ministres ».
- Article 16 : « Le Président de la République représente l'État dans tous les actes de la vie politique ». Il est le chef des armées. Il préside les conseils et comités supérieurs de la défense nationale (...) Il confère les décorations de la République camerounaise. Le Président de la République signe les ordonnances et les décrets délibérés en conseil de ministres. Il promulgue les lois dans les conditions prévues à l'article 34 de la présente constitution ».
- Article 17 : « Il nomme aux emplois civils et militaires de l'État ».

[27] Article 21 : « Le Gouvernement assure la gestion des affaires de la République. Le Premier Ministre, chef du Gouvernement dirige son action, le Premier Ministre exerce le pouvoir réglementaire et assure l'exécution des lois, règlements et décisions de justice. Il dirige l'administration et dispose de la force publique, il peut, à titre exceptionnel, suppléer le Président de la République pour la Présidence d'un conseil des ministres en vertu d'une délégation expresse et pour un ordre du jour déterminé (...).
Article 22 : « Les actes du Premier Ministre sont contresignés, le cas échéant par les ministres chargés de leur exécution ».

[28] Article 46 : « Les collectivités locales de l'État du Cameroun sont les provinces et les communes (...) les collectivités s'administrent librement par des conseils dans les conditions prévues par la loi. Elles sont dotées de la personnalité morale et jouissent de l'autonomie financière ... ».

janvier 1996[29] est loin d'être une innovation fondamentale, la Constitution du 04 mars 1960 pouvant être regardée comme le fondement normatif initial de cette forme d'organisation administrative au Cameroun.

Pour sa part, la Constitution du 1er septembre 1961 comporte quelques innovations majeures en ce qui concerne l'organisation administrative de l'État. Outre la consécration de la forme fédérale de l'État[30], cette Constitution crée un poste de vice-président, à côté du président de la République[31]. Celui-ci cumule les fonctions de chef de l'État fédéral et du gouvernement fédéral.

À rebours de sa devancière, la Constitution du 02 juin 1972 renoue avec la forme unitaire de l'État. En témoigne son article premier qui dispose : « *la République fédérale du Cameroun, formée de l'État du Cameroun oriental et de l'État du Cameroun occidental devient, à compter de l'entrée en vigueur de la présente constitution, un État unitaire, sous la dénomination de République unie du Cameroun* ». Ainsi, l'essentiel du pouvoir administratif est concentré entre les mains du président de la République qui cumule les fonctions de chef de l'État et de chef du gouvernement. Au surplus, les articles 8[32] et 9[33] déterminent les fonctions administratives du président de la République. Sur ce dernier point, la loi constitutionnelle du 18 janvier 1996 aménage de manière distincte le pouvoir réglementaire du président de la

[29] Titre X : Des collectivités territoriales décentralisées :

- Article 55 (1) : (1) « Les collectivités territoriales décentralisées de la République sont les régions et les communes. Tout autre type de collectivité territoriale décentralisée est créé par la loi.
- (2) Les collectivités territoriales décentralisées sont des personnes morales de droit public. Elles jouissent de l'autonomie administrative et financière pour la gestion des intérêts locaux. Elles s'administrent librement par des conseils élus et dans les conditions fixées par la loi ».

[30] Article 1er : « La République fédérale du Cameroun est formée à compter du 1er septembre 1961, du territoire de la République du Cameroun, désormais appelé Cameroun Oriental et du territoire du Cameroun méridional anciennement sous tutelle britannique, désormais appelé Cameroun occidental ».

[31] Article 8 : « Le Président de la République fédérale du Cameroun, chef de l'État fédéral et du gouvernement fédéral, veille au respect de la constitution fédérale, assure l'unité de la fédération et la conduite des affaires de la République fédérale. Il est assisté dans sa mission par un vice-président de la République fédérale ».

[32] Article 8 de la Constitution du 02 juin 1972 : « Le Président de la République nomme les ministres et vice-ministres qui sont responsables devant lui, il met fin à leurs fonctions, il peut déléguer certains de ses pouvoirs par voie de décret ».

[33] Article 9 : « Le Président de la République représente l'État dans tous les actes de la vie publique, il est le chef des forces armées, il est chargé de l'exécution des lois, il exerce le pouvoir réglementaire, il nomme aux emplois civils et militaires, il crée, organise et dirige tous les services administratifs nécessaires à l'accomplissement de sa mission ».

République[34] et celui du premier ministre[35]. Aussi la constitutionnalisation de la décentralisation[36] ne constitue-t-elle pas une innovation de taille, étant entendu que la Constitution du 04 mars 1960 consacrait déjà les provinces et communes comme collectivités locales de l'État du Cameroun nouvellement indépendant. Cette dernière observation ne doit guère être prise dans l'absolu pour deux raisons. D'une part, la révision constitutionnelle du 18 janvier 1996 consacre les régions et les communes comme collectivités territoriales décentralisées, même si tout autre type de collectivité territoriale décentralisée est créé par la loi[37].

D'autre part, en vertu de l'article 61, les anciennes provinces sont constituées en régions. Il s'ensuit que la loi constitutionnelle du 18 janvier 1996 semble conférer une double connotation à la notion de région. Celle-ci désigne tantôt une circonscription administrative, tantôt une collectivité territoriale décentralisée.

À tout prendre, les différents actes normatifs du législateur camerounais traduisent la volonté de celui-ci d'asseoir l'indépendance politique nouvellement acquise à travers l'aménagement de l'organisation de l'État. D'autres textes juridiques régissant la procédure administrative contentieuse au Cameroun ne semblent guère éloignés de cette préoccupation initiale.

2- La détermination des bases de la procédure administrative contentieuse

Depuis l'accession à l'autonomie interne en passant par la proclamation de l'indépendance formelle, le 1er janvier 1960 jusqu'à nos jours, les organes juridiques de l'État n'ont jamais cessé de poser les bases de la justice administrative au Cameroun. Il suffit de passer en revue les différents textes normatifs relatifs à l'organisation et au fonctionnement des juridictions administratives qui se sont succédé dans ce pays. Deux observations majeures permettent de caractériser l'esprit de ces textes : d'une part, ces textes visaient à consolider l'indépendance de l'État au plan de la procédure administrative contentieuse. D'autre part, les différentes mutations subies par les juridictions administratives visaient à arrimer celles-ci aux évolutions et transformations politiques de l'État. C'est ainsi par exemple que l'exposé des motifs du décret n° 59-83 du 04 juin 1959 portant réforme du contentieux administratif et organisation du tribunal d'État indiquait, entre autres que : « *le présent décret s'est proposé d'atteindre un triple objectif : assurer la souveraineté*

---

34 Article 8 alinéas 8, 9, 10, 11 et 12, articles 9 et 10 de la loi constitutionnelle du 18 janvier 1996

35 Articles 11 et 12.

36 Article 1er alinéa 2 : « La République du Cameroun est un État unitaire décentralisé », voir aussi, titre X de la même loi constitutionnelle.

37 Article 55(1) : « Les collectivités territoriales décentralisées de la République sont les régions et les communes. Tout autre type de collectivité territoriale décentralisée est créé par la loi ».

de l'État en matière administrative, hâter le jugement définitif des litiges, définir et ordonner les compétences de la juridiction administrative ».

L'avènement de l'indépendance formelle semble motiver l'avènement du décret n° 60-33 du 22 février 1960 fixant le règlement intérieur et le fonctionnement de la Cour suprême. Il en est de même de la loi n° 61-12 du 20 juin 1961 relative au contentieux administratif. Aussi l'adoption de la forme fédérale de l'État par la Constitution du 1er septembre 1961 explique-t-elle la création d'une Cour fédérale de justice qui, elle-même, fit l'objet de nombreux textes modificatifs. En témoignent notamment :

- l'ordonnance n° 61-OF-6 du 04 octobre 1961 fixant la composition, les conditions de saisine et la procédure devant la Cour fédérale de justice ;

- l'ordonnance n° 62-OF-1 du 12 janvier 1962 complétant le titre IV de l'ordonnance n° 61-OF-6 du 04 octobre 1961, fixant la composition, les conditions de saisine et la procédure de la Cour fédérale de justice ;

- le décret n° 64-0F-218 du 19 juin 1964 relatif au fonctionnement de la Cour fédérale de justice en matière administrative et la loi n° 65-LF-29 du 19 novembre 1965 portant réforme du contentieux administratif.

En raison du retour à la forme unitaire de l'État à la faveur de la Constitution du 02 juin 1972 fut créée une Cour suprême chargée, en matière administrative, de statuer sur les recours en indemnité ou en excès de pouvoir dirigés contre les actes administratifs[38].

Faisant suite à cette prescription constitutionnelle, le président de la République prit une ordonnance le 26 août 1972 fixant l'organisation et le fonctionnement de la Cour suprême statuant en matière administrative. L'article 9 de cette ordonnance fait du juge judiciaire le juge de droit commun de l'administration, le juge administratif ne disposant que d'une compétence d'attribution, car ne pouvant statuer que sur certaines catégories de litiges bien définis[39].

---

[38] Titre VI, article 32, de la Constitution du 02 juin 1972 : « la Cour suprême, outre les attributions prévues aux articles 7, 10 et 27, est chargée (...) 2) Statuer sur les recours en indemnité ou en excès de pouvoir contre les actes administratifs ».

[39] L'article 9 de l'ordonnance n° 72/06 du 26 août 1972 portant organisation de la Cour suprême prévoit que le contentieux administratif comprend : « **a)** les recours en annulation pour excès de pouvoir, et en matière non répressive, les recours incidents en appréciation de la légalité ; b) les actions en indemnisation du préjudice causé par un acte administratif, c) les litiges concernant les contrats (sauf ceux conclus même implicitement sous l'empire du droit privé), d) les litiges intéressant le domaine public, e) les litiges qui lui sont expressément attribués par la loi ».

2) Les tribunaux de droit commun connaissent conformément au droit privé de tout autre action ou litige, même s'il met en cause les personnes morales de droit public ... Ils connaissent en outre des

La loi constitutionnelle du 18 janvier 1996 semble consolider les bases de la procédure administrative ainsi posées. Tel est l'objet de la création des juridictions inférieures en matière administrative consacrées par l'article 40 de la loi n° 96/06 du 18 janvier 1996 qui dispose : « *la chambre administrative connaît de l'ensemble du contentieux administratif de l'État et des autres collectivités publiques. (...). Elle statue souverainement sur les décisions rendues en dernier ressort par les juridictions inférieures en matière de contentieux administratif* »[40].

En tout état de cause, les différents textes pris par le jurislateur camerounais depuis l'admission à l'autonomie interne jusqu'à la révision constitutionnelle du 18 janvier 1996 traduisent une préoccupation majeure : celle de consolider l'indépendance politique nouvellement acquise au moyen de la détermination des bases de la procédure administrative contentieuse. Une telle ambition essentiellement politique ne semble guère incompatible avec la nécessité de protéger et de promouvoir les libertés publiques au moyen des normes administratives.

B- La libéralisation de l'État par les normes administratives

D'entrée de jeu, une clarification conceptuelle s'impose. Celle-ci est relative au contenu de l'idée de « *libéralisation de l'État* ». Il s'agit de l'orientation libérale de l'État à travers les règles applicables à l'organisation administrative, à l'activité administrative et à la soumission de l'administration au droit.

Au fond, cette idée n'est guère fondamentalement nouvelle. Elle avait déjà été développée au plan jurisprudentiel par Monsieur GUESSELE ISSEME qui observe « *l'orientation libérale du droit substantiel* »[41] dans l'œuvre de construction du droit par le juge administratif camerounais. Ainsi, l'interprétation des normes juridiques régissant l'activité et l'organisation administrative révèle que les organes de création du droit au Cameroun ont opté pour la promotion des libertés publiques (**1**). La protection effective des libertés ainsi consacrées contre les abus de l'administration justifie la consolidation des mécanismes de contrôle juridictionnel de l'activité administrative (**2**).

---

emprises et voies de fait administratives et ordonnent toutes mesures pour qu'il y soit mis fin. Il est statué sur l'exception préjudicielle, soulevée en matière de voie de fait par l'Assemblée plénière de la Cour Suprême. Aucun cour ou tribunal ne peut connaître des actes de gouvernement ».

[40] Sur la consolidation du contrôle juridictionnel de l'administration, voir supra.

[41] GUESSELE ISSEME (L.P.), *L'apport de la Cour suprême au droit administratif camerounais*. Thèse pour l'obtention du Doctorat Ph.D en Droit public, Université de Yaoundé II-SOA, Année académique, 2010-2011, 590pp. Spec, pp. 322-324.

1- La promotion normative des libertés publiques

La qualité et la quantité de la production scientifique relative aux libertés publiques au Cameroun[42] révèlent à suffisance l'intérêt de la doctrinale nationale pour cette question. Pour sa part, le législateur camerounais n'a eu de cesse, de se montrer favorable pour la promotion des libertés publiques. Tel est l'objet des lois de 1990 relatives à l'état d'urgence[43], à la liberté d'association[44], au maintien de l'ordre[45] aux réunions et manifestations publiques[46] et aux organisations non gouvernementales[47]. Pour l'essentiel, en consacrant la déclaration de ces différentes activités comme régime de principe des libertés y afférentes, leur autorisation constituant l'exception, le législateur camerounais fait le choix de la libéralisation de l'État à travers un tel aménagement administratif des libertés publiques.

Au plan de l'organisation administrative, l'option de la décentralisation comme technique de gestion administrative de l'État est l'objet d'un impressionnant appareillage législatif et réglementaire, celui-ci faisant suite aux prescriptions du titre *X* de la loi constitutionnelle du 18 janvier 1996[48]. En substance, le système camerounais de décentralisation administrative consacre le principe de liberté d'administration des collectivités territoriales décentralisées, même si l'État continue d'exercer son contrôle sur celles-ci à travers son pouvoir de tutelle. La volonté

---

[42] Sans prétendre être exhaustif, l'on invoquera les travaux suivants :
- ATANGANA AMOUGOU (J.L), *L'État et les libertés publiques au Cameroun : essai sur l'évolution des libertés publiques en droit camerounais*. Thèse pour le Doctorat en droit (nouveau régime), Mention : droit public interne, Université Jean Moulin Lyon III, 1999.
- ATEMENGUE (JDN), *La police administrative au Cameroun, Recherche sur le maintien de l'ordre public*. Thèse pour le doctorat en droit Université Jena Moulin, Lyon III, Juillet 1995.
- NGUELE ABADA (M), *État de droit et démocratisation : contribution à l'étude de l'évolution politique et constitutionnelle au Cameroun*. Thèse du doctorat en droit public, Université de Paris I, Panthéon-Sorbonne, 1995.
- BEBI (J.C), *La notion d'ordre public en droit administratif camerounais*, Mémoire de DEA en droit public, Université de Yaoundé II-SOA, année académique 2010-2011.
- FOUDA NGAMBOE (E.R), *Le maintien de l'ordre public en droit camerounais*, Mémoire de Master en Droit, option, Droit public interne, Université de Ngaoundéré, Année académique 2012-2013.

[43] Loi n°90-47 du 19 décembre 1990 relative à l'état d'urgence.

[44] Loi n° 90/053 du 19 décembre 1990 relative à la liberté d'association.

[45] Loi n° 90/54 du 19 décembre 1990 relative au maintien de l'ordre.

[46] Loi n°90-55 du 19 décembre 1990 relative aux réunions et manifestations publiques.

[47] Loi n° 90/04 du 22 décembre 1999 régissant les organisations non gouvernementales.

[48] Dans ce registre, l'on peut citer : la loi n° 2004/017 du 22 juillet 2004 d'orientation de la décentralisation ; la loi n° 2004/018 du 22 juillet 2004 fixant les règles applicables aux communes ; la loi n°2004-019 du 22juillet 2004 fixant les règles applicables aux régions ; la loi n° 2009/012 du 10 juillet 2009 portant régime financier des CTD, la loi n° 2009/019 du 15 décembre 2009 portant fiscalité locale.

d'affermir le régime des libertés ainsi consacrées semble justifier la consolidation du contrôle juridictionnel de l'administration publique.

2- La consolidation du contrôle juridictionnel de l'administration

L'option pour une soumission de l'administration publique au droit par le contrôle juridictionnel de celle-ci, irrigue les textes nombreux relatifs à l'organisation et au fonctionnement de la justice administrative au Cameroun. Une telle option est restée sinon constante, du moins est-elle montée en intensité avec la révision constitutionnelle du 18 janvier 1996.

En son article 40, celle-ci crée des juridictions inférieures en matière de contentieux administratif à côté de la chambre administrative de la Cour suprême : « *la chambre connait de l'ensemble du contentieux administratif de l'État et des autres collectivités publiques (...). Elle statue souverainement sur les décisions rendues en dernier ressort par les juridictions inférieures en matière de contentieux administratif* ».

Faisant suite à cette disposition constitutionnelle, le législateur camerounais a adopté la loi n° 2006/022 du 29 décembre 2006 fixant l'organisation et le fonctionnement des tribunaux administratifs. À ce jour, ces juridictions administratives sont rentrées dans leur phase de fonctionnement effectif grâce au décret n° 2012/119 du 15 mars 2012 portant ouverture des tribunaux administratifs.

CONCLUSION

L'analyse des fondements textuels du droit administratif camerounais impose quelques observations majeures. D'abord, ce corps de normes est fortement « **jurisdit** »[49] autant qu'il est construit par le juge. Ensuite, ce droit est essentiellement importé de l'administration française qui ambitionnait d'instaurer sur le territoire du Cameroun placé sous son autorité, un système d'administration publique et de justice administrative similaire à celui appliqué en métropole. Aussi l'objectivation de ce droit par l'État du Cameroun devenu autonome et totalement indépendant, a-t-elle épousé les mécanismes et techniques juridiques de réception formelle du droit étranger. Ce faisant, l'État du Cameroun n'hésitera guère à transformer l'appareillage normatif régissant l'organisation et le fonctionnement de son administration publique en instrument d'affermissement de l'indépendance politique nouvelle. Finalement, les normes de droit administratif apparaissent davantage comme des outils de consolidation des libertés publiques, ce processus allant de pair avec le contrôle juridictionnel de l'administration publique.

---

[49] BIPOUN-WOUM (J-M), « Recherches sur les aspects actuels de la réception du Droit administratif dans les États d'Afrique noire d'expression française », *op cit.*, pp 359-388.

LES FONDEMENTS CONSTITUTIONNELS DU DROIT ADMINISTRATIF : DE SA VERTUEUSE ORIGINE FRANÇAISE À SA GRADUELLE TRANSPOSITION VICIEUSE DANS DES ÉTATS STABLES ET INSTABLES DE L'AFRIQUE FRANCOPHONE

Jean-Calvin ABA'A OYONO[1]

S'il est une production scientifique résonnant en écho dans la mémoire du juriste administrativiste, davantage à l'égard du lecteur aux vertus de la patience, de la prudence et du décryptage, confronté à une œuvre hyper volumineuse et suffisamment complexe que requiert l'art de l'épure, celle de Charles EISENMANN s'inscrit au registre[2]. Pour l'essentiel des considérations épistémologiques ou, si l'on veut, de méthodes qui y sont gravées, l'auteur affirme que « *les notions ou expressions juridiques que l'on utilise couramment sont intuitivement perçues alors même qu'elles restent rebelles à la conceptualisation* ». S'il y a par conséquent nécessité impérieuse de définir au préalable le vocable de « *fondement* (s) », à l'effet justement de guider judicieusement la pensée qui mène à la captation de la substance même de la connaissance, la difficulté sémantique apparaît *a contrario* très banale au sujet des termes Constitution, tirés ici de l'épithète « *constitutionnel* (s) », et droit administratif.

Terme fondamentalement juridique, le concept « *fondement* (s) » n'est pas non plus, outre mesure, de nature à susciter de sérieux problèmes de compréhension. En combinant les réflexions de **LALANDE**, contenues dans son *Vocabulaire technique et critique de la philosophie*[3], ainsi que celles de **Gérard CORNU**, extraites du *Vocabulaire juridique*[4], les fondements correspondent à une idée assez claire pour ne point s'y éterniser : il s'agit de mettre en relief ce sur quoi repose un objet de connaissance et, en l'espèce, ces valeurs et références de base sur lesquelles est adossée

---

[1] *Chargé de Cours à la Faculté des Sciences Juridiques et Politiques de l'Université de Yaoundé II-Soa.*

[2] Il s'agit précisément de ses célèbres « *Cours de Droit administratif* », Tome 1, Paris, LGDJ, 1982 et Tome 2, Paris, LGDJ, 1983.

[3] Lalande (A.), *Vocabulaire technique et critique de la philosophie,* Paris, PUF, 2e éd., 2006, 1322 p.

[4] Cornu (G.), *Vocabulaire juridique* (Association Henri Capitant), 7e édition, P.U.F., Paris, 2005, 970p.

la discipline juridique qu'est le droit administratif sous le prisme de la loi fondamentale, encore nommée Constitution.

Mais en considération de ce que ce champ normatif, soumis à débat, n'est pas une création *ex nihilo*, ne relève pas de la génération spontanée, n'est pas une résultante de la contingence, il sied de faire observer que l'histoire est un déterminant incompressible dans la compréhension de l'actualité institutionnelle. Saisir les données acquises relatives aux fondements constitutionnels du droit administratif participe d'une analyse largement tributaire de la fidèle restitution des fils conducteurs des fondements événementiels du droit administratif français, à ce jour manifestement tropicalisé, précisément dans les États d'Afrique noire francophone.

Par-delà ce qu'il est convenu d'appeler le feuilleton doctrinal né de la controverse entre **Thomas METIVIER** qui, sous le directoire[5], utilise pour la première fois l'expression droit administratif dans son programme d'enseignement, sur le fondement de la participation croissante des citoyens au choix des administrateurs qui sont élus, et **Achille MESTRE** qui, sous la Restauration des années 1824/1830, relativement à la question de la naissance du droit administratif avant, pendant ou après la période révolutionnaire, l'on ne peut autrement faire que de s'accorder sur une traçabilité duale du droit administratif hexagonal.

La première est liée à certains vestiges de l'Ancien Régime qui étaient révélateurs de formes originales de règlement des conflits opposant les autorités publiques aux administrés. **À l'époque médiévale**, les agents du roi, appelés les baillis et sénéchaux, nommés par lui, détiennent un pouvoir de police sur la circonscription ainsi qu'une fonction de juge. **Avant 1789**, le terme Parlement ne désignait pas une assemblée législative, mais une cour souveraine de justice ayant une fonction juridictionnelle distincte du pouvoir législatif détenu par le Roi. **Dès le XVe siècle**, les États provinciaux de Bourgogne, Languedoc, Bretagne et Provence se réunissent sur convocation du roi en vue d'exercer la fonction de collecte d'impôts. Les villes naissent au moyen d'un acte juridique appelé Charte urbaine en vue de délimiter leurs compétences et celles relevant du seigneur. L'action de police ainsi que celle d'édiction de la législation locale étaient confiées aux conseils gérant lesdites villes.

La conclusion que l'on tire de cette évocation de l'histoire institutionnelle est que l'histoire du droit administratif ne débute forcément pas avec l'interprétation des lois révolutionnaires.

La seconde est connectée à l'un des grands fils directeurs de l'histoire du droit administratif français, chose la mieux partagée : c'est la volonté de tenir en marge les

---

[5] 8 Nivôse An 7 ; 28 décembre 1798.

tribunaux ordinaires existants, ceux de droit commun en l'occurrence, des litiges mettant en cause l'Administration. **Henrion De PANSEY**, dans son ouvrage intitulé *De l'autorité judiciaire en France,* publié en 1827, finira par rallier l'opinion à cette cause, qu'en souvenir de l'opposition des parlements de l'Ancien Régime, « *juger l'Administration, c'est encore administrer* ».

Pareille déconnexion du juge de droit commun au contrôle de l'Administration conduisit, par conséquent, à ce que cette dernière juge elle-même les litiges nés de son action : c'est la théorie de l'administrateur/ministre-juge ou de la justice retenue – par le chef de l'État -, par opposition au système de justice déléguée, rendue directement par le juge « *au nom du peuple français* ». La deuxième conséquence est l'apparition d'un véritable ordre judiciaire séparé de l'Administration, bien qu'issue d'elle.

Le troisième élément de la chronologie des incidences résume la formation de ce droit exorbitant du droit commun qu'est le droit administratif français ainsi que la mise en place progressive des juridictions administratives. Et c'est à cette séquence précise qu'il importe de marquer un temps d'arrêt pour mieux apprécier les manifestes fondements normatifs du droit administratif français :

- **1790**. Dans la logique de la séparation des pouvoirs, la loi des **16 et 24 août** définit le code des rapports du judiciaire et de l'administratif : l'article 13 interdit au juge ordinaire d'intervenir dans l'activité de l'Administration, sous peine de forfaiture. Et en complément normatif nécessaire, l'adoption d'un code pénal, revu en 1810, consacre un article 127 qui sanctionne les juges qui se prononceraient sur des opérations des corps administratifs.

- **1799**. Le **15 décembre**, la Constitution de l'An VIII crée le Conseil d'État à la suite de la volonté de Napoléon BONAPARTE.

- **1800**. La loi du **28 Pluviôse An VIII** (17 février) crée les Conseils de préfecture, qui deviennent, en 1953, les tribunaux administratifs chargés du contentieux administratif à l'échelle locale.

- **1872**. Le **24 mai**, une loi reconnaît au Conseil d'État le pouvoir de rendre des décisions souveraines dans les litiges opposant les particuliers à l'Administration. À cette indépendance, convient-il de relever, à la même date, est créé le Tribunal des Conflits, formé des magistrats de la Cour de cassation et du Conseil d'État au titre d'arbitre des compétences lorsque la nature judiciaire ou administrative de l'affaire n'est pas claire.

- **1873**. Le **08 février**, le Tribunal rend **l'Arrêt BLANCO**, qualifié de « *pierre angulaire* » du droit administratif français par Léon DUGUIT, qui consacre l'autonomie du droit de la responsabilité administrative par rapport aux règles civilistes.

- **1936**. Le **6 novembre**, le Conseil d'État affirme son incompétence en matière de contrôle de constitutionnalité des lois en rendant **l'Arrêt ARRIGHI**. Avec l'avènement de la Ve République en 1958, le Conseil constitutionnel se verra expressément attribuer ce rôle.

- **1973**. Le **19 janvier**, l'arrêt **Société d'exploitation électrique de la rivière du Sant** dira que les contrats soumis à un régime exorbitant du droit commun présentent le caractère de contrats administratifs.

- **1978.** Le **6 janvier**, le Parlement édicte une loi relative à l'informatique, aux fichiers et aux libertés. Le **17 juillet**, une loi sur les relations entre l'Administration et le public institue, notamment, le droit d'accès aux documents administratifs pour les personnes que ces documents concernent.

- **1979**. Le **11 juillet** est émise une loi sur la motivation des décisions administratives individuelles défavorables.

- **1980**. Le **22 juillet**, le Conseil constitutionnel, dans la décision dite **validation d'actes administratifs**, fixe en jurisprudence que l'existence et l'indépendance des juridictions administratives sont garanties par la Constitution.

- **1987.** Le **23 janvier**, le même Conseil constitutionnel, dans la décision dite **Conseil de la concurrence**, dira que *« conformément à la conception française de la séparation des pouvoirs, figure au nombre des principes fondamentaux reconnus par les lois de la République* **(P.F.R.L.R)**... *la compétence de la juridiction administrative à connaître en dernier ressort de l'annulation ou de la réformation des décisions administratives ».*

- Le **31 décembre**, une réforme du contentieux administratif crée des Cours administratives d'appel, dans cinq (05) villes, dont la mise en place est progressive les années suivantes : contentieux de plein droit à partir de 1989, contentieux de l'excès de pouvoir à partir de 1992, contentieux de la fonction publique à partir de 1994-1995.

- **1995.** Le 08 février, une loi sur la justice habilite le juge administratif à pouvoir tirer les conséquences de ses décisions en prescrivant une mesure ou en imposant à l'Administration de se prononcer de nouveau dans un certain délai.

- **2008.** Le 23 juillet, la loi constitutionnelle de modernisation des institutions de la Ve République institue un défenseur des droits dans un nouvel article 71-1, qui a pour mission de veiller au respect des droits et libertés par les administrations publiques.

Si l'on s'en tient à ces repères normatifs de la succincte histoire du droit administratif français, forcément sélectif, il est possible, de manière ramassée, de jauger le niveau d'influence de la Constitution française sur le régime administratif. C'est un ordre constitutionnel laissant apparaître un État légitimé et respectueux des droits fondamentaux des citoyens[6] et, corrélativement, faisant moins le lit d'un État autocrate[7].

Si l'on véhicule couramment que le droit administratif des États africains d'expression française est d'inspiration française[8], l'on n'insiste pas toujours sur les conditions idéologiques de transposition qui ont forcément déteint sur le contenu de la norme. Il y a donc lieu de relativiser forcément ce cliché social. À cette interrogation centrale visant à apprécier les orientations que le nouveau constitutionnalisme imprime au droit administratif en Afrique, davantage dans les États à la stabilité institutionnelle, à l'instar du Cameroun faisant l'objet de la grille d'analyse, la survivance de l'idée d'unité nationale, politiquement exaltée et juridiquement consacrée[9], irrigue une part considérable de la production normative en matière administrative.

Par ailleurs, dans des États africains en crise institutionnelle, l'abrogation ou la suspension de la loi fondamentale induit l'émergence d'une normativité atypique. Laquelle normativité est imposable à l'organisation administrative et à l'activité de l'entité publique. Si bien qu'on peut relever cette dualité des sources constitutionnelles du droit administratif dans des États de l'Afrique francophone. Aux antipodes du lien libéral qui se dégage entre la Constitution et le droit administratif français, la norme faîtière innerve l'ensemble normatif y compris le droit administratif, en raison du principe de la hiérarchie des règles de droit au

---

[6] Chevallier (J.), « *Le droit administratif, droit de privilège ?* » in Pouvoirs, n° 46, 1988.

[7] Lochak (D.), « *Le droit administratif, rempart contre l'arbitraire ?* », in Pouvoirs, n° 46, 1988.

[8] C'est l'idée qui est défendue par une pluralité d'auteurs. On peut, dans ce sens, citer : KAMTO (M.), « *La fonction administrative contentieuse de la Cour Suprême du Cameroun* » in les Cours suprêmes en Afrique, Economica, Paris 1988, p.52 ; BIPOUN-WOUM (J-M.), « *Recherches sur les aspects actuels de la réception du droit administratif dans les États d'Afrique noire d'expression française : le cas du Cameroun* », RJPIC, 1972, n° 3, p.368 ; BADARA FALL (A.), La responsabilité extra contractuelle de la puissance publique au Sénégal : Essai de transposition des règles de droit administratif français dans un pays d'Afrique noire francophone, Thèse de Doctorat en Droit, Bordeaux I, 1993.

[9] Lire dans ce sens : KONTCHOU KOUOMEGNI (A.), « *Le droit public camerounais, instrument de construction de l'unité nationale* », RJPIC, n° 4, octobre-novembre-décembre 1979, p. 416 ; KAMTO (M.), Pouvoir et Droit en Afrique noire. Essai sur les fondements du constitutionnalisme dans les États d'Afrique noire francophone,LGDJ, Bibliothèque Africaine et Malgache, 1987,p.329.

Cameroun. Cependant, la lettre de la Constitution comporte des marques flagrantes d'un autocratisme administratif (**I**). Bien d'autres États aux institutions constamment vacillantes comme le Niger, la RCA, la R.D.C, le Congo, pour ne citer que ceux-ci, font émerger des bases constitutionnelles atypiques à l'égard du régime administratif (**II**).

I- Les repères constitutionnels d'un autocratisme administratif dans un Cameroun stable

La loi fondamentale de l'État du Cameroun, pour ne point parler de République, institue, au-delà des apparences de constitutionnalisme libéral[10] et de consolidation puis garantie des droits de l'Homme[11], des pans entiers d'une administration publique liberticide (**A**). Toutes choses qui, corrélativement, induisent l'ancrage d'un pouvoir public autoritaire qui s'articule autour d'un pouvoir administratif fort et mono centré (**B**).

A- La constitutionnalisation du verrouillage administratif des prérogatives individuelles

En 1959, **Fritz WERNER**, constitutionnaliste allemand, résumait clairement sa conception de la passerelle qu'il y a entre la loi fondamentale et les règles spéciales de l'Administration. C'est que, disait-il, « *le droit administratif est la concrétisation du droit constitutionnel* ». S'il était demandé d'administrer la preuve irréfutable de ce que le droit administratif est la caisse de résonance de la norme faîtière de l'État en Afrique noire francophone, le domaine des droits fondamentaux des citoyens apparaîtrait comme l'illustration typique. Les difficultés qu'éprouvent les administrés à l'exercice des libertés, pourtant constitutionnalisées, face à l'omnipotence de la puissance publique administrative, tiennent justement au tour de passe-passe de la Constitution qui, en même temps, fait outrancièrement primer des butoirs liberticides[12], au profit de l'Administration et au grand dam des citoyens (**1**). Quand bien même le citoyen lésé dans l'usage de la prérogative individuelle venait à solliciter le sauvetage des juges compétents, la quasi-vacuité du gardiennage juridictionnel des libertés ravive la thèse et ramène à la case départ du jeu trouble du constituant (**2**).

---

[10] Kamto (M.), « *Dynamique constitutionnelle du Cameroun indépendant* », R.J.A, 1995/1,2 et 3, pp.7-49.

[11] Kamto (M.), « *Le Bill of rights dans le constitutionnalisme : sa genèse américaine et son destin africain* », R.J.A, 1992/1993, pp.7-16.

[12] Lire, sous notre direction, Bikoro (J-M), *Les paradoxes constitutionnels en Droit positif du Cameroun*, Mémoire de DEA en Droit public, Université de Yaoundé II, 2011, p.114.

1- Le primat abusif des butoirs liberticides

La renaissance constitutionnelle du début des années 90 a semblé sonner le tocsin d'une protection plus renforcée des droits fondamentaux. La transition de la société politique de pure police à celle policée en a reçu formalisation[13]. On s'est alors acheminé vers une garantie constitutionnelle crédible desdits droits[14]. Il s'agit d'ailleurs d'une option fondamentale, car « *les individus doivent vivre librement sans la présence oppressante d'une puissance publique* »[15]. L'État ne devrait par conséquent y intervenir que de façon minimale, en vue de faire droit à l'épanouissement de la liberté individuelle.

Au Cameroun, le préambule de la Constitution révisée est séduisant par rapport à son contenu normateur, à l'exclusion, bien entendu, de ses préliminaires énoncés de doctrine politique à l'utilité juridique contestée. En effet, au regard de l'article 65 du corpus qui fait dudit préambule « ... *partie intégrante de la constitution* », la convocation des « *libertés fondamentales inscrites dans la Déclaration universelle des droits de l'homme, la Charte des Nations Unies, la Charte africaine des Droits de l'Homme et des Peuples et toutes conventions internationales y relatives et dûment ratifiées...* », figurent à l'entame du régime constitutionnel des libertés.

S'ensuit alors un énoncé de la gamme variée des droits et libertés octroyés aux citoyens, du reste très enrichi par rapport à la dynamique constitutionnelle antérieure. Bien plus, les principes « *des droits inaliénables et sacrés* », de l'égalité de « *tous... en droits et en devoirs... sans distinction de race, de religion, de sexe, de croyance* », puis de « *la liberté et de la sécurité* (qui) *sont garanties à chaque individu...* » sont formellement inscrits. Vue sous cet angle, la Constitution dessine le visage d'un État camerounais légitimé, dès lors qu'il se dépouille de son versant autoritaire pour céder la place à la préservation et au respect des droits fondamentaux des citoyens.

Une parenthèse comparative en évocation de la situation au Burkina Faso permet de faire aussi observer que la loi fondamentale consacre un titre entier aux droits

---

13 Kam Yogo (E.), « *La loi constitutionnelle du 18 janvier 1996 et la garantie des droits : le passage de l'État de police reformé à l'amorce de l'État de droit* », In Alain ONDOUA (dir.), La Constitution camerounaise du 18 janvier 1996 : bilan et perspectives, Afrédit, pp.135-154.

14 Olinga (A-D), « *Vers une garantie constitutionnelle crédible des droits fondamentaux* », in Stanislas Meloné, Adolphe Minkoa Shé et Luc Sindjoun (dir.), La réforme constitutionnelle du 18 janvier 1996. Aspects juridiques et politiques. Fondation Friedrich Ebert/Grap, 1996, pp.320-346. Lire également Zogo Nkada (S-P), « *Le nouveau constitutionnalisme africain et la garantie des droits socio-culturels des citoyens : cas du Cameroun et du Sénégal* », RASJ, vol.8, n° 1, 2011, p.31.

15 De Aranjo (C.), « *Le général et le particulier dans le droit constitutionnel moderne* », RFDC,n° 74, 2008, p.241.

fondamentaux[16], et son article premier pose le principe de l'égalité entre citoyens[17]. Y sont également consacrés, le droit à la sûreté[18], les droits de la défense[19], l'inviolabilité du domicile[20], la liberté d'opinion, de religion ou de croyance[21]. En tout état de cause, un enrichissement du répertoire des prérogatives individuelles protégées émerge de cette production constitutionnelle.

Mais comment comprendre et expliquer qu'en dépit de pareille batterie constitutionnelle aliénant le circuit des prérogatives individuelles, l'Administration ait toujours cette capacité juridique de nuisance qui mine l'exercice de la liberté ? Pour être davantage clair, à l'appui d'un cas d'espèce, qu'est-ce qui justifie le réflexe automatique des autorités administratives visant à autoriser les manifestations publiques en faveur du régime en place et, à l'opposé, à interdire toutes celles qui tendent au ras-le-bol des citoyens contre le management des hautes autorités centrales de l'État ? De quels arguments juridiques se prévalent-elles pour annihiler ce qui énonce la norme suprême ?

Là où le bât blesse, c'est que la Constitution même, de par sa duplicité normative[22], prête manifestement le flanc à la critique. Une lecture transversale du texte permet alors de dénicher la pierre d'achoppement. Le texte de la Constitution fait primer sur la liberté et la sécurité juridique deux boucliers juridiques au secours de l'action administrative. Les expressions « *intérêt supérieur de l'État* »[23] et « *sous réserve des prescriptions légales relatives à l'ordre, à la sécurité et à la tranquillité publics* »[24] constituent de véritables butoirs liberticides voulus par le constituant[25].

Sur la première formule tenant à « *la liberté et la sécurité* (qui) *sont garanties à chaque individu dans le respect de l'intérêt supérieur de l'État* », on opère une triple observation. D'abord, quel est le contenu à donner à cette expression ? La

---

[16] Il s'agit du Titre 1 de la Constitution du 02 juin 1991.

[17] Cet article dispose : « *Tous les Burkinabè naissent libres et égaux en droits. Tous ont une égale vocation à jouir de tous les droits et de toutes les libertés garantis par la présente Constitution. Les discriminations de toutes sortes, notamment celles fondées sur la race, l'ethnie, la région, la couleur, le sexe, la langue, la religion, la caste, les opinions politiques, la fortune et la naissance, sont prohibées* ».

[18] Lire les articles 2 et 3 de la Constitution.

[19] Article 4 de la Constitution.

[20] Article 6 de la Constitution.

[21] Article 7 de la Constitution.

[22] Bikoro (J-M), Les paradoxes constitutionnels en droit positif du Cameroun,*op. cit.*, p.85.

[23] Lire le préambule de la Constitution camerounaise ainsi que l'article 9 de la Constitution ivoirienne du 01er août 2000.

[24] Lire le préambule de la Constitution camerounaise, l'article 9 de la Constitution ivoirienne suscitée ou encore l'article 1 alinéas 1, 2 et 3 de la Constitution gabonaise du 26 mars 1991.

[25] Metou (B-M), « *Vingt ans de contentieux des libertés publiques au Cameroun* », RASJ, Vol. 8, n° 1, 2011, p.276.

Constitution n'en dit mot. Ensuite, est-il juridiquement concevable de dissocier l'individu de l'État alors que les deux se renvoient mutuellement, le premier faisant partie intégrante du second et ce dernier ne devant sa configuration institutionnelle qu'à celui-là ? Enfin, « *l'intérêt supérieur de l'État* » ne contribue-t-il pas à reléguer, au rang de la subsidiarité, la liberté ? Quoi qu'il en soit, l'écriture de l'insertion d'une telle clause aux contours flous dans la Constitution offre aux autorités administratives étatiques la latitude de moduler l'exercice de la liberté en fonction des préoccupations qui sont les leurs. Elle permet de mettre en exergue l'influence négative que le droit constitutionnel exerce sur le régime administratif des libertés. On comprend dès lors l'heureuse formule de **Maurice KAMTO** qui, appréciant cet « *intérêt supérieur de l'État* » par rapport au droit des libertés, concluait que le constituant « *introduisait le loup dans la bergerie* »[26].

Quant à la seconde relative à l'ordre public manifestement mal reprise par le constituant national en référence à la terminologie cadrée en droit public français, les autorités administratives ont cette manie de présumer les éventuels troubles à l'ordre établi pour faire barrage à la jouissance de la liberté. Ce qui est à la fois politiquement et juridiquement contre-productif. Voulant expliquer à l'opinion nationale et internationale les ressorts de sa démission du gouvernement en 2011, à l'occasion d'une conférence publique, le zèle récurrent d'un sous-préfet avait fait capoter la tenue de ladite conférence, motif pris de ce qu'elle était de nature à porter atteinte à l'ordre public. Le démissionnaire volontaire, en la personne de Maurice Kamto, partagea alors ses explications avec le public par insertion de sa communication dans les colonnes de la presse privée indépendante sans qu'il y ait réalisation de trouble à l'ordre public. L'utilisation de la notion d'ordre public par l'autorité administrative aboutit donc à des dérapages, dès lors qu'elle obéit davantage à des considérations d'ordre politique que juridique.

Et pourtant, depuis le 19 mai 1933, la jurisprudence du Conseil d'État français, dans **l'espèce BINJAMIN**, avait prescrit l'axiome selon lequel la jouissance de la liberté est la règle et l'interdiction l'exception, l'autorité administrative se devant de prendre des mesures pour anticiper et endiguer les troubles éventuels en assurant des cordons de sécurité aux lieux des manifestations publiques. **L'ordonnance M'BALA M'BALA Dieudonné,** rendue en **janvier 2014** par la juridiction administrative de France[27] viendra néanmoins constituer ce grain de sable qui enraye la fluidité jurisprudentielle en matière de contrôle contentieux des mesures de police. Et c'est

[26] Cité par Metou (B- M), « *Vingt ans de contentieux des libertés publiques au Cameroun* », *op.cit.*, p.276.
[27] On fait ici référence à la chose jugée du Conseil d'État en date du 09 janvier 2014, Ministre de l'Intérieur C. / Société Les Productions de la Plume et M. M'BALA M'BALA Dieudonné.

justement ce mécanisme national de gardiennage juridictionnel des libertés qui, dans son évanescence fonctionnelle, permet le développement des butoirs liberticides.

2- La quasi-vacuité du gardiennage juridictionnel des libertés

Les juridictions s'entendent des institutions-organes dont l'activité contentieuse permet d'assurer, sans restriction, la suprématie des normes juridiques dont fait partie, à l'échelle suprême, cette Constitution qui confère des droits fondamentaux. À la question de savoir qui peut-on considérer comme juge constitutionnel, aucune des juridictions existantes n'échappe à ce statut dès l'instant où toutes, sans distinction, sont susceptibles de faire usage de la boussole constitutionnelle lors du règlement des contentieux. Si le Conseil constitutionnel est juge originel de la Constitution et que les juges administratif, judiciaire et des comptes sont des juges constitutionnels dérivés, c'est l'exclusivité de la connaissance du contrôle de constitutionnalité de la loi qui distingue le conseil des autres juges susvisés.

Sur le Conseil constitutionnel, garant des libertés fondamentales au plan théorique[28], il sied de faire observer que sa fonction de protection contre les abus du pouvoir administratif n'est pas exercée dans des conditions de sérénité institutionnelle, ce qui naturellement en mine l'essence. Et trois raisons essentielles justifient une telle position tranchée.

En droit camerounais par exemple, le Conseil constitutionnel relève de l'abstrait. C'est une institution-organe caractérisée par la fiction du fait de la suspension de l'ordre constitutionnel. Sa création formelle depuis le 18 janvier 1996 jusqu'à ce jour, c'est-à-dire bientôt deux décennies après, n'a pas donné lieu à son ouverture et à son office. Quand bien même on parvient à objecter que la Cour suprême statue en lieu et place du Conseil constitutionnel par le jeu des dispositions transitoires contenues à l'article 67 de la loi fondamentale, dans ses alinéas 1 et 4, ce qui conforte qu'il s'agit d'une juridiction d'une infinie élasticité qui bride sa formation, son inaccessibilité directe par tout citoyen lésé dans son droit fondamental édulcore considérablement sa mission de rempart contre l'arbitraire administratif. La paralysie constitutionnelle de la juridiction dans la matière du contrôle de constitutionnalité par voie d'action n'a pas non plus eu pour effet de faire émerger celui par voie d'exception. La justice constitutionnelle apparaît quasiment bloquée en amont de son fonctionnement.

Si la justice constitutionnelle venait tout de même à assurer l'exercice de ses attributions contentieuses en aval, par l'activation du mécanisme processuel de l'auto

[28] Rivero (J.), *Le Conseil constitutionnel et les libertés*, Paris, Economica.

saisine, la confrontation du droit et du pouvoir politique[29] finit par projeter, à l'observation minutieuse, l'image pathétique d'une jurisprudence constitutionnelle de papier. Les textes constitutionnels africains prescrivent l'autorité absolue des décisions du juge constitutionnel. À titre d'illustration, on peut lire à l'article 124 de la Constitution béninoise qu'*« une disposition déclarée inconstitutionnelle ne peut être promulguée ni mise en application. Les décisions de la Cour Constitutionnelle ne sont susceptibles d'aucun recours. Elles s'imposent aux pouvoirs publics et à toutes les autorités civiles, militaires et juridictionnelles »*. À quelques nuances terminologiques près, une disposition similaire est perceptible dans les lois fondamentales du Cameroun[30], du Congo[31], de la Côte d'Ivoire[32], du Gabon[33] ou encore du Mali[34]. D'ailleurs, le juge constitutionnel béninois a réaffirmé ce principe de l'opposabilité absolue dans l'une de ses décisions[35].

Et pourtant, au Cameroun, le président de la République, en violation flagrante de la Constitution, s'est cru fondé à donner suite à la procédure législative de promulgation de la loi portant règlement intérieur de l'Assemblée nationale alors même que la juridiction constitutionnelle, dans la plus importante de sa production normative du 28 novembre 2002 sur fond de désert jurisprudentiel, avait invalidé le procédé administratif de validation du mandat des députés contenu dans la loi[36]. Dans ces conditions combinées, on tire aisément la conclusion selon laquelle le Conseil constitutionnel est institutionnellement inapte à préserver, même par son interprétation féconde, contre les clauses constitutionnelles liberticides permettant à la puissance publique de confiner le citoyen à l'impuissance juridique.

Et les justices judiciaire et administrative, pour s'en tenir à ces autres instances juridictionnelles exerçant dans le gardiennage des libertés, ne sont pas en reste de ce vacillement de la dynamique de protection. Ici et là, c'est la Cour suprême du Cameroun qui les intègre. Si les citoyens ont « *le droit de se faire rendre justice* », au regard du préambule de la Constitution, laquelle « *est rendue au nom du peuple camerounais* » par ces instances du contentieux en toute « *indépendance* » prescrite à l'article 37 de la Constitution, force est en revanche d'affirmer que la Cour suprême est manifestement à la recherche de son autonomie fonctionnelle. Comment en effet

[29] Soma (A.), « *Le statut du juge constitutionnel africain* », in Frédéric Joël AÏVO (dir), La Constitution béninoise du 11 décembre 1990 : un modèle pour l'Afrique ?, Paris, L'Harmattan, 2014, pp.451-480.

[30] Article 50 du texte constitutionnel camerounais.

[31] Article 181 de la Constitution du 25 octobre 2015.

[32] Article 98 de la Constitution.

[33] Article 92 de la Constitution.

[34] Article 94 de la Constitution du 27 février 1992.

[35] Décision DCC-05-110 du 15 décembre 2005.

[36] Décision n°001/CC/02-03 du 28 novembre 2002.

peut-elle raisonnablement assurer sa mission constitutionnelle de protection du droit fondamental à la justice en même temps que, paradoxalement, la Constitution biaise l'indépendance susvisée en érigeant « *le Président de la République... garant de l'indépendance du pouvoir judiciaire* ». Un tel balisage constitutionnel de la fonction juridictionnelle de protection des droits sous la tutelle du pouvoir administratif est de nature à vassaliser la justice.

Et les conséquences de ce verrouillage administratif institué assez vicieusement par le constituant sont purement et simplement dévastatrices pour l'équilibre des pouvoirs publics dans une République. La Cour suprême est conduite à ne pas heurter l'exécutif dans sa gestion régalienne du sensible processus électoral en se déclarant incompétente au contentieux y relatif, dans un **arrêt n° 1/PE/92-93 du 23 octobre 1992** tenant à la proclamation des résultats de l'élection présidentielle du 11 octobre 1992, alors que la loi électorale du 17 septembre 1992 l'y habilite à son article 93 et qu'elle s'y était même prononcée au fond dans un **arrêt n° 4/E/1992 du 14 octobre 1992**. Cette frilosité juridictionnelle conduit d'ailleurs le candidat **John FRU NDI** à esquisser un propos pathétique à l'égard des juges suprêmes en ces termes tirés de sa requête en désistement : « *il serait inopportun de soumettre une haute instance comme la vôtre à une épreuve de force avec le régime en place auquel elle est constitutionnellement subjuguée* ».

Dans un point de presse donné le 02 février 2010 au sein de l'hémicycle même, le ministre de la Communication, au sujet de la conduite de « *l'Opération Épervier* », affirme que le « *pouvoir du juge... n'exclut pas l'avis modéré du politique* ». Alors même que des justiciables présentaient aux juges administratifs des moyens juridiques sérieux de nature à justifier puis à présager l'annulation au fond des arrêtés de débet, objet des demandes de sursis à exécution, ces « *gens de justice* » de l'urgence opposent, à chacun d'eux, une réponse de fond indistinctement stéréotypée, cousue par une forme de verbalisme variable. Dans une première séquence, le juge supérieur de la chambre administrative affirme : « *attendu cependant que leur exécution n'est pas de nature à causer un préjudice irréparable au requérant, les conséquences de ladite exécution pouvant être effacées ou compensées, à titre indemnitaire, en cas d'issue heureuse de son recours en annulation* »[37]. Dans une seconde, il affirme : « *que par contre son exécution n'est pas de nature à causer un préjudice irréparable au recourant, compte tenu de la solvabilité de l'État qui pourrait rembourser les sommes indument perçues, en cas d'issue heureuse de son recours en annulation* »[38]. Et dans une troisième, ladite chambre

---

[37] Voir les toutes premières ordonnances de rejet y relatives, notamment dans les affaires Gervais MENDO ZE, BIWOLE SIDA de 2011.

[38] Ordonnances n°s 104 du 27 Août 2013, Jean TABI MANGA et 105 du même 27 Août 2013, BOKALLI Victor Emmanuel.

réitère : « *que par contre son exécution n'est pas de nature à causer un préjudice irréparable au recourant en ce que l'État est solvable pour rembourser les sommes perçues au titre des condamnations prononcées par ladite décision en cas d'annulation par le juge du fond* »[39].

Faute d'indépendance fonctionnelle des juges, la contagion jurisprudentielle a gagné le terrain du tribunal administratif du centre qui ne semble pas faire grand cas des droits fondamentaux. Dans un échantillon dont le motif est systématiquement repris à l'ensemble du contentieux de l'urgence, le juge unique inférieur « (considère)...*que le requérant ne saurait redouter la survenance d'un préjudice irréparable consécutif à une exécution pécuniaire d'un acte administratif, la restitution étant toujours garantie par la solvabilité du trésor public* »[40].

Une telle revue de jurisprudence relève de la catastrophe juridique. Dans un État de droit, le juge n'est pas autorisé à parler au conditionnel, mais imprime une articulation jurisprudentielle d'ordre affirmatif. Par ailleurs, il est inadmissible qu'il cultive une image de passoire juridictionnelle alors que celle de rempart contre l'arbitraire lui sied. Enfin, le comble de la bourde est tiré du ponce pilatisme consistant à renvoyer la patate chaude au juge de l'annulation au fond alors même qu'une question de l'urgence contentieuse lui est posée par le supplicié.

C'est en définitive à partir de la Constitution jusqu'à la jurisprudence constitutionnelle des juges administratifs qu'est organisée une protection en trompe-l'œil des libertés afin que prospèrent les intrusions et mainmises de la puissance publique administrative. Corrélativement, le droit administratif au Cameroun se trouve adossé à une exorbitance constitutionnelle par laquelle le pouvoir administratif monopolise même la sphère des pouvoirs publics.

B- L'unipolarité constitutionnelle du pouvoir administratif

L'article premier, alinéa 2 de la Constitution dispose : « *la République du Cameroun est un État unitaire décentralisé* ». Cette articulation constitutionnelle a une signification en droit administratif. Le champ administratif des personnes morales de droit public est éclaté entre l'État et les collectivités territoriales décentralisées[41]. Cette distinction et ce foisonnement conséquent des personnes publiques administratives devraient logiquement induire un partage du commandement

---

[39] Ordonnances n°8 du 17 février 2014, KOBOU Georges et 13 du même jour, NDOUDOUMOU Jean-Jacques.

[40] Ordonnance n° 20 du 26 mai 2014, BEKOLO EBE Bruno.

[41] Cabanis (A.) et Martin (L.), « *Décentralisation et pouvoirs locaux dans les Constitutions d'Afrique francophone* », Politeia, n° 6, 2004, pp 75-83.

administratif[42], aussi bien à l'intérieur de l'Administration mère qu'est l'État qu'entre cette dernière et le service public local[43].

À l'analyse cependant, il n'en est rien, l'Administration étatique, par la force des mêmes provisions constitutionnelles, se trouvant dans une situation monopolistique. Autant la Constitution institue clairement un trop-plein de compétences matérielles au profit du président de la République au sein même de l'Administration d'État (**2**), autant la loi fondamentale l'habilite à reléguer les autorités administratives décentralisées aux seconds rôles (**1**).

1- L'hypertrophie fonctionnelle de l'autorité administrative suprême de l'État

Le président de la République, le Premier ministre et les ministres, si l'on exclut les autorités déconcentrées de l'Administration d'État, constituent le trio organique des autorités administratives du centre ou des sommets de l'État[44]. Ils sont les plus en vue dans la nomenclature du pouvoir administratif de l'État[45]. Pour autant, pareille dissociation organique n'emporte pas forcément compartimentation décisive du commandement administratif.

Le président de la République est cette autorité-là même qui surplombe et fait ombrage aux premier ministre et ministres[46]. Et la Constitution en est le fondement normatif. Si elle lui accorde, en amont, un statut singulier d'autorité administrative bénéficiant de la légitimité démocratique, puisqu'« *élu de la nation tout entière* »[47], toutes choses qui échappent à ces autres autorités, l'hypertrophie des attributions administratives qui sont les siennes ne peuvent qu'en découler en aval.

Succinctement, la fonction de « *chef de l'État* » qu'il accomplit, au regard de l'alinéa 1 tiré de l'article 5 susvisé, lui permet d'exercer un rôle dominateur de premier plan que confortent les fonctions de « *garant... de la permanence de la continuité de l'État* » ainsi que celle d'arbitrage du « *fonctionnement régulier des pouvoirs publics* », inscrites à l'alinéa 2.

---

[42] Foillard (P.), Droit administratif. 3e éd., Bruxelles, 2014, p.67.

[43] Faure (B.), Droit des collectivités territoriales, Paris, 3e éd., Dalloz, 2014, p.417.

[44] Foillard (P.), Droit administratif, *op.cit.*, p.35.

[45] *Idem.*

[46] Miafo Donfack, « *Le Président de la République et les constitutions au Cameroun* », In Meloné (S), Minkoa She (A) et Sindjoun (L), La Réforme constitutionnelle du 18 janvier1996 au Cameroun. Aspects juridiques et
politiques, Yaoundé, Fondation Friedrich Ebert/ GRAP, 1996, p. 271.

[47] Conac (G), « *Portrait du Chef d'État* », Pouvoirs,n° 25, 1985, p.121.

Les détails des attributions administratives y afférentes sont par la suite révélateurs de l'importance inégalée des pouvoirs du président de la République au sein de l'exécutif. L'étendue de cette compétence **ratione materiae** est respectivement contenue aux articles 8, 9 et 27 de la Constitution camerounaise : il a la primeur constitutionnelle du pouvoir réglementaire originaire, l'exclusivité du pouvoir d'organisation et de création des services publics de l'État, puis celui relatif aux pouvoirs de police administrative durant les situations de crise constitutionnalisées que sont l'État d'urgence et l'État d'exception, l'essentiel de la prérogative de nomination aux emplois civils les plus importants et militaires et, enfin le champ considérable d'édiction des règlements autonomes.

La portée de cette restitution des pouvoirs administratifs du président de la République mérite encore d'être mise en relief. Les actes juridiques qui sous-tendent l'exercice de ces prérogatives ne sont pas soumis au contreseing, c'est-à-dire qu'il est le seul à endosser la responsabilité desdits actes avant leur entrée en vigueur, et donc sans l'intervention de quelque autorité administrative, situation instituée par le constituant.

En dépit du vaste domaine matériel d'intervention, le président de la République n'a pas l'obligation de déléguer partiellement ses pouvoirs aux premier ministre et ministres, l'article 10, alinéa 2 de la Constitution rangeant pareil transfert au registre du pouvoir discrétionnaire. Le Premier ministre et les ministres ne sont-ils pas par là même confinés aux rôles d'organes administratifs « *subalternes* » ?

La qualité et la quantité des pouvoirs administratifs du président de la République commandent forcément que l'on réponde par la positive. La nature présidentialiste du régime politique camerounais dessinée par les contours des dispositions pertinentes de la Constitution permet du reste d'assurer la vérification de pareille thèse. La verticalité des relations de pouvoir que requiert ce régime, couplée par extension au système politique qui génère les manies de déification de la personne même du président de la République, a pour effet direct et imparable l'effacement outrancier des secondaires pôles de pouvoir administratif détenu par les autorités administratives gouvernementales[48]. Si le droit constitutionnel camerounais instaure les conditions de prééminence absolue du pouvoir présidentiel[49], on conçoit mal que le pouvoir administratif local échappe à la vague constitutionnelle de monopolisation présidentielle du commandement dans un État unitaire.

---

[48] Owona (J), « *Le pouvoir exécutif* », Encyclopédie Juridique de l'Afrique, Tome I, l'État et le droit, Les Nouvelles Éditions africaines, 1982, p.112.

[49] Nguélé Abada (M), « *Ruptures et continuités constitutionnelles en République du Cameroun : Réflexion à propos de la réforme constitutionnelle du 18 janvier 1996* », RADIC, 1998, p. 310.

2- Le balisage présidentiel du commandement administratif local

Le commandement administratif local s'entend des collectivités territoriales décentralisées. Celui-ci coexiste avec le pouvoir administratif étatique en se partageant le terrain administratif des personnes morales de droit public[50]. Toute la question est désormais de convoquer les dispositions pertinentes des textes constitutionnels sous l'angle des rapports de verticalité ou d'horizontalité que l'Administration d'État noue avec ces autres administrations dérivées de la volonté de l'État, à l'instar de la collectivité territoriale décentralisée qu'est l'institution communale.

Ab initio, l'entame de certaines dispositions de la loi fondamentale ne prédispose pas les collectivités territoriales décentralisées à un assujettissement outrancier vis-à-vis de l'État. À défaut d'un lien d'horizontalité qui, raisonnablement, ne peut faire l'objet d'institutionnalisation, le constituant n'a de prime abord pas entendu instaurer ce rapport de stricte verticalité.

La condition juridique des collectivités territoriales décentralisées incline à le penser. Conformément à l'article 55, alinéa 2 de la Constitution camerounaise, « *les collectivités territoriales décentralisées sont des personnes morales de droit public. Elles jouissent de l'autonomie administrative et financière pour la gestion des intérêts locaux. Elles s'administrent librement par des conseils élus…* ». C'est également l'option qui est retenue dans la Constitution gabonaise[51]. L'Administration d'État, à quelques nuances près, est forgée sur ce même statut normatif. Une conclusion partielle tirée de cette orientation de la norme constitutionnelle impose une considération institutionnelle certaine à la commune. Le droit administratif institutionnel fait alors une place considérable à la commune au regard de l'articulation première de la loi fondamentale.

Mais à l'analyse, il s'agit d'une situation qu'il convient rapidement de relativiser. Deux raisons essentielles, respectivement liées au paradoxe constitutionnel et à l'abusive technique de déconstitutionnalisation au profit de la légifération expliquent l'inflexion.

Dans le premier cas qui démontre que la Constitution même prescrit une chose et son contraire, les rapports normaux de tutelle qui existent entre une personne morale de droit public-mère et celle dérivée, en l'occurrence l'État et les collectivités territoriales décentralisées, se muent insidieusement en liens hiérarchiques en vigueur

---

[50] Foillard (P.), Droit administratif, *op. cit.*, p.67.

[51] Article 112 de la Constitution.

à l'intérieur d'une seule et même administration publique[52]. Autrement dit, sous le couvert de la tutelle sur les collectivités en question prescrite par les lois fondamentales au profit de l'État, le constituant élabore assez paradoxalement un mécanisme de contrôle frisant l'exercice du pouvoir hiérarchique. Est-il juridiquement concevable qu'une autre autorité administrative, fût-elle présidentielle, exerce, à l'égard de l'autorité locale, qui plus est dotée de la légitimité démocratique, un triple et graduel pouvoir de suspension, de dissolution et de substitution ? Le principe juridique du parallélisme des compétences est une voie à explorer à cette fin de sanction de la commune, quelle qu'en soit la gravité de l'acte. L'autorité de tutelle devrait alors, dans ces conditions de contrôle administratif commandant une sanction, convoquer le peuple à un acte de désinvestiture dès lors que l'investiture émane du souverain populaire. Cette philosophie du droit que n'a pas perçue le constituant dans le processus d'aménagement des liens institutionnels entre des personnes publiques autonomes a plutôt fait le lit d'une dictature constitutionnelle du président de la République sur les autorités communales.

Dans le second relatif au fait que le constituant n'exerce toujours pas pleinement sa compétence en laissant la latitude au législateur de fixer le régime des rapports « *dans les conditions fixées par la loi* », cette technique de déconstitutionnalisation pour la légifération ouvre alors la porte à des abus juridiquement inconcevables. Elle permet, non seulement, d'accentuer l'institutionnalisation du rapport hiérarchique sous le couvert de l'apparente tutelle, l'élaboration de la norme juridique sous le prisme du respect de la hiérarchie des règles n'étant guère la préoccupation des décideurs de tout bord. Mais en plus, par le fait de la loi mise en pôle position par le laxisme du constituant, on aboutit à de déplorables situations : à la tête de l'exécutif des communautés urbaines, « *tout autre type de collectivité territoriale décentralisée… créé par la loi* » au regard de l'article 55, alinéa 1 paragraphe 2 de la Constitution, le président de la République se trouve habilité à nommer, par décision administrative, des délégués du gouvernement auprès desdites structures faisant administrativement ombrage aux maires et conseillers municipaux élus. Il en résulte, dans tous les cas de figure, un droit constitutionnel camerounais qui donne un visage débridé au droit administratif qui lui est juridiquement subjugué. Où est décidément la souplesse qu'exige le contrôle d'une personne morale de droit public par une autre, fût-elle originaire par rapport à celle dérivée ? Si le droit administratif peine à se fixer un statut constitutionnel vertueux dans un État en bon état institutionnel, il est

[52] Ngono Tsimi (L.), L'autonomie administrative et financière des collectivités territoriales décentralisées : l'exemple du Cameroun, Thèse de Doctorat en droit public, université de Paris-Est Créteil Val de Marne, 2010, 2 tomes ; Kankeu (J.), « *L'autonomie des collectivités territoriales décentralisées : quelle autonomie ?* », in Juridis Périodique, n° 85, Janvier-Février-Mars 2011, pp. 90-99.

fortement à redouter que des États en constants troubles politiques lui affectent un fondement marginal.

II- L'émergence des bases constitutionnelles atypiques dans des États en crise institutionnelle

En général, les bouleversements politiques dans les États ont un impact sur les orientations du droit administratif[53]. Plus spécifiquement, la crise de l'État entraîne indubitablement la crise du droit administratif[54]. Ce dernier en vient alors à s'adosser à des normes constitutionnelles hors du commun en pareille occurrence. On parle ce faisant de bases constitutionnelles atypiques en raison de leur originalité ou des ruptures qu'elles présentent par rapport aux sources classiques[55]. C'est un truisme d'affirmer que les États objet de l'échantillonnage sont constamment confrontés aux situations de déliquescence[56]. Et la conséquence immédiate qui en résulte est l'atomisation de la loi fondamentale, par les mécanismes juridiques abrogatifs[57] ou suspensifs[58]. Cette vulnérabilité de la Constitution emporte l'évanescence des normes inférieures. Cependant, l'« *État* (étant) *un phœnix qui ne meurt jamais* »[59], il existe des normes spéciales qui encadrent les organes de transition dans l'optique d'assurer sa continuité juridique. La spécialité desdites normes, volontiers qualifiées d'essences constitutionnelles, tient soit à un domaine pavillon, qui devient un fourre-tout, l'acte constitutionnel empruntant la posture de bonne à tout faire du droit administratif, soit à une dénomination appropriée à la situation à régler. Si le droit administratif classique trouve déjà son fondement normatif dans le schéma constitutionnel normal, celui-ci semble remis en cause par les constitutions atypiques des États institutionnellement instables. La captation outrancière du régime administratif par les petites constitutions (**A**) ainsi que cet encadrement pointilleux de l'Administration par les accords politiques (**B**) peuvent en être la démonstration.

---

[53] Chevallier (J.), « *Changement politique et Droit administratif* », in Currap, Les usages sociaux du droit, Paris, PUF, 1989.

[54] De Laubadère (A.), « *Réflexions sur la crise du Droit administratif français* », Recueil Dalloz, 1952, pp.5 et s.

[55] Dictionnaire Le Robert 2005, p.31.

[56] Braibant (G.), « *L'État et les crises* », Pouvoirs,n° 10, 1979, pp.5-9.

[57] L'abrogation de la Constitution postule de la destruction totale de l'acte juridique suprême de l'État. Elle a la particularité de porter atteinte, de façon radicale, au domaine d'application des textes constitutionnels. Lire utilement : Leurquin de Visscher (F.), La dérogation en droit public, Bruxelles, Bruylant, 1991, p.59.

[58] La suspension de la Constitution désigne le « *procédé par lequel les effets qui sont rattachés à l'entrée en vigueur de la règle lui sont provisoirement retirés* » ; lire également Jouanjan (O.), « *La suspension de la Constitution* », Droits, n° 17, 1993, pp.125-138.

[59] Ost (F.), Le temps du Droit, Paris, Odile Jacob.

A- La captation outrancière du régime administratif par des petites constitutions

On doit à **Marcel Prélot** la paternité de l'expression « *petite Constitution* »[60]. Selon l'auteur, les régimes de fait sont régis par les petites constitutions destinées à assurer la continuité de l'État[61] et à préparer une nouvelle ère constitutionnelle[62]. Dans le contexte africain, malgré la diversité des dénominations[63], ces normes matériellement constitutionnelles[64] posent les bases du droit administratif dans les États en crise. L'idée d'investir constitutionnellement l'essentiel des organes administratifs (**1**) puis d'embrayer sur l'allocation des compétences aux dites autorités (**2**) outrepassant ainsi la fonction fondamentale énonciatrice d'une Constitution, en est la justification.

1- L'investiture constitutionnelle des organes administratifs

L'analyse de la structuration des petites constitutions confirme l'idée chère au doyen **VEDEL** selon laquelle on assiste de plus en plus à une « *investiture constitutionnelle dont peuvent se réclamer les organes et la fonction administratifs* »[65]. Loin d'être détaché du fondement constitutionnel[66], le droit administratif des États en crise trouve plutôt son enracinement dans les normes constitutionnelles atypiques, notamment du fait de la remise en cause du droit administratif classique.

Il est important de souligner que c'est en vertu de leur décision ou finalité constitutive[67] que les constitutions de transition ou petites constitutions posent les bases du droit administratif. Faut il le rappeler, les constitutions provisoires prennent

[60] Prélot (M.) et Boulouis (J.), Institutions politiques et Droit constitutionnel, Paris, Dalloz, 1975, p.290.

[61] Prélot (M.) et Boulouis (J.), Institutions politiques et Droit constitutionnel,*op.cit.*, p.290.

[62] *Idem.*

[63] Dans certains africains, on parle de la **Charte de transition** à l'instar de la République centrafricaine ; dans d'autres, il est recouru au vocable **Constitution de transition** comme en RDC et au Burundi ; enfin, au Congo Brazzaville, on désigne la **petite Constitution** sous le nom de **l'Acte fondamental,** lequel tient sa proche source historique en République du NIGER. Lire, à ce dernier propos, Aboubakar Maikado, « *La nouvelle organisation des pouvoirs publics au Niger : L'acte fondamental n°XXI de la Conférence Nationale Souveraine* », R.J.A, 1992/1993, pp.17-26.

[64] Perlo (N.), « *Les Constitutions provisoires, une catégorie normative au cœur des transitions constitutionnelles* », IXe Congrès français de droit constitutionnel. Atelier F : Les transitions constitutionnelles, Lyon, 26, 27 et 28 juillet 2014, p.3.

[65] Vedel (G.), « *Les bases constitutionnelles du droit administratif* », in Paul Amselek (dir.), La pensée de Charles Eisenmann, Paris, Economica, 1986, p.135.

[66] Eisenmann (C.), « *La théorie des bases constitutionnelles du droit administratif* », RDP, 1972, p.1348.

[67] Perlo (N.), « *Les Constitutions provisoires, une catégorie normative au cœur des transitions constitutionnelles* », *op.cit.*, p.9.

trois décisions, une décision dé-constituante[68] qui consiste à abroger l'ordre juridique antérieur[69], une décision constitutive d'un ordre juridique de transition et une décision constituante qui permet de les assimiler aux actes pré-constituants[70]. En mettant en place un ordre juridique de transition et en le chapeautant, les constitutions intérimaires posent les bases des normes infra constitutionnelles dans les États frappés par les crises.

Ces constitutions de transition s'apparentent alors à un fourre-tout institutionnel, devenant la bonne à tout faire du droit administratif. Elles investissent à la fois les organes constitutionnels centraux et locaux en prenant en compte le fait que « *les structures administratives se définissent par rapport à l'État, qui constitue la première collectivité publique (...) et* (aux) *administrations décentralisées* »[71]. Les organes centraux incarnent l'administration centrale[72], une administration dirigée, selon les cas, par le président de la République et le Premier ministre[73] et par le président de la République et les vice-présidents[74] et au sein de laquelle on retrouve les ministres membres du gouvernement.

Le président de la République a, au-delà de sa prééminence dans l'ordonnancement constitutionnel[75], des compétences importantes en matière administrative[76]. Ce dernier assure une direction générale de l'administration en tant que chef de l'exécutif[77]. C'est à ce titre qu'il veille au fonctionnement régulier des institutions[78] et préside le conseil des ministres[79]. En tant que chef de l'exécutif, le président de la République est, à la lecture des constitutions de transition, la principale autorité administrative.

---

[68] *Idem.*

[69] On peut l'illustrer à partir de l'article 261 de la Constitution de transition du Burundi.

[70] Perlo (N.), « *Les Constitutions provisoires, une catégorie normative au cœur des transitions constitutionnelles* », *op.cit.*, p.9.

[71] Rouault (M-C), Droit administratif et Institutions administratives, 2e éd., Paris, Paradigme, 2014, p.117.

[72] *Idem.*

[73] En République centrafricaine, la Charte constitutionnelle de transition instaure la dyarchie au sein de l'exécutif en faisant du premier ministre, le chef du gouvernement. Lire utilement l'article 35 de la Charte de transition.

[74] En République démocratique du Congo, la Constitution de transition a opté pour la formule du 1+4 dans l'aménagement de l'exécutif. Ainsi, le pouvoir exécutif est constitué du président de la République et des vice-présidents. Lire utilement l'article 80 de la Constitution de transition.

[75] Frier (P-L), Précis de droit administratif, 2e éd., Paris, Montchrestien, 2003, p.110.

[76] *Idem.*

[77] *Idem.*

[78] Article 34 de l'Acte fondamental du Congo au Congo ; article 26 de la Charte constitutionnelle de transition et article 68 de la Constitution de transition de la RDC.

[79] Article 38 de l'Acte fondamental et article 69 de la Constitution de transition de la RDC.

En assurant la coordination de l'action gouvernementale, le Premier ministre et les vice-présidents chapeautent, à côté de l'institution présidentielle, l'administration des États en crise. Il sied de faire remarquer que les constitutions de transition placent clairement l'administration sous l'autorité du gouvernement. L'article 48 de l'Acte fondamental de 1997 au Congo dispose que « *le gouvernement* (...) *dispose de l'administration et de la force publique* ». On retrouve une disposition analogue dans la Charte constitutionnelle de transition de la République centrafricaine[80].

Enfin, la dernière catégorie d'organes administratifs investis par les petites constitutions est constituée par les ministres. Dans la Constitution de transition de la République démocratique du Congo, il est clairement indiqué que « *les ministres sont responsables des départements ministériels qui leur sont confiés* »[81]. Cette disposition place les ministres au sommet de l'administration des départements ministériels dont ils ont respectivement la charge.

Les organes administratifs investis par les normes constitutionnelles de transition peuvent aussi être identifiés à l'échelle locale. En effet, certaines de celles-ci consacrent un titre entier aux collectivités territoriales[82]. Ainsi, l'Acte fondamental du Congo dispose que « *la République du Congo est divisée en régions, en communes, en arrondissements et en districts* »[83]. On retrouve une disposition similaire dans la Charte constitutionnelle de transition de la République centrafricaine[84].

En somme, en mettant en place un ordre juridique de transition, les petites constitutions régissent les organes administratifs des États en crise et se présentent, de ce point de vue, comme une source importante du droit administratif. Cette considération est d'ailleurs corroborée par l'attribution des compétences aux organes en question.

2- L'allocation des compétences aux autorités administratives

Il est communément admis que la Constitution, regardée comme système ayant des réponses à toutes les questions[85], est « *nécessairement attributive de compétence* »[86]. Ce constat peut également être fait en ce qui concerne les constitutions de transition en vigueur dans les États en crise. Cette allocation des compétences a pour domaine

[80] Article 39 de la Charte constitutionnelle de transition.
[81] Article 91 de la Constitution de transition de la RDC.
[82] Titre X de l'Acte fondamental et titre IX de la Charte constitutionnelle de transition de la RDC.
[83] Article 78 de l'Acte fondamental du Congo.
[84] Article 94 de la Charte constitutionnelle de transition de la République centrafricaine.
[85] Rousseau (D.), « *Questions de Constitution* », Politiques et sociétés, vol.19, n° 2-3, 2000, p.14.
[86] Vedel (G.), « *Les bases constitutionnelles du droit administratif* », *op.cit.*, p. 139.

ratione personae les autorités centrales de l'Administration d'État ainsi que celles des collectivités décentralisées.

Relativement aux premières, on observe que les petites constitutions attribuent des compétences à la fois au président de la République et aux membres du gouvernement. Ainsi, en tant qu'organe suprême de l'Administration[87], le président de la République dispose de pouvoirs importants. Il en est ainsi du pouvoir réglementaire[88] dont ce dernier est investi. En effet, à la lecture des petites constitutions, l'exécutif présidentiel dispose d'un pouvoir réglementaire général[89]. On peut ainsi lire, dans l'Acte fondamental du Congo, que « *le Président de la République exerce le pouvoir réglementaire* »[90]. Une disposition analogue est perceptible dans la Constitution de transition de la République démocratique du Congo[91] et dans la Charte constitutionnelle de transition de la République centrafricaine[92].

Au-delà du pouvoir réglementaire, les constitutions intérimaires attribuent à l'exécutif présidentiel un pouvoir de nomination au sein de l'Administration. Un pouvoir qui permet à ce dernier de piloter l'Administration. L'article 38 de l'Acte fondamental du Congo dispose, dans ce sens que, « *le Président de la République exerce le pouvoir exécutif. Il nomme aux hautes fonctions civiles et militaires en conseil des ministres* ». Une orientation similaire est retenue dans la Constitution de transition de la République démocratique du Congo[93].

Les autres membres de l'Exécutif voient leurs compétences constitutionnellement fixées. C'est le cas du premier ministre dont la compétence est clairement définie. Ainsi, les constitutions intérimaires font de celui-ci une autorité réglementaire[94] tout en lui attribuant un pouvoir de nomination. Dans la même logique, les départements ministériels sont chapeautés par les ministres[95], lesquels se présentent comme les chefs des administrations concernées.

En cas d'abrogation de loi fondamentale, ce sont ces normes matériellement constitutionnelles qui définissent également la compétence des autorités locales. Parler des autorités locales revient à inscrire la réflexion dans le sillage de la

---

87 Rouault (M-C), Droit administratif et Institutions administratives,*op.cit.*, p.118.

88 Frier (P-L), Précis de droit administratif, *op.cit.*, p.110.

89 *Idem.*

90 Article 30 de l'Acte fondamental du Congo.

91 Article 71 de la Constitution de transition de la RDC.

92 Article 30 de la Charte constitutionnelle de transition.

93 Article 71 de la Constitution de transition.

94 Article 40 de la Charte constitutionnelle de transition.

95 Article 91 de la Constitution de transition de la RDC.

décentralisation territoriale. En effet, l'étude de l'Administration d'État permet d'affirmer que celle-ci est duale, car à côté de l'Administration centrale, on identifie une Administration qui est décentralisée[96]. Les constitutions intérimaires ne dérogent pas à ce schéma dans la structuration de l'Administration[97]. En effet, dans le cadre de l'aménagement des collectivités territoriales décentralisées, elles n'hésitent pas à leur reconnaître un pouvoir de décision par la consécration du principe de la libre administration. Ainsi, en disposant que « *les collectivités territoriales s'administrent librement par des organes élus* »[98], la Charte constitutionnelle de transition attribue aux autorités locales des pleins pouvoirs dans l'administration des collectivités en question. Pareillement, l'Acte fondamental du Congo de 1997 n'hésite pas à désigner les autorités locales pendant la période de transition.

Sous le bénéfice des développements qui précèdent, le droit administratif ne perd pas nécessairement ses sources constitutionnelles en cas d'abrogation de la Constitution initiale pour cause de crise des institutions. Il subsiste des normes matériellement constitutionnelles et à caractère provisoire qui, non seulement investissent les autorités administratives, mais définissent aussi leurs compétences. Ce qu'il est convenu de présenter comme les accords politiques susceptibles d'assurer le redressement des États en crise procède également des fondements constitutionnels du droit administratif.

B- L'encadrement normatif pointilleux de l'Administration par les accords politiques

L'essor des accords politiques dans les États d'Afrique noire francophone traduit ce que le professeur **Frédéric Joël Aïvo** qualifie de « *triomphe du conventionnalisme constitutionnel* »[99]. En Afrique, parce qu'un simple fait est susceptible de renverser la Constitution[100], il arrive constamment qu'en cas de crise, la loi fondamentale soit tout simplement écartée ou abrogée en faveur des accords politiques. Par définition, il s'agit d'un accord conclu entre les protagonistes de la crise dans l'optique de restaurer la paix[101]. Ces accords se démarquent par la réorganisation **(1)** et par la normalisation de l'Administration dans les États atomisés **(2)**.

---

[96] Rouault (M-C), Droit administratif et Institutions administratives,*op.cit.*, p.117.

[97] TROPER (M), « *Libre administration et théorie générale du droit* », in La libre administration des collectivités territoriales décentralisées, Paris, Economica, 1980, p. 62.

[98] Article 94 de la Charte constitutionnelle de transition.

[99] Aïvo (F-J), « *La crise de normativité de la Constitution en Afrique* », RDP, n° 1, 2012, p.166.

[100] Denquin (J-M), « *Situation présente du constitutionnalisme. Quelques réflexions sur l'idée de démocratie par le droit* », Jus Politicum, n° 1, 2009, p.7.

[101] Atangana Amougou (J-L), « *Les Accords de paix dans l'ordre juridique interne en Afrique* », RASJ, vol.4, n°1, 2007.

1- La réorganisation de l'Administration par les accords politiques

Dans les États d'Afrique noire francophone, la faible crédibilité[102] des lois fondamentales en temps de crise entraîne généralement l'essor des accords politiques. Durant le fonctionnement régulier des pouvoirs publics, c'en est une évidence, la Constitution est à la fois une nécessité morale[103] et un principe fonctionnel[104]. Ainsi, non seulement elle organise les pouvoirs publics, mais elle assure aussi la régulation politico-sociale[105]. C'est à ce titre que la Constitution pose les bases du droit administratif.

Mais, une fois la loi fondamentale écartelée, éclatée puis écartée, les bases du droit administratif figurent plutôt dans d'autres textes à l'instar des accords politiques qui sont signés en marge de la Constitution[106] tout en se déployant dans un environnement constitutionnel. C'est du fait de ce déploiement que les accords en question procèdent à la réorganisation des pouvoirs publics[107] et, par ricochet, à celle de l'Administration.

Dans la plupart des cas, les accords de paix instaurent la dyarchie au sein de l'exécutif. La conséquence d'une telle démarche étant qu'on distingue deux chefs suprême et supérieur de l'Administration étatique, à savoir le président de la République d'une part, le Premier ministre ou le vice-président d'autre part. Pour ce qui est du président de la République, ce dernier est investi d'un pouvoir réglementaire[108] et d'un pouvoir de nomination[109]. Mais contrairement à l'administration classique qui lui est totalement subordonnée, on note une autonomisation de celle-ci par les accords politiques. Ainsi, au sens de l'accord de Libreville sur la crise centrafricaine, le président de la République n'a pas la possibilité de révoquer le Premier ministre et son gouvernement[110].

Les accords font aussi émerger les gouvernements d'union nationale. On peut ainsi lire, à l'accord de Libreville, qu'il est « *institué un gouvernement d'union*

---

[102] Mambo (P.), « *Les rapports entre la Constitution et les Accords politiques dans les États africains : réflexions sur la légalité constitutionnelle en période de crise* », Revue de Mc Gill, n° 57, 2012, p.926.

[103] Loewenstein (K.), « *Réflexions sur la valeur des Constitutions dans une époque révolutionnaire. Esquisse d'une ontologie des Constitutions* », RFSP, n° 1, 1952, p.10.

[104] *Idem.*

[105] Mathieu (B.), « *La Constitution-cadre et miroir des mutations de la société* », *op. cit.*, p.1012.

[106] Lath (Y-S), « *La production constitutionnelle en période de crise dans les États d'Afrique : crise du constitutionnalisme ou constitutionnalisme de crise* », Palabres actuelles, Revue de la Fondation Raponda Walker, n°6, 2013, p.157.

[107] *Idem.*

[108] Article 7 point 2 accord d'Arusha sur la crise au Burundi.

[109] Article 7 point 4 accord d'Arusha sur la crise au Burundi.

[110] Article 3 de l'accord de Libreville sur la crise en République centrafricaine.

nationale inclusif d'une durée de (douze) *12 mois éventuellement renouvelable* »[111]. Une orientation qui est également retenue par l'accord d'Arusha[112] sur la crise au Burundi et l'accord global et inclusif sur la crise en République démocratique du Congo[113]. Compte tenu du fait que l'Administration est le bras séculier du pouvoir exécutif, tout bouleversement de ce dernier pouvoir a forcément une incidence sur elle.

Par ailleurs, il convient de souligner que les accords de paix, dans leur volonté de dénouer la crise qui sévit dans l'État, ne sont pas muets au sujet de l'administration locale ou décentralisée. L'accord d'Arusha sur la crise au Burundi offre un parfait exemple de réorganisation de l'administration décentralisée. Primo, l'accord en question désigne les chefs des provinces. On peut ainsi lire que « *les provinces sont administrées par les gouverneurs civils nommés par le Président de la République confirmés par le Sénat* »[114]. Secundo, l'accord n'hésite pas à indiquer la nature de l'institution communale. Ainsi, au sens de cet accord, « *les communes sont des entités administratives décentralisées* »[115]. En considération d'un tel contenu normatif, les accords politiques peuvent être considérés comme étant une source du droit administratif. Ils procèdent déjà à la réorganisation de l'Administration dans les États en crise. Une réorganisation qui a, par suite, le seul objectif de la normalisation du service public.

2- La normalisation de l'Administration

Pour mieux cerner le sens de la normalisation de l'Administration, il faut partir du postulat que les accords politiques ont pour vocation de restaurer la paix dans un État frappé par la crise. Leur finalité première est donc celle de la normalisation de l'État[116], et par ricochet, celle de l'Administration. On peut dès lors appréhender la normalisation sous le prisme de trois points de vue en l'occurrence, la consolidation de la légalité, le renforcement ou l'amélioration du principe représentatif au sein de l'Administration et la consécration de la bonne gouvernance.

Dans le premier cas, il convient de souligner que le principe directeur du fonctionnement de l'Administration est celui de la légalité[117]. Dans son activité,

---

111 Article 2 de l'accord de Libreville sur la crise en République centrafricaine.

112 Article 15 alinéa 15 de l'accord d'Arusha.

113 Annexe 1 de l'accord global et inclusif sur la crise en RDC.

114 Article 8 alinéa 1 de l'accord d'Arusha.

115 Article 8 alinéa 1 de l'accord d'Arusha.

116 Ondoa (M.), « *Ajustement structurel et réforme du fondement théorique des droits africains postcoloniaux : l'exemple camerounais* », RASJ, vol.2, n° 1, 2001, p.99.

117 Rouault (M-C), Droit administratif et Institutions administratives, *op.cit.*, p.15.

l'Administration est appelée à se conformer à la légalité[118], aussi bien en temps normal que pendant les circonstances exceptionnelles[119]. Par définition, la légalité désigne la conformité de l'action administrative à la loi, *stricto* ou *lato sensu*[120]. C'est un principe qui exprime l'idée selon laquelle l'Administration doit se conformer au droit dans l'exercice de son activité[121]. Ce qui implique le respect de la hiérarchie des normes et la restriction de la liberté et d'un pouvoir discrétionnaire de l'Administration[122].

Le principe de légalité est consolidé par les accords politiques dans l'optique de normaliser l'Administration des États en crise. On peut le vérifier dans l'accord d'Arusha sur la crise au Burundi qui stipule que « *l'Administration fonctionne conformément aux valeurs démocratiques et aux principes énoncés dans la Constitution ainsi que dans la loi* »[123]. De cette disposition, on peut en déduire l'affirmation de la hiérarchie des normes via le respect de la Constitution et la consolidation de la soumission de l'Administration à la légalité.

Les accords politiques procèdent aussi à l'amélioration et à la correction de la représentativité au sein de l'Administration. Une amélioration qui vise à intégrer toutes les couches sociales et toutes les sensibilités politiques au sein de l'Administration étatique. On peut ainsi lire dans l'accord d'Arusha que « *l'Administration est largement représentative de la Nation burundaise et doit refléter la diversité de ses composantes* »[124]. L'accord global et inclusif sur le conflit en République démocratique du Congo parle, quant à lui, d'une administration qui fonctionne suivant les principes de « *la consensualité, l'exclusivité et de la non-conflictualité* »[125]. Enfin, la fixation de la composition du gouvernement d'union nationale par l'accord de Libreville[126] sur la crise centrafricaine autorise à parler d'une amélioration de la représentativité. On trouve de hauts fonctionnaires de l'Administration proches de la majorité présidentielle, ceux de l'opposition démocratique, les mouvements

---

[118] Abane Engolo (P-E), L'application de la légalité par l'Administration au Cameroun, Thèse de Doctorat Ph.D en Droit Public, Université de Yaoundé II, 2009, 523p.

[119] Owona (J.), « *L'institutionnalisation de la légalité d'exception dans le droit public* », RCD, n° 6, 1974, pp.104-123.

[120] Rouault (M-C), Droit administratif et Institutions administratives, *op.cit.*, p.15.

[121] *Idem.*

[122] *Idem.*

[123] Article 10 alinéa 1 de l'accord d'Arusha.

[124] Article 10 alinéa 4 de l'accord d'Arusha.

[125] Principe 5 de l'accord global et inclusif sur le conflit en RDC.

[126] Article 2 de l'accord de Libreville sur le conflit en République centrafricaine.

politico-militaires non combattants, les représentants de la coalition **SELEKA** et ceux de la société civile[127].

Enfin, certains accords politiques introduisent la bonne gouvernance comme principe directeur du fonctionnement de l'Administration. Ce qui traduit bien évidemment l'idée de normalisation de cette dernière. L'accord d'Arusha stipule en effet que « *l'Administration est structurée, et tous les agents de la fonction publique exercent leurs fonctions, de manière à servir tous les utilisateurs des services publics de façon efficace, courtoise, impartiale et équitable* »[128] et que « *le détournement de fonds publics, l'extorsion de fonds et les malversations sont punissables conformément à la loi* »[129]. C'est dans la même logique que l'accord global et inclusif sur le conflit en République démocratique du Congo introduit le consensus[130] comme principe directeur du fonctionnement de l'Administration.

En dernière analyse, les bases constitutionnelles du droit administratif sont très variables dans les États d'Afrique noire francophone. La configuration organique et matérielle du droit administratif est à l'image des orientations normatives contenues dans la Constitution, vue sous l'angle du bloc de constitutionnalité constitué du préambule, dans ses énoncés des droits et non point au travers des formules de doctrine politique qu'on trouve à son entame, des articulations pertinentes du dispositif et de la jurisprudence constitutionnelle bourgeonnante. Celui-ci, de toute évidence, est la résultante de celle-là. S'il est avéré que le constituant, au cours de l'ensemble de la dynamique constitutionnelle qui a émaillé la formation du système normatif, a pu parfois sécréter des agencements démocratiques relatifs à la structuration des libertés et du pouvoir administratif, on peut, à l'opposé, regretter pour le déplorer, la radioscopie des constitutions qui, en même temps et paradoxalement, regorgent des germes de la destruction de l'équilibre entre les prérogatives de puissance publique et la marge de manœuvre des administrés. La Constitution est le terreau par excellence de l'exorbitance du droit administratif.

Et dans un État où l'embastillement du « *pouvoir* » juridictionnel est de coutume et que, par ailleurs, le régime et le système politique sont peu favorables à l'émergence d'un droit administratif épuré de l'arbitraire administratif, il y a lieu de conclure à un ancrage constitutionnel de la soumission de l'administré à l'Administration publique puis, corrélativement, à la surpuissance de la puissance publique. Seule une réforme profonde des régimes constitutionnel et administratif est de nature à

[127] Article 2 de l'accord de Libreville sur le conflit en République centrafricaine.

[128] Article 10 alinéa 2 de l'accord d'Arusha.

[129] *Idem.*

[130] Principe n° 5 de l'accord global et inclusif sur le conflit en RDC.

confiner, en tant que de besoin, à l'impuissance administrative mesurée et à une bouffée d'oxygène durablement conférée à l'administré.

En effet, si les bases classiques sont perceptibles dans le fonctionnement des pouvoirs publics, elles n'ont pas le monopole de l'encadrement de l'Administration, car en période de crise, on assiste à l'émergence d'une légalité constitutionnelle atypique. Une légalité constituée par les petites constitutions et les accords politiques et qui encadre, de manière efficiente, le fonctionnement de l'Administration. Il s'agit en fait des bases constitutionnelles d'un autre genre qui garantissent la continuité de l'État et pérennisent la soumission de l'Administration à la légalité. La présente étude permet de formuler l'hypothèse de la dualité des bases constitutionnelles du droit administratif dans les États d'Afrique noire francophone.

LES FONDEMENTS JURISPRUDENTIELS DU DROIT ADMINISTRATIF DANS LES ÉTATS DE L'AFRIQUE NOIRE FRANCOPHONE : LE CAS DU CAMEROUN

Lionel Pierre GUESSELE ISSEME[1]

En France, « *le droit administratif, nul ne l'ignore, est un droit "fondamentalement jurisprudentiel"* »[2]. Dans les États de l'Afrique noire francophone, la jurisprudence n'étant certainement pas à l'origine de cette matière, le rôle du juge y est néanmoins devenu indispensable, comme s'engage à le démontrer l'étude consacrée aux fondements jurisprudentiels du droit administratif camerounais. Alors même qu'à la période coloniale, seuls les textes adoptés par l'ex-métropole étaient à la base de son insertion dans les différents territoires non encore souverains, il n'est pas anodin aujourd'hui, à la différence de la France[3], d'insister sur les liens qui unissent la création du droit au juge, dans un contexte où le droit administratif bénéficie d'un caractère fondamentalement textuel[4]. Une fois les indépendances acquises ici et là, les nouveaux États francophones de l'Afrique occidentale et de l'Afrique centrale, s'étant dotés de législateurs et de juridictions souverains, ont en majeure partie réceptionné les règles de droit administratif consacrées sous la colonisation, tout en conciliant comme acquis, les origines textuelles de la matière avec les développements construits par les juridictions coloniales d'antan.

C'est l'occasion de préciser que l'étude des fondements jurisprudentiels du droit administratif dans cette partie du continent africain ne peut faire table rase des

---

[1] Ph.D., *Maître-assistant à la Faculté des Sciences Juridiques et Politiques de l'Université Yaoundé II.*

[2] Teboul (G), « Quelques brèves remarques sur la création du droit par le juge administratif dans l'ordre juridique français », in *Mélanges en l'honneur de Gérard Conac, Le nouveau constitutionnalisme*, Paris, Economica, 2001, p.210.

[3] Waline (M), « Cinquante ans de jurisprudence administrative », *Recueil Dalloz*, 6e cahier, 1950, p.21-24. Vedel (G), « Le droit administratif peut-il être indéfiniment jurisprudentiel ? », *EDCE*, n°31, 1979-1980, p.31-44. Jestaz (P), « La jurisprudence : réflexions sur un malentendu », *Recueil Dalloz Sirey*, 3e cahier, 1987, p.11-17. Melleray (F), « Le droit administratif doit-il redevenir jurisprudentiel ? Remarques sur le déclin paradoxal de son caractère jurisprudentiel », *AJDA*, 28 mars 2005, p.637-643.

[4] Bipoun Woum (J-M), « Recherches sur les aspects actuels de la réception du droit administratif dans les Etats d'Afrique noire d'expression française : le cas du Cameroun », *RJPIC*, n°3, Juillet-Septembre 1972, p.362.

précédents établis avant les indépendances. Pour comprendre l'orientation actuelle qui leur est assignée dans les États de l'Afrique noire francophone, il ne faut pas s'en tenir à la situation contemporaine. Seule une méthode de raisonnement conciliant les analyses diachronique et synchronique serait adéquate pour ressortir l'état des bases prétoriennes, de même que l'évolution qu'elles ont connue par rapport à la législation en vigueur et le droit français parfois mimé. Le droit textuel et le droit jurisprudentiel ne sont pas incompatibles dans la matière du droit administratif étudiée sous le prisme de ces États. C'est d'ailleurs l'un des résultats auxquels se propose d'aboutir l'analyse des fondements jurisprudentiels du droit administratif camerounais.

À la faveur d'un décret métropolitain[5], ont été créées dans plusieurs territoires français d'outre-mer en Afrique noire, les premières juridictions administratives ayant initié les constructions jurisprudentielles purement locales. Les conseils de contentieux administratif alors institués de part et d'autre dans lesdits territoires comme juge de premier ressort[6], étaient accompagnés durant toute la période coloniale dans ces anciennes possessions françaises, par le Conseil d'État français statuant comme juge d'appel[7]. La compétence de ces juridictions a cessé une fois les indépendances acquises[8], comme l'expriment mieux certaines décisions adoptées par le Conseil d'État français distinguant à ce sujet la date d'adoption de l'indépendance de la date de l'entrée en vigueur de celle-ci pour le territoire du Cameroun sous

---

[5] Décret du 5 août 1881, concernant l'organisation et la compétence des Conseils de contentieux administratif dans les colonies de la Martinique, de la Guadeloupe et de la Réunion, et réglementant la procédure à suivre devant ces conseils. Notons par ailleurs qu'en vertu du décret du 7 septembre 1881, l'application de ce texte s'étend à toutes les colonies, y compris les territoires sous mandat (Décret du 22 Mai 1924).

[6] Pillias (G), *La juridiction administrative aux colonies : les Conseils du contentieux administratif*, Imprimerie officielle de Tananarive, 1902. Egalement, René-Boisneuf (R), *Les conseils de contentieux des colonies : juges des litiges individuels concernant les fonctionnaires locaux*, thèse pour le Doctorat, Université de Toulouse, Faculté de droit, 1942.

[7] Mbarga (E), « L'évolution de la juridiction du Conseil d'Etat français sur le Cameroun », *Ann. De la Fac. De droit du Cameroun*, n°7, 1974, p.3-31.

[8] V. Conseil d'Etat (3e et 4e Sous-section), 18 octobre 1961, *Mayi-Matip* : « *Considérant qu'aux termes de l'article 33 du traité portant convention judiciaire conclu entre la République française et la République du Cameroun, le 13 novembre 1960 et publié au Journal Officiel de la République française du 9 août 1961, en application du décret du 31 juillet précédent :" le Conseil d'Etat et la Cour de cassation ont cessé d'être compétents, à dater du 1er janvier 1960, à l'égard des recours et pourvois dirigés contre les décisions des juridictions camerounaises " ; qu'il résulte clairement dudit article que le Conseil d'Etat n'est plus compétent pour statuer sur les appels formés contre les arrêtés du Conseil du contentieux administratif du Cameroun ; Considérant que la requête de Mayi-Matip, enregistrée au Secrétariat du contentieux du Conseil d'Etat le 21 mai 1955 est dirigée contre un arrêté du Conseil du contentieux administratif du Cameroun en date du 10 décembre 1954 ; que dès lors, il n'appartient plus au Conseil d'Etat de connaitre de ladite requête* ». Egalement dans le même sens, CE (3e et 4e Sous-section), 10 novembre 1961, *Kotto Eyoum et autres*.

administration française[9]. Toutefois, dans d'autres territoires devenus par la suite souverains parmi les anciennes colonies françaises également dotées de conseils de contentieux administratifs et ayant le Conseil d'État comme juge d'appel, des textes adoptés d'un commun accord entre la France et les nouveaux États ont assuré la reconduction provisoire de ces juridictions administratives coloniales[10] après l'accession à l'indépendance. Il ne s'agissait cependant là que d'un encadrement défini pour une période transitoire, courant dès la date de l'entrée en vigueur de l'indépendance jusqu'à l'adoption par ces nouveaux États d'une législation relative à la création effective de juridictions nationales compétentes pour statuer sur les litiges administratifs[11]. Les organes juridictionnels connaissant du contentieux administratif

---

[9] CE (Section), 3 novembre 1961, *Mbounya,* : « *Considérant d'une part que, par sa résolution n°1349 adoptée au cours de sa treizième session, le 13 mars 1959, l'Assemblée générale des Nations Unies a décidé que l'accord de tutelle approuvé par ladite Assemblée le 13 décembre 1945 et relatif au Cameroun sous administration française cessera d'être en vigueur le 1er janvier 1960 ; qu'il est constant que cette résolution a été prise avec le plein accord du gouvernement de la République française : que l'article 4 de l'accord de tutelle précité conférait notamment à l'autorité administrante "pleins pouvoirs... de juridiction" sur le territoire susmentionné ; que l'abrogation de cette disposition, à compter du 1er janvier 1960, a eu nécessairement pour effet de supprimer, à la même date, la compétence que le Conseil d'Etat statuant au contentieux tenait jusqu'alors de ladite disposition combinée avec celles de l'article 32 de l'ordonnance du 31 juillet 1945 et de l'article 2 du décret du 30 septembre 1953, en matière de contentieux administratif au Cameroun sous administration française ; considérant d'autre part qu'il est constant que depuis le 1er janvier 1960, aucune convention diplomatique passée entre la République française et la République du Cameroun et publiée en France n'a attribué à une juridiction française quelconque la connaissance de recours dirigés contre des décisions prises par des autorités administratives camerounaises, alors même que ces décisions seraient intervenues à une date où le Cameroun était encore placé sous administration française et que les recours dirigés contre lesdites décisions auraient été introduits antérieurement au 1er janvier 1960 devant une juridiction française* ».

[10] CE (Section) 22 décembre 1961, *République du Congo c/ Duvernoy.*

[11] CE (Section) 22 décembre 1961, *Compagnie des transporteurs régionaux de l'Est et du Centre et Société frigorifique des produits des éleveurs tchadiens* : « *Considérant qu'aux termes de l'accord particulier portant transfert à la République du Tchad des compétences de la Communauté, signé le 12 juillet 1960, entre cette République et la République française, approuvé par la loi du 28 juillet 1960 et publié par un décret du 29 juillet 1960, "la République du Tchad accède, en plein accord et amitié avec la République française à la souveraineté internationale et à l'indépendance par le transfert des compétences de la Communauté "; que par cet accord relatif aux dispositions transitoires en matière de justice, signé également le 12 juillet 1960, entre les mêmes parties contractantes, approuvé par la même loi et publié par le même décret : "jusqu'à l'installation par la République du Tchad de juridictions de cassation compétentes pour connaitre des recours formés contre les décisions des juridictions tchadiennes de l'ordre administratif et de l'ordre judiciaire, ces recours continueront d'être portés devant les formations ordinaires du Conseil d'Etat et de la Cour de cassation, lesquelles statueront en outre sur les recours formés à la date d'entrée en vigueur du présent accord. En cas de cassation, l'affaire sera renvoyée devant une juridiction de la République du Tchad "; Considérant qu'il ressort clairement des stipulations ci-dessus rappelées qu'elles se bornent à fixer, pour une période transitoire, les conditions dans lesquelles le Conseil d'Etat doit statuer sur les affaires dont il a été ou sera saisi dans les limites de sa compétence telle qu'elle était définie par les règles en vigueur antérieurement à l'intervention des accords précités et qu'elles n'ont eu ni pour but ni pour effet de modifier rétroactivement*

avaient donc une compétence limitée jusqu'à la mise en place des juridictions nationales statuant sur cette même matière.

Il n'en est pas intégralement ainsi de la jurisprudence construite sur les différentes matières du droit et du contentieux administratif par ces organes. Cette source prétorienne n'a pas été ignorée par les nouvelles juridictions souveraines créées dans chaque État. D'ailleurs, elle a été retenue tantôt comme pôle d'inspiration, tantôt comme pôle de démarcation, pour les constructions de règles prétoriennes par le juge statuant sur le contentieux administratif du territoire désormais indépendant. Les États de l'Afrique noire francophone ont intégré dès leur indépendance, l'option pour des juridictions apprenant la formulation de règles de droit administratif sur la base des préceptes du droit français, mais aussi à partir d'initiatives originales propres à l'environnement des différents territoires africains. Ainsi, le juge qui intervient ici s'apparentait déjà à une juridiction administrative spécialisée dans le contentieux administratif. Or, il ne s'agissait en réalité que d'une institution spécifique composée de juges judiciaires statuant sur les litiges administratifs.

Cette institution est initialement constituée dans ces Etats, suivant un modèle d'organisation particulier. Totalement ou partiellement, détachée de l'orientation du dualisme juridictionnel existant en France, elle s'est présentée selon « *trois grands types d'organisations judiciaires* »[12], à en croire la doctrine. L'un, considéré comme le modèle malgache à juridiction unique et un seul degré de juridiction dans lequel une Cour suprême est juge de droit commun du contentieux à travers une section spécialisée, est appliqué par : Madagascar, le Mali, le Burkina Faso, le Cameroun et le Tchad. L'autre, considéré comme le modèle sénégalo-marocain à juridiction

lesdites règles ; considérant que les articles 2 et 3 de l'ordonnance du 6 octobre 1958 fixant certaines conditions d'application de l'article 76 de la Constitution et le régime provisoire des pouvoirs publics dans les territoires d'outre-mer, ont choisi le statut d'Etat membre de la Communauté, les dispositions du dernier alinéa de l'article 2 du décret du 28 novembre 1958 aux termes desquelles "le Conseil d'Etat reste juge de droit commun du contentieux administratif autre que le contentieux local, né dans les territoires soumis à la juridiction des Conseil du contentieux administratif " ; qu'il ressort toutefois des termes mêmes de l'ordonnance susvisée du 6 octobre 1958 que le maintien de la compétence du Conseil d'Etat devait prendre fin lorsque la législation des nouveaux Etats aurait abrogé les dispositions antérieures ou lorsque les nouvelles juridictions auraient été mises en place ; considérant qu'après l'intervention d'une ordonnance du 27 mai 1959, la République du Tchad a institué un Tribunal administratif juge de droit du contentieux administratif ; que la période provisoire prévue par l'ordonnance précitée du 6 octobre 1958 étant ainsi venue à expiration, le Conseil d'Etat n'était plus compétent, à la date des accords susvisés, pour connaitre directement des recours dirigés contre les décisions des autorités administratives du Tchad, quelle que soit la date à laquelle il a été saisi de ces recours ; qu'il est constant enfin qu'aucun autre accord conclu entre la République française et la République du Tchad n'a attribué au Conseil d'Etat compétence pour connaitre directement de tels recours ».

[12] Ondoa (M), *Le droit de la responsabilité publique dans les Etats en développement : contribution à l'originalité des droits africains*, Thèse de Doctorat d'Etat en droit public, Université de Yaoundé 2-Soa, FSJP, 1997, p.179.

unique et à degrés de juridiction variables, dans lequel le juge judiciaire de première instance est juge de droit commun en matière administrative, au sein d'instances (section ou chambres) spécialisées ou non, certains contentieux étant réservés à la Cour suprême, trouve son application dans les États tels : le Sénégal, la Côte d'Ivoire, le Congo, la Mauritanie, le Niger, la République centrafricaine. Une troisième catégorie présente les États maintenant un système de juridiction administrative intégrale ou quasi intégrale : Guinée et Togo.

Chacun de ces États ne s'est donc pas doté dès son indépendance, d'une juridiction administrative à part entière, mais n'a pas non plus rejeté l'institution d'un juge statuant sur le contentieux administratif apte à construire le droit administratif, malgré sa formation privatiste[13]. Ils ont tous évolué de nos jours au point, pour certains, d'adopter le dualisme juridictionnel par la création des Conseils d'État[14] au sommet de l'organisation juridictionnelle en matière administrative, alors distincts des Cours suprêmes compétentes en matière judiciaire. D'autres par contre, ont conservé le modèle de l'unité juridictionnelle en améliorant sous l'égide d'une Cour suprême multifonctionnelle, la spécialisation et la distinction entre les contentieux judiciaires de droit privé, administratif, et même des comptes publics. Dans ce dernier cas, l'arsenal juridictionnel en place présente au sein de la Cour suprême, des chambres respectivement en charge d'un contentieux précis, et au niveau inférieur des cours d'appel et tribunaux judiciaires, administratifs et des comptes.

Le Cameroun adhère aujourd'hui à cette nouvelle configuration de l'organisation juridictionnelle, qui d'ailleurs n'influe pas moins sur la construction du droit jurisprudentiel en matière administrative. Elle a certes ses faiblesses liées à l'indépendance du juge statuant sur le contentieux administratif, l'absence d'une réelle séparation organique des autorités administratives et judiciaires pouvant d'ailleurs remettre en cause l'essence même du contentieux administratif. Mais, elle fait désormais la part belle aux justiciables privés dans les contentieux les opposant à l'Administration, qui contrairement à la situation d'antan, exercent de manière récurrente leur droit fondamental de recours au juge[15], donnant lieu à la reddition de nombreuses décisions dotées de l'autorité de la chose jugée. Celles-ci constituent en réalité le support des raisonnements adoptés par le juge compétent dans la construction du droit administratif par la jurisprudence.

---

[13] Lampué (P), « La justice administrative dans les Etats d'Afrique francophones », *RJPIC*, n°1, 1965.

[14] Il en est ainsi du Gabon avec la loi organique n°5/2002 du 27 novembre 2002 fixant l'organisation, la compétence et le fonctionnement du Conseil d'État.

[15] Lire à ce sujet, Guimdo Dongmo (B-R), « Le droit d'accès à la justice administrative au Cameroun. Contribution à l'étude d'un droit fondamental », RRJ Droit prospectif, 2008-1, p.453-498.

La production jurisprudentielle émerge donc de l'activité juridictionnelle en réelle croissance dans chacun des territoires des États de l'Afrique noire francophone et ce surtout depuis la fin des années 90. Suite à la démocratisation et de surcroît la libéralisation par les changements constitutionnels intervenus, les administrés participent par l'exercice des droits de recours au juge à l'évanescence de la frayeur autoritaire et liberticide à l'endroit de la puissance publique. Cette dernière assure désormais un équilibre nécessaire entre les intérêts souverains de l'Etat et ceux particuliers des citoyens, sous le dénominateur commun de l'intérêt général. Dans ce sens, « *la promotion du régime de service public traduit parfaitement ce renversement... qui signifie que l'administré a des droits à faire valoir à l'encontre de l'administration* »[16]. La saisine du juge statuant sur le contentieux administratif ne fait plus abstraction de cette orientation, même si quelques fois on peut déplorer qu'il adopte des positions indiquant « *une rémanence* »[17] de l'autoritarisme d'antan.

Au regard de ces considérations, il ne peut plus être nié l'existence de fondements jurisprudentiels du droit administratif dans les États africains et particulièrement au Cameroun. Ceux-ci peuvent désormais être analysés non plus dans le cadre d'une dépendance irréfléchie et inconsciente du juge dans les États africains par rapport au droit français, mais plutôt dans le cadre d'une étude comparative par rapport à celui-ci. On peut désormais distinguer les aspects ressemblants de ceux qui sont différents, sans toutefois nier la possibilité d'une influence latente du droit de l'ex-métropole, librement et souverainement acceptée sur le droit jurisprudentiel construit en Afrique, comme au Cameroun. Ce postulat de départ permet d'avancer l'interrogation suivante : comment s'opère la construction des fondements du droit administratif par le juge en droit camerounais ?

Par la clarification originale des textes, mais aussi par l'orientation libérale que marque l'apport du juge[18], le droit administratif camerounais prend corps dans les mutations contemporaines du droit. À la suite du législateur, le juge le renouvelle progressivement par des solutions apportées aux préoccupations de sécurité juridique des justiciables, l'adoption des mécanismes de simplification du droit, tout en conservant le respect de « *l'autorité de l'État exercée par le Président de la République et le Parlement* »[19]. Il ressort de ce raisonnement que la considération selon laquelle

---

[16] Chevallier (J), « Le droit administratif, droit de privilège ? », *Pouvoirs*, n°46, 1988, p.65.

[17] Atéba Eyong (R.A), *Le juge administratif et la création du droit : Essai sur l'élaboration jurisprudentielle du droit administratif camerounais*, Thèse de Doctorat Ph.D en droit public, Université de Yaoundé II-Soa, FSJP, 2014, p.253.

[18] V. Guéssélé Isséme (L.P), *L'apport de la Cour suprême au droit administratif camerounais*, Thèse de Doctorat en droit public, Université de Yaoundé II-Soa, FSJP, 2010.

[19] Loi n°96/06 du 18 janvier 1996 portant révision de la Constitution du 02 juin 1972 au Cameroun.

le droit administratif appliqué dans les territoires des États de l'Afrique noire francophone, serait essentiellement « *légisdit* »[20], avec un « *juge non enclin à l'originalité* »[21], n'a plus toute sa pertinence plusieurs décennies aujourd'hui après les indépendances. On peut désormais compter cette matière parmi les disciplines accomplies au plan des sources du droit national, dont l'étude, ne donnant plus lieu à la seule raison d'État par le texte consacré, exprime inexorablement son confort par l'association des fondements jurisprudentiels. Pouvait-on espérer mieux que le produit obtenu de la séparation entre le droit français et les droits indigènes alors parvenus à l'émancipation par la construction des ordres juridiques nationaux ? Se posant aujourd'hui par des convergences et des divergences par rapport au géniteur de l'ex-métropole, ceux-ci ont par le canal du droit administratif donné l'opportunité aux pouvoirs publics dans les États de l'Afrique noire francophone, de construire des règles juridiques suivant des orientations librement choisies.

Le Cameroun, par le droit administratif nationalisé, a choisi la sienne dans la ligne de cette adaptation africaine parmi tant d'autres. Cet État a reçu les notions, concepts et catégories juridiques de cette matière comme la « *bonne réponse* »[22] au problème de l'agencement des rapports entre l'Administration et les administrés, par le canal du législateur, mais aussi celui du juge. En effet, la part contributive de ce dernier ne peut plus être négligée dans les études de la science juridique publiciste en Afrique. Son apport à la disposition de la recherche et surtout de la consolidation des règles juridiques en vigueur, déconcentre du monopole textuel d'antan. Prenant corps dans le cadre de l'activité juridictionnelle des organes compétents, les fondements jurisprudentiels initiés ici connaissent une évolution dont le processus en cours est désormais contrôlé par les tribunaux administratifs[23] et la chambre administrative de la Cour suprême[24]. Si ces deux organes incarnent ici la structure juridictionnelle statuant sur le contentieux administratif camerounais, ils ont pour

[20] Bipoun-Woum (J-M), « Recherches sur les aspects actuels de la réception du droit administratif dans les Etats d'Afrique noire d'expression française : le cas du Cameroun », *RJPIC*, n°3, 1972, p.370.

[21] *Ibid*, p.378.

[22] Michaut (F), « La " bonne réponse" n'est-elle qu'une illusion », *Droits, Revue française de théorie juridique*, n°9, 1989, p.69.

[23] Selon la loi n°2006/022 du 29 décembre 2006 fixant l'organisation et le fonctionnement des tribunaux administratifs, article 2 : « *les tribunaux administratifs sont des juridictions inférieures en matière de contentieux administratif au sens de l'article 40 de la constitution* ».

[24] Selon la loi n°2006/016 du 29 décembre 2006 fixant l'organisation et le fonctionnement de la Cour suprême, article 9 : « (1) *la Chambre administrative comprend : une section du contentieux de la fonction publique ; une section du contentieux des affaires foncières et domaniales ; une section du contentieux fiscal et financier ; une section du contentieux des contrats administratifs ; une section de l'annulation et des questions diverses.* (2) *Chaque section connait des appels et des pourvois en cassation relatifs aux matières qui relèvent de sa compétence* ».

une bonne part conservé ou rénové l'acquis jurisprudentiel consolidé par leurs devanciers[25]. En plus de cet héritage, ils se sont dotés de nouvelles règles encore inédites dans la matière.

Suivant ces considérations, l'analyse des fondements jurisprudentiels du droit administratif camerounais suggère dans cette étude que soit pris en compte l'ensemble des décisions rendues par ces différents organes juridictionnels. Ce substrat sert de base pour l'identification tant des méthodes et mécanismes employés par le juge, que des règles construites comme bases jurisprudentielles en la matière. Il conduit à une sélection rigoureuse de la démarche à suivre par le commentaire de décisions de justice, servant à dégager une théorie propre au raisonnement du juge camerounais statuant sur le contentieux administratif. Ainsi s'impose par cette explication, la déclinaison des deux grandes approches servant de réponse à la question précédemment posée. Celle-ci va d'ailleurs être démontrée par la production objective des règles d'aspirations camerounaises (I) et la reproduction intuitive des règles d'inspiration française (II).

I- La production objective des règles d'aspirations camerounaises

La différence de sociétés et des droits applicables suivant la maxime *Ubi societas, ibi jus*, implique une considération importante. La variation objective des règles juridiques librement adoptées dans les États permet d'affirmer leurs originalités en droit, tant par l'autonomie des ordres juridiques que par la souveraineté de leurs territoires respectifs. Sur cette base, « *l'influence du droit administratif français a ainsi perdu beaucoup de terrain* »[26], après qu'il a servi d'inspiration à plusieurs pays en Europe[27], et même à des pays en Afrique. Dans ce dernier cas, il apparaît au plan formel que les règles adoptées ici ne sont pas identiques à celles de l'ex-métropole. Suivant la réception « *à partir de l'indépendance, il devint nécessaire de faire du neuf* »[28],

[25] Il s'agit notamment : selon le décret du 4 juin 1959 et de la loi du 20 juin 1961, du Tribunal d'Etat et de la Cour suprême du Cameroun oriental jusqu'en 1965 ; suivant la loi du 19 novembre 1965 portant réforme du contentieux administratif, de la Cour fédérale de justice composée de deux Chambres administratives dont l'une à Yaoundé et l'autre à Buea, compétentes chacune en premier ressort et d'une Assemblée plénière à Yaoundé, compétente en appel jusqu'en 1972 ; suivant la Constitution du 02 juin 1972 et de l'ordonnance n°72/06 du 26 août 1972 fixant l'organisation de la Cour suprême et de la loi n°75/17 du 08 décembre 1975 fixant la procédure devant la Cour suprême statuant en matière administrative, de la Cour suprême composée d'une Chambre administrative à Yaoundé, statuant en premier ressort et d'une Assemblée plénière statuant en appel.

[26] Fromont (M), « La justice administrative en Europe : différences et convergences », *RFDA*, n°2, 2008, p.267.

[27] L'Allemagne, la Belgique, l'Italie, les Pays-Bas, l'Estonie. V. *Ibid*, p.268.

[28] Pannier (J), « Les sources du droit au Cameroun Oriental », in *Annales de la Faculté de droit du Cameroun*, n°3, 1972, p.101.

par une mutation réelle du droit importé à partir des sources formelles nationales des États du continent. Celle-ci se manifeste par la transformation des supports normatifs, c'est-à-dire la « *re-création* »[29] par les textes et la jurisprudence des autorités compétentes dans les territoires souverains d'Afrique. Suivant cette considération, le droit administratif diffère également d'un État africain à un autre ; il est marqué par le produit des réalités locales non existantes ailleurs, ou plutôt le produit différent obtenu du traitement des réalités identiques et présentes dans les États qui l'ont importé.

Le regard porté sur le droit administratif camerounais à partir de la contribution du juge conduit à consolider cette appréciation. Statuant sur le contentieux administratif, celui-ci construit des bases de la matière en s'appuyant sur une logique dictée par des aspirations nationales de son territoire. Organe souverain participant à l'élaboration des normes de l'État par la jurisprudence[30], il est confronté tout comme ses homologues dans d'autres États africains au Sénégal[31], en Côte d'Ivoire[32], à des limites et faiblesses dans son rôle de créateur. Néanmoins, il imprime aux règles juridiques de la matière, les orientations propres à la politique nationale, en sauvegardant les intérêts des citoyens conciliés à ceux de l'Administration, comme le ferait d'ailleurs tout décideur dans un État. Face à un droit importé de la France tel le droit administratif, le juge camerounais opère une production originale, donc différente du point de départ, imprégnée des réalités africaines et surtout camerounaises. À cet égard, les fondements jurisprudentiels se déduisent de la résolution des préoccupations inexistantes dans le droit importé (A) et de la révolution des préoccupations existantes dans le droit importé (B).

A- La résolution des préoccupations inexistantes dans le droit importé

Le droit administratif dans les territoires africains post-coloniaux s'accommode des réalités spécifiques aux relations entre l'Administration et les administrés qui s'y trouvent. Il s'applique même désormais à des situations purement africaines, méconnues des adaptations du droit administratif français dans les États européens[33] à l'instar de l'Allemagne, de la Belgique pour ne citer que ceux-là. C'est une

---

[29] Cubertafond (B), *La création du droit*, Paris, Ellipses, 1999, p.93.

[30] Teboul (G), « Quelques brèves remarques sur la création du droit par le juge administratif dans l'ordre juridique français », *op.cit.*, p.211.

[31] Demba Sy, « Le juge sénégalais et la création du droit administratif », in dir. Darbon (D) et De Gaudusson (J.D.B.), *La création du droit en Afrique*, Paris, Karthala, 1997, p.397.

[32] Ambeu Akoua (V-P), *La fonction administrative contentieuse en Côte d'Ivoire*, Thèse de Doctorat de droit public, Université Jean Moulin 3 de Lyon, septembre 2011, p.170-192.

[33] V. sur l'adaptation du droit administratif français dans les États européens : Capelle (C), « Acte administratif et justice administrative en Europe », *RFDA*, n°2, 2008, p.258. Fromont (M), « La justice administrative en Europe : différences et convergences », *op.cit.*, p.267.

adaptation à laquelle participent gracieusement les pouvoirs publics, au nom desquels le juge agit comme l'institution essentielle garante des libertés[34] dans la résolution des litiges y relatifs.

Le Cameroun présente en tant qu'échantillon d'analyse, des situations ayant conduit à l'élaboration des règles jurisprudentielles servant de base à l'ancrage d'une identité nationale au droit administratif importé. Ici, les contentieux administratif et de droit privé tranchés respectivement par les formations spécialisées en matière administrative au sein de la juridiction de l'ordre judiciaire[35] et par la juridiction judiciaire[36] à proprement parler, sont des matières qui donnent l'occasion d'apprécier l'existence et l'importance des préoccupations propres au droit camerounais dans la jurisprudence. Ces matières permettent d'opérer un constat tout à fait objectif, comme on l'observe également au Sénégal[37], en Côte d'Ivoire[38], au Gabon[39] et ailleurs : le juge indépendamment de ses limites et sa formation privatiste ou publiciste, procède à l'adaptation du droit administratif dans la jurisprudence en considération des réalités du pays. La construction du droit national applicable aux préoccupations non importées (1) et la dilution du droit importé dans la résolution des préoccupations non importées (2) représentent les lignes directrices de son action.

1- La construction du droit national applicable aux préoccupations non importées

Pour des questions spécifiques aux sociétés africaines, le droit originaire de la France serait *a priori* inapproprié en termes de référent initialisant les solutions recherchées, tant par les administrés que par les pouvoirs publics eux-mêmes. Le droit administratif se serait-il reconverti en Afrique noire francophone ? Du territoire d'exportation à celui de l'importation, n'observe-t-on pas des transformations conduisant à un produit fini encore inédit jusqu'avant cette expérience ? Ces

---

[34] Labetoulle (D), « Le juge administratif et les libertés publiques », in *RFDA*, n°6, 2003, p.1120.

[35] Les tribunaux administratifs créés et compétents en premier ressort partagent des greffes identiques avec les Cours d'appel judiciaires ; également la Chambre administrative compétente en appel et en cassation est une formation insérée dans la Cour suprême essentiellement judiciaire. V. Les articles 38, 40 de la loi n°96/06 du 18 janvier 1996 portant révision de la Constitution du 02 juin 1972 ; la loi n°2006/016 fixant l'organisation et le fonctionnement de la Cour suprême et la loi n°2006/022 fixant l'organisation et le fonctionnement des tribunaux administratifs, toutes adoptées le 29 décembre 2006.

[36] Van Lang (A), *Juge judiciaire et droit administratif*, Paris, LGDJ, 1996, p.11-26.

[37] Demba Sy, « Le juge sénégalais et la création du droit administratif », *op.cit*, p.398.

[38] Dégni-Ségui (R), *Droit administratif général, l'action administrative*, Abidjan-Côte d'Ivoire, Éditions NEI-CEDA, 4e éd., 2012, p.301-310.

[39] Galabert (J-M), « Préface », in Pambou Tchivounda (G), *Les grandes décisions de la jurisprudence administrative du Gabon*, Paris, Éditions Pedone, 1994, p.I-II.

interrogations se fondent sur le prisme déontique de cultures, jadis taxées d'indigènes[40], mais méritant au plan du respect des souverainetés ayant émergé depuis les années 60, d'être identifiées désormais en considération de la nationalité de l'État africain de leur ressort, pour justifier l'autonomie des droits africains. Elles conduisent à des réponses affirmatives, consolidant la place des droits africains dans la diversité[41] des droits à comparer[42], permettant alors son insertion dans les études de droit comparé[43]. Les pouvoirs publics ont, tantôt par des textes juridiques, tantôt par la jurisprudence, contribué à élaborer des règles purement nationales pour des problèmes étrangers au droit importé.

Le juge au Cameroun n'y montre aucun désintérêt surtout lorsqu'il est appelé à la suite du législateur, à procéder à une application effective des textes nationaux, tout en certifiant de leur efficacité dans le cadre de son office. L'incarnation du droit administratif dans des considérations non importées à laquelle il participe, lui donne la possibilité de situer la matière dans ce pays à la hauteur d'une branche du droit public concrète, et donc servant à la régulation effective des rapports entre l'Administration de l'État et les administrés. Il appert de cette considération que l'idée d'un droit national construit par le juge camerounais n'est pas déconnectée de sa filiation même implicite d'avec « *le modèle étranger* »[44] de la France. Elle s'apprécie par rapport à celui-ci en observant dans la jurisprudence, l'insertion des préoccupations non importées dans les catégories du droit importé (a) et l'adoption des solutions non imposées par les catégories du droit importé (b).

a- L'insertion des préoccupations non importées dans les catégories du droit importé

Ce n'est pas à tout hasard que le juge camerounais intègre des préoccupations typiquement nationales dans l'ordre des catégories du droit importé. Cette opération repose sur une orientation pour laquelle il opte indépendamment de toute

[40] Badara Fall (A), « Le droit africain a-t-il sa place dans le droit comparé ? », in sous la dir. de De Gaudusson (J.D.B.), *Le devenir du droit comparé en France*, Aix-en-Provence, Presses Universitaires d'Aix-Marseille-PUAM, 2005, p.161-163.

[41] Fauvarque-Cosson (B), « Comment appréhender la diversité en droit ? », in sous la dir. de De Gaudusson (J.D.B.), *Le devenir du droit comparé en France*, Aix-en-Provence, Presses Universitaires d'Aix-Marseille-PUAM, 2005, p.187.

[42] Milacic (S), « Le droit comparé à l'épreuve de la diversité », in sous la dir. de De Gaudusson (J.D.B.), *Le devenir du droit comparé en France*, Aix-en-Provence, Presses Universitaires d'Aix-Marseille-PUAM, 2005, p.191.

[43] Badara Fall (A), « Le droit africain a-t-il sa place dans le droit comparé ? », *op.cit.*, p.161-163.

[44] Rivero (J), « Les phénomènes d'imitation des modèles étrangers », in De Laubadère (André), Mathiot (André), Rivero (Jean), Vedel (Georges), *Les pages de doctrine*, Paris, LGDJ, Tome II, 1ère éd., 1980.

subordination extérieure à son État, selon la loi et sa conscience[45], en apportant par son intime conviction, des solutions aux litiges qui lui sont présentés. On peut suivre dans son raisonnement plusieurs séquences lui permettant de leur donner une rationalité, selon les options qui se présentent à lui. Les questions relatives aux droits coutumiers des citoyens présentes dans la plupart des États africains peuvent être rangées dans l'ensemble de ces préoccupations inexistantes[46] dans le droit français importé. Elles influencent la structure de ce dernier par leur introduction par le juge, dans ses données de base, de manière à conduire à des classifications originales en droit administratif camerounais.

Une séquence fondamentale consiste à construire des définitions au sujet des problèmes camerounais qui se présentent au juge. Ce dernier y apporte des réponses par sa jurisprudence en s'appuyant spécifiquement sur des réalités nationales, tenant compte de la conciliation entre les intérêts de l'Administration et les intérêts des administrés. Ce raisonnement est construit sur l'interprétation des textes nationaux ; le juge « *dans la nécessité de fixer par lui-même... par décision propre, le sens de tels vocables ou celui de la proposition normative entière, fixe lui-même le contenu de la règle qu'il va appliquer : c'est lui qui pose ou applique les définitions, c'est lui qui confère aux mots leur sens, aux concepts leur définition* »[47]. De manière prudente et pertinente, il donne un sens qui n'est pas désincarné des mœurs, des usages et de la culture camerounaise. Les préoccupations relatives aux chefferies traditionnelles[48], aux droits naturels sur la terre[49] ne peuvent être ignorées dans le cadre de l'illustration accompagnant cette analyse.

Une autre séquence forte dans la dynamique d'insertion est celle relative à la recherche par le juge camerounais, des équivalents aux préoccupations nationales

---

[45] V. Article 37 (1) et (2) de la loi n°96/06 du 18 janvier 1996 portant révision de la Constitution du 02 juin 1972, modifiée par la loi n°2008/001 du 14 avril 2008.

[46] V. Jugement n°7/CS/79-80 du 29 novembre 1979, *Essomba Marc Antoine c/ Etat du Cameroun* : « Attendu que dans le cas d'espèce il s'agit de procéder au remplacement d'un chef traditionnel ; que bien que réglementée elle obéit aux règles de la coutume et que c'est pour cela qu'elle est différente suivant les coutumes ».

[47] Eisenmann (C), « Quelques problèmes de méthodologie des définitions et des classifications en science juridique », in Leben (C), *Ecrits de théorie du droit, du droit constitutionnel et d'idées politiques*, Paris, Éditions Panthéon-Assas, Collection Les introuvables, 2002, p.291.

[48] CS/CA, jugement N°07/2001-2002 du 25 octobre 2001, *Enonchong Henry Ndifor Abi c/ État du Cameroun (MINAT)* ; CS/CA, jugement N°08/02-03 du 31 octobre 2002, *Bateg Daniel c/ État du Cameroun (MINAT).*

[49] CS/CA, jugement N°18/86-87 du 26 mars 1987, *Mbida Mathernus c/ État du Cameroun (MINUH)* ; CS/CA, jugement N°20/ADD/86-87 du 26 mars 1987, *Ndoumbe Malobe c/ État du Cameroun (MINUH)* ; CS/CA, jugement N°41/03-04 du 25 février 2004, *Njitack Ngompe c/ État du Cameroun (MINUH) et Fotso Victor (Intervenant volontaire).*

dans le droit importé. On pourrait rapidement penser au risque d'absorption du droit camerounais par le droit importé de la France, mais il n'en est rien. Tout au contraire, il s'agit de donner aux problèmes camerounais des repères et des identifiants dans la théorie générale du droit administratif. Au service des administrés comme « *rempart contre l'arbitraire* »[50], ce droit spécial est réceptionné dans l'ordre juridique interne par le législateur et désormais par le juge, comme le corps de règles appliqué à l'Administration dans la réalisation de ses missions de service public[51], au moyen de ses « *privilèges* »[52]. Étant donc spécifiques à la société camerounaise, ces préoccupations doivent être situées dans cette matière pourtant non originaire de cette société. Au cas contraire, on évoluerait dans une sorte d'incongruité entre celles-ci et celle-là, emportant par conséquent une irrationalité des solutions du juge dans les litiges soulevant des questions qui s'y rapportent.

Cette opération nécessite inexorablement que le juge camerounais recoure à des classifications dans la science juridique[53]. Les préoccupations coutumières liées aux chefferies traditionnelles, ainsi qu'aux droits traditionnels des collectivités sur la terre, ne se trouvent plus orphelines. La recherche de parentés d'adoption ou simplement de filiations entre les préoccupations camerounaises et le droit importé, à laquelle il se consacre, est une nécessité impérieuse de bonne administration de la justice. Elle se fait en fonction des clarifications apportées par la jurisprudence sur les affinités, les finalités et les objets en cause, pour combler des lacunes[54] qui se présentent face à l'adaptation du droit français importé. Il ne s'agit pas d'opérer une unification entre les préoccupations strictement locales et les catégories d'ailleurs, mais simplement de procéder par harmonisation ou rapprochement de celles-ci avec un ensemble de concepts ou mécanismes propres à la théorie générale du droit administratif. C'est donc selon une rationalité particulière que le juge camerounais situe les préoccupations liées aux actes de désignation des chefs traditionnels dans la catégorie des actes administratifs[55], mais également dans le domaine des questions que pose l'organisation administrative de la République du Cameroun[56]. Il en est de même de la transformation des droits coutumiers des collectivités villageoises sur la terre, par

---

[50] Lochak (D), « Le droit administratif, rempart contre l'arbitraire ? », in *Pouvoirs*, n°46, 1988, p.44.

[51] Rivero (J), « Existe-t-il un critère du droit administratif ? », in *RDP*, 1953, p.283.

[52] Chevallier (J), « Le droit administratif, droit de privilège ? », *op.cit.*, p.57.

[53] Eisenmann (C), « Quelques problèmes de méthodologie des définitions et des classifications en science juridique », *op.cit.*, p.293.

[54] Kelsen (H), *Théorie pure du droit*, Paris-Bruxelles, Bruylant-LGDJ, 1999, p.245.

[55] CS/CA, Jugement ADD N°66/78-79 du 31 mai 1979, *Kouang Guillaume Charles c/ État du Cameroun* ; CS/CA, Jugement N°39/88-89 du 23 mai 1989, *Egbe Bessong Alfred c/ État du Cameroun*.

[56] CS/CA, Jugement n°8 du 29 novembre 1979, *Élites Banka représentées par Mbouendeu Jean de Dieu c/ État Cameroun*.

la voie de l'immatriculation qu'il range dans la catégorie du contentieux des actes administratifs unilatéraux[57].

Le résultat auquel le juge aboutit est atypique et inédit par rapport au droit importé. En fait, le rattachement des préoccupations nationales à ce droit ne produit plus ce droit lui-même, mais plutôt un droit original, parce que réadapté. Par la jurisprudence il y a alors matière à reconstruire le droit administratif camerounais à partir des catégories juridiques importées du droit français. Mais, rien n'empêche le juge camerounais de se détourner des orientations et solutions adoptées dans le droit importé au sujet de ces catégories pourtant mimées.

b- L'adoption des solutions détournées des catégories du droit importé

C'est une marque de l'originalité dans les constructions jurisprudentielles, que de voir le juge camerounais se désolidariser dans certains cas, des positions imposées par les catégories du droit importé. Même si celles-ci peuvent accueillir les préoccupations spécifiquement propres à la société camerounaise dans leurs différentes classifications, le juge n'est pas obligé de suivre les solutions qui en découlent. Ainsi lorsqu'il l'estime nécessaire, il opte pour la construction de solutions orientées par des exigences de l'environnement politique, économique, sociologique et juridique suivant l'impératif de la construction de l'unité nationale[58]. Un certain nombre de considérations guident ce choix.

Le juge camerounais se détourne dans sa jurisprudence des solutions imposées par le droit importé, ce, dès qu'il estime qu'elles sont inadéquates pour régler les problèmes posés par les justiciables. Dans ce sens, il consolide son incompétence sur les actes de désignation des chefs traditionnels[59], pourtant insérés dans la catégorie des actes administratifs, parce qu'il estime que l'autorité ayant le pouvoir de désignation est mieux habilitée ici à régler les litiges. Il est évident que le droit administratif français importé au Cameroun est tout étranger aux préoccupations relatives aux litiges coutumiers impliquant à la fois l'Administration et les collectivités villageoises. Tout en se rapportant à l'administration du territoire, ou

[57] CS/CA, jugement n°1/75 du 19 décembre 1975, *Nkong Emmanuel c/ Etat du Cameroun* : « *Considérant que le titre foncier est un acte administratif annulable* ».

[58] Kontchou Kouomégni (A), « Le droit public camerounais, instrument de construction de l'unité nationale », *RJPIC*, n°4, oct.-déc., 1979, p.416.

[59] CS/PCA, Ordonnance de sursis à exécution n°61, du 27 juin 2007, *Tsoungui Marcelin Georges c/ État du Cameroun (MINATD)* : « *considérant que… l'acte administratif portant désignation d'un chef traditionnel n'est pas justiciable devant la juridiction administrative ; par conséquent la requête de Tsoungui Marcellin est irrecevable* ».

encore aux situations juridiques conciliant la parenté[60] ou la famille[61] à la terre, les données du droit étranger et précisément du droit français semblent bien étrangères aux priorités coutumières du Cameroun. Davantage, l'ascendance tribale dans l'administration des collectivités villageoises laisse perplexe dès lors que l'on est en présence d'une multitude d'ethnies conduisant à la diversité coutumière pour les solutions appropriées aux litiges.

À cet égard, le juge opte pour la législation nationale existante, pour les solutions appropriées à de telles préoccupations. En réalité, il n'est pas moins certain que seules les autorités camerounaises sont à même d'adopter les règles qui systématisent mieux les droits coutumiers en les accommodant aux exigences du droit écrit. Ainsi, le droit camerounais qui en ressort codifié se présente comme la solution à appliquer. En tant que bouche de la loi, le juge statuant sur le contentieux administratif camerounais développe comme premier réflexe, la consultation du droit textuel en vigueur et éventuellement l'application de celui-ci lorsqu'il approuve la solution indiquée. Mais, il peut également ne pas être d'accord et construire si nécessaire une jurisprudence *contra legem* sur la question concernée[62]. À défaut, il n'est pas impossible qu'il se propose simplement d'améliorer le texte existant dans sa formulation ou dans son explication[63].

À ce sujet, le juge statuant sur le contentieux administratif camerounais pose des fondements jurisprudentiels qui révèlent les incongruités de la législation nationale proprement dite, par rapport aux règles de niveau supérieur en vigueur au sein de l'ordonnancement juridique[64]. La disqualification de celle-ci dans la résolution du litige qui lui est soumis vise à construire en lieu et place, une règle jurisprudentielle qu'il estime plus sûre pour assurer la sécurité juridique des justiciables[65]. Il impose alors une dérogation[66] à l'application d'un texte juridique national, par l'application

[60] Lire utilement Méloné (S), *La parenté et la terre dans la stratégie de développement : l'expérience camerounaise*, Thèse, Paris, Klinsksieck, 1972, 201p.

[61] Pougoué (P-G), *La famille et la terre. Essai de contribution à la systématisation du droit privé camerounais*, Thèse, Bordeaux, 1977, 380p.

[62] CS/AP, Arrêt n°19/4 du 15 août 1993, Nouga André c/ Etat du Cameroun.

[63] Tribunal administratif de la Région du Centre, jugement n°180/TA-Yaoundé du 10 novembre 2015, affaire *Edzoa Albert c/ Société Immobilière du Cameroun (SIC).*

[64] CS/CA, jugement n°300/2010 du 27 octobre 2010, *Maitre Aurore Nkom c/ Etat du Cameroun (Minjustice).*

[65] Tribunal administratif de la Région du Centre, Ordonnance n°35 du 09 juillet 2014, Affaire *Eyébé Vitus c/ Etat du Cameroun ;* Tribunal administratif de la Région du Centre, jugement n°179/2015/TA-Yaoundé, 10 novembre 2015, Affaire *Central Voyage c/ Communauté Urbaine de Yaoundé (CUY).*

[66] Peiser (G), « Le juge administratif et les dérogations », in *Mélanges offerts à Marcel Waline, Le juge et le droit public*, Paris, LGDJ, 1974, p.669.

d'une règle produite par lui-même[67]. On comprend ici que dans le raisonnement du juge camerounais, les bases du droit administratif mises en place par la jurisprudence, lorsqu'elles écartent l'application du droit importé de la résolution d'une préoccupation purement nationale, n'entraînent pas nécessairement l'application de la législation nationale. Cette dernière peut connaître une infortune selon l'intime conviction du juge, et laisser plutôt la place à l'option que celui-ci aura portée vers la construction d'un fondement jurisprudentiel mieux approprié à la bonne administration de la justice entre les parties au litige.

La construction du droit national applicable aux préoccupations non existantes dans le droit importé suit, en résultat d'analyse, une orientation binaire. Elle permet au juge de s'approprier les catégories juridiques étrangères, sans être tenu de suivre les solutions imposées par celles-ci. Mais il peut toujours parvenir à l'originalité des fondements jurisprudentiels qu'il met en place en droit administratif camerounais, en diluant le droit importé dans la résolution des préoccupations non importées.

2- La dilution du droit importé dans la résolution des préoccupations non importées

Le droit français ne s'applique pas au Cameroun. Toutefois, son importation par le juge camerounais est possible par un mécanisme de réception souveraine en droit interne des rudiments tirés d'un système étranger ayant fait ses preuves dans la régulation des rapports entre l'Administration et les administrés. Sur cette base, une telle orientation peut conduire à identifier dans la jurisprudence de ce juge des fondements qui justifient que la résolution des préoccupations non importées se fasse par l'application de solutions teintées d'emprunt ou d' « *imitation* »[68] du droit importé.

L' « *emprunt* »[69] peut alors être justifié par le fait que bien qu'ayant fait ses preuves ailleurs, la solution diluée dans la résolution des préoccupations purement camerounaises présente en elle-même les caractères d'une logique toute particulière. Davantage, son usage prend l'allure d'une orientation considérée comme exclusive, et en dehors de laquelle tout raisonnement ne pourrait être qu'un égarement, soit dans le non-droit, soit dans l'abus de droit ou même l'arbitraire et l'illogisme. Il apparaît donc par cette considération que le droit importé qui va être dilué par le juge est considéré comme un standard offrant les garanties de sécurité juridique pour les administrés, mais aussi d'affermissement de l'autorité de la puissance publique.

---

67 CS/CA, jugement n°5/ADD/88-89 du 27 octobre 1988, *Eyana Essouga Guillaume c/ Etat du Cameroun*.

68 Rivero (J), « Les phénomènes d'imitation des modèles étrangers en droit administratif », *op.cit*, p.459.

69 *Ibid.*

Le juge camerounais peut-il donc procéder autrement, si ce n'est de laisser apparaître le droit importé en arrière-plan ou en toile de fond des solutions qu'il adopte, même sur les préoccupations strictement camerounaises du droit administratif ?

Le raisonnement juridique trouve à cet égard toute sa mesure dans le choix que porte le juge sur la mise en place des bases jurisprudentielles du droit administratif camerounais. Il ne discrédite pas le caractère original et de surcroît souverain des règles qui sont ici construites, mais leur permet d'inscrire l'État camerounais dans la cohorte des États ayant adhéré à ce qui pourrait être retenu comme une sorte de civilisation universelle des mœurs en droit. La logique du droit importé, reprise par le juge camerounais, ne serait qu'un prétexte fiable pour justifier le droit d'exister ou d'existence du droit administratif camerounais. Ce dernier devant être considéré comme un ensemble de règles reflétant la métaphore ontologique de ce qui est considéré comme le bon sens dans les relations entre la puissance publique et les administrés ayant pour finalité la satisfaction du service public.

Ce raisonnement est teinté d'un idéalisme juridique auquel semble obéir le juge camerounais dans l'élaboration des fondements jurisprudentiels du droit administratif. Il a pour contexte d'application, d'une part l'inféodation méthodologique du droit importé dans la résolution des préoccupations non importées (a) et d'autre part l'affiliation idéologique du droit importé aux solutions des préoccupations non importées (b).

a- L'inféodation méthodologique du droit importé dans les solutions aux préoccupations non importées

Le juge camerounais se démarque-t-il de la méthode de raisonnement juridique présente dans le droit importé, lorsqu'il s'active à la résolution des litiges propres aux réalités nationales ? Incontestablement, la réponse négative qui résulte de cette interrogation a pour fondement l'analyse des décisions rendues par cette institution dans ces matières, où la démarche juridique et même le raisonnement judiciaire sont cooptés comme des méthodologies indispensables aux solutions apportées.

En ce qui concerne la démarche juridique choisie par le juge camerounais, telle que le reflète la jurisprudence sur le contentieux impliquant l'Administration, elle est précisément fondée sur le positivisme. Déjà présente dans le droit importé, la méthode de raisonnement positiviste se fonde sur « *le réel par rapport au chimérique, l'utile par rapport à l'oiseux, le certain par rapport à l'indécis, le précis par rapport au vague, le relatif par rapport à l'absolu* »[70]. Adaptée à la science juridique par le juge

---

[70] Brimo (A), *Les grands courants de la philosophie du droit et de l'Etat*, Paris, Editions A. Pedone, 1978, p.270.

camerounais, elle conduit au droit positif, donc au droit effectivement appliqué parce que posé par les différentes sources, notamment les textes juridiques et la jurisprudence. Dès lors qu'il y recourt en l'intégrant à la résolution des préoccupations non existantes dans le droit importé, la manière de l'appliquer n'est plus identique à celle de l'Etat l'ayant exporté. Elle subit une transformation au moins en ce qui concerne la substance des règles juridiques sur lesquelles elle repose, mais également les questions de droit national pour la solution desquelles son utilisation est requise. Suivant cette considération, il apparaît de toute évidence que, la jurisprudence camerounaise qui en découle est la condition même de l'élaboration d'une science juridique autonome dans la matière du droit administratif.

Bon nombre de décisions rendues par les formations de la Cour suprême[71] statuant sur le contentieux administratif et récemment par les tribunaux administratifs[72] montrent que le juge ne déroge pas à la méthode de raisonnement sur la base du positivisme. Même lorsqu'il aborde les préoccupations propres aux réalités coutumières impliquant l'Administration et les administrés, celle-ci reste encore la démarche sur laquelle il se base pour adopter sa décision[73]. L'interprétation ou le commentaire des textes juridiques, mais aussi des précédents jurisprudentiels par exemple dans les litiges relatifs à la désignation des chefs traditionnels[74], confirment l'inféodation de l'exégèse et de la casuistique dans les fondements jurisprudentiels du droit camerounais.

Il en est ainsi de la méthodologie suivie par le juge camerounais dans le cadre du raisonnement judiciaire pour apprécier les circonstances et la solution d'un litige né des préoccupations strictement camerounaises. Quoi d'autre que le recours au syllogisme judiciaire pour y parvenir ? L'élaboration de la décision de justice conduisant elle-même à la formation de la jurisprudence en droit administratif se fonde sur la distinction préalable entre la majeure et la mineure. Par la majeure, il retrace « *une vérité générale avouée à tout le monde, et par conséquent la loi dans le syllogisme* »[75]. Par la mineure, il détermine « *le rapport particulier du sujet contentieux*

---

[71] CS/CA, jugement n°27 du 29 janvier 1976, *Diwouta Loth Martin c/ Etat du Cameroun* ; CS/CA, jugement n°23/2011 du 12 janvier 2011, *Kingué Bwanga François c/ Etat du Cameroun (Port autonome de Douala).*

[72] Tribunal administratif de la Région du Centre, jugement n°86/TA-Yaoundé du 14 juillet 2015, *Bélibi Lucas c/ Etat du Cameroun (Minfi)* ; Tribunal administratif de la Région du Centre, jugement n°209/TA-Yaoundé du 8 décembre 2015, *Mme Ambatta Abelelak Danielle Yvette c/ Etat du Cameroun (Mindcaf).*

[73] Tribunal administratif de la Région du Centre, jugement n°221/TA-Yaoundé du 15 décembre 2015, *Nith Pierre c/ Etat du Cameroun (Mindcaf).*

[74] *Ibid.*

[75] Gaudemet (Y), *Les méthodes du juge administratif*, Paris, LGDJ, 1972, p.90.

à la vérité générale et par conséquent, dans le jugement syllogisme, le rapport à ce sujet, ou du fait contentieux à la loi »[76]. Ces mécanismes de raisonnement ne sont pas originaires du droit camerounais, pourtant ils y trouvent toute leur place lors de leur appropriation par le juge dans la résolution des litiges administratifs. En appréciant les faits de l'affaire qui lui est présentée, celui-ci précise la règle de droit qu'il estime adéquate pour la solution recherchée. Suite à l'interprétation de ces faits et de la règle identifiée, il procède à leur confrontation par une application au cas d'espèce. Cette méthode de raisonnement permet au juge de tirer la conclusion qui est en réalité la solution du litige.

Les séquences de ce mouvement de réflexion sont suivies de manière linéaire et chronologique par le juge camerounais en matière de contentieux administratif. Elles lui permettent davantage de préciser et de respecter des articulations strictes dans le prononcé de la décision de justice, lorsqu'il fait comprendre que le syllogisme lui impose successivement l'examen de la compétence, de la recevabilité de la demande et du fond de celle-ci. Il ne se permet aucune dérogation à cette exigence dans l'examen des litiges, même si ceux-ci résultent de préoccupations locales[77].

Toutefois, si l'inféodation méthodologique est présente et importante, elle est cependant insuffisante pour justifier la dilution du droit importé dans les solutions appliquées à ces préoccupations. Elle est complétée dans les fondements jurisprudentiels du droit administratif camerounais par le rattachement idéologique qu'en fait le juge.

b- L'affiliation idéologique du droit importé aux solutions des préoccupations non importées

La crédibilité du droit administratif élaboré par la jurisprudence du juge camerounais est fonction de son adhésion stricte à des standards indispensables à la production d'un droit de bonne qualité. Pour ce faire, il est pris en compte un référent idéologique de base dans le droit importé intégrant un certain nombre de valeurs, qui est affilié aux solutions appliquées dans les litiges relatifs aux préoccupations camerounaises. Les bases de l'idéologie libérale peuvent être identifiées dans les formules de la jurisprudence camerounaise en matière de litige sur la désignation des chefs traditionnels et même ceux relatifs aux droits fonciers impliquant les collectivités villageoises. Elles impliquent le respect des droits

[76] *Ibid*, p.90-91.

[77] CS/CA, Jugement N°51/84-85 du 1er janvier 1985, *Sende Joseph (Union des Populations du Cameroun) c/ État du Cameroun*.

individuels[78] et se gardent de toute méprise à l'égard de la propriété privée des citoyens[79], qui se retrouvent généralement aux prises des errements de l'activité administrative.

Il ne s'agit là que d'une transformation contemporaine du droit administratif jurisprudentiel camerounais. En réalité, il n'en a pas toujours été ainsi. Contrairement à la jurisprudence de la Cour suprême, la jurisprudence administrative des juridictions d'antan présentait pour une bonne part des règles d'essence autoritaire. Ces dernières avaient alors pour orientation la négation des libertés par le juge[80], ainsi que la limitation des droits à indemnisation[81], même en matière de préjudices subis par les victimes des actes de terrorisme[82]. Elle a contribué à l'élaboration d'un droit administratif marginalisant l'expansion des libertés pour la primauté absolue de l'autorité de l'État, conduisant malheureusement à « *l'institutionnalisation de la légalité d'exception* »[83].

L'ascension aujourd'hui en faveur de l'affirmation des libertés, favorisant désormais l'éclosion de la prise en compte des préoccupations de l'individu au centre du droit, même si celles-ci résultent des droits coutumiers méconnus du droit importé, participe du rattachement idéologique en cause. Depuis l'ouverture du débat libéral sur le droit administratif par la Cour suprême camerounaise de 1972 jusqu'à nos jours, il n'est plus possible de ne pas voir apparaître en filigrane dans les décisions du juge, le souci de clarté apporté aux mécanismes d'accès à la justice, de

---

[78] CFJ/SCAY, Arrêt n°55 du 25 mars 1969, *Emini Tina Etienne c/ Etat du Cameroun* ; Tribunal administratif de la Région du Centre, Ordonnance n°11/OSE/CAB/PTA/YDE du 22 avril 2014, *Enyégué François de Sales c/ Agence de Régulation des Télécommunications (ART)* ; Tribunal administratif de la Région du Centre, Ordonnance n°10/REF/PTA/YDE du 29 septembre 2014, *Société Fermencam S.A c/ Etat du Cameroun (PM, Mincommerce, Minsanté, Minmidt, Anor).*

[79] Tribunal administratif de la Région du Centre, jugement n°72/TA/YDE du 16 juin 2015, *Amougou Ada Jérôme c/ Etat du Cameroun (Mindcaf)* ; Tribunal administratif de la Région du Centre, jugement n°100/TA/YDE du 04 août 2015, *Esso Laurent Marie c/ Etat du Cameroun (Premier Ministère)* ; Tribunal administratif de la Région du Centre, jugement n°180/TA/YDE du 10 novembre 2015, *Edzoa Albert c/Société Immobilière du Cameroun (SIC).*

[80] CFJ/SCAY Arrêt n°178 du 29 mars 1972, *Eitel Mouellé Koula c/ République fédérale du Cameroun* ; CFJ/SCAY, Arrêt n°194 du 25 mai 1972 *Nana Tchana Daniel Roger c/ Etat fédéral du Cameroun.*

[81] CFJ/AP, Arrêt n°213 du 18 mai 1972, *Dame AOUA Hadja c/ République fédérale du Cameroun ;* CS/CA, jugement n°35 du 22 février 1979, *Caisse nationale de Prévoyance Sociale c/ United Cameroon International Company (UCIC).*

[82] Tribunal d'Etat, Arrêt n°346 du 8 août 1964, *Dame veuve Zagouan c/ Etat du Cameroun* ; Tribunal administratif de la Région du Centre, Arrêt n°349 du 8 août 1964, *Dame veuve Tsoflias c/ Etat du Cameroun* ; CFJ/AP, Arrêt n°3 du 15 mars 1967, *Société forestière la Sanaga c/ Etat du Cameroun Oriental.*

[83] Owona (J), « L'institutionnalisation de la légalité d'exception dans le droit public camerounais », *RCD*, n°6, Juill.-Déc., 1974, p105.

prévisibilité et même de sécurité dans des concepts et notions du droit substantiel. C'est d'ailleurs par référence à une telle orientation qu'une certaine thèse s'étant aventurée sur la matière a affirmé la position de « *la clarification des règles processuelles* »[84] et « *la libéralisation des règles substantielles* »[85].

La pertinence de l'idéologie libérale du droit importé, affiliée aux solutions appliquées aux préoccupations locales, conduit à la prudence du juge camerounais dans son raisonnement. Il ne s'agit plus pour lui de construire un droit administratif jurisprudentiel dérouté des intérêts des administrés pour plaire ou satisfaire aux exigences de la puissance publique. Cette prudence a pour finalité de restaurer le droit administratif dans une mouvance lui évitant une dégénérescence vers le règne de la dictature. Elle introduit dans la jurisprudence qui le construit les bases d'un droit considéré comme un rempart contre l'arbitraire, sans toutefois lui dénier les qualités et les aptitudes d'un droit de prérogatives pour la puissance publique. Le déséquilibre est permanent entre les pouvoirs de l'Administration et les droits des administrés, certes. Mais il est désormais du rôle du juge statuant sur le contentieux administratif par la jurisprudence qu'il produit, de parvenir à la conciliation entre le critère de la puissance publique et le critère du service public, sous le prisme de l'utilité publique[86], pour que l'idéologie libérale du droit importé soit ressentie dans les fondements juridiques consacrés pour cette matière.

La dilution de la méthodologie et de l'idéologie du droit importé opérée par le juge camerounais dans les solutions adoptées au sujet des préoccupations proprement nationales n'entraine pas l'érosion de l'originalité du droit administratif jurisprudentiel camerounais. Tout au contraire, elle conduit à une reconversion des éléments du droit étranger selon les données du droit national par le canal du juge, pour la résolution des questions méconnues de celui-ci. Cette originalité s'explique davantage lorsqu'il innove par rapport aux préoccupations présentes dans le droit importé.

B- La révolution des préoccupations présentes dans le droit importé

Le changement n'est pas étranger aux fondements jurisprudentiels du droit administratif camerounais, surtout lorsque le juge analyse des préoccupations préexistantes dans le droit importé. Partisan de l'originalité, l'un des réflexes qu'il développe est le rejet des solutions appliquées ailleurs à ces questions retrouvées identiquement dans le droit camerounais. Suivant cette orientation, il adopte un raisonnement qui lui permet de réagir souverainement face au droit importé. En fait,

---

[84] Guéssélé Issémé (L.P), *L'apport de la Cour suprême au droit administratif camerounais, op.cit.*, p.82.
[85] *Ibid*, p.332.
[86] V. Rivero (J), « Existe-t-il un critère du droit administratif ? », *op.cit.*, p.282-285.

il opte dans cette perspective, pour la révolution des règles consacrées en leur donnant une autre orientation au Cameroun.

À cet égard, les résultats obtenus par les bases jurisprudentielles élaborées pour le droit administratif camerounais permettent de constater qu'aux problèmes partagés en commun avec le droit français, le juge camerounais produit plutôt des solutions différentes. C'est une option qui lui est propre dans bon nombre de cas. Elle n'est conditionnée par aucune orientation extérieure à sa volonté, d'où elle constitue le droit jurisprudentiel étatique. Il ne pourrait même être apporté aucune contestation à la légitimité de ce choix indépendant. Se trouvent alors remises en cause toutes positions hostiles au partage du pouvoir normateur en dehors des autorités législatives souveraines, puisque le juge occupe « *une fonction créée par le souverain et, de ce fait, le droit (qu'il crée) a pour caractère le droit étatique* »[87].

De cette orientation, deux mouvements d'ensemble servent de base au raisonnement utilisé. Ils conduisent à justifier la révolution des préoccupations existantes dans le droit importé au Cameroun par le juge. Il s'agit d'une part de la re-formulation juridique des solutions importées par les sources formelles du droit camerounais (1), et d'autre part de la re-fondation idéologique des solutions importées par les sources matérielles du droit camerounais (2).

1- La re-formulation juridique des solutions importées par les sources formelles du droit camerounais

Le juge camerounais opère des transformations sur des préoccupations camerounaises pourtant identiques à celles que l'on retrouve en droit français. Son attitude, certes libre et souveraine, est cependant conditionnée par la seule volonté de l'État ou plus exactement celle de ses représentants exprimée par les actes juridiques qu'ils adoptent. Les solutions différentes auxquelles il aboutit dans ce sens sont généralement dictées, soit par l'application des textes camerounais (a), soit par les confirmations de la jurisprudence camerounaise préexistantes (b).

a- La transformation des solutions par l'application des textes camerounais

La résolution des préoccupations camerounaises identiques à celles du droit français se fait par le juge camerounais, selon des orientations propres aux textes adoptés par les autorités législatives et réglementaires nationales. En cela, son raisonnement est guidé par la position textuelle en vigueur au Cameroun, même si celle-ci est différente de celle adoptée ailleurs. Étant la bouche de la loi, le juge produit dans les décisions qu'il rend, des bases jurisprudentielles *praeter legem* pour le droit administratif camerounais.

---

[87] Brimo (A), *Les grands courants de la philosophie du droit et de l'Etat*, *op.cit.*, p.276.

Dans le cadre de cette option, la première attitude du juge consiste à se détourner du droit étranger une fois qu'il se trouve en face d'une catégorie juridique que celui-ci prévoit pourtant. Ce droit ne lui sert que de « *modèle* » ou de base comparatif[88] pour s'assurer qu'il applique effectivement le texte camerounais, mais aussi pour vérifier si ce texte reprend une solution d'ailleurs, ou se détourne de celle-ci. Il apporte par la suite, une interprétation et des éclaircis à la fois aux plans téléologique et littéral[89]. À cette occasion, le juge révèle le sens des notions et concepts inscrits dans les textes aboutissant à des résultats parfois méconnus du droit français.

Il faut prendre pour exemple le concept d'acte administratif qui selon le juge camerounais ne renvoie dans le strict respect du texte le consacrant[90], qu'au seul acte administratif unilatéral de la puissance publique[91], les actes administratifs plurilatéraux tels les contrats administratifs constituent toute une catégorie à part au regard de la jurisprudence[92]. La distinction entre le contentieux administratif et le contentieux de droit privé devient par le canal du juge, l'objet d'une répartition stricte. Ainsi, même des litiges engageant la responsabilité des agents publics dans l'exercice de leurs fonctions, pour des actes survenus sans que ceux-ci se soient laissés emporter par leurs passions, relèvent de la compétence du juge judiciaire. Le juge statuant sur le contentieux administratif oppose d'ailleurs dans de tels cas son incompétence en appliquant les règles de droit privé[93]. Suivant cette considération, il aboutit dans sa jurisprudence à la fixation des bases relatives à la compétence contentieuse sur les litiges administratifs, bien démarquée de celle observée en droit français[94].

---

[88] Van der Helm (A.J), Meyer (V.M), *Comparer en droit*, Paris, CERDIC, 1991, p.165 et svt.

[89] Cohendet (M-A), *Méthodes de travail, droit public*, Paris, Montchrestien, 3e éd., 1998, p.29-30.

[90] V. Loi n°2006/022 du 29 décembre fixant l'organisation et le fonctionnement des tribunaux administratifs, article 2 : « *le contentieux administratif comprend : les recours en annulation pour excès de pouvoir dirigés contre les actes administratifs…* ».

[91] V. CFJ/AP, Arrêt n°20 de 1968, *Ngongang Ndjanké Martin c/ Etat fédéral du Cameroun* : l'acte administratif est un « *acte unilatéral pris par une autorité administrative dans l'exercice d'un pouvoir administratif, créant des droits et des obligations à l'égard des tiers* ».

[92] V. CS/CA, Jugement N°147/04-05 du 31 août 2005, *Um Ntjam François c/ État du Cameroun.*

[93] CS/CA, Jugement *Nkondock Emile Valentin c/ Etat du Cameroun* ; CS/CA, jugement n°260 du 22 septembre 2010, *Mouliom Théodore c/ Hopital Général de Yaoundé.*

[94] On peut constater que le juge camerounais statuant en matière administrative se déclare compétent pour ordonner la réparation des préjudices subis par un agent public en service à la suite d'un accident de circulation impliquant le véhicule administratif : CS/AP, Arrêt du 23 décembre 2000, *Ondo'o Ovono c/ Etat du Cameroun.* En France, ce domaine du contentieux serait soumis à la compétence du juge judiciaire conformément à la loi du 31 décembre 1959.

Le domaine de la responsabilité administrative consacré sous le prisme des « *recours en indemnisation des préjudices causés par les actes administratifs* »[95], donne une lecture bien encadrée du droit à la réparation devant les formations spécialisées statuant sur le contentieux administratif camerounais. À cet égard, la déduction s'imposant en toute logique fait des recours en indemnisation des préjudices causés en l'absence d'un acte administratif, des actions relevant de la compétence du juge judiciaire. Mais, le juge statuant dans les formations spécialisées sur le contentieux administratif camerounais apporte lui-même des aménagements à cette règle textuelle, et procède alors à des qualifications propres au droit privé, pour construire la solution adéquate au litige[96].

La procédure administrative contentieuse n'est pas restée à l'écart de cette révolution, puisqu'ici dès l'entame du litige, le législateur institue un préalable nommé recours gracieux[97]. Cette exigence précontentieuse est un dérivé de la pratique de la décision préalable jadis obligatoire en France avant l'arrêt *Cadot*[98]. Le législateur camerounais inscrit dans les différents textes qui se sont succédé dans le temps, la consigne de son dépôt devant une autorité administrative, dont auparavant le « *ministre compétent* »[99], et désormais « *l'auteur de l'acte* »[100] litigieux. Suivant ces différentes formules, le juge statuant sur le contentieux administratif donne une interprétation bien particulière aux textes camerounais, de manière à se démarquer de l'application de cette solution ailleurs. On peut l'affirmer, ce d'autant plus que pour des contentieux spécifiques comme ceux mettant en cause les personnels de la sûreté nationale, un arbitrage précis a été constamment opéré entre la compétence du président de la République, celle du secrétaire général à la présidence de la République et même celle du délégué général à la Sureté nationale[101].

La liste de ces illustrations n'est pas exhaustive. Elle constitue le fondement de l'aptitude pour le juge camerounais en particulier, et surtout pour le juge dans les États africains d'expression française, à dégager des solutions différentes de celles du

---

[95] Article 2 de la loi n°2006/022 du 29 décembre 2006 fixant l'organisation et le fonctionnement des tribunaux administratifs.

[96] CS/CA, Jugement *Nkondock Emile Valentin c/ Etat du Cameroun* ; CS/CA, jugement n°260 du 22 septembre 2010, *Mouliom Théodore c/ Hopital Général de Yaoundé, op.cit.*

[97] V. Article 17 de la loi n°2006/022 du 29 décembre 2006 fixant l'organisation et le fonctionnement des tribunaux administratifs.

[98] CE français, 13 décembre 1889, *Cadot.*

[99] V. Article 12 de l'ordonnance n°72/06 du 26 août 1972 portant organisation de la Cour suprême.

[100] V. Article 17 de la loi n°2006/022 du 29 décembre 2006 fixant l'organisation et le fonctionnement des tribunaux administratifs.

[101] CS/AP, Arrêt n°3 du 16 décembre 1982, *Essimi Fabien c/ Etat du Cameroun ;* CS/CA, jugement N°01/89-90 du 23 novembre 1989, *Biloa Ayissi Zacharie c/ Etat du Cameroun.*

droit français, même sur des préoccupations identiques. Cette aptitude n'est pas indépendante d'une action extérieure à la jurisprudence, elle est influencée par les consécrations textuelles du législateur. Toutefois, elle peut également être le produit d'une confirmation jurisprudentielle des positions jurisprudentielles préexistantes en la matière. Ce serait alors la marque de fondements jurisprudentiels du droit administratif camerounais par la jurisprudence elle-même.

b- La consolidation des transformations par la confirmation de la jurisprudence camerounaise

Le juge camerounais opère des révolutions dans le droit importé en confortant des positions préétablies par ses prédécesseurs. La jurisprudence élaborée sur des questions présentes dans le droit français, au Cameroun connaît une ascendance au plan des fondements du droit administratif, à partir d'un certain nombre de critères importants.

La répétition des solutions dans le temps, sans aucune dérogation aux formules des juges précédents est un élément constitué en critère des fondements du droit administratif par la jurisprudence dans ce pays. C'est une donne qui marque d'ailleurs au plan théorique, mais aussi de la pratique juridictionnelle, la solidarité du juge d'avec ses prédécesseurs, sur des questions du droit ayant fait l'objet d'un règlement différent de celui que dicterait sous d'autres cieux la position du droit français[102]. Ce critère donne alors l'occasion au juge statuant sur le contentieux administratif de tracer la ligne jurisprudentielle cohérente et logique, en ne s'appuyant que sur les sources formelles de son droit national, quand bien même une solution différente existerait en France. Le droit camerounais a d'ailleurs sur ce point assuré la pérennité jurisprudentielle de la fameuse position indiquée depuis les arrêts *Ada Ndzié*[103] et *Ngongang Ndjanké Martin*[104], dans les décisions rendues plus tard sur les affaires *Moutombi Christophe*[105], *Le Tabernacle des Aigles*[106], et *Kamdem Prosper*[107], sur la définition de l'acte administratif assimilée à la décision administrative.

---

[102] Selon une évolution marquée dans le droit français, le Conseil d'État accepte d'être saisi de recours en annulation contre les actes de droit souple, tels les communiqués de presse ou des prises de position d'autorités publiques. V. CE, 21 mars 2016, *Société Fairvesta International GMBH et autres.* Le droit camerounais ne consacre pas encore une telle évolution dans la jurisprudence, où de tels actes sont réputés être non décisoires et donc non susceptibles de recours contentieux : V. CS/CA, Jugement *Hayatou Souaibou* 1979.

[103] CCA, Arrêt n°320 du 03 septembre 1954, *Ada Ndzié c/ Administration du Territoire.*

[104] CFJ/AP, Arrêt n°20 du 20 mars 1968, *Ngongang Ndjanké c/ Etat fédéral du Cameroun, op.cit.*

[105] CS/CA, Jugement n°43/78-79 du 22 février 1979, *Moutombi Christophe c/ Etat du Cameroun.*

[106] CS/CA, Jugement n°38/03-04 du 29 décembre 2004, *Association « Le tabernacle des aigles » c/ Etat du Cameroun.*

[107] CS/AP 2009, Arrêt *Kamdem Prosper.*

La consolidation de la position jurisprudentielle par le juge suprême statuant sur le contentieux administratif est également un point essentiel de l'ascendance de la solution révolutionnée, au rang des fondements jurisprudentiels du droit administratif. Elle assure la sérénité pour les formations juridictionnelles inférieures, qui interviennent postérieurement sur des litiges présentant des questions identiques[108]. Celles-ci ne peuvent que respecter la position suprême comme étant le droit jurisprudentiel à suivre en la matière, sans le souci de voir leurs décisions infirmées en appel ou annulées dans le cadre d'un pourvoi en cassation. Le revirement de position n'est cependant pas exclu de la part du juge suprême. Mais, l'occasion est ici de relever que, même s'il en était ainsi, ce ne serait encore qu'une révolution de solution qui serait consacrée au plan de jurisprudence comme un fondement nouveau du droit administratif camerounais.

Cette considération est davantage intéressante, surtout lorsque la formation suprême qui rend la décision révolutionnant le droit administratif camerounais, par rapport au droit français, a une composition particulière. Ainsi en est-il d'ailleurs, des décisions rendues par le juge suprême statuant en Section, qui n'ont pas au plan de la hiérarchie des formations juridictionnelles, la valeur juridique identique à celles rendues par ce même juge statuant en Assemblée plénière ; cette appréciation n'étant cependant propre qu'à des États où les systèmes juridictionnels présentent des structures internes bien hiérarchisées, pour l'examen des questions faisant l'objet de contentieux, à l'instar de la France[109]. Au Cameroun par contre, la seule hiérarchie apparente est celle présentant jadis au sein de l'ancienne Cour suprême, une chambre administrative statuant en premier ressort et une assemblée plénière statuant en appel[110]. Aujourd'hui modifiée, cette hiérarchie présente désormais une spécification interne propre aux formations juridictionnelles. Des tribunaux administratifs statuant en premier ressort, suivent les positions consolidées au sommet par la chambre administrative. Cette dernière est alors composée de différentes sections spécialisées sur des questions précises du droit administratif[111], auxquelles la compétence est distinctement reconnue pour statuer en appel sur les recours dirigés contre les décisions rendues en premier ressort. Une formation plénière se voit cependant octroyer la charge de fixer la position suprême du droit administratif

[108] *Ibid.*

[109] Auby (J-M), Drago (R), *Traité de contentieux administratif*, Paris, LGDJ, Tome 1, 3e éd., 1984, p.247.

[110] Articles 10 et 11 de l'ordonnance n°72/06 du 26 août 1972 portant organisation de la Cour suprême.

[111] V. Article 9 de la loi n°2006/016 du 29 décembre 2006 fixant l'organisation et le fonctionnement de la Cour suprême.

camerounais sur des points discutés, c'est la formation des Sections réunies[112] au sein de cette chambre, qui connaît des pourvois en cassation dirigés contre les arrêts rendus en appel.

Au regard de cette considération, les sources du droit formel constituent des mécanismes d'innovation et de révolution du droit administratif camerounais, par rapport aux solutions existantes dans le droit importé de la France. Il en est également ainsi des sources du droit matériel qui imposent une orientation idéologique au juge camerounais dans la jurisprudence élaborée.

2- La re-fondation idéologique des préoccupations importées par les sources matérielles du droit camerounais

Même si le droit administratif camerounais adhère au libéralisme importé de l'Occident, dans ses fondements jurisprudentiels, il ne se détourne pas totalement des bases idéologiques tributaires du contexte national. Il s'agit d' « *éléments divers, généralement d'ordre sociologique, qui influent sur le contenu des règles de droit, mais qui sont en eux-mêmes dépourvus de valeur juridique* »[113]. À cet égard, ceux-ci marquent dans les décisions rendues une forte emprise en fonction des réalités en présence, mais aussi des missions urgentes à accomplir pour l'évolution du pays. La transformation du droit importé ne peut être alors que consommée, puisque le juge ne pourra se comporter comme un acteur ou un décideur en dehors du système. Ses décisions trouvent plus ou moins leur fondement idéologique dans les mœurs partagées par les Camerounais, dans les besoins conditionnés par le contexte économique, sociologique, culturel et politique local.

Par cette appréhension, la jurisprudence camerounaise sur le droit administratif trouve une démarcation fondamentale par rapport à celle rendue avant l'indépendance, par les juridictions coloniales. Si l'idéologie du colonialisme a longtemps été respectée et imprimée dans le raisonnement du juge à cette époque, elle est néanmoins parvenue à une substitution par les pouvoirs publics du territoire du Cameroun devenu indépendant. Ceux-ci ont alors défini dans leur politique de nouveaux impératifs à mettre en place pour assurer la permanence de l'État, mais aussi sa stabilité sociale, politique et économique. Plusieurs années après l'accession à l'indépendance, cette donne ne semble pas s'être évanouie. Tout au contraire, même sans la citer expressément, les pouvoirs publics camerounais s'en imprègnent encore pour assurer le soubassement idéologique de leurs décisions. Il en est de même du juge qui ne s'en détache pas malgré son influence par les transformations

---

[112] V. Article 13 de la loi n°2006/016 du 29 décembre 2006 fixant l'organisation et le fonctionnement de la Cour suprême.

[113] Cohendet (M-A), *Méthodes de travail, droit public*, *op.cit.*, p.25.

contemporaines du droit, lorsqu'il examine des questions de droit qui bénéficient d'autres orientations de solutions dans le cadre du droit français.

Sur cette base, la rémanence de la construction nationale (a) et celle du développement (b) à l'endroit du juge camerounais, sont des éléments théoriques qui impriment au droit administratif des couleurs nationales.

a- L'ancrage des solutions aux préoccupations importées dans l'idéologie de la construction nationale

Les fondements du droit administratif camerounais par la jurisprudence ne se détournent pas de l'idéologie de la construction nationale. Celle-ci se présente d'ailleurs depuis l'indépendance comme l'orientation suivie par le droit public camerounais, notamment dans le cadre de la formation des sources qui le constituent.

Montée sur les impératifs de solidarité, de combinaison et d'unification des énergies physiques, des mœurs et mentalités des citoyens, elle conduit par son appropriation des problèmes partagés par ceux-ci, à l'élaboration des solutions communes et la recherche du bien-être collectif[114]. Cette idéologie participe en réalité à l'adaptation au plan des États africains en général et du Cameroun en particulier, de l'idéal de peuple ou de la nation. Elle permet que s'incarne dans les domaines juridique, politique, économique et social des Camerounais, certes par l'instrumentalisation qu'en font les pouvoirs publics, le juge y compris, le vouloir vivre collectif, jadis pressenti dans la formation des États-nations en Occident. Mais pouvait-on vraiment parler de vouloir vivre collectif, alors même que le consentement des citoyens camerounais était vicié à la base par l'autoritarisme de l'époque, et de surcroît l'affermissement de l'unité nationale à tous les prix, même au mépris des droits et libertés ?[115]

Le juge camerounais statuant sur le contentieux administratif dans la décennie des années 60 s'est présenté comme un complice ou un coauteur de cette instrumentalisation de la construction nationale, au service du pouvoir en place, à en croire une partie de la doctrine de la nationale[116]. Aux problèmes de liberté et de

---

[114] Kamto (M), *Pouvoir et droit en Afrique. Essai sur les fondements du constitutionnalisme dans les Etats d'Afrique noire francophone*, Paris, LGDJ, 1987, p.491.
[115] Guéssélé Isséme (L.P.), « L'aménagement juridique de la coopération décentralisée au Cameroun », *RADP*, n°5, Janv-Juin, 2015, p.88.
[116] Owona (J), *Droit administratif spécial de la République du Cameroun*, Paris, EDICEF, 1985, p.57 ; Kamdem (J-C), *Contentieux administratif*, Cours polycopié, Université de Yaoundé II-Soa, FDSE, 1985-1986, p.32.

maintien de l'ordre public, présents dans le droit français, il a appliqué des solutions fortement marquées par cette idéologie[117].

En fait, il n'a pas toujours été le garant impartial souhaité de la liberté des citoyens face aux atteintes portées par la puissance publique. Son refus d'apporter son concours au secours des justiciables s'est présenté de manière manifeste dans bien des situations. Il en est ainsi, lorsqu'un pasteur a été frappé d'interdiction de séjourner dans une localité du territoire national par une décision du préfet, craignant notamment l'exercice par celui-ci de sa liberté d'expression[118]. Également, on peut relever l'interdiction d'une association religieuse de l'exercice de sa liberté de culte sous le prétexte que celle-ci se serait détournée de son objet religieux pour s'investir dans un objet politique la préparant à la conquête du pouvoir[119]. Clamant à chaque fois l'atteinte à l'ordre public dans ces cas de figure, le juge instrumentalisait l'idéologie de la construction nationale, en se détournant de la liberté de réunion ou d'expression des citoyens pouvant conduire à la proclamation par ceux-ci des discours centrifuges[120], par rapport au pouvoir de l'État. Son rôle particulièrement centripète consistait donc à corroborer aux allégations des représentants de l'État et de refuser, soit les annulations d'actes administratifs litigieux, soit de rejeter les demandes en indemnisation présentées par les administrés. Il en a d'ailleurs été ainsi en matière d'instrumentalisation de la répression contre les activités terroristes. Ici, certaines demandes d'indemnisation présentées en justice par des requérants étaient purement et simplement assimilées à un refus par le juge[121].

Toutefois, le juge n'est pas resté figé sur cette conception liberticide de la construction nationale. Sa jurisprudence en matière de litiges administratifs porte à croire qu'au fil du temps, son raisonnement a évolué. À la fin des années 70 et même depuis les années 80 jusqu'à nos jours, il procède à l'inversion de l'orientation initiale imprimée à cette idéologie[122]. La construction nationale reste présente, mais cette fois comme instrument de mise en place de la normalisation et de la libéralisation. C'est l'individu qui prime au centre de l'unité nationale, il n'est plus interdit dans

[117] CFJ/SCAY, Arrêt n°194 du 25 mai 1972 *Nana Tchana Daniel Roger c/ Etat fédéral du Cameroun.*

[118] CFJ/CAY, Arrêt n°98 du 27 janvier 1970, *Obam Etémé Joseph c/ République fédérale du Cameroun.*

[119] CFJ/SCAY Arrêt n°178 du 29 mars 1972, *Eitel Mouellé Koula c/ République fédérale du Cameroun.*

[120] Kontchou Kouomégni (A), « Le droit public camerounais, instrument de construction de l'unité nationale », *op.cit.*, p.423.

[121] Tribunal d'Etat, Arrêt n°346 du 8 août 1964, *Dame veuve Zagouan c/ Etat du Cameroun* ; Tribunal administratif de la Région du Centre, Arrêt n°349 du 8 août 1964, *Dame veuve Tsoflias c/ Etat du Cameroun* ; CFJ/AP, Arrêt n°3 du 15 mars 1967, *Société forestière la Sanaga c/ Etat du Cameroun Oriental.*

[122] CS/AP, Arrêt n°3 du 26 novembre 1981, *Procureur Général près la Cour suprême, Etat du Cameroun (Minefi) c/ Lélé Gustave.*

l'expression de ses libertés, pourvu que celle-ci demeure encadrée dans le respect de la légalité. Ainsi se retrouvent sanctionnées des atteintes aux libertés fondamentales et même au droit de propriété, dans le cadre des voies de fait administratives[123] et des emprises[124], tout en consolidant l'aptitude des citoyens à l'unité et à la volonté de vivre ensemble pour l'aspiration au bien-être collectif. À cet égard, le juge administre le retour à la sanction des actes administratifs inconstitutionnels opérant un revirement par rapport à la position abandonnée depuis la décision rendue dans l'affaire *Société des Grands Travaux de l'Est*[125] qui se désolidarisait alors de celle rendue dans l'affaire *Bernard Dutreuil*[126] par la dé-constitutionnalisation du préambule de la Constitution.

La construction nationale préconise le développement dans le contexte camerounais. Elle en est devenue la condition essentielle. La jurisprudence élaborée par le juge dans les fondements du droit administratif ne s'en est également pas désolidarisée au regard des solutions en présence par rapport au droit importé.

b- L'arrimage des solutions importées à l'idéologie du développement

L'idéologie du développement présente en toile de fond des solutions aux préoccupations importées du droit administratif camerounais, n'est que la suite logique de celle de la construction nationale. Elle se présente comme un support intellectuel contribuant à la lutte contre le sous-développement, c'est-à-dire à l'essor économique, financier et surtout infrastructurel du pays. Comment est-elle intégrée par le juge dans la construction des fondements jurisprudentiels ?

Une technique est utilisée dans le cadre du contentieux administratif, notamment en matière de réparation des préjudices. Les demandes introduites par des administrés en vue de l'indemnisation des préjudices subis du fait de l'activité administrative sont scrupuleusement examinées par le juge. Ce dernier opère un ratio dans l'octroi de la réparation à travers ce que la doctrine appelle « *la protection des dépenses d'indemnisation en droit administratif camerounais* »[127]. Il s'agit ici de construire des bases du droit administratif de la responsabilité à partir de l'orientation

[123] CS/CA, Jugement N°22/78-79 du 27 mai 1982, *Mme Veuve André Testas née Mathilde Jeanne Tuytelears c/ État du Cameroun* ; CS/CA, Jugement N°18 du 28 novembre 1985, *Kamdem Wafo Michel c/ État du Cameroun* ; CS/CA, Jugement N°56/85-86 du 24 avril 1986, *Koum Jemba Joseph c/ Etat du Cameroun.*

[124] CS/CA, Jugement n°03-04 du 04 février 2004, *Pellamie Joseph c/ Communauté Urbaine de Douala.*

[125] CFJ/CAY, Arrêt n°68 du 30 septembre 1969, *Société des Grands Travaux de l'Est c/ Etat du Cameroun Oriental.*

[126] TE, Arrêt N°129 du 23 décembre 1960, *Sieur Bernard Dutreil Edouard c/ Etat du Cameroun.*

[127] Lire sur la question, Ondoa (M), *La protection des dépenses d'indemnisation en droit administratif camerounais*, Thèse de Doctorat de 3e cycle en droit public, Université de Yaoundé, FDSE, 1990.

idéologique de « *l'économie des deniers publics* »[128] propres aux États en développement.

Ainsi, dans l'examen de certaines demandes de réparation, le juge procède à la répartition des dommages-intérêts en distinguant nommément les différents préjudices subis par le requérant, en désignant ceux qui méritent effectivement une réparation. Ce travail de sélection permet au juge de mettre à l'écart des préjudices dont la réparation constituerait une perte dans les finances de l'État. On peut prendre pour exemple les préjudices éventuel et incertain[129]. L'économie des deniers publics conduit à ne reconnaître le droit à réparation que pour des dommages certains, directs, personnels[130].

Le contentieux de la fonction publique également n'est pas exempt de considérations liées à la modération des dépenses destinées à réparer des préjudices subis par des agents publics du fait de l'activité administrative. Ici, la règle du service fait[131] se présente comme l'impératif de protection des dépenses d'indemnisation. Elle s'impose à tout agent qui entend réclamer une réparation suite à une sanction irrégulière ayant conduit à la suspension de son salaire. Suivant cette règle, « *un fonctionnaire ne peut prétendre au paiement de sa solde, lorsqu'il a été désinvesti de sa fonction à la suite de son incarcération* »[132]. Il ne lui sera donc pas restitué le paiement intégral de sa rémunération, puisqu'il n'a pas accompli son activité qui serait la contrepartie requise. Il n'aura droit qu'à une indemnité destinée à couvrir le préjudice réellement subi[133].

Le juge statuant sur le contentieux administratif au Cameroun n'est pas détaché des réalités nationales dans son raisonnement. Il construit les fondements du droit administratif dans ce pays en référence à son environnement juridique et social. À cet égard, ses aspirations camerounaises le conduisent à adapter les emprunts du droit

[128] *Ibid*, p.26.

[129] CS/CA, Jugement n°35 du 22 février 1979, *Caisse nationale de Prévoyance Sociale c/ United Cameroon International Company (UCIC).*

[130] CS/AP, Arrêt du 24 mars 1983, *Njikiakam Towa Maurice.*

[131] CFJ/CAY, Arrêt n°201 du 18 août 1972, *Dame Mackongo Agnès Flore c/ Etat du Cameroun* : « *Considérant… qu'il est de principe établi en jurisprudence administrative qu'en l'absence de service fait, l'agent public privé irrégulièrement de ses fonctions n'a pas droit au traitement qu'il aurait perçu s'il était resté en fonction, mais peut prétendre à une indemnité tenant compte de toutes les circonstances de l'espèce…* ».

[132] CFJ/AP, Arrêt n°19 du 16 mars 1967, *Tagny Mathieu c/ Etat fédéré du Cameroun Oriental* ; CFJ/AP, Arrêt du 16 octobre 1968, *Etat du Cameroun c/ Baba Youssoufa.*

[133] Aba'a Oyono (J-C), *La compétence de la juridiction administrative en droit camerounais*, Thèse de Doctorat de droit public (N-R), Université de Nantes, Faculté de droit et de sciences politiques, 1994, p.149.

français aux solutions disponibles dans le droit national, et inversement il établit des institutions purement nationales auxquelles il applique les solutions imitées du droit français. Il est cependant important d'observer que dans la construction de ces fondements, le juge agit souverainement par son intuition, de manière à reproduire par inspiration, les règles étrangères.

II- La re-production intuitive des règles d'inspiration française

L'imitation n'enlève rien à la qualité de l'autonomie du droit dans un État. Il faut toujours tirer son inspiration de quelque part, d'ailleurs « *le droit administratif français est en réalité le produit d'une longue histoire qui remonte au moyen âge... [ses] règles se sont développées sous l'influence des droits savants – romain et canonique –* »[134]. Alors, le sort réservé au droit dans les anciennes possessions occidentales d'Afrique noire francophone est en théorie identique au regard des règles juridiques en vigueur. C'est celui de porter la marque indélébile des traces du droit de l'ex-métropole dans le cadre des différentes branches de la science juridique dont ils se sont dotés. Certes, ceci n'entame pas substantiellement l'autonomie du droit ici consacrée par les fondements textuels et jurisprudentiels librement adoptés par les États africains. Mais il est important de révéler à chaque fois, ce qui relève de l'emprunt, et correspondrait alors à la norme occidentale de formation du droit.

En droit administratif, le Cameroun se présente comme un exemple significatif de l'intégration sur un territoire devenu indépendant, de règles particulières obéissant à un processus de normalisation. Par le biais du juge statuant sur les litiges administratifs, il peut être constaté qu'un mécanisme essentiel est déployé pour construire des fondements jurisprudentiels applicables à la matière : la « *réception* »[135].

Cette dernière est l'expression d'un acte de souveraineté marqué par le juge. Elle lui permet de convoquer, soit de manière explicite, soit de manière implicite, les références et solutions du droit français, comme règles juridiques pouvant être énoncées dans le cadre des litiges qui lui sont présentés. Toutefois, la réception peut avoir pour conséquence de modifier substantiellement le droit jurisprudentiel préexistant à sa mise en œuvre, impliquant alors une construction des fondements jurisprudentiels du droit administratif camerounais, par adoption du contenu des règles formelles en vigueur en France. Elle peut également conduire à une simple interpellation du droit français comme argument de référence[136], permettant au juge

---

[134] Mestre (J.L) « Les fondements historiques du droit administratif français », *EDCE*, 1982-1983, p.63.

[135] Ondoa (M), « Le droit administratif français en Afrique francophone : contribution à l'étude de la réception des droits étrangers en droit interne », *RJPIC*, sept-déc, 2002, p.288.

[136] De Gaudusson (J.D.B), « Le mimétisme postcolonial, et après ? », *Pouvoirs*, n°129, 2009, 48.

camerounais de donner un enseignement par sa fonction didactique, aux justiciables qui sollicitent son arbitrage. C'est en suivant ces deux orientations que peuvent être justifiées les hypothèses respectives de la formation sélective des règles par référence au droit français (A) et l'information alternative des justiciables par indication du droit français (B).

A- La formation sélective des règles par référence au droit français

S'inspirer du droit français est une option qu'exprime le juge camerounais statuant sur les litiges administratifs, en vue de la formation des fondements jurisprudentiels du droit administratif. C'est un mécanisme qui marque la réception souveraine et non servile des règles en vigueur dans l'ex-métropole[137], pour signifier clairement leur adaptation au droit camerounais, par le biais de la jurisprudence. Il ne le fait certes pas dans tous les cas qu'il examine, puisque les règles qui en découlent sont en réalité le résultat d'un choix ou d'une sélection motivée par son intime conviction dans les cas des espèces qui lui sont soumis. La nécessité de rechercher la solution adéquate peut le conduire à s'imprégner de la jurisprudence ou des textes français qui deviennent par sa diligence des sources du droit camerounais.

À cet égard, il faudrait que ses choix aient été orientés, soit par la reconduction des solutions françaises dont l'application avait été étendue au territoire du Cameroun par la spécialité législative (1), soit par l'appropriation pure et simple de ceux-ci par dérogation à ladite extension spéciale (2).

1- L'élaboration des règles jurisprudentielles camerounaises par reconduction des solutions apportées par la spécialité législative

Avant les indépendances des territoires africains soumis à l'autorité de la France, une règle principale postule « *l'extension de la législation métropolitaine* »[138] outre-mer : c'est la spécialité législative[139]. Cette dernière confine une telle application strictement dans les cas où suite à sa promulgation dans la métropole, le texte français aurait fait l'objet d'une adaptation aux territoires d'outre-mer, c'est-à-dire d'une « *réglementation particulière qui sera étendue et non pas la loi métropolitaine telle quelle, malgré le texte de l'alinéa 2 qui emploie le terme extension, c'est-à-dire un terme*

---

137 Rivero (J), « Les phénomènes d'imitation des modèles étrangers en droit administratif », *op.cit.*, p.463.

138 Borella (F), *L'évolution politique et juridique de l'Union française depuis 1946*, Thèse pour le Doctorat en droit, Université de Nancy, Faculté de droit, 1957, p.196.

139 Selon l'article 72 (2) de la Constitution française de 1946 : « *la loi française n'est applicable que par disposition expresse ou si elle a été étendue par décret aux territoires d'Outre-mer après avis de l'Assemblée de l'Union* ».

assimilateur »[140]. Également, s'ajoutent les cas relatifs aux textes adoptés par l'autorité française locale établie sur le territoire concerné.

Une fois devenus indépendants, les États africains ont adopté des règles textuelles abrogeant ces règles coloniales françaises jadis applicables, même si dans certains cas ils ont reconduit d'autres en l'absence d'une législation nationale contraire à celles-ci. C'est particulièrement sur cette base que la spécialité législative a contribué à l'essor des fondements jurisprudentiels du droit administratif camerounais (a), dont le sort mérite d'être apprécié à sa juste valeur (b).

a- L'essor des fondements jurisprudentiels à partir des solutions apportées par la spécialité législative

Soutenir l'idée de l'élaboration des fondements jurisprudentiels du droit administratif du Cameroun indépendant à partir de l'application du principe colonial de la spécialité législative semble *a priori* difficilement acceptable. Il doit être apporté des précisions sur la condition juridique de la jurisprudence élaborée par les juridictions administratives coloniales. Également, il faudrait s'assurer que le juge national s'en inspire par reconduction des principes et règles posés par les textes français étendus outre-mer, tant que ceux-ci demeurent non contraires aux textes camerounais en vigueur. Il ne s'agit donc pas de la reconduction dans le Cameroun indépendant du texte français spécialement étendu pendant la colonisation, mais plutôt de l'adoption d'une législation ou réglementation particulière inspirée de celui-ci, pour éviter de remettre en cause le principe de la souveraineté de l'État[141].

Sur cette base, il importe de souligner que la jurisprudence produite par les juridictions administratives coloniales au Cameroun, à savoir le Conseil du contentieux administratif et le Conseil d'État français, n'étaient qu'une jurisprudence administrative coloniale et non celle du Cameroun souverain. Elle était strictement ancrée dans le cadre du droit français métropolitain, dont la composante large avant les indépendances incluait, les règles élaborées pour le territoire français, celles élaborées en France et étendues outre-mer et celles élaborées strictement dans les colonies. La jurisprudence en question trouve son appartenance à cette dernière catégorie de règles. Toutefois, son incorporation au droit administratif camerounais, comme fondement de la discipline ne s'avère établie qu'à partir de la reconduction des solutions posées par les textes ayant fait l'objet de la spécialité législative et de leur application par le juge national. Ou encore, cette

[140] Borella (F), *L'évolution politique et juridique de l'Union française depuis 1946, op.cit.*, p.196.

[141] Loi n°96/06 du 18 janvier 1996 portant révision de la Constitution du 02 juin 1972, Article 2 : « *(1) La souveraineté nationale appartient au peuple camerounais qui l'exerce soit par l'intermédiaire du Président de la République et des membres du Parlement, soit par voie de référendum* ».

incorporation serait due à la reprise, de manière explicite ou implicite, par le juge camerounais des règles et principes construits par le juge colonial. Ainsi, l'adoption par le législateur camerounais de textes nationaux abrogeant en leur lieu et place certains textes français d'avant l'indépendance a inexorablement conduit à l'abandon par le juge national de la jurisprudence coloniale construite en la matière[142].

L'apport de la spécialité législative aux fondements jurisprudentiels du droit administratif camerounais relève de la reconduction par le juge national des solutions de fond des textes français étendus au territoire du Cameroun avant l'indépendance, reconnus comme compatibles avec le droit de l'État[143]. À la suite de l'application de ceux-ci, il élabore des règles de droit en considération des cas d'espèce, au même titre que l'aurait fait le juge français ou le juge de l'époque coloniale, statuant sur une question identique. Dès lors que la base juridique d'inspiration à savoir : le texte français étendu à l'ex-Cameroun oriental reste inchangé, les solutions de fond qui en ressortent sont elles-mêmes sans changement.

En cas de non reconduction de ces solutions de fond, le juge camerounais construit une règle contraire, plutôt conforme à son droit national. C'est ce que l'on peut observer dans le droit de la responsabilité administrative, par l'abandon par ce juge dans la décision *Litty Hermann* de 1967[144] des positions établies en matière de substitution de responsabilité, par le juge colonial dans les affaires *Ndounda Thomas* en 1953[145] et *Kpwang Essiane* en 1957[146]. En fait, à la suite de l'insertion dans l'article 14 de la loi du 19 novembre 1965 de la condition selon laquelle l'agent mis en cause devrait être « *dans l'exercice même de ses fonctions* », lors de la réalisation du dommage

[142] L'adoption des décrets des 04 et 09 juin 1959 portant création du Tribunal d'Etat au Cameroun oriental a abrogé les effets du décret métropolitain français du 05 août 1881 portant création des Conseils de contentieux administratifs dans tous les territoires français d'Outre-mer. Elle met ainsi fin à la compétence de la juridiction administrative coloniale sur le Cameroun indépendant. La loi du 19 novembre 1965 portant réforme du contentieux administratif au sein de l'Etat fédéral du Cameroun a conduit à la restriction textuelle du domaine de compétence du juge statuant en matière administrative, dérogeant ainsi à la compétence large et de principe exercée les juridictions administratives coloniales sur les litiges administratifs avant l'indépendance.

[143] Il en est ainsi de la loi française de 1933 sur la responsabilité des maitres de parents d'élèves étendue au Cameroun avant l'indépendance. Son application est confortée de manière implicite dans l'Etat du Cameroun par le juge de la Chambre administrative de la Cour suprême à travers l'article 9 (3) de l'ordonnance n°72/06 du 26 août 1972 portant organisation de la Cour suprême, dans les décisions CS/CA, Jugement n°80-81 du 18 décembre 1980, *Tchana Tchana Abraham c/ Etat du Cameroun* ; CS/CA, Jugement n°40/86-87 du 27 mai 1987, *Dikongué Félix c/ Etat du Cameroun (Mineduc et OSSUC).*

[144] CS/Cam.Or, Arrêt du 18 juillet 1967, *Litty Hermann c/ Etat du Cameroun.*

[145] CCA, Arrêt n°237 du 10 juillet 1953, *Ndounda Thomas c/ Administration du territoire.*

[146] CCA, Arrêt n°645 du 6 septembre 1957, *Kpwang Essiane c/ Etat du Cameroun.*

subi par la victime tiers, le législateur camerounais rompt avec la position française. Il s'agit pour le juge camerounais dans la décision *Litty Hermann* d'instaurer la distinction entre la faute de service et la faute personnelle, alors même que les décisions du juge colonial ne posaient pas une telle distinction pour établir la substitution de responsabilité.

On assisterait donc suivant cette considération à la conservation comme acquis jurisprudentiels[147], de la jurisprudence élaborée bien avant l'indépendance par le juge dans la colonie, tant que le juge camerounais n'aurait pas adopté une position contraire. La permanence des textes de référence non contraires aux textes nationaux implique une identité sélective du patrimoine jurisprudentiel[148], partant des règles construites par le juge colonial et le juge du territoire devenu indépendant. C'est significativement dans cette mouvance que se retrouvent reconduites parfois de manière implicite, les règles formulées avant l'indépendance, au titre de fondements jurisprudentiels du droit administratif camerounais. Il ressort donc que cette reconduction jurisprudentielle n'est pas automatique. Elle est fonction de la reconduction des solutions de fond textuelles de la spécialité législative, et donc du maintien du *statu quo ante* favorisant nécessairement la légitimation par la jurisprudence nationale des reprises du droit français.

Toutefois, le droit français adopté comme source d'inspiration du juge camerounais ne se présente pas comme intangible, même après l'indépendance. L'évolution à laquelle fait face l'État du Cameroun au plan des règles de droit consacrées, implique une constance dans les transformations nécessaires à l'amélioration des sources de référence appliquées aux solutions des litiges. Cette reprise sous l'égide du juge national impose alors qu'il soit clarifié dans l'analyse des fondements jurisprudentiels du droit administratif, le destin des règles inspirées du droit français.

b- Le sort des fondements jurisprudentiels construits sur la spécialité législative

Une règle produite par le juge statuant sur les litiges administratifs n'est pas considérée comme fondement jurisprudentiel du droit administratif camerounais, si elle ne fait plus partie de la jurisprudence en vigueur. Elle l'a certainement fondée à un moment donné, mais il n'en est plus ainsi, une fois son revirement intervenu. C'est plutôt la règle issue du revirement, qui en elle-même, devient théoriquement le fondement recherché. Il en est ainsi des règles construites par la juridiction administrative coloniale, par application des textes français étendus au Cameroun, dans leurs dispositions non contraires aux textes nationaux en vigueur.

---

[147] Malaurie (P), « Les précédents et le droit », *RIDC*, n°2, 2006, p.321.
[148] *Ibid.*

Cette appréciation est lourde de signification dans la conception des fondements jurisprudentiels du droit administratif camerounais issus de la reconduction de la jurisprudence produite par application de la spécialité législative. Elle implique nécessairement l'abandon de tels fondements, si le législateur camerounais s'investit lui-même dans l'adoption d'un texte national, en lieu et place du texte français auparavant appliqué. Même si le texte national n'est pas différent dans sa substance du texte français abrogé, il reste que le fondement en place n'est plus directement le texte du droit français, mais plutôt le texte camerounais désormais en vigueur[149]. Il participe dans ce cas d'un texte national, duquel sont désormais dérivées des constructions jurisprudentielles appropriées.

De cette considération, la jurisprudence construite sur application par le juge camerounais des solutions préconisées par la spécialité législative connaît une issue qui est fonction de l'adoption ou non par le législateur camerounais d'un texte national applicable à la matière concernée. Au cas contraire, elle demeure. Elle n'est cependant pas pour autant une jurisprudence française parce qu'issue de l'application au Cameroun des textes français. Elle est en substance et de manière formelle, une jurisprudence camerounaise construite sur la base de la réception des solutions françaises par le législateur camerounais. Elle doit sa pérennité à l'application par le juge camerounais de la disposition textuelle reconduisant les effets juridiques des règles coloniales textuelles ou jurisprudentielles compatibles avec le droit de l'État camerounais. Le sort des fondements tirés de cette construction jurisprudentielle spéciale est donc circonstancié, il est le reflet des « *destinées du droit français en Afrique* »[150] et marque la volonté des pouvoirs publics d'écarter d'effet au Cameroun, toute règle qui n'a pas été ou n'est plus acceptée comme norme de droit positif.

Pour l'autonomie des fondements juridiques du droit administratif camerounais, la prudence déroge alors à la permanence des références au droit français. Les solutions de fond apportées par la spécialité législative reconduites dans le Cameroun indépendant ne viennent qu'en renfort pour combler la lacune à laquelle pourrait être confronté le droit camerounais, du fait de l'absence d'une législation nationale appropriée pour une question de droit précise. Il ne s'agit cependant pas de dire que le droit français est directement applicable au Cameroun, mais plutôt de constater

[149] C'est le cas auquel fait aujourd'hui face l'article 3 de la loi n°2006/022 du 29 décembre 2006 fixant l'organisation et le fonctionnement des tribunaux administratifs, reprenant l'article 9 (3) de l'ordonnance n°72/06 du 26 août 1972 portant organisation de la Cour suprême, lui-même inspiré de l'article 14 de la loi du 19 novembre 1965 : « *les tribunaux de droit commun connaissent conformément au droit privé, de toute autre action ou litige, même s'il met en cause les personnes morales (de droit public), la responsabilité desdites personnes morales étant à l'égard des tiers, substituée de plein droit à celle de leurs agents auteurs des dommages causés dans l'exercice même de leurs fonctions* ».

[150] Foyer (J), *Les destinées du droit français en Afrique*, Paris, Penant, 1962.

que les solutions proposées par celui-ci ne le deviennent que lorsqu'elles sont indirectement portées par un acte juridique souverain adopté par une autorité de l'État camerounais. À cet égard, dans la forme ce n'est plus à proprement parler le droit français qui est appliqué. Celui-ci devient du droit camerounais, même si les solutions de fond qu'il contient sont celles retrouvées en France. Davantage, dès lors que les pouvoirs publics camerounais adoptent un texte abrogeant cette spécialité législative, au plan de la forme, il ne s'agit là que de la modification d'un texte camerounais par un nouveau texte camerounais.

En suivant ce raisonnement, le juge statuant sur les litiges administratifs du Cameroun indépendant ne peut pas se méprendre dans la construction des fondements jurisprudentiels du droit administratif, même inspirés de l'application des solutions établies par la spécialité législative. Mais, l'analyse requiert davantage de délicatesse dans la justification du mécanisme d'élaboration des fondements en cause, lorsque le juge camerounais s'approprie les textes français en dérogeant à la spécialité législative.

2- L'appropriation de règles textuelles françaises par dérogation à la spécialité législative

Devenu indépendant, le territoire du Cameroun n'est plus soumis au respect des règles adoptées par l'ex-métropole française. Sur cette base, les autorités nationales, à l'instar du juge statuant sur les litiges administratifs, sont libres de se référer aux règles de leur choix. À cet effet, la construction par le juge camerounais des fondements jurisprudentiels du droit administratif par application des textes français est même possible par dérogation aux solutions de fond apportées par le principe de la spécialité législative.

Ceci revient à dire que le juge camerounais peut s'inspirer même directement des textes français adoptés en France et dont l'application n'a été limitée qu'en territoire français et non étendue outre-mer. Il ne s'agirait que de la mise en œuvre par celui-ci du mécanisme de réception par l'appropriation pure et simple. Rien ne l'interdit d'ailleurs, même pas la thèse de l'autonomie. Celle-ci suggère que l'applicabilité repose sur un acte de réception en droit camerounais, du texte français. La jurisprudence ne serait-elle pas alors l'un de ces actes ? Grâce à elle, on peut déduire de ce mécanisme, l'affirmation d'une spécialité jurisprudentielle par invocation des textes français non étendus au Cameroun (a) et la conversion des solutions consacrées par les textes français en solutions jurisprudentielles camerounaises (b).

a- L'affirmation d'une spécialité jurisprudentielle par inspiration des textes français non étendus au Cameroun

C'est un choix délibéré pour le juge camerounais statuant sur les litiges administratifs, d'appliquer même le texte français dont l'application n'a pas été expressément étendue au Cameroun avant l'indépendance. Sa liberté ne s'arrêterait plus strictement « *là où commence la loi, expression de la volonté générale* »[151]. La raison qui le motive peut se trouver dans le souci d'apporter à certaines préoccupations soulevées devant lui, des solutions dont l'explication soutenue et logique ne pourrait être possible qu'en convoquant des principes clairement consacrés par des textes français. Malgré que ces textes aient été privés d'extension outre-mer et donc au Cameroun avant l'indépendance, le juge camerounais accomplit à côté du législateur, une « *fonction normalisante* »[152] exercée par la juridiction en cas de lacunes dans le droit[153].

Au regard de cette considération, se forme ce que l'on pourrait désigner la « *spécialité jurisprudentielle* » en lieu et place de la spécialité législative. Celle-ci s'explique à partir du choix par le juge camerounais, de la reproduction des règles qui seraient directement tirées de l'application-réception[154] des textes n'ayant pas fait l'objet d'une extension expresse par la spécialité législative. Davantage, en se démarquant de cette dernière qui était essentiellement fondée sur la sélection par la France des textes français applicables outre-mer, donc sur le territoire du Cameroun non indépendant, la spécialité jurisprudentielle participe quant à elle du choix par le juge du Cameroun indépendant, des textes français pouvant être réceptionnés au Cameroun.

Suivant cette explication, la spécialité législative et la spécialité jurisprudentielle ici en cause ne reposent pas sur des logiques identiques. La première procède de l'affirmation de la domination d'un État par son ordre juridique sur un territoire non souverain, tandis que la seconde contribue à l'affirmation de l'autonomie des règles et surtout d'un territoire devenu souverain, exprimant sa liberté d'appliquer des textes d'ailleurs dans son cadre interne. En considération de cette différence, le juge camerounais devient lui-même porteur du destin de l'État dans la formation des fondements jurisprudentiels du droit administratif camerounais. Il juge par

[151] Renoux (T.S), « La liberté des juges », *Pouvoirs*, n°74, 1995, p.60.

[152] Ost (F), « Juge-pacificateur, juge-arbitre, juge-entraineur. Trois modèles de justice », in Gérard (Ph.), Ost (F), sous la dir., *Fonctions de juger et pouvoir judiciaire : transformations et déplacements*, Bruxelles, Publications des Facultés de Saint-Louis, 1989, p.4.

[153] V. sur la question, Kelsen (H), *Théorie pure du droit*, Paris – Bruxelles, LGDJ-Bruylant, 1999, p.245 et svts.

[154] Cubertafond (B), *La création du droit*, *op.cit.*, p.108.

conséquent de la règle étrangère qui serait adéquate aux explications à apporter dans la solution d'un cas d'espèce. En réalité, a-t-il encore besoin de savoir ce qui avait jadis fait l'objet d'une spécialité législative ou non ? Devenu souverain, le juge camerounais applique ce qu'il estime efficace et judicieux comme règle.

La jurisprudence administrative camerounaise fait état d'une telle considération dans le cadre des décisions rendues par la Cour fédérale de justice dans les décisions *Max Keller Ndongo* du 16 octobre 1968[155], et *Mvé Ndongo Abraham* du 17 octobre 1968[156]. Ici, le juge de l'Assemblée plénière statuant en appel sur le contentieux de la voie de fait administrative, vise expressément la loi des 16 et 24 août 1790 qu'il applique d'ailleurs à la solution finale du litige. Cette loi n'a pourtant jamais fait l'objet d'une extension pour application spéciale dans le territoire du Cameroun non indépendant. Son application par le juge fédéral aurait été alors considérée comme une incongruité dans la logique de la spécialité législative. Mais, il n'en est pas ainsi.

L'explication logique qui se dégage consiste à dire que cherchant à mettre en application une conséquence du principe de la séparation des autorités administratives et judiciaires, le juge camerounais s'est simplement et librement référé[157] au texte français qui le consacre. Une autre explication peut également être tirée du fait que même en l'absence de l'extension de l'application de ce texte outre-mer à l'époque précédant l'indépendance, certaines conséquences du principe de la séparation des autorités étaient déjà applicables dans des textes français adoptés localement au Cameroun, notamment le décret portant création du Conseil du contentieux administratif camerounais[158]. Également, le juge statuant sur le contentieux administratif du territoire du Cameroun avant l'indépendance, lui-même faisait référence au moins de manière implicite à ce principe de séparation des autorités[159].

Ces différentes explications logiques conduisent à la déduction d'une même conclusion indépendamment des cas de figure. Le juge de l'État du Cameroun indépendant, statuant sur le contentieux administratif, déroge à l'application de la spécialité législative par une spécialité jurisprudentielle. Cette dernière lui permet d'opérer une conversion des solutions consacrées par les textes français en solutions

155 CFJ/AP, Arrêt n°8 du 16 octobre 1968, *Max Keller Ndongo c/ Etat fédéré du Cameroun Oriental.*

156 CFJ/AP, Arrêt n°10 du 17 octobre 1968, *1°) Mvé Ndongo, 2°) Procureur Général près la CFJ c/ Ngaba Victor.*

157 V. également, CFJ/AP, Arrêt n°9 du 16 octobre 1968, *Etat du Cameroun Oriental ; Baba Youssoufa c/ Baba Youssoufa ; Etat du Cameroun Oriental.*

158 Décret du 14 avril 1920.

159 V. l'exposé des motifs adopté par le juge dans la décision CCA, Arrêt n°370/A du 3 septembre 1955, *Essindi Essama c/ Administration du Territoire.*

reproduites par la jurisprudence camerounaise, comme fondements du droit administratif national.

b- La conversion des solutions consacrées par les textes français en solutions jurisprudentielles camerounaises

Le mécanisme de réception par l'appropriation d'un texte français dérogeant à la règle de la spécialité législative mis en œuvre par le juge camerounais suggère qu'une fois introduite par la jurisprudence nationale, la solution consacrée à la base par le texte français n'est plus qu'une solution camerounaise. Elle prend simplement place dans la catégorie des fondements jurisprudentiels du droit administratif camerounais, dont l'origine lointaine ou médiate peut être retrouvée dans le droit français. À cet égard, l'application du texte français par le juge camerounais ne devient qu'une opération de réception souveraine, à partir de laquelle la règle reproduite peut être comparée en termes de ressemblances ou de différences, par rapport à celle en vigueur en France.

Il ne s'agit là cependant que d'une vue superficielle de l'opération de conversion. L'appréhension de cette dernière dans la précision des étapes qui conduisent à sa mise en œuvre laisse entrevoir deux séquences, dont l'une peut être considérée comme indispensable et l'autre comme non indispensable.

Ainsi, selon une première considération, la solution consacrée en droit français n'a aucune vocation à s'appliquer au Cameroun. Elle ne peut l'être que dans la mesure où par un support formel, textuel ou jurisprudentiel, une autorité camerounaise reprend le support formel qui la consacre en France. Cette transmutation de la source étrangère en source camerounaise, se fond dans le cadre d'un transfert de technologie ou de connaissance à propos d'une règle nécessaire au développement du droit. Elle s'inscrit en quelque sorte dans le cadre d'une coopération Nord-Sud, mettant en cause deux États souverains. C'est en quelque sorte ce que fait le juge camerounais statuant à l'époque fédérale sur le contentieux administratif. La reprise dans la décision *Mvé Ndongo Abraham*, de l'énoncé de la loi des 16 et 24 août 1790 n'est pas dénuée de signification relative à la nationalisation du texte étranger. Le juge statuant sur le litige donne à ce texte français, la forme d'une source du droit camerounais à laquelle aucune légitimité ne peut être contestée. Par ce canal, si en France cet énoncé n'est perçu que comme un texte, au Cameroun il est plutôt perçu comme une source jurisprudentielle.

La seconde considération prend en compte la mutation du contenu de la solution. Elle ne s'applique pas qu'au changement de la forme dans laquelle celle-ci se présente. C'est une entreprise qui ne relève que d'une option guidée par l'intime conviction du juge camerounais. En réalité, en s'appropriant le texte français, il peut estimer que la solution à laquelle celui-ci renvoie mérite quelques modifications pour une adaptation adéquate dans le contexte camerounais. À cet égard, les orientations de fond que celle-ci suggère ne s'appliqueront pas *ipso facto*, telles quelles. Elles subissent au préalable une mutation qui est fonction des exigences relatives aux données nationales. Ainsi, se justifie la mutation de l'application faite de la solution posée en France par la loi des 16 et 24 août 1790, lorsque l'on se trouve au Cameroun. Portant sur le principe de séparation des autorités administratives et judiciaires[160], ce texte qui en principe implique l'existence d'un dualisme juridictionnel[161], se retrouve adapté par le juge de la Cour fédérale de justice dans un contexte ne présentant qu'un monisme juridictionnel avec une séparation des contentieux administratif et judiciaire. Sur cette base, les conflits positifs ou négatifs de compétence ne se posent pas à proprement parler entre l'ordre de juridiction judiciaire et l'ordre de juridiction administrative. Tout se passe plutôt au sein du seul ordre de juridiction judiciaire, dans lequel sont simplement établies des formations spécialisées dans le contentieux administratif. Ces dernières correspondent en fait aux organes que l'on dénomme généralement par l'expression galvaudée de « *juridiction administrative au Cameroun* »[162]. Cette formule impropre à la qualification de la structure de l'organisation juridictionnelle au Cameroun, est adoptée même dans ce qui pourrait être considéré comme une maladresse de style par le juge camerounais. La réalité est évidemment tout autre chose. Certainement existe-t-il une juridiction administrative greffée à l'ordre de juridiction judiciaire, mais il n'existe cependant pas un ordre de juridiction administrative à part entière, différent de l'ordre de juridiction judiciaire.

B- L'information alternative des justiciables par indication du droit français

Le recours au droit français par le juge statuant sur le contentieux administratif au Cameroun se justifie par la possibilité qui est reconnue à cette institution d'apporter des informations aux justiciables, par rapport à l'orientation qu'il donne à sa décision. Ainsi, il construit des fondements du droit administratif par la jurisprudence, sans toutefois chercher à s'approprier la position du droit étranger. Ce dernier ne se présente que comme un argument de doctrine juridique pour lequel il opte, afin d'apporter des explications aux parties en litige. Il peut également s'en servir comme source d'inspiration pour construire sa propre orientation, comme

---

160 Vedel (G), « La loi des 16-24 août 1790 : texte ? Prétexte ? Contexte ? », *RFDA*, 1990, p.698.

161 Groshens (J-C), « Réflexions sur la dualité de juridiction », *D*, octobre 1963, p.536.

162 Jacquot (H), « Le contentieux administratif au Cameroun », *RCD*, 1972, p.20.

l'affirme la jurisprudence dans la décision *Ngué Mathias c/ État du Cameroun en 1975*[163].

Le choix du droit français certainement par réflexe d'indication du droit de l'ex-métropole ou par pure rémanence de certaines affinités et filiations juridiques avec celle-ci, assure au juge par le travail d'information qu'il fait, les aptitudes d'un doctrinaire du droit[164]. Il n'est pas superfétatoire, mais n'est pour autant pas incantatoire. Sans avoir pour but principal d'influencer l'orientation donnée à la décision par le juge, les indications du droit français dans ce cas de figure permettent d'étoffer le raisonnement adopté dans l'élaboration de la décision. Les références au droit français permettent même au juge de faire montre de son niveau de culture juridique sur les idées et les règles juridiques d'ailleurs, de manière à informer les justiciables sur l'état des préoccupations à l'étranger. À cet égard, il peut renseigner sur les évolutions ou les retards d'une part, ainsi que les avantages et les inconvénients d'autre part, que présentent les solutions étrangères par rapport aux solutions nationales. Le juge statuant sur le contentieux administratif se positionne donc ici comme un maître de leçon auquel une autorité doctrinale pourrait être reconnue.

La construction des éléments contenus dans la jurisprudence en droit administratif camerounais ne fait pas abstraction de cette considération d'ensemble. Elle suit « *une structure logique qui est bien connue, où le juge indique les opérations intellectuelles essentielles qu'il aurait effectuées pour arriver à la conclusion juridictionnelle* »[165]. Le recours au droit français pour la mise en œuvre de l'information alternative des justiciables s'intègre dans cette orientation. Sans donner aux règles de ce droit étranger une force juridique positive au Cameroun, le juge peut opter pour leur indication, suite à son incitation par les justiciables à apprécier des prétentions et arguments y afférents (1). Il peut également en être ainsi dans le cadre de la comparaison entre les solutions camerounaises et les solutions françaises pour trancher les litiges (2).

---

[163] CS/CA, Jugement n°28 du 29 février 1975, *Ngué Mathias c/ Etat du Cameroun* : « *Considérant que la révocation du requérant est viciée par des irrégularités substantielles : le caractère tardif de l'arrêté déféré est évident et engage la responsabilité de l'Administration* ***conformément à la jurisprudence du Conseil d'Etat de France dont les principales décisions inspirent la jurisprudence camerounaise*** ».

[164] Rivero (J), « Jurisprudence et doctrine dans l'élaboration du droit administratif », in De Laubadère (A), Mathiot (A), Rivero (J), Vedel (G), *Pages de doctrine*, Paris, LGDJ, 1980, p.67.

[165] Eisenmann (C), « Juridiction et logique (selon les données du droit français) », in *Ecrits de théorie du droit, de droit constitutionnel et des idées politiques, Textes réunis par Charles Leben*, Paris, Ed. Panthéon-Assas, 2002, p.415.

1- L'appréciation des prétentions des justiciables indiquant le droit français

C'est au juge que les justiciables adressent librement leurs revendications par le biais des requêtes contentieuses. À cette occasion s'ouvre le procès au cours duquel différents mémoires porteurs des prétentions des parties exposent à son attention des arguments construits sur la base des références au droit camerounais, et parfois au droit français. Dans ce dernier cas, ces arguments d'ordre textuel, jurisprudentiel et même doctrinal, sont exposés par les justiciables ou leurs représentants en justice, en vue de s'attirer la conviction du juge.

Au risque du déni de justice[166], le juge examine l'ensemble des revendications qui lui sont présentées ainsi que les arguments avancés en appui. Toutefois, aucune obligation ne lui est faite d'adhérer à ces arguments de droit étranger, mais rien n'interdit qu'il fasse à l'attention des justiciables qui en sont les initiateurs, des observations à propos par rapport aux circonstances de l'espèce[167]. Si l'on manque d'attention à l'égard du raisonnement du juge, on pourrait *a priori* penser qu'il est l'auteur de la référence au droit étranger et qu'il le réceptionne en vue d'appliquer des idées ou solutions de fond qu'il contient. En réalité, il n'en est rien. Le juge se présente ici comme une institution impartiale qui apprécie simplement toutes situations et informations juridiques qui lui sont présentées, même si celles-ci font état du droit étranger. Par son intime conviction, il délimite les contours de sa compétence sur le litige et davantage limite lui-même les proportions des règles de droit applicables aux préoccupations en cause, comme il le fait dans certaines affaires[168].

En considération de cette orientation, la référence au droit français ne se fait par le juge à la suite des justiciables, qu'à titre de simples développements auxquels

---

166 V. Article 5 du Code civil. Egalement, lire Favoreu (L), *Du déni de justice en droit public français*, Paris, LGDJ, 1964, 582p.

167 CS/CA, Jugement *Kingué Bwanga François c/ Etat du Cameroun (Port autonome de Douala)*. Dans cette affaire, le juge explique tant au requérant qu'au représentant de l'État, qu'il n'est pas tenu de suivre les orientations du droit français convoquées par ceux-ci, quand bien même il fait une interprétation lapidaire pour éclairer ceux-ci au sujet de la signification des règles de droit français en question. Il s'agit des références aux règles formulées par le Tribunal des Conflits français sur l'arrêt *Blanco* de 1872 et de l'arrêt *Colonie de la Côte d'Ivoire* (affaire dite *Bac d'Eloka*) du 22 janvier 1921.

168 CS/CA, Jugement n°61/2011 du 23 mars 2011, *Passo Jean-Marie et Dame Kenfack épouse Passo Julienne c/ Etat du Cameroun (C.U.Y)*. Ici, le défendeur, en appui à son argumentation, cite en référence aux décisions françaises du Tribunal des Conflits du 17 mars 1949, *Société Hotel du Vieux-Beffroi* et du 25 janvier 1988, *Fondation Cousteau*, sur lesquelles il fait d'ailleurs de mauvaises interprétations des règles de droit jurisprudentiel par rapport à son cas d'espèce. Le juge rectifie à son attention ces interprétations, en lui démontrant que les règles de droit formulées dans ces décisions étrangères n'étaient pas appropriées au litige en cause.

aucune adhésion peut n'être par la suite marquée par rapport à la décision devant être retenue comme solution au litige. Il en est ainsi, lorsque le requérant recourt aux décisions françaises du Conseil d'État, du 03 novembre 1922 *Dame Cachet*, et du 16 mars 1990 *ministère de l'Agriculture c/ Machet*, pour indiquer au juge que le retrait de la décision administrative litigieuse devait intervenir dans le délai de recours contentieux, quand bien même le juge s'est prononcé par la suite dans sa décision sur tout autre chose que la question du retrait de cet acte[169]. À ce sujet d'ailleurs, des possibilités se présentent au juge. Dans un sens, il peut en statuant sur le contentieux administratif faire montre de son orientation nationaliste et se détacher des considérations étrangères. Son commentaire sur les indications du droit français peut alors consister à apporter des rectifications sur des énoncés erronés des règles en vigueur ou des positions adoptées, malheureusement avancées par une des parties ou son représentant comme argument[170]. En faisant montre de son niveau de culture juridique au sujet du droit étranger, il peut apporter des reformulations et des explications qui situent sur les critères et les conditions d'application de l'élément alors recadré. Par cette information, il enseigne ses justiciables sans avoir besoin d'appliquer cette règle française. Il peut, une fois cette opération effectuée, passer à l'identification de la règle camerounaise adéquate et l'appliquer au litige.

Suivant ce raisonnement, la jurisprudence administrative camerounaise conduit à relever des cas d'espèce dans lesquels ont été écartées des prétentions émises par les justiciables sur des positions d'éminents doctrinaires. Il en est ainsi du jugement *Nkong Emmanuel* en 1975[171] dans lequel le juge construit sa définition sur le titre foncier en discréditant l'argument du justiciable fondé sur une position du conseiller de l'État Maxime Letourneur dans un article[172] sur la recevabilité du recours contentieux. Il ne s'agit pas ici pour le juge de s'opposer à une définition doctrinale, mais simplement de s'ériger contre la prétention du justiciable qui s'en sert comme argument d'autorité, alors même que ladite position traitant du contrat administratif était inadaptée au problème en cause dans l'espèce, alors relatif à un contentieux de l'acte administratif unilatéral[173]. C'est donc le mauvais emploi de l'argument de la

[169] CS/CA, Jugement n°33/2011 du 12 janvier 2011, *Koko Aimé Jean Paul c/ Etat du Cameroun (Minesup)*.

[170] CS/CA, Jugement n°27 du 29 janvier, *Diwouta Loth Martin c/ Etat du Cameroun* ; CS/CA, Jugement n°65 du 22 avril 1976, *Edimo Jean Charles c/ Etat du Cameroun*.

[171] CS/CA, Jugement n°1/75 du 19 décembre 1975, *Nkong Emmanuel c/ Etat du Cameroun*.

[172] Article publié dans le Journal de la Commission internationale de juristes, vol.8, n°2 de décembre 1967 sur la recevabilité du recours contentieux.

[173] « *Une action peut être intentée contre tous actes administratifs unilatéraux, cette définition écarte les actes, décisions et mesures du corps du pouvoir législatif ou judiciaire, sur le principe de la séparation des pouvoirs et les actes relevant des contrats ; Considérant que les actes administratifs couvrent toutes les décisions ou mesures affectant le public en général ou l'individu en particulier sans regarder l'autorité exécutive dont*

doctrine française dans une cause tout à fait inappropriée qui est rejeté par le juge, et non la définition doctrinale en elle-même.

La jurisprudence française du Conseil d'État[174] et de la Cour de cassation[175] souvent convoquée par les justiciables dans leurs prétentions se retrouve mêlée dans les développements construits par le juge statuant sur le contentieux administratif camerounais. Cette autorité ne leur donne cependant pas une suite pertinente dans l'adoption de la décision juridictionnelle servant de solution au litige qui lui est soumis. Il procède à la discrimination du droit étranger, en privilégiant l'application du droit national disponible et méconnu des justiciables, pour résoudre les préoccupations qui lui sont présentées. Il s'agit de constater que dans la mise en œuvre de l'information de ses justiciables, le juge statuant sur le contentieux administratif camerounais assure dans son office la garantie de l'effectivité de la maxime « *nul n'est censé ignorer la loi* ». En toute quiétude, il apprécie les prétentions et arguments des justiciables pour vérifier que ceux-ci ont connaissance du droit applicable à la solution de leur litige. Lorsqu'ils convoquent de manière hasardeuse dans leurs prétentions, le droit français par ignorance du droit national, le juge en tant qu'émissaire du législateur recadre les débats en indiquant le droit en vigueur au Cameroun[176]. Pour le faire, il peut normalement construire son commentaire sur l'exclusion du droit français, en le reprenant expressément, de manière à justifier l'application du droit camerounais existant en lieu et place.

Par le canal de l'information, il ressort un gage de sécurité des justiciables au sujet de l'état du droit dans son évolution. Sur certains points, le juge rappelle aux justiciables la règle de droit camerounais en vigueur, même si celle-ci doit être identique dans son contenu à celle du droit français, à laquelle font allusion les mémoires présentés par les parties au litige. Dans la construction des fondements jurisprudentiels du droit administratif camerounais, le juge se propose de veiller à ce que des parties en présence au litige, nul n'ignore le droit en vigueur ou applicable.

émanent ces mesures ou décisions ; que l'action peut être intentée par n'importe quelle personne ayant un intérêt pour l'annulation de l'acte, décision ou mesure ».

174 CS/CA, Jugement n°50/84-95 du 1er février 1985, *Tameghi Boniface (Amsecom-Amseconcom) c/ Etat du Cameroun.*

175 CS/CA, Jugement n°51/2012 du 08 janvier 2012, *Succession SILIKI Epanya Eugène c/ Etat du Cameroun (Mindaf) et Tchoubet Joseph (intervenant volontaire).* Dans cette affaire, le juge reprend les développements de la partie requérante en citant la décision de la Cour de cassation française Civ. 1ère du 13 juin 1956, avancée par celle-ci dans son argumentation. Toutefois, il assure que cette décision du droit français n'est pas passée inaperçue, mais ne fonde cependant pas la solution sur le litige qu'il adopte, sur la base de celle-ci.

176 CS/CA, Jugement n°5/75-76 du 22 avril 1976 *Edimo Jean Charles c/ Etat du Cameroun.*

L'incitation du juge à insérer dans ses commentaires des points relevant du droit français est en majeure partie le fait des justiciables. Ces derniers le conduisent implicitement vers cet objectif en étoffant leurs différents mémoires introductifs d'instances et ampliatifs de défenses, d'arguments y afférents, que celui-ci se doit d'examiner au risque du déni de justice. Mais, il peut également arriver que, de sa propre initiative, le juge indique des références du droit français pour établir des rapprochements ou des démarcations par rapport au droit de son pays. L'information alternative des justiciables à laquelle il s'adonne en statuant sur le contentieux administratif le conduit à construire des règles jurisprudentielles dans lesquelles l'indication du droit français sert à comparer des solutions camerounaises d'avec celles adoptées dans l'ex-métropole.

2- La comparaison des solutions du litige par rapport au droit français

Dans la jurisprudence administrative camerounaise, des solutions consacrées par le droit national sont par le fait du juge, confrontées aux solutions existantes dans le droit étranger, à l'instar du droit français. Si *a priori* par ce raisonnement on peut penser à la discipline juridique du droit comparé, il faut dire qu'il s'agit en réalité de l'exercice méthodologique de la comparaison des règles de droit en vigueur ici et ailleurs. « *Comparer en droit* »[177] n'est plus un exercice de raisonnement exclusivement propre à la doctrine juridique. On peut désormais l'étendre comme complément aux méthodes de raisonnement appliquées par le juge, pour trancher les litiges portés à son appréciation par les justiciables. L'emploi de cette méthode de raisonnement permet alors de « *conduire à une meilleure compréhension de la création du droit national en vigueur par la comparaison avec d'autres ordres juridiques* »[178].

L'analyse établie sur cette orientation des fondements jurisprudentiels du droit administratif camerounais consiste à retenir que lorsqu'il compare le droit camerounais avec le droit français, le juge s'appuie sur deux catégories de rapports. D'une part, des rapports de ressemblances visant à préciser le rapprochement entre les solutions camerounaises et françaises sur un point du droit (a). D'autre part, des rapports de divergences visant à préciser les écarts et éloignements entre les solutions camerounaises et françaises (b).

a- La précision des ressemblances entre les solutions camerounaises et françaises

Il existe des ressemblances entre le droit camerounais et le droit français. Le juge statuant sur le contentieux administratif camerounais se livre, dans le cadre des décisions qu'il rend, à un exercice de comparaison convergeant vers cet objectif.

---

177 Van der Helm (A.J.), Meyer (V.M.), *Comparer en droit, op.cit.*

178 *Ibid*, p.54.

Lorsqu'il convoque le droit français, ce n'est pas toujours nécessairement dans l'optique de s'approprier les solutions de fond contenues, soit dans un texte juridique[179], soit dans une décision de justice[180], soit même dans des positions de la doctrine[181] de l'ex-métropole. Il s'agit davantage dans certains cas de présenter explicitement la convergence des règles camerounaises et des règles étrangères françaises, vers un idéal de justice commun.

Certes, cette opération peut *a priori* être semblable à celle de l'appropriation du droit français par le juge camerounais, mais en réalité il n'en est rien. Ici, il s'agit de ressortir des positions nationales adoptées, soit par le législateur, soit par le juge, indépendamment des considérations étrangères, d'une part. Également, il s'agit de présenter des positions françaises adoptées, soit par le législateur, soit par le juge de l'ex-métropole, d'autre part. La confrontation de ces différentes positions aboutit au résultat de l'identité des solutions respectives, indépendamment adoptées à l'origine les unes par rapport aux autres.

Le juge statuant sur le contentieux administratif camerounais se sert de cette démarche comme aveu du mimétisme. À partir de la comparaison par l'identification des ressemblances, il pose côte à côte les règles du droit camerounais et celles du droit français. Ainsi, l'imitation permet effectivement de déterminer les règles du droit camerounais qui sont d'inspiration française[182]. L'identité entre le droit camerounais et le droit français convoqué trouve son fondement dans une réception préalable faite, soit par le législateur[183], soit par le juge camerounais lui-même[184]. Lors de la comparaison sur la base de la ressemblance, le juge trouve l'occasion de rappeler que le droit camerounais, sur un point précis, a été préalablement construit à partir de l'imitation ou de la réception du droit étranger.

---

[179] V. CS/CA, Jugement n°229 du 7 septembre 2011, *Collectivité Mvog Mélingui c/ Etat du Cameroun.*

[180] CS/CA, Jugement n°08 du 25 janvier, *Mbarga Ngondi Louis et autres c/ Etat du Cameroun (Mindaf).*

[181] CS/CA, Jugement n°50/84-95 du 1er février 1985, *Tameghi Boniface (Amsecom-Amseconcom) c/ Etat du Cameroun.*

[182] CS/CA, Jugement n°28 du 29 février 1975, *Ngué Mathias c/ Etat du Cameroun : « Considérant que… l'arrêté déféré… engage la responsabilité de l'Administration* ***conformément à la jurisprudence du Conseil d'Etat de France dont les principales décisions inspirent la jurisprudence camerounaise*** ».

[183] V. Les lois n°2006/016 et n°2006/022 du 29 décembre 2006, respectivement sur l'organisation et le fonctionnement de la Cour suprême et sur l'organisation et le fonctionnement des tribunaux administratifs.

[184] Tribunal administratif de la Région du Centre, jugement n°86/2015/TA-YDE du 14 juillet 2015, *Bélibi Lucas c/ Etat du Cameroun (Minfi)* ; Tribunal administratif de la Région du Centre, jugement n°209/2015/TA-YDE du 8décembre 2015, *Mme Ambatta Abelekak Danielle Yvette c/ Etat du Cameroun (Mindcaf).*

Toutefois, au regard desdites ressemblances établies, les règles jurisprudentielles formulées suite à l'opération de comparaison permettent de révéler, soit une identité par mimétisme intégral[185], reflétant « *une grande fidélité au droit français* »[186], soit une identité partielle suivant une « *acclimatation tropicale* »[187] des solutions françaises par « *déviation par rapport au modèle référentiel* »[188]. Elles reflètent l'imprégnation, mais aussi l'appropriation camerounaise, de manière à traduire la juxtaposition de deux règles certes identiques bénéficiant chacune de leur autonomie respective par rapport à leur territoire souverain de rattachement.

Par ailleurs, l'identité des règles du droit camerounais et du droit français dégagée par le juge camerounais lorsqu'il formule des règles de droit administratif peut également être indépendante du mimétisme. Elle peut simplement résulter de la convergence des solutions d'ici et d'ailleurs vers « *un idéal commun* »[189] de justice administrative. Dans ce cas, le bon sens, l'équité pourraient être des fondements implicites et inavoués, justifiant la conciliation des objectifs et finalités auxquels tendent les règles existantes de part et d'autre.

La comparaison par la précision des ressemblances est en considération des règles de droit administratif formulées dans la jurisprudence camerounaise, un exercice de réflexion auquel se livre le juge camerounais. Elle peut cependant emprunter une autre orientation dans certains cas, de manière à présenter plutôt les différences entre les solutions du droit camerounais et celles du droit français.

b- La précision des différences entre les solutions camerounaises et françaises

L'indication du droit français dans la jurisprudence constituée comme fondement du droit administratif peut servir à la comparaison sur la base des différences entre les solutions camerounaises et étrangères. Il n'est pas aisé, suivant cette approche, de présumer *ipso facto* l'imitation du droit français par le juge camerounais. Deux hypothèses peuvent être alors retenues, comme éléments de justification de cette considération tout à fait particulière.

D'une part, il peut s'agir pour le juge de consolider le droit camerounais par le refus de s'approprier la solution française. En présentant les solutions prescrites par

---

185 V. Ondoa (M), *La protection des dépenses d'indemnisation en droit administratif camerounais*, *op.cit.*, p.7.

186 De Gaudusson (J), « La jurisprudence des Cours suprêmes en Afrique », in Conac (G), De Gaudusson (J), *Les Cours suprêmes en Afrique*, Paris, Economica, 1988, p.2.

187 Kamto (M), « La fonction administrative contentieuse de la Cour suprême du Cameroun », in Conac (G), De Gaudusson (J), *Les Cours suprêmes en Afrique, op cit.*, p.52.

188 *Ibid.*

189 Schmidt-Assman (E), Dagron (S), « Les fondements comparés des systèmes de droit administratif français et allemand », *RFAP*, n°127, 2008/3, p.531.

le droit camerounais comme différentes de celles consacrées dans le cadre du droit français, le juge camerounais statuant sur les litiges administratifs confirme son indépendance[190]. Il affirme son désir d'évoluer suivant des aspirations nationalistes, tendant à révéler la spécificité des solutions camerounaises par rapport aux solutions françaises. Son raisonnement au regard des règles jurisprudentielles qu'il construit ne traduit pas l'indifférence à l'égard du droit français. Tout au contraire, sans toutefois l'appliquer par option pour la préférence nationale, il tient quand même compte de son existence comme corps de règles de droit étranger présentant des solutions autres que celles en vigueur au Cameroun. La comparaison à laquelle il aboutit, par la précision des règles différentes, révèle son intention d' « *ordonner le multiple sans le réduire à l'identique* »[191], par la mise en place d'un « *pluralisme ordonné* »[192] entre l'ordre juridique camerounais et celui de l'ex-métropole française, régissant chacun différemment des préoccupations pourtant identiques. Cette considération peut cependant prendre une autre orientation. L'indication de la solution française sur ses différences par rapport à la solution camerounaise est également faite pour préciser que les conditions de sa réception ne sont pas requises, au regard des circonstances de l'espèce en cause. Sur cette base, l'application d'une solution typiquement nationale[193] à l'espèce peut conduire à l'identification d'une règle de droit camerounais alors différente de celle du droit français. On peut également observer une telle démarche dans le domaine de la responsabilité administrative, concernant les dommages subis par les patients du fait des agents publics médecins des services

---

190 V. le cas du contentieux des actes de désignation des chefs traditionnels qui conduit le juge camerounais à rejeter le contrôle de tout acte administratif au moins par un recours pour excès de pouvoir, tel que préconisé par la décision française du Conseil d'Etat *Dame Lamotte*. L'argument de droit avancé par le juge pour soutenir sa décision est la loi n°79/17 du 30 juin 1979 relative *aux contestations soulevées à l'occasion de la désignation des chefs traditionnels*, qui soustrait ce contentieux de la compétence de toute juridiction. Le juge camerounais fait donc prévaloir la loi camerounaise sur les arguments de la jurisprudence française, d'où la marque de la différence : CS/CA, Jugement n°7 du 29 novembre 1979, *Essomba Marc-Antoine c/ Etat du Cameroun* ; CS/CA, Jugement n°40/79-80 du 29 mai 1980, *Monkam Tientcheu David c/ Etat du Cameroun*.

191 Delams-Marty (M), *Les forces imaginantes du droit, Le pluralisme ordonné*, Paris, Ed. Du Seuil, T.II, 2006, p.8.

192 *Ibid*, p.9.

193 CS/CA, Jugement n°51/2012 du 08janvier 2012, *Succession SILIKI Epanya Eugène c/ Etat du Cameroun (Mindaf) et Tchoubet Joseph (intervenant volontaire)*. Dans cette affaire, le juge statuant en matière administrative sur le contentieux du titre foncier, se prononce préalablement sur une question de succession entre parents et descendants. Il fait application des règles coutumières consignées par le défunt dans son testament avant sa mort, en dérogeant tant à la jurisprudence française et les règles du Code civil français citées à titre de comparaison sur la base des différences.

publics hospitaliers, notamment sur la mise en œuvre du mécanisme de substitution de l'État[194].

D'autre part, il peut s'agir de consolider le droit camerounais par l'abandon de la position française, selon que celle-ci serait restée constante ou qu'elle aurait évolué. Les règles formulées par le juge statuant sur le contentieux administratif camerounais permettent dans leur analyse au fond, de relever que la comparaison est utilisée en termes de différences entre les solutions camerounaises et les solutions françaises, pour marquer la désolidarisation du droit camerounais par rapport au droit de l'ex-métropole[195]. Il se forme par là un esprit du droit camerounais, constitué comme une des catégories de « *l'esprit du droit africain* »[196], idée générale affectueusement reconnue aux travaux scientifiques du professeur Paul Gérard Pougoué. Cet esprit du droit camerounais est alors démarqué dans sa forme et sa substance de l'esprit du droit français. Évoluant avec son temps et son environnement, le juge indique le droit français, pour faire comprendre aux justiciables quelles sont les règles étrangères qui ont régi certaines préoccupations de droit administratif au Cameroun avant l'indépendance et celles qui les régissent en France.

Par la comparaison entre le droit français et le droit camerounais dans les décisions de justice qu'il adopte, le juge camerounais construit des fondements du droit administratif qui confirment la réception du droit étranger en droit interne[197]. Elle affiche également la distinction entre des ordres juridiques généralement différents par les souverainetés auxquelles elles appartiennent, mais présentant des solutions de fond parfois identiques sur certains cas et parfois différentes sur d'autres. Quoi qu'il en soit, au regard de l'information alternative des justiciables par l'indication du droit français, le juge statuant sur les litiges administratifs au Cameroun démontre que le droit camerounais n'est point le droit français. De

[194] CS/CA, Jugement n°260/2010, du 22 septembre 2010, *Mouliom Théodore c/ Hopital Général de Yaoundé* : « *Attendu qu'en l'espèce, l'acte du médecin Djindon Fidèle d'avoir placé au recourant une broche obsolète, défectueuse et de qualité douteuse ne constitue pas le contentieux administratif susvisé ; Que cette négligence du médecin Djindjon pouvait engager la responsabilité de l'Etat suivant l'article 3 (1)* [de la loi n°2006/022 du 29 décembre 2006 fixant l'organisation et le fonctionnement des tribunaux administratifs] *; par conséquent relève des tribunaux de droit commun* ».

[195] CS/AP, Arrêt n°1 du 23 décembre 2000, *Ondo Ovono c/ Etat du Cameroun*. Ici, le juge statuant sur une demande de réparation des préjudices subis par un agent public en service avec le véhicule administratif, des suites d'un accident de la circulation, se déclare compétent et ordonne l'indemnisation. Il se désolidarise de la position établie en France par la loi du 31 décembre 1959, qui attribue ce contentieux à la compétence du juge judiciaire.

[196] Auvergnon (P), Bokalli (V.E.), Boukongou (J.D), *De l'esprit du droit africain : Mélanges en l'honneur de Paul Gérard Pougoué*, CREDIJ, 2014, 802p.

[197] Ondoa (M), « Le droit administratif français en Afrique francophone : contribution à l'étude de la réception des droits étrangers en droit interne », *op.cit.*, p.290.

l'imitation à la comparaison en passant par l'appréciation des prétentions des justiciables se rapportant aux solutions françaises, il ne faut pas perdre de vue la formation de règles camerounaises à partir de la transformation des supports juridiques, et parfois du contenu des règles étrangères.

Les règles de droit administratif tenant leurs origines dans les États africains des textes ont évolué. Cette évolution n'est pas exclusivement le propre du législateur. D'ailleurs, l'étude recentrée au Cameroun montre qu'elle est de façon importante devenue aussi l'apanage du juge statuant sur les litiges administratifs. Ainsi se conçoivent les fondements jurisprudentiels du droit administratif dans cet espace géographique du continent, auxquels une parenté n'est pas toujours dépourvue d'avec les règles jurisprudentielles formulées dans d'autres États francophones de l'Afrique, règles qui sont elles-mêmes similaires par la source commune d'inspiration du droit français[198].

Participant de la formation du droit jurisprudentiel camerounais en matière administrative, les fondements étudiés sont construits à partir de la production des règles orientées par des aspirations camerounaises du juge et la re-production des règles tirées de l'inspiration française du juge. Seul le juge camerounais participe de cette entreprise. L'œuvre à laquelle il se consacre n'est pas exempte d'emprunts ou d'influences. Aucun fondement n'est construit par le juge camerounais *ex nihilo*. Les textes adoptés par le législateur camerounais y sont d'un apport indubitable, de même que la jurisprudence camerounaise dans des matières non administratives. Mais surtout, le droit étranger et strictement le droit français ayant d'ailleurs influencé le droit camerounais par une filiation historique, n'est pas du moindre apport. Il est inséré sous le contrôle souverain du juge camerounais par la réception, l'appréciation et la comparaison par rapport aux règles d'origine camerounaise. Il est donc soumis dans la jurisprudence construite par le juge camerounais, tant au régime de l'adoption, qu'au régime de l'adaptation. Ce n'est cependant pas l'intégralité du droit français dans ses solutions de fond qui se retrouve ici appropriée, les règles

198 V. notamment des positions identiques d'un pays à un autre : Tchad, Cour suprême Chambre administrative, 26 mai 2004, *Radio Liberté Me PADARE c/ Etat Tchadien* : « Considérant que d'une manière générale, la jurisprudence admet la possibilité à l'auteur d'un acte administratif querellé de retirer son acte pour opportunité pour éviter une annulation contentieuse c'est-à-dire avant l'expiration du délai de recours contentieux ou avant la désignation du juge saisi du recours ; ce délai une fois expiré ou la décision du juge une fois rendue, l'acte devient intangible en même temps que les droits qu'il a fait naitre deviennent définitifs (arrêt Dame Cachet, CE 03/01/1922) » ; Niger, Cour suprême, Chambre administrative, 21 février 2007, *Ibro Ayouba, Me SOULEYE Oumarou c/ Etat du Niger ;* Bénin, Chambre administrative de la Cour suprême, Arrêt n°9 du 1er février 2007, *Djédou S. Eudovie et autres c/ MFE-MFPTRA.*

intégrées dans les fondements jurisprudentiels résultent de la sélection que leur applique le juge camerounais par son intuition.

Suivant ces différentes considérations, il ressort que l'étude des fondements du droit administratif camerounais relève de l'évolution depuis la formation de l'État avant l'indépendance, jusqu'à nos jours. À cet égard, de ses fonts baptismaux exclusivement textuels[199], cette matière se retrouve désormais au stade de la coexistence entre ceux-ci et l'éclosion pertinente des fondements jurisprudentiels. Ainsi, même si « *l'inflation législative* »[200] dans les différentes matières du droit administratif général et spécial, est courante depuis l'indépendance, elle n'empêche pas l'ascension que prend la jurisprudence dans cette matière.

En clair, les sources textuelles ne sont pas pour autant dévalorisées, elles ne sont que complétées. Même si leur valeur venait à être reléguée à un second plan, il faudrait bien se résoudre à la considération selon laquelle le droit administratif doit être nécessairement jurisprudentiel, mais ne peut l'être ni indéfiniment[201] ni même exclusivement[202], dans les États de l'Afrique noire francophone. Les sources textuelles par la codification et les sources jurisprudentielles par les règles non écrites, doivent mutuellement se contenir en équilibre. Autant, l'une prendrait quelquefois le dessus ou de la considération par la quantité et la qualité de ses développements, autant l'autre manifesterait l'impératif pressant de le canaliser par ses forces créatrices.

---

199 Bipoun-Woum (J-M), « Recherches sur les aspects actuels de la réception du droit administratif dans les Etats d'Afrique noire d'expression française », *op.cit.*, p.375.

200 Hispalis (G), « Pourquoi tant de loi(s) », *Pouvoirs*, n°114, p.102.

201 Vedel (G), « Le droit administratif peut-il être indéfiniment jurisprudentiel ? », *op.cit.*

202 Melleray (F), « Le droit administratif doit-il redevenir jurisprudentiel ? : remarques sur le déclin paradoxal de son caractère jurisprudentiel », *op.cit.*

LE CRITÈRE DU SERVICE PUBLIC EN DROIT ADMINISTRATIF CAMEROUNAIS

Jacques BIAKAN[1]

RÉSUMÉ

Le service public au Cameroun est consubstantiel au droit administratif et constitue la pierre angulaire de la construction de l'État. L'étude met en relief l'intérêt d'une compréhension approfondie concernant l'identification même du service public. L'accent est alors mis sur deux critères : organique et matériel. L'importance du critère organique rend visible le rattachement de l'activité de service public à une personne publique tout en mettant en exergue la typologie des services publics. La nécessité du critère matériel traduit le lien entre deux éléments indissociables, à savoir : l'intérêt général et le régime exorbitant de droit commun.

MOTS CLÉS : Service public – Activités - Personne publique - Personne privée – Intérêt général - Droit administratif – État - Exorbitant – Prérogative –Puissance publique.

L'apparition du service public au Cameroun est difficile à dater avec précision tant elle se noie dans le processus de structuration de l'action publique. Le service public se révèle tellement à l'État que sa naissance se confond avec celle de l'État et de son administration[2].

Depuis qu'il perçoit les impôts[3], lève des armées ou éduque ses citoyens, l'État camerounais ou ses substrats a géré des missions qui peuvent être qualifiées de

[1] *Maître de conférences en Droit Public Université de Yaoundé II.*

[2] Cf. BOCKEL A., *L'administration camerounaise*, Paris, Berger-Levrault, 1971 ; NLEP R-G., *L'Administration publique camerounaise : contribution à l'étude des systèmes africains d'administration publique.* LGDJ. 1986 ; voir aussi JEMBA TOTO M., *Administration publique et développement des États d'Afrique noire francophone. Le cas du Cameroun*, Thèse, Toulouse I, Droit, Science Politique. 1975.

[3] GAUDEMET P.M., « L'autonomie camerounaise », Revue française de Science Politique, 1958, vol. 8, n° 1, p. 71. LEKENE DONFACK E., *Finances publiques camerounaises.* Préface de CHIROUX René, Paris, Berger-Levrault, 1987.

services publics et qu'on peut situer à la période coloniale[4]. L'autonomie camerounaise a prévu la juxtaposition de services publics français et de services publics camerounais[5].

Après l'indépendance du pays, le recours aux services publics participe de l'interventionnisme des pouvoirs publics dans le but de favoriser le renforcement des structures de l'État. Il s'agit en fait, par le biais de la centralisation, de briser des féodalités qui peuvent compromettre son autorité et intégrer à l'intérêt général que l'État entend promouvoir, des forces qui pourraient facilement devenir centrifuges[6]. Or, les conditions de création des États nouveaux n'ont pas toujours permis à ces derniers d'accéder à l'indépendance dans des conditions telles que l'autorité de l'État soit solidement assise[7].

C'est dans ce contexte de l'État importé[8], qui a procédé à une réception du droit administratif français[9], qu'on peut comprendre les fondements réels au Cameroun du droit administratif en général[10] et du droit de la fonction publique en particulier[11].

Même si le droit administratif camerounais se caractérise par de nombreuses mutations en raison, notamment des exigences de l'organisation du territoire et de l'évolution des formes juridiques d'intervention de l'administration[12], la question du service public reste au centre des préoccupations de l'État.

---

[4] NGONGO L., *Histoire des institutions et des faits sociaux du Cameroun : 1884-1945*, Paris, Berger-Levrault, 1987. Voir aussi WEILL « Travaux publics et colonisation : l'entreprise EIFFEL et la mise en valeur de l'Indochine (1889-1965 », Histoire, Économie et société, 1995, vol. 4, n° 2, pp. 287-300.

[5] GAUDEMET P.M., « L'autonomie camerounaise », *op.cit.*, p. 53.

[6] GONIDEC P.F., *L'État africain. Évolution-fédéralisme-centralisation-décentralisation-panafricanisme*, LGDJ, 1970, p. 21 et s.

[7] Dans le contexte camerounais, Cf. BAYART J.F., *L'État au Cameroun*, PFSP, 1985 ; NGAYAP P.F., *Cameroun. Qui gouverne ? De Ahidjo à Biya, L'héritage et l'enjeu*, L'Harmattan, 1984.

[8] BADIE B., *L'État importé. L'occidentalisation de l'ordre politique*, FAYARD, L'espace du politique. 1992.

[9] BIPOUN-WOUM J.M., « Recherches sur les aspects actuels de la réception du droit administratif dans les États d'Afrique noire d'expression française : le cas du Cameroun », RJPIC, n° 3, 1972, p. 359 ; ONDOA M., « Le droit administratif français en Afrique francophone : contribution à l'Étude de la réception des droits étrangers en droit interne », RJPIC, n° 2, 2002, p. 287.

[10] LATH Y.S., « Les caractères du droit administratif des États africains de succession française : vers un droit administratif africain francophone ? » RDP, n° 5, 2011, pp. 1254. Voir aussi MOUDOUDOU P., « Les tendances du droit administratif dans les États d'Afrique noire francophone », EDJA, n° 81, Mai-Juin 2008, p. 37 ; BOCKEL A., *Droit administratif*, Dakar-Abidjan. Les nouvelles éditions africaines. 1978.

[11] OWONA J., *Droit de la fonction publique camerounaise*. L'Harmattan, 2011.

[12] KEUTCHA TCHAPNGA C., « Les mutations récentes du droit administratif camerounais », AFRILEX, 2000, n° 1, 23 p.

L'une des missions fondamentales que s'est assignées l'État du Cameroun à l'issue du droit colonial[13] est la prestation de services publics aux citoyens par le biais de son administration publique. Par ces prestations, l'État réalise ses objectifs de redistribution sociale et de respect des droits fondamentaux de l'homme tels que précisés dans la Déclaration universelle des droits de l'homme[14] et dans la Constitution[15].

La notion même de service public est difficile à appréhender et à cerner rigoureusement. En raison de son utilisation dans des champs conceptuels très diversifiés, elle est saturée de significations multiples qui se superposent, s'entrecroisent, renvoient les uns aux autres et entre lesquelles le glissement est constant. Pour Jacques Chevallier[16], le service public évoque à la fois trois types de significations : instrumentales, juridiques et idéologiques :

– le service public est d'abord une réalité sociale et institutionnelle qui englobe les diverses activités et structures placées sous la dépendance directe ou indirecte des collectivités publiques ;

– le service public est aussi un régime juridique qui confère à ceux qu'il régit, un certain nombre d'obligations et de privilèges exorbitants du droit commun, et le particularisme du droit administratif repose en dernière instance sur lui ;

– enfin, et plus profondément, le service public est un mythe légitimant qui sculpte l'image d'un État généreux, bienveillant, uniquement préoccupé du bien-être

---

[13] MAQUET J, « Droit coutumier traditionnel et colonial en Afrique centrale. Bibliographie commentée », Journal de la Société des Africanistes, 1995, vol. 35, n° 2, pp. 411-418.

[14] La Déclaration Universelle des Droits de l'Homme de 1948, en son article 25 dispose que : « 1. Toute personne a droit à un niveau de vie suffisant pour assurer sa santé, son bien-être et ceux de sa famille, notamment pour l'alimentation, l'habillement, le logement, les soins médicaux ainsi que pour les services sociaux nécessaires ; elle a droit à la sécurité en cas de chômage, de maladie, d'invalidité, de veuvage, de vieillesse ou dans les autres cas de perte de ses moyens de subsistance par suite de circonstances indépendantes de sa volonté. 2. La maternité et l'enfance ont droit à une aide et à une assistance spéciale. Tous les enfants, qu'ils soient nés dans le mariage ou hors mariage, jouissent de la même protection sociale ».

[15] La Constitution camerounaise du 18 janvier 1996, dans son préambule, énonce que : « Toute personne a droit à la vie et à l'intégrité physique et morale. Elle doit être traitée en toute circonstance avec humanité. En aucun cas, elle ne peut être soumise à la torture, à des peines ou traitements cruels, inhumains ou dégradants », « L'État assure à l'enfant le droit à l'instruction. L'enseignement primaire est obligatoire. L'organisation et le contrôle de l'enseignement à tous les degrés sont des devoirs impérieux de l'État ».

[16] CHEVALLIER J., *Le service public. Que sais-je* ? PUF, 1987, p. 3.

de ses sujets et la gestion publique apparaît tout entière inspirée par le souci de satisfaire le mieux possible les aspirations du public[17].

Les juristes comme Léon Duguit [18] pensent que : « Le principe de tout système de droit public moderne se trouve résumé dans la proposition suivante : ceux qui en fait, détiennent le pouvoir n'ont pas un droit subjectif de puissance publique, mais ils ont le devoir d'employer leur pouvoir à organiser les services publics et à en contrôler le fonctionnement ».

Le service public est par conséquent une donnée objective et matérielle qui ne se crée pas, mais se constate : « Toute activité dont l'accomplissement doit être assuré, réglé et contrôlé par les gouvernants, parce que l'accomplissement de cette activité est indispensable à la réalisation et au développement de l'interdépendance sociale, et qu'elle est d'une telle nature qu'elle ne peut être réalisée complètement que par les gouvernants, est un service public »[19].

Les auteurs récents ont exposé deux critères qui permettent d'identifier le service public[20] :

– le service public suppose la direction ou la haute direction des gouvernants. C'est l'aspect organique, nuancé par la distinction entre la maîtrise du service (choix de création du mode de gestion et de son contrôle) et la gestion du service ;

– le service public suppose la satisfaction à donner à un besoin d'intérêt général. C'est l'aspect fonctionnel qui découle de la nature même du service.

Sur la base de ces deux critères, Gaston Jèze n'hésite pas à conférer à la notion de service public un caractère pleinement subjectif : « Sont uniquement, exclusivement service public, les besoins d'intérêt général que les gouvernants d'un pays donné, à un moment donné, ont décidé de satisfaire par le procédé du service public »[21].

Ces réflexions d'origine française du service public permettent de comprendre les impératifs de la construction européenne qui font émerger deux notions en rapport

---

[17] Sur cette dernière signification, voir également TOKO WAFEU P, « L'analyse des politiques publiques en Afrique », Hall, Archives-ouvertes, Fr. 23 juin 2009.

[18] DUGUIT L., *Les transformations du Droit Public.* Librairie Armand Colin 1913.

[19] DUGUIT L., *Traité de Droit Constitutionnel.* Tome III. 3ᵉ édition, Paris, Ancienne librairie FONTEMOING, 1927, p. 61.

[20] BRACONNIER S., *Droit des services publics.* PUF, Col. Thémis, 2003, p. 143 et s. GUGLIELMI G.J., *Droit du service public,* Montchrestien, 2000, p. 59 et s.

[21] Cité par GUGLIELMI G.J., KOUBI G., *Droit du service public*, Montchrestien, coll. « Domat-Droit Public », 2ᵉ éd., 2007, p. 67.

avec le service public : les services d'intérêt économique général et le service universel[22].

Existe-t-il une définition africaine du service public ?

Malgré les tendances d'un droit administratif africain francophone[23] et des développements sur le droit administratif français en Afrique francophone[24], de nombreuses interrogations subsistent sur le degré de contextualisation du droit français et dans sa tropicalisation[25].

Il semble donc plus raisonnable de penser que les États africains, parce qu'ayant bâti leur organisation sur le modèle des anciennes puissances coloniales, ont reproduit pour l'essentiel leur conception et leur approche du service public, notamment « à la française ». Ce constat est bien mis en exergue par la Charte africaine sur les valeurs et les principes du service public et de l'administration[26] qui, en son article 1er, définit le service public comme « Tout service ou activité d'intérêt public placé sous l'autorité de l'Administration ».

Dans ce contexte, une réflexion sur le critère du service public en droit administratif camerounais participe à la définition de ce dernier, le droit administratif camerounais étant, comme en France, une pièce maîtresse de la construction étatique[27].

De manière classique, deux critères émergent de l'analyse : le critère organique et le critère matériel. La contextualisation et la tropicalisation de ces critères rendent compte de l'importance du critère organique (I) et de la nécessité du critère matériel (II).

I- L'importance du critère organique

L'approche organique ne signifie pas que le service public soit une structure publique. Elle signale que l'activité à définir relève d'une structure qui dépend pour

---

[22] *Ibid.* p. 86 et s.

[23] LATH Y.S., « Les caractères du droit administratif des États africains de successions françaises, vers un droit administratif francophone ? », *op.cit.*

[24] ONDOA M., « Le droit administratif français en Afrique noire francophone : contribution à l'étude de la réception des droits étrangers en droit interne », *op.cit.*

[25] DE GAUDUSSON DU BOIS J., « Quel statut pour la doctrine africaine francophone ? », communication au Congrès sur « La doctrine dans l'espace africain francophone ». Octobre 2013. Bordeaux. France.

[26] Adoptée par la XVIème session ordinaire de la Conférence de l'Union tenue à Addis-Abeba, en Éthiopie, le 31 janvier 2011.

[27] CHEVALLIER J., « Les fondements idéologiques du doit administratif français » in Variation autour de l'idéologie de l'intérêt général, vol. 2, PUF 1979, pp. 3-57.

une part, d'une collectivité publique. Le trait dominant du service public au Cameroun comme dans d'autres pays est l'activité d'intérêt général même si celle-ci est prise en charge par une personne privée. Le premier élément d'identification de la notion de service public retient le principe d'un rapport entre l'activité et l'administration, entre l'activité et une même collectivité publique. Cet élément retrace le nécessaire rattachement de l'activité à une personne publique (A) auquel on associe les différents types de services publics (B).

A- Le rattachement de l'activité à une personne publique

Le rattachement de l'activité à une personne publique est un principe qui a une signification (1) et un fondement (2).

1- La signification du principe

Une activité ne peut être un service public que si elle est gérée directement ou indirectement par une personne publique (État, collectivités territoriales décentralisées).

Une activité est gérée directement par une personne publique lorsque c'est la personne publique elle-même qui exécute le service public en recourant à ses moyens matériels, humains et financiers. On parle alors d'activités gérées en régie[28].

Il en est ainsi des activités de service public des départements ministériels gérés directement par l'État (tels que prévus par le décret portant organisation du gouvernement[29]).

Une activité est gérée indirectement par une personne publique lorsqu'il revient à une personne privée, sous le contrôle de la personne publique, d'exécuter une mission de service public. On parle alors de délégation de service public[30]. Pour qu'un service public soit géré par une personne privée, il est nécessaire que cette gestion demeure sous le contrôle d'une personne publique. Ce lien entre la personne privée gestionnaire et la personne publique délégante se matérialise :

– soit sous la forme d'une délégation expresse, la délégation étant la conséquence d'un acte contractuel de délégation conclu entre une personne publique et une

---

[28] Sur la gestion en régie, voir DELION A., « Les services industriels en régie de l'État », Dr. SOS, 1963, p. 1 ; DELCROS B., *L'unité de la personnalité juridique de l'État*, LGDJ, 1976 ; LACHAUME J-F., « Décentralisation et régies », RFD adm., 1989, p. 432.

[29] Cf. Décret n° 2011/408 du 09 Décembre 2011 portant organisation du gouvernement.

[30] BIAKAN J., « La délégation des services publics en droit camerounais », RASJ, vol. 7, n° 1, 2010, pp. 219-236.

personne privée. Ce contrat détermine entre autres, l'objet de la délégation, sa durée, les obligations de la personne et sa rémunération[31] ;

– soit sous la forme d'une délégation implicite lorsque la personne privée gestionnaire est une société dont le capital est détenu majoritairement par une personne publique[32]. De même, il y a délégation implicite lorsque plusieurs indices sont réunis :

- l'origine de la personne privée exerçant l'activité à qualifier ;
- le caractère d'intérêt général de l'activité en cause ;
- l'origine des ressources de la personne gestionnaire ;
- les mécanismes de contrôle de la personne privée à la disposition de la personne publique (nomination des dirigeants, contrôle de gestion, représentation des intérêts de l'État) ;
- l'existence ou l'absence de prérogatives de puissance publique.

Ces indices sont le résultat de la définition classique du service public dégagé par l'arrêt NARCY[33].

2- Le fondement du principe

La permanence du lien entre personne publique et service public est essentiellement fondée sur l'élection au suffrage universel direct des organes représentatifs, qu'il s'agisse de l'État ou des collectivités décentralisées[34]. C'est en effet l'élection de ces organes au suffrage universel direct qui leur confère la légitimité dans la création d'activités d'intérêt général censées répondre aux besoins de la population. Elle leur permet, en quelque sorte, de donner corps à l'intérêt général qui, sans leur médiation, demeurerait une notion abstraite. Le lien entre personne publique et service public procède donc directement du fait que seules les personnes publiques disposent d'un titre juridique né de leur élection leur permettant d'analyser, de

---

[31] Cf. les conventions et les contrats de concession de l'activité ferroviaire, du secteur de l'électricité et le secteur hydraulique, le Décret n° 2005/494 du 31 décembre 2005 fixant les modalités de délégation de services publics de l'eau potable et de l'assainissement liquide en milieu urbain et péri urbain.

[32] C'est le cas le plus récent de la création de la Société Nationale de Transport de l'Électricité (SONATREL) par le décret n° 2015/454 du 08 octobre 2015.

[33] CE, 28 juin 1963.

[34] Sur ce point et dans le contexte français, Cf. : CARCASONNE G., CHEVALLIER J-J., DUHAMEL A., *Histoire de la Vème République. 1958-2009*, Paris, 2009, 633 p ; TEYSSIER A., *Histoire politique de la Vème République*, Paris 2011, 837 p.

synthétiser des besoins, d'ériger la réponse à ces besoins en activité d'intérêt général et, au final, de faire de cette activité une activité de service public[35].

Une telle présentation pose la question de l'autorité compétente en matière de création de services publics au Cameroun.

La Constitution du 18 janvier 1996, dans le cadre du pouvoir exécutif du président de la République, dispose en son article 8 (9) qu'« il crée et organise les services publics de l'État ». Sur cette base, la loi n° 99/016 du 22 décembre 1999 portant statut général des établissements publics et des entreprises du secteur public et parapublic rend compétent le président de la République en matière de création des sociétés à capital public[36] et des établissements publics administratifs[37].

La création d'une société à capital public ayant une collectivité territoriale décentralisée comme actionnaire unique est constatée par des statuts approuvés suivant les règles de délibération propres à cette collectivité[38]. De même, les établissements publics administratifs appartenant à une collectivité territoriale décentralisée sont créés par décision de son organe délibérant[39].

Il n'est pas exclu que les services publics soient créés par le pouvoir législatif dans le cadre de l'analyse et l'interprétation du contenu du domaine de la loi prévu à l'article 26 de la Constitution.

B- Les différents types de services publics

Abstraction faite du mode de gestion, la dépendance de toute mission de service public à l'égard d'une personne publique se manifeste d'abord par les contraintes constitutionnelles. Elles se manifestent ensuite dans la dichotomie services publics nationaux-services publics locaux. Enfin, on retrouve la distinction classique de services publics administratifs et services publics industriels et commerciaux.

1- Les services publics constitutionnels

Les pouvoirs publics disposent en matière de création de services publics d'un pouvoir discrétionnaire qui n'est pas un pouvoir arbitraire.

Ils peuvent apprécier l'opportunité de la décision, mais doivent respecter un certain nombre de règles qui sont en cette matière des contraintes législatives et réglementaires.

---

[35] BRACONNIER S., *Droit des services publics*, *op.cit*, PUF 2003, p. 149.

[36] Art. 24.

[37] Art. 59 (1).

[38] Art. 25.

[39] Art. 59 (2).

La question qui se pose est donc de savoir s'il existe une obligation de création pour l'État qui l'empêcherait par exemple, de supprimer certains services publics. La réponse semble positive. Une telle obligation existe, notamment en vertu de certaines conventions internationales. Par exemple, le service public d'admission des demandes d'asile politique fut imposé à la France par la convention de Genève de 1951 qui oblige les États membres à créer de tels services. Sa disparition pourrait être sanctionnée par la mise en cause de la responsabilité internationale de l'État.

Mais, existe-t-il une obligation au plan constitutionnel ?

C'est ce qu'on a cru pouvoir comprendre de la décision du Conseil constitutionnel français sur les privatisations qui énonçait en effet que : « 53. Si la nécessité de certains services publics nationaux découle de principes ou de règles de valeur constitutionnelle, la détermination des autres activités qui doivent être érigées en service public national est laissée à l'appréciation du législateur ou de l'autorité réglementaire selon les cas ; qu'il suit de là que le fait qu'une activité ait été érigée en service public par le législateur sans que la Constitution l'ait exigé, ne fait pas obstacle à ce que cette activité fasse, comme l'entreprise qui en est chargée, l'objet d'un transfert au secteur privé »[40].

Dans une autre décision, ce Conseil constitutionnel indiquait que : « Pour la réalisation ou la conciliation des objectifs de valeur constitutionnelle que sont la sauvegarde de l'ordre public, le respect de la liberté d'autrui et la préservation du caractère pluraliste des courants d'expression socioculturels auxquels ces modes de communication, par leur influence considérable, sont susceptibles de porter atteinte, le législateur n'est pas tenu de soumettre l'ensemble de la télévision par voie hertzienne au régime juridique applicable aux services publics, ni d'adopter un régime de concession ; qu'en effet, ce mode de communication ne constitue pas une activité de service public ayant son fondement dans des dispositions de nature constitutionnelle »[41].

Ces deux décisions illustrent le fait que le service public est au cœur du mouvement de constitutionnalisation du droit administratif[42].

Au Cameroun, l'existence des services de police et de gendarmerie peut être reliée aux dispositions de l'article 12 de la Déclaration des droits de l'homme et du citoyen selon lesquelles : « La garantie des droits de l'Homme et du citoyen nécessite une force publique ».

---

[40] Déc. n° 86-207 DC des 25 et 26 juin 1986.

[41] Dec. N° 86-217 DC du 18 septembre 1986, liberté de communication.

[42] Cf. FOULQUIER N., ROLIN F., « La constitution et le service public », Nouveau cahier du Conseil Constitutionnel, n° 37, Oct. 2012, p. 1.

L'existence d'un enseignement public trouve son fondement à l'alinéa 18 de la Constitution de 1996 qui prévoit que : « L'État assure à l'enfant le droit à l'instruction. L'enseignement primaire est obligatoire. L'organisation et le contrôle de l'enseignement à tous les degrés sont des devoirs impérieux de l'État ».

2- Les services publics nationaux et les services publics locaux.

Les services publics nationaux et les services publics locaux ne peuvent être appréhendés au Cameroun[43] comme dans certains pays[44] que dans la relation entre centralisation et décentralisation.

Les services publics nationaux sont ceux qui se fondent le mieux dans une conception globalisante de l'intérêt général par opposition à une conception qui serait davantage la somme des intérêts particuliers[45]. Les principaux services publics nationaux répondent d'abord à l'intérêt national avant de répondre à des besoins individuels et c'est ce qui justifie qu'ils soient pris en charge par l'État et non par les collectivités territoriales. C'est le cas, par exemple, de la défense nationale, de la diplomatie, de la justice, de la sécurité intérieure[46]. En France, ces services sont tellement consubstantiels à la raison d'être de l'État qu'il est peu imaginable qu'ils puissent un jour être pris en charge par les collectivités territoriales. La Constitution française, telle qu'interprétée sur ce point par le Conseil constitutionnel, fait juridiquement obstacle à un transfert de ces services publics aux collectivités locales, tout simplement parce qu'un tel transfert, en provoquant l'émiettement de l'intérêt national, aurait pour effet de porter atteinte au caractère unitaire de l'État français[47].

Les services publics locaux renvoient à la notion d'« affaires locales ». Il s'agit d'une traduction de la doctrine administrative de la décentralisation mise en exergue par M. Yves MENY en ces termes : « Les affaires communales à la commune, les

[43] KOUOMEGNE NOUBISSI H., *Décentralisation et centralisation au Cameroun : la répartition des compétences entre l'État et les collectivités locales*, Paris, L'Harmattan, 2013 ; AWONA J., *La décentralisation camerounaise*, Paris, L'Harmattan, 2011 ; GUIMDO DONGMO B.R., « Constitution et décentralisation au Cameroun depuis la Réforme constitutionnelle du 18 janvier 1960 ». Revue juridique et politique des États francophones, n° 2, Avril-Juillet 2005, pp. 205-229.

[44] DOUENCE J-C., « Les incidences du caractère national ou local du service public : unité et diversité », AJDA, 1997, n° spécial, « Le service public : unité et diversité », p. 113.

[45] AUBY J-B., « Globalisation et décentralisation » in *Les mutations contemporaines du droit public*, Mélanges en l'honneur de Benoît Jeanneau, Paris, Dalloz, 2002, p. 563.

[46] Cf. CONAC G., Sous la Direction. *Les grands services publics dans les États francophones d'Afrique noire*, Paris, Economica. 1984.

[47] Dec., n° 82-137 DC et n° 826 138 DC du 25 février 1982, Rec. CC. P. 38 ; FAVOREU L., et PHILIP L., *Grandes décisions du Conseil Constitutionnel*, Dalloz, coll. « Grandes arrêts », 11ème Ed., 2001, p. 500.

affaires régionales à la région, les affaires nationales à l'État »[48]. Dans tous les textes qui fondent la décentralisation, on se trouve en face d'une clause générale de compétence qui revient à reconnaître « l'existence d'une sphère d'affaires propres aux collectivités distinctes, sinon étrangères à celles de l'universalité de la nation »[49].

Dans le contexte actuel de la décentralisation camerounaise[50], il semble difficile de dresser une liste exhaustive des services publics relevant de la compétence de l'État, de la région et de la commune. Il n'en demeure pas moins que les lois de décentralisation de 2004[51] ont opéré, conséquemment aux transferts de compétences concédés par l'État, une répartition des services publics correspondant entre les différents niveaux de collectivités[52]. Cette répartition « par blocs » a abouti à un dispositif dans lequel les communes sont principalement et obligatoirement compétentes pour gérer le développement économique, le développement sanitaire et social, le développement sportif et culturel. Même si la construction de la décentralisation régionale reste un chantier[53], ces mêmes blocs de compétences avec nuances de portées régionales ont été transférés aux régions.

Les services publics locaux sont donc des services de proximité même si les services de proximité ne sont pas tous des services publics locaux. Ils sont produits et gérés par les collectivités territoriales décentralisées, le plus souvent municipales, soit en raison de leurs compétences générales, soit du fait de compétences transférées par les lois de la décentralisation, ce qui pose le problème de leur juxtaposition[54].

3- Les services publics administratifs (SPA) et les services publics industriels et commerciaux (SPIC).

À l'origine, les services publics étaient tous des services administratifs. En 1921, le Tribunal des Conflits en France a rompu cette homogénéité en reconnaissant aux

[48] MENY Y., *Centralisation et décentralisation dans le débat politique français (1945-1969)*, LGDJ, Ed. Bibliothèque constitutionnelle de la Science Politique, tome LI, Paris, 1974, 536 p.

[49] BURDEAU F., « Affaires locales et décentralisation, évolution d'un couple de la fin de l'Ancien Régime à la Restauration », *in* Mélanges Georges BURDEAU, LGDJ, éd. Paris (I.S.B.N.2-275-01267-2), p. 765-788.

[50] HOND JT., « État des lieux de la décentralisation au Cameroun », in ONDOA M. (dir.), *L'Administration camerounaise à l'heure des réformes*, Paris, L'Harmattan, 2010, p. 93 et s.

[51] Loi n° 2004/17 du 22 Juillet 2004 portant orientation de la décentralisation ; loi n° 2004/18 du 22 Juillet 2004 fixant les règles applicables aux communes ; loi n° 2004/19 du 22 Juillet 2004 fixant les règles applicables aux régions.

[52] FETE TERI., *Les transferts de compétences dans le processus de la décentralisation au Cameroun.* Mémoire Master Droit Public Interne. Université de Yaoundé II, année 2013-2014.

[53] OLINGA A-D., « La régionalisation en chantier : acquis constitutionnel et perspectives législatives », *in* Juridis Périodique, n° 55, Juillet-Août 2003, p. 92 et s.

[54] AUBY J-F., *Les services publics locaux*, PUF, 1982, 127 p.

côtés de ces services publics administratifs, des services d'un type nouveau : les services publics industriels et commerciaux qui sont des services exploités par une personne publique « dans les mêmes conditions qu'un industriel ordinaire »[55].

Cette distinction a de profondes conséquences sur le droit applicable et sur la juridiction compétente. Ainsi, les SPA sont régis par le droit public et si leur contentieux relève du juge administratif, les SPIC sont soumis au droit privé et voient leurs contentieux soumis au juge judiciaire.

La distinction entre les SPA et les SPIC est opérée par un texte. Si la qualification est le fait d'un texte à valeur législative, le juge doit appliquer cette qualification même si elle est erronée[56]. En revanche, si la qualification est le fait d'un texte à valeur infralégislative, le juge dispose du pouvoir de contrôler cette qualification et peut, le cas échéant, procéder à sa requalification[57].

En l'absence de toute qualification textuelle, la jurisprudence a eu recours à des critères. Ainsi, le Conseil d'État français, par son arrêt Union syndicale des industries aéronautiques[58], a posé le principe de l'administrativité des services publics. En conséquence de quoi, tout service public est administratif à moins que trois conditions cumulatives ne soient pas remplies :

– que l'objet du service soit comparable à celui mené par une entreprise commerciale ;

– que les ressources perçues pour exercer cette activité aient une origine comparable à celle d'une entreprise commerciale ;

– que les modalités de fonctionnement de la personne en charge de cette activité soient identiques à celles d'une entreprise commerciale.

Le Conseil d'État a reconnu implicitement et expressément que les SPA pouvaient parfaitement être gérés par des personnes publiques.

Implicitement par l'arrêt MONTPEURT[59] « Qu'ainsi, les Comités d'organisation, bien que le législateur n'en ait pas fait des établissements publics, sont chargés de participer à l'exécution d'un service public » et BOUGUEN[60], « Considérant (...) que le législateur a entendu faire de l'organisation et du contrôle de l'exercice de la profession médicale un service public ; que si le Conseil supérieur

[55] TC, 22 janvier 1921, Société Commerciale de l'Ouest Africain dit Bac d'Elloka.
[56] TC, 24 avril 1978, Société Boulangère de KOUROU.
[57] TC, 24 juin 1968, Société Distillerie Bretonne.
[58] CE, Ass., 16 novembre 1956.
[59] CE, Ass., 31 juillet 1942.
[60] CE, Ass., 2 avril 1943.

de l'ordre des médecins ne constitue pas un établissement public, il concourt au fonctionnement dudit service ».

La reconnaissance expresse est le fait de l'arrêt MAGNIER[61] en ces termes : « Qu'il résulte de l'ensemble de ces dispositions que le législateur a entendu instituer un service public administratif dont la gestion est confiée, sous le contrôle de l'administration, à des organismes de droit privé ». Par cet arrêt, le Conseil d'État a mis fin à une distinction traditionnelle. Dorénavant, les services publics peuvent être des SPA ou des SPIC. Ils peuvent être gérés indifféremment par des personnes publiques ou des personnes privées même s'il reste convaincu que certains services publics, d'après la Constitution, ne peuvent être gérés qu'en régie.

Le Cameroun a été largement influencé par cette évolution française de la distinction SPA-SPIC jusqu'en 1995 où un texte a supprimé la catégorie Établissement public industriel et commercial[62]. La législation en vigueur[63] retient deux entités juridiques : l'établissement public administratif et la société à capital public.

L'établissement public administratif est une personne morale de droit public dotée de l'autonomie financière et de la personnalité juridique, ayant reçu de l'État ou d'une collectivité territoriale décentralisée un patrimoine d'affectation en vue de réaliser une mission d'intérêt général ou d'assurer une obligation de service public[64].

La société à capital public est une personne morale de droit privé dotée de l'autonomie financière et d'un capital-action intégralement détenu par l'État, une ou plusieurs collectivités territoriales décentralisées ou une ou plusieurs autres sociétés à capital public, en vue de l'exécution dans l'intérêt général, d'activité présentant un caractère industriel, commercial et financier[65].

II- La nécessité du critère matériel

Un célèbre auteur faisait remarquer que : « Définir le service public en fonction des caractères d'une activité, c'est exprimer la finalité de l'État, déterminer le domaine de l'intervention publique et la compétence juridictionnelle qui sont

---

[61] CE, Sect., 13 janvier 1961.

[62] BIAKAN J., « Les innovations fondamentales de l'ordonnance du 17 août 1995 portant statut général des entreprises du secteur public et parapublic au Cameroun ». RJPIC n° 2, Mai-Août 1996, p. 169 et s.

[63] Loi n° 99/016 du 22 décembre 1999 portant statut général des établissements publics et des entreprises du secteur public et parapublic.

[64] *Ibid.* Art. 2 (3).

[65] *Ibid.* Art. 2 (5).

propres au régime administratif »[66]. Cette affirmation montre la nécessité du critère matériel du service public qui mettra en exergue deux éléments. Le premier, l'intérêt général, se situe au cœur de la construction du droit administratif, non seulement français, mais des pays d'Afrique francophone[67] (A). Le second, le régime exorbitant du droit commun, apparaît plutôt comme un critère fonctionnel, confirmatif du critère organique et de l'exigence d'intérêt général (B).

A- L'activité d'intérêt général

L'intérêt général est consubstantiel au service public, qu'il soit géré par les personnes publiques ou par les personnes privées[68]. Cette notion est fondamentale dans la définition du service public dans la mesure où elle permet à la fois de déterminer parmi les activités des personnes publiques, celles qui sont réellement des activités de service public et d'identifier, parmi les activités des personnes privées, celles qui sont susceptibles de recevoir la qualification de service public[69].

La question de l'activité d'intérêt général met donc au centre la notion d'intérêt général dont une définition semble inévitable (1). Cette définition permet de cerner les activités d'intérêt général (2).

1- La définition de l'intérêt général

L'intérêt général est une notion éminemment en prise avec les évolutions sociales et reste évolutive. Pour Jacques Chevallier, l'intérêt général revêt deux sens à travers la finalité de l'institution et de l'action de l'État d'une part, et le principe de légitimation du pouvoir d'autre part. La notion d'intérêt général se présente ainsi comme un principe fondamental de légitimation du pouvoir dans les sociétés modernes, car « tout pouvoir quel qu'il soit est en effet tenu d'apparaître comme porteur d'un intérêt qui dépasse et transcende les intérêts particuliers des membres »[70]. L'œuvre de Rousseau repose dans une approche volontariste selon laquelle la volonté générale tend toujours à la conservation et au bien-être de tout et de chaque partie[71]. La conception volontariste de l'intérêt général confère un rôle

---

[66] DE CORAIL J-L., « L'approche fonctionnelle du service public : sa réalité et ses limites », ADJA, 1997, n° spécial : le service public : unité et diversité, p. 20.

[67] Cf. LATH Y.S., « Les caractères du droit administratif des États africains de successions françaises : vers un droit administratif africain francophone ? », RDP, n° 5, 2011, pp. 1255-1288.

[68] LINOTT D., *Recherches sur la notion d'intérêt général en droit administratif français*, Thèse, Bordeaux 1, 1975 ; TRUCHET D., *Les fonctions de la notion d'intérêt général dans la jurisprudence du Conseil d'État*, LGDJ., 1977, 394 p.

[69] WALINE M., « Les vicissitudes récentes de la notion de services publics », Rev. Adm., 1948, p. 23.

[70] « Intérêt général », *in* CASSILLOI, (dir.), *Dictionnaire critique et interdisciplinaire de la participation.* Paris, GIS Démocratie et participation, 2013, p. 1.

[71] « L'idée de volonté générale chez ROUSSEAU et ses antécédents historiques », APD 1936, p. 149.

central à l'État dans le contrat social : c'est à lui qu'incombe la mission de poursuivre des fins qui s'imposent à l'ensemble des individus, par-delà leurs intérêts particuliers[72]. L'approche utilitariste ne voit dans l'intérêt commun que la somme des intérêts particuliers, laquelle se déduit spontanément de la recherche de leur utilité par les agents économiques[73].

En France, l'intérêt général se situe depuis plus de deux cents ans au cœur de la pensée politique et juridique en tant que finalité ultime de l'action publique et occupe une place centrale dans la construction du droit public par le Conseil d'État, et les notions clés du droit public trouvent leur raison d'être dans l'intérêt général : service public, domaine public, ouvrage public[74].

En Afrique en général et dans les États d'Afrique francophone en particulier, la notion d'intérêt général a joué un rôle central dans la structuration de la pensée juridique, mais elle a servi aussi de puissant adjuvant théorique à la pratique, légitimant l'action au nom du bien commun. Après l'indépendance, la notion d'intérêt général a connu une métamorphose[75]. Dans la construction de l'État nation, l'intérêt général revêtira les habits du droit administratif constitutionnel et politique de l'Occident[76].

L'intérêt général pointera alors dans le cadre de la pensée nationaliste, l'exigence de faire prévaloir le bien-être social et le point de vue de la collectivité sur le comportement et les attitudes individuels même si un auteur affirme que : « Le recours constitutionnel n'est qu'une technique gouvernementale non pas établie dans le but de reconnaître la mise du pouvoir au service de la collectivité ou des diverses fictions juridiques ou intellectuelles qui renvoient à celle-ci (la nation, le pays, la patrie, le bien commun, l'intérêt général...), mais exercée en vue de la fixation des rôles politiques, de la localisation définitive des acteurs à la relation »[77].

La notion d'intérêt général implique l'existence des activités d'intérêt général.

---

[72] ROUSSEAU J-J., *Du contrat social.* Paris, Gallimard, 1964.

[73] LAFFONT J-J., « Intérêt général et intérêts particuliers », In Rapport public 1999 du Conseil d'État, pp. 421-428.

[74] « Réflexion sur l'intérêt général », Rapport public, Le Conseil d'État et la juridiction du Conseil d'État : retour aux sources et équilibre », EDCE, 1999, n° 50, p. 361.

[75] FLORY L., *Les métamorphoses de l'intérêt général.* Presses universitaires de l'ICES. Collection Colloque, 2013, 220 p.

[76] BOCKEL A., "Recherche d'un droit administratif en Afrique francophone", Ethiopiques n° 16, *Revue socialiste de culture négro-africaine*, Oct. 1978, p. 1 et s.

[77] FAURE Y.A., « Les constitutions et l'exercice du pouvoir en Afrique noire : pour une lecture différente des textes », *in* Politique africaine, n° 1, mars 1981, p. 40.

2- Les activités d'intérêt général

Malgré le caractère fondamentalement évolutif de l'intérêt général, il est possible d'identifier les activités d'intérêt général[78] en trois groupes :

a) Un premier groupe réunit les activités dont l'intérêt général se confond avec l'intérêt national. Les missions régaliennes de l'État, indissociables d'une prise en charge par l'État lui-même, car étroitement liées à ses fondements. Les constitutionnalistes[79] appellent « fonctions régaliennes de l'État », les grandes fonctions souveraines qui fondent l'existence même de l'État et qui ne font en principe l'objet d'aucune délégation. Elles sont aussi appelées « prérogatives régaliennes » et sont liées à la notion de souveraineté[80].

L'analyse du concept de souveraineté fait généralement émerger quatre « fonctions » régaliennes :

- assurer la sécurité extérieure par la diplomatie et la défense du territoire ;
- assurer la sécurité intérieure et le maintien de l'ordre public avec, notamment, des forces de police ;
- définir le droit et rendre la justice ;
- définir la souveraineté économique et financière.

La notion de « sécurité » est au centre des prérogatives régaliennes, la fonction première de l'État étant de garantir les conditions de la vie en société. Cette notion a connu une extension récente en France du fait de l'introduction du « principe de précaution » dans la Constitution. On considère donc maintenant que relèvent de la sécurité : la protection contre les risques majeurs, la sécurité environnementale, la sécurité sanitaire et même la protection sociale[81].

On peut également ranger dans ce groupe, les activités qui ne sont pas à proprement parler régaliennes, mais qui, historiquement, avant de répondre aux besoins de la population, ont répondu à un besoin propre de l'État pour assurer le

---

[78] Étude sur la rénovation de l'intérêt général en France. Pour une définition évolutive et co-construite de l'intérêt général. Junior Consulting. Sciences Po. Pour l'Institut Pasteur. Paris. 2013.

[79] PAUVERT B., *Droit Constitutionnel : Théorie générale*, Vème République. Paris. Librairie Studyrama.2014 ; NEMO Ph., *Histoire des idées politiques aux temps modernes et contemporains*, PUF, 2003, p. 42.

[80] Sur la souveraineté, voir BADIE B., « Un monde sans souveraineté. Les États entre ruse et responsabilité », Politique étrangère, 1999, Vol. 64 n° 2, pp. 410-411 ; LAROSE J., *La souveraineté rampante*, Montréal, Boréal, 1994, 114 p.

[81] BOUTONNET M. et GUEGAN A., *Histoire du principe de précaution*, Ed. Odile Jacob, 2000 ; GODARD O., *Le principe de précaution dans la conduite des affaires humaines*, QUAE, Paris, 1997.

fonctionnement régulier des pouvoirs publics[82]. Sont concernés, notamment le service postal, le service public de distribution de l'énergie ou les transports collectifs.

Ces activités qui, par ailleurs et paradoxalement sont le terrain privilégié de l'ouverture à la concurrence, demeurent étroitement liées à l'intérêt national en ce qu'elles se voient assigner des objectifs qui dépassent largement la somme des besoins individuels : aménagement du territoire, cohésion sociale, développement urbain. Comme le souligne le professeur BRACONNIER, « elles doivent ainsi parvenir à conjuguer deux perspectives parfois contradictoires : d'un côté, elles représentent de fortes potentialités marchandes qui les tirent… vers le marché et donc hors ou à la périphérie du secteur public… De l'autre côté, elles offrent de telles perspectives en termes de développement économique et de cohésion territoriale et sociale que l'intérêt général qui les anime est clairement national et ignore, dans une très large mesure, l'individualité des besoins auxquels elles répondent »[83].

b) Le deuxième groupe vise les activités ou les missions que les pouvoirs publics, principalement l'État, ont entendu ériger expressément en activités de service public. L'intérêt général dans ce cas ne procède plus de l'intérêt national même s'il peut se confondre avec lui, mais il résulte clairement d'une décision en ce sens de l'État. Il s'agit donc d'un intérêt général volontariste en s'appuyant sur la légitimité démocratique que leur confère leur élection au suffrage universel direct que les organes représentatifs des collectivités publiques vont décider, en tenant compte de certaines circonstances de temps et de lieu, qu'une activité d'intérêt général doit être érigée en activité de service public.

L'environnement camerounais permet de situer ces activités dans une double perspective. Il s'agit d'abord de répondre à un besoin global s'inscrivant dans une politique de développement économique et social. C'est le cas du Fonds national de l'emploi qui est un établissement public administratif chargé de la promotion de l'emploi sur l'ensemble du territoire camerounais et créé par un décret du président de la République[84].

Dans un contexte d'application d'un programme d'ajustement structurel comportant un volet « dimension sociale » destiné à atténuer les effets sociaux de ce programme, il avait été prévu la création d'un organisme visant à faciliter le retour

---

[82] CE, 18 juillet 1913, Syndicat National des Chemins de Fer : S., 1914, III, p. 1. Note Hauriou « Le fonctionnement régulier et ininterrompu des chemins de fer est, à toute époque indispensable à la sécurité du territoire et à la défense nationale » cité par BRACONNIER S., *Droit des services publics*, *op.cit.*, p. 158.

[83] BRACONNIER S., *Droit des services publics*, *op.cit*, p. 158.

[84] Décret n° 80/805 du 27 avril 1990 portant création, organisation et fonctionnement du Fonds National de l'Emploi.

d'emploi des chômeurs. Le Fonds national de l'emploi est financé par une taxe à la charge de l'entreprise de 1 % sur les salaires bruts[85]. L'exemple de la politique du logement social peut également être cité par la création en 1952 d'une société anonyme d'économie mixte dénommée Société immobilière du Cameroun et la création d'une Mission d'aménagement et d'équipement des terrains urbains et ruraux[86].

Mais il peut aussi s'agir pour l'État ou une collectivité territoriale décentralisée, dans une tout autre perspective, de considérer qu'une activité présente un intérêt général suffisamment caractérisé qui impose qu'elle soit érigée en activité de service public et partant, prise en charge par la collectivité publique en lieu et place de l'initiative privée. C'est le cas de la loi n° 2011/018 du 15 juillet 2011 relative à l'organisation et à la promotion des activités physiques et sportives.

c) Le troisième groupe, beaucoup plus mouvant, réunit les activités marquées par un intérêt contingent parce qu'étroitement dépendant du contexte social, économique et politique dans lesquelles elles s'inscrivent. Ce cercle se justifie par la nécessité d'intégrer à la fois la gestion par des personnes privées, d'activités jusque-là réservées aux collectivités publiques, d'activités étrangères au service public *stricto sensu* et exercées essentiellement sinon exclusivement par des personnes privées[87]. Conjuguée à la complexité croissante de la société et à l'émergence des nouveaux besoins qui y sont attachés, cette évolution va provoquer un élargissement exponentiel de l'intérêt général et partant, du service public[88]. Cette évolution va certes se heurter à certaines époques, à la prévalence de la conception libérale de l'État, en vertu de laquelle la puissance publique doit limiter strictement sa sphère d'intervention et donc le champ des services publics[89] en passant par les impératifs

---

[85] Cf. Arrêté conjoint MINEFOP/MINEF/00000148 du 14 avril 2009 fixant les modalités de recouvrement de la contribution au Fonds National de l'Emploi des Petites et Moyennes Entreprises.

[86] Décret n° 77-193 du 23 juin 1977 portant création de la Mission d'aménagement et d'équipement des terrains urbains et ruraux (MAETUR).

[87] Sur ces aspects, voir aussi LACHAUME J-F., PAULIAT H., *Droit des services publics*. Lexis Nexis, coll. Manuel. 2015. 760 p. ; CARBAJO J., *Droit des services publics*. Dalloz-Siney. Coll. Momentos. 1999.

[88] Dans le contexte camerounais, cf. GAUTRON J.C., ZUBER B., *Les entreprises publiques en Afrique noire*. T1. Pédone 1979. pp. 4 et s. ; GEORGES Ph., « Les entreprises publiques », *in Les grands services publics dans les États francophones d'Afrique noire*, *op.cit.*, pp 19-20 ; KWUIMO (J). L'interventionnisme économique au Cameroun et au Congo. Thèse droit. Orléans 1985, p. 21 et s.

[89] BIAKAN J., *L'expérience camerounaise de privatisation des entreprises publiques,* Thèse, Droit public, Université de Montpellier I, 1994. Voir aussi NGUIHE KANTE P., « Les contraintes de la privatisation des entreprises publiques et parapubliques au Cameroun », RIDE 2002, T. XVI, pp. 123-603-625 ; PLANE P., « La privatisation des services publics en Afrique subsaharienne. Enjeux et incertitudes », *Revue économique*, 1996, Vol. 47, n° 6, pp 1409-1421.

de régulation[90]. Mais force est de constater qu'en dépit de ces résistances, toujours présentes, l'intérêt général ne va cesser de progresser et le juge administratif français a déjà montré son audace jurisprudentielle dans le domaine social[91] et dans le domaine économique[92].

De manière générale, parce que l'intérêt général se situe au cœur de la construction du droit administratif, il est protégé par le régime exorbitant de droit commun.

B- Le régime exorbitant de droit commun

La soumission de l'activité à un régime exorbitant de droit privé ou de droit commun ne peut se comprendre que si au préalable on explique l'intérêt et le sens de ce régime.

1- L'intérêt et le sens du régime exorbitant de droit commun

La personne qui exerce une activité d'intérêt général doit être dotée de prérogatives de puissance publique[93]. Une personne privée peut en être dotée par une personne publique lorsque cette dernière lui confie l'exécution d'une mission de service public. Le contrat ou la norme unilatérale lui confiant la gestion du service public peut en même temps lui reconnaître de telles prérogatives.

La jurisprudence camerounaise est riche d'exemples en la matière[94], qu'il s'agisse des contrats de l'administration[95], de la compétence de la juridiction administrative[96] ou de l'apport de la Cour suprême au droit administratif camerounais[97]. Autrement dit, une prérogative de puissance publique doit être appréhendée comme un pouvoir exorbitant de droit commun, un pouvoir que ne détient pas une personne privée ordinaire ou une personne publique lorsqu'elle agit dans le cadre d'une gestion

---

[90] NGUEULIEUTOU A., « L'évolution de l'action publique au Cameroun : l'émergence de l'État régulateur ». Polis/RCSP/CPSR. Vol. 15, n° 1 et 2, 2008, pp. 1-25 ; BAUBY P., « Service public : de la tutelle à la régulation ». FLUX, 1988, vol. 14, n° 31, pp. 25-34.

[91] CE, 13 mai 1938, Caisse Primaire « Aide et Protection ».

[92] CE, Sect., 30 mai 1930, Chambre Syndicale de Commerce en détail de Nevers. Rec. CE, p. 583.

[93] HAURIOU M., *Précis de droit administratif et de droit public général : à l'usage des études en licence et en doctorat ès sciences politiques*, Paris, p. Larose, 1900-1901, pp. 227-237.

[94] Cf. CCA, Arrêt n° 83 du 22 décembre 1951, Renucci c/ Administration du territoire ; CS/CA Jugement n° 147/04-5 du 31 août 2005, Um NTJAM François c/ État de Cameroun (MINEF).

[95] BIDJA NKOTO T., *Les contrats de l'administration au Cameroun*. Thèse de Doctorat de droit public (NR). Université de Paris I-Panthéon-Sorbonne, 2000.

[96] ABA'A OYONO J-C.. *La compétence de la juridiction administrative en droit camerounais*. Thèse Droit Public (N.R). Université de Nantes, 1994.

[97] GUESSELE ISSEME L.P., *L'apport de la Cour Suprême au droit administratif camerounais*, Thèse, Ph. D. en Droit Public, Université de Yaoundé II, 2010.

privée[98]. La prérogative de puissance publique est un pouvoir de faire exclusivement rattaché à la personne publique et permettant à cette dernière de réaliser ses fonctions, notamment en imposant des obligations aux administrés. En application des jurisprudences MONPEURT[99] et MAGNIER[100], deux raisons expliquent pourquoi les prérogatives de puissance publique furent retenues comme critères du service public :

– d'abord parce qu'il s'agit d'un critère objectif, simple à identifier ;

– ensuite, parce qu'il s'agit d'une marque indubitable de l'appartenance d'un organisme à la sphère administrative. En étant doté d'une prérogative de puissance publique, un organisme acquiert quelque chose d'une personne publique qui le rend apte à assumer pour le compte de celle-ci une partie de ce qui est sa mission naturelle : le service public.

Une définition de la notion de clause exorbitante du droit commun ne peut donc être recherchée qu'en fonction d'une caractéristique qui est la stipulation dans l'intérêt général. Il en est aussi d'une clause de résiliation pour motif d'intérêt général ou de pouvoir de contrôle par une personne publique. L'arrêt du Conseil d'État « Société des Granits porphyroïdes des Vosges » est venu quantifier cette notion[101] et plus tard une définition plus précise fut donnée par le Conseil d'État en ces termes comme clause : « Ayant pour objet de conférer aux parties des droits ou de mettre à leur charge des obligations étrangères par leur nature à ceux qui sont susceptibles d'être librement consentis par quiconque dans le cadre des lois civiles et commerciales »[102].

Par une décision SA. AXA France IARD du 15 octobre 2014, le Tribunal des Conflits vient de donner une nouvelle définition de la clause exorbitante du droit commun en jugeant que, constitue désormais une telle clause celle « qui, notamment par les prérogatives reconnues à la personne publique contractante dans l'exécution du contrat, implique dans l'intérêt général, qu'il relève du régime exorbitant des contrats administratifs »[103].

---

98 GAUDEMET Y., *L'exorbitance du droit administratif en question.* (dir.), MELLERAY F., LGDJ, 2003, p. 3

99 CE, 1942, MONPEURT.

100 CE, 1961, MAGNIER.

101 CE, 31 juillet 1912, Société des Granits porphyroïdes des Vosges c/ Ville de Lille. Rec. CE, p. 919.

102 CE, Sect., 20 octobre 1950 Sieur STEIN, rec., CE, p. 505.

103 TC, 15 octobre 2014 SA. AXA France, IARD, reg. N° 3963.

2- La soumission de l'activité à un régime de droit commun

La question de la soumission de l'activité à un régime exorbitant du droit commun ne semble se poser que lorsque l'activité est gérée par une personne privée. Dans son arrêt Narcy déjà cité du 28 juin 1963 qui fait en la matière figure d'arrêt de principe, le Conseil d'État utilise trois critères qui vont le conduire à qualifier de mission de service public l'activité gérée par un centre technique industriel, personne morale de droit privé[104]. Le juge va vérifier que cette activité présente un caractère d'intérêt général et est exercé sous le contrôle d'une personne publique. Puis il s'attache à établir l'existence au profit du gestionnaire de service, de prérogatives de puissance publique.

C'est en réalité ce troisième élément qui, conjugué au contrôle de la personne publique, va former le régime juridique exorbitant du droit commun. Dans le régime juridique auquel est soumise l'activité, les prérogatives dont dispose la personne privée pour la gérer se révèlent déterminantes. Grâce à ce critère, le juge va en effet pouvoir déterminer parmi toutes les activités d'intérêt général gérées par les personnes privées, celles qui constituent réellement les activités de service public. La prérogative dont il s'agit peut tenir à la possibilité pour l'organisme, de percevoir des taxes parafiscales[105], au fait de disposer d'un monopole[106] ou des droits exclusifs[107] ou encore à des obligations imposées au gestionnaire en termes de sécurité ou d'hygiène publique[108].

La jurisprudence exige donc, à l'évidence que la personne privée dispose, dans la gestion de l'activité d'intérêt général qui lui a été confiée, des prérogatives de puissance publique. Mais cela n'empêche pas le juge de conclure parfois à l'existence d'une mission de service public alors même que la personne privée gestionnaire ne dispose d'aucune prérogative de puissance publique[109].

D'une manière générale, de l'analyse du critère organique et du critère matériel, il ressort que le service public reste une activité d'intérêt général rattachée directement ou indirectement à une personne publique et dont la réalisation est soumise à un régime exorbitant de droit commun.

---

[104] CE, Sect., 28 juin 1963, Narcy, rec., CE, p. 401.

[105] CE, Sect., 25 juillet 1980. Société de construction et d'exploitation de matériels et moteurs : Rec., CE ; p. 331.

[106] CE, 13 juillet 1968, Campus A.J.D.A, 1968, p. 577

[107] TC, 23 septembre 2002, Sociétés Sotrame et Métalform : A.J.D.A, 2002, p. 1437

[108] CE, Sect., 21 juin 2000, SARL-Plage.

[109] TC, 6 novembre 1978, Bernadi : Rec. Ce, p. 652.

LA CONSOLIDATION DE L'IDÉOLOGIE LIBÉRALE DANS LE DOMAINE DES SERVICES PUBLICS AU CAMEROUN

Gérard Martin PEKASSA NDAM[1]

Loin d'être téméraire, il faut se résoudre à la position selon laquelle en Afrique, depuis la fin des années 80, l'État n'est plus l'artisan exclusif du destin national[2]. Par la projection occidentale de la démocratie et du capitalisme sur les différentes souverainetés du continent, l'évolution politique ici enclenchée a déclenché des mouvements de révolution des ordres juridiques nationaux[3], en faveur de la prise en compte des intérêts des citoyens désormais conciliés avec ceux de la puissance publique. En tant que bras séculier de ces États, les administrations, alors garantes du bien-être collectif, mobilisent l'ensemble des moyens nécessaires à la réalisation de leurs missions, en accord avec la précaution de participation et de protection des administrés. Cette appréciation devenue effective sous la formule de la consolidation de l'idéologie libérale dans le domaine des services publics[4] trouve pour socle d'application et de vérification l'État du Cameroun notamment.

Au regard du raisonnement construit sur ce cas d'étude, il peut être dégagé une théorie des droits africains en la matière, tendant à démontrer, soit l'identité des

---

[1] *Agrégé des Facultés de Droit, Professeur Titulaire des Universités, Université de Yaoundé II.*

[2] V. sur ce point la position contraire développée par la doctrine. Augustin KONTCHOU KOUOMEGNI, « Le droit public camerounais, instrument de construction de l'unité nationale », *RJPIC*, n°4, oct-déc., 1979, p. 417.

[3] Par le vent de démocratisation et de libéralisation du début des années 90, plusieurs États africains se sont dotés progressivement de nouveaux textes constitutionnels établis suivant la modalité, soit de la révision de grande envergure, soit de l'adoption de nouvelles constitutions. V. à titre d'exemples : Constitution de la République du Bénin du 11 décembre 1990 ; Constitution de la République togolaise du 14 octobre 1992 ; loi n°96/06 du 18 janvier 1996 portant révision de la Constitution du 02 juin 1972 au Cameroun ; Constitution de la République du Mali du 25 février 1992 ; Constitution de la République du Burkina Faso du 11 juin 1991 ; République du Tchad Constitution du 31 mars 1996.

[4] Rappelons que le service public et la police administrative sont les deux formes essentielles de l'activité administrative dont l'objectif est de satisfaire l'intérêt général. Par le service public, l'autorité publique prend directement en charge, ou délègue sous son contrôle, la satisfaction d'un besoin d'intérêt général, en assurant certaines prestations. L'autorité publique se charge ainsi de procurer aux particuliers ce que l'activité privée ne peut leur fournir. Le service public s'entend au sens matériel (activité) ou au sens organique (institution).

règles mises en œuvre, soit la disparité de celles-ci. Néanmoins, l'aboutissement vers lequel il pourrait conduire est particulièrement guidé par une logique inductive à partir de laquelle, du cas particulier sortiraient une appréhension et une compréhension générales du libéralisme mimé dans bon nombre de pays africains aujourd'hui.

Cependant, il n'est pas négligeable de préciser qu'il n'en a pas toujours été ainsi. Pour qu'il y ait effectivement consolidation de l'idéologie libérale, il aurait fallu que celle-ci ait été préalablement introduite, pour se substituer à une situation non libérale dans le domaine des services publics au Cameroun. La période antérieure aux années 90 est porteuse de nombreux enseignements à ce sujet ; courant dès l'indépendance, elle indique que tout le droit public était fondé sur l'idéologie de la construction nationale avec pour objectifs essentiels l'affermissement de l'unité nationale et la recherche des solutions adéquates au développement du pays[5]. Séduisante en apparence, cette idéologie portait en elle une autre connotation aux tendances pernicieuses et hostiles à l'émancipation des administrés. Elle avait pour moyen d'action principal l'application de la légalité d'exception comme régime de droit commun d'administration des services publics, la violation à outrance des droits et libertés reconnus aux administrés, l'interdiction de certaines libertés indispensables à la réalisation de l'intérêt général[6]. À cette période, la centralisation du pouvoir est appliquée comme règle générale à laquelle le régime de la liberté apparaissait comme une dérogation marginale.

Fort de ce constat, un revirement important d'orientation idéologique du droit s'est glissé de manière subtile depuis la fin des années 80 au Cameroun et dans bon nombre d'États africains, entraînant par conséquent des changements politiques et constitutionnels inspirés des standards étrangers de démocratie[7]. À partir de cette période, le droit public camerounais n'est plus resté ancré essentiellement dans des tendances autoritaires, ses fonts baptismaux sont désormais reconvertis en considération des aspirations contemporaines du droit : la séparation dans l'exercice

---

[5] Lire Magloire ONDOA, *Le droit de la responsabilité publique dans les Etats en développement : contribution à l'étude de l'originalité des droits africains*, Thèse de doctorat d'Etat, Université de Yaoundé II, 1997, p. 65.

[6] Joseph OWONA, « L'institutionnalisation de la légalité d'exception dans le droit public camerounais », *Revue Camerounaise de Droit*, n°6, juillet-décembre, 1974, p. 116.

[7] Lire à ce sujet : Florence JACQUEMOT, *Le standard européen de société démocratique*, Université de Montpellier 1, Faculté de Droit de Montpellier, coll. Thèses n°4, 2006, 713 pages ; Shirley LETURCQ, *Standards et droits fondamentaux devant le Conseil constitutionnel français et la Cour européenne des droits de l'Homme*, Paris, LGDJ, coll. Thèses, tome 125, 2005, 416 pages.

du pouvoir politique[8], la protection des droits et libertés individuels et collectifs des administrés[9], ainsi que la sauvegarde du libre-cours des échanges dans l'économie de marché[10]. Par le phénomène majeur des migrations des sources matérielles du droit, présent en Occident et réceptionné dans les États africains et particulièrement au Cameroun, se présente un mouvement de transformation de tout le droit public.

Ce changement est perceptible, dès lors que sont introduits dans l'ordonnancement juridique camerounais des fondements normatifs du libéralisme. Sur cette base, les orientations conduisant l'idéologie de la construction nationale, se trouvent désormais menées par des mécanismes démocratiques favorables à la participation, la protection des droits et libertés des administrés. L'État est traversé par diverses transformations[11]. C'est un revirement presque intégral auquel on assiste, comme dans plusieurs pays africains[12]. Certes, l'affermissement de l'unité nationale et la quête des meilleures solutions pour le développement ne semblent pas avoir disparu dans la politique des pouvoirs publics. Ils demeurent comme finalités essentielles à atteindre, mais les moyens utilisés subissent des transformations au fil du temps depuis le début des années 90. Ceux-ci concilient l'intérêt de l'Administration avec ceux des administrés, même si parfois certaines règles juridiques consacrées et la mise en application de celles-ci sont quelquefois entachées d'une rémanence autoritaire[13].

---

[8] La loi n°96/06 du 18 janvier 1996, portant révision de la Constitution du 02 juin 1972, distingue désormais la séparation de trois pouvoirs : le pouvoir exécutif, le pouvoir législatif et le pouvoir judiciaire.

[9] Au regard de l'article 65 de la loi constitutionnelle du 18 janvier 1996, les droits et libertés consacrés et garantis par le préambule font « *partie intégrante de la constitution* ».

[10] En conformité avec le texte constitutionnel camerounais, le législateur a adopté diverses lois sur la liberté des échanges : ordonnance n°90/004 du 22 juin 1990 relative à la privatisation des entreprises publiques et parapubliques au Cameroun ; loi n°98/013 du 14 juillet 1998 relative à la concurrence au Cameroun ; loi n°99/015 du 22 décembre 1999 portant création et organisation d'un marché financier au Cameroun ; loi du 06 mai 2011 régissant le commerce électronique au Cameroun ; la loi n°90/031 du 10 août 1990 régissant l'activité commerciale au Cameroun abrogée par la loi n°2015/018/ du 21 décembre 2015 régissant l'activité commerciale.

[11] Lire Jean-Tobie HOND, « Des transformations de l'Etat au Cameroun », *Revue africaine de sciences juridiques (ci-après RASJ)*, vol. 8, n°2, 2011, pp. 193-220.

[12] Tony LEON, « L'état de la démocratie libérale en Afrique : résurgence ou recul ?, *www.libreafrique.org*, consulté le 6 juin 2016.

[13] Aimé-Raphaël ATEBA EYONG, *Le juge administratif et la création du droit : essai sur l'élaboration jurisprudentielle du droit administratif camerounais*, Thèse de Doctorat/Ph.D, Université de Yaoundé II, 2014, pp. 253-254.

Le droit administratif camerounais a dorénavant vocation à être présenté comme un « *rempart contre l'arbitraire* »[14], quand on sait qu'il ne reste pas moins un « *droit de privilège* »[15]. Le domaine des services publics au Cameroun en constitue encore la preuve par la consolidation de l'idéologie libérale. La faveur est donnée à cette dernière, d'introduire une orientation de moins en moins autoritaire[16] dans la création, l'organisation et la gestion des organes ou institutions publics, mais aussi des activités d'intérêt général, par la restauration des libertés à partir de la relance de la démocratie, et de la prise en compte des préoccupations des individus comme priorité fondamentale du droit. Il s'agit de comprendre à ce sujet que l'idéologie libérale introduit de nouvelles valeurs dans le domaine des services publics au Cameroun. Elle permet de reconsidérer les critères théoriques du droit administratif dans ce pays, en impliquant non pas une scission fondamentale entre le critère de la puissance publique et celui du service public, mais plutôt en conduisant à leur harmonisation, leur conciliation. L'intérêt général ne peut être mieux satisfait que si la propension des prérogatives exorbitantes de l'Administration est mesurée en considération des droits et libertés des administrés, de leur participation aux affaires publiques et de l'évanescence de l'arbitraire du pouvoir.

Cette idéologie pénètre progressivement les différents domaines de services publics au Cameroun. Qu'il s'agisse des services publics administratifs ou des services publics à caractère industriel et commercial, il ne reste plus un seul domaine exempt de l'invasion du libéralisme. Toutefois, même si ladite invasion n'est pas perçue avec la même acuité par endroits, il demeure qu'elle ne peut plus être ignorée indépendamment de la présence des services publics régaliens. L'envergure que prennent les services publics de nos jours permet de penser qu'elle est davantage renforcée dans son ancrage au sein de l'organisation, du fonctionnement et des résultats auxquels elle conduit désormais.

Mener une étude sur la consolidation de l'idéologie libérale dans les services publics au Cameroun peut conduire à l'interrogation suivante : en quoi consiste cette consolidation ? La réponse avancée en hypothèse générale se traduit par la coexistence entre les intérêts respectifs de l'État et des administrés dans la mise en œuvre du domaine des services publics au Cameroun. La démonstration à faire dans l'analyse de cette préoccupation principale entraîne le questionnement des

---

[14] Danièle LOSCHAK, « Le droit administratif, rempart contre l'arbitraire ? », *Pouvoirs* n°46 (Droit administratif. Bilan critique), 1988, p. 43.

[15] Jacques CHEVALLIER, « Le droit administratif, droit de privilège ? », *Pouvoirs* n°46, *op. cit.*, p. 57.

[16] Sur l'orientation libérale du droit public camerounais, lire notamment Lionel-Pierre. GUESSELE ISSEME, *L'apport de la Cour suprême au droit administratif camerounais*, Thèse de Doctorat/Ph.D, Université de Yaoundé II, 2010, 590 pages (spécifiquement p. 38 et ss ; p. 322 et ss).

fondements historiques, théoriques et idéologiques du droit administratif camerounais, aujourd'hui détachés de l'autoritarisme et orientés par les impératifs de l'État de droit.

Au total, la démarche méthodologique positiviste implique deux mouvements divergents au sujet du renforcement de l'idéologie libérale dans le domaine des services publics. Le premier prend la forme du reflux soutenu du monopole de l'État dans le domaine des services publics (**I**). Le second mouvement, quant à lui, charrie un flux accentué du recours à la délégation de gestion desdits services (**II**).

I- Le reflux du monopole de l'État dans les services publics

La présence de l'État n'est plus exclusive, suite à l'ancrage de l'idéologie libérale dans l'organisation et le fonctionnement des services publics au Cameroun. Elle demeure certes effective, mais n'adhère plus au monopole intégral d'antan. Suivant des mécanismes bien particuliers, des personnes publiques autres que l'État sont désormais associées à l'administration des services publics.

En réalité, les mécanismes d'expression libérale déployés de nos jours dans le cadre des services publics ne se limitent pas à l'État central, mais irradient l'ensemble de la sphère publique. Aussi observe-t-on ce trait libéral au niveau des services publics tant étatiques (**A**) qu'infra-étatiques (**B**).

A- Le trait libéral dans les services publics étatiques

La consolidation de l'idéologie libérale dans le domaine des services publics ne signifie pas l'exclusion de l'État de la réalisation des missions d'intérêt général. Elle correspond plutôt à la circonscription de son monopole dans le cadre des activités essentiellement régaliennes.

À cet égard, il est fondamental d'observer que les compétences souveraines de l'État ne seraient pas compromises sous le seul prétexte de l'idéologie libérale ; tout au contraire, ce serait contribuer à la consolider que de laisser l'État intervenir d'une certaine manière. La tendance libérale est observable d'une part, dans la création et l'organisation des services publics et, d'autre part, dans la gestion de ceux-ci.

1- La tendance libérale dans la création et l'organisation des services publics étatiques

C'est au moyen de ses services publics de souveraineté que l'État camerounais marque son attachement à la consolidation de l'idéologie libérale. L'exercice des compétences de création et d'organisation des services publics de l'État illustre la tendance libérale.

À cet égard, l'institution des services publics relève de la compétence du président de la République expressément investi par le constituant camerounais en ceci qu'il « *crée et organise les services publics de l'État* »[17]. Le caractère libéral que l'on peut reconnaître à la création et à l'organisation des services publics n'est pas mentionné par le constituant camerounais ; il est plutôt déduit des valeurs et principes démocratiques auxquels s'attache l'État camerounais dans le préambule de la Constitution. La libre discrétion et l'opportunité qui s'attachent implicitement à l'exercice de cette compétence régalienne ne sont pas synonymes de l'arbitraire du président de la République. L'intérêt général à satisfaire pour la consolidation de l'idéologie libérale se présente comme la mesure principale des services publics qui s'avère nécessaire au bien-être collectif[18].

Cependant, il n'est pas exclu que le législateur intervienne également dans ce même domaine lorsque les exigences démocratiques et de répartition de compétence s'imposent. En effet, en reconnaissant au président de la République la compétence de créer et d'organiser les services publics de l'État, le constituant camerounais pourrait laisser penser que cette autorité l'exerce exclusivement au sein de l'État. Si le président de la République « *exerce le pouvoir réglementaire* »[19], le domaine matériel de ce pouvoir est constitué des « *matières autres que celles du domaine de la loi* »[20]. Alors que la loi fondamentale camerounaise n'investit pas de manière expresse le Parlement de la compétence régalienne de créer et d'organiser les services publics, la loi ordinaire permet d'éviter le recours à l'interprétation des dispositions constitutionnelles en la matière. Cela est vrai à propos de la création et/ou de l'organisation de certains grands services publics -au sens organique- de l'État : la création des établissements publics administratifs appartenant à l'État relève de la compétence du président de la République[21], mais « *Des lois particulières peuvent, en tant que de besoin, créer d'autres formes d'établissement public ou parapublic* »[22].

---

[17] Article 8 alinéa 9 de la loi constitutionnelle du 18 janvier 1996.

[18] Dans ce sens, se justifie (avec quelques réserves) la variation du nombre ou de la dénomination des départements ministériels (services publics au sens organique) créés et organisés par le président de la République lors de la formation ou du remaniement du gouvernement.

[19] Article 8 alinéa 8 de la loi constitutionnelle du 18 janvier 1996.

[20] Article 27 alinéa 1er, *ibid.*

[21] Article 59 alinéa 1er de la loi n°99/016 du 22 décembre 1999 portant statut général des établissements publics et des entreprises du secteur public et parapublic. On dénombre au Cameroun actuellement plus d'une centaine d'établissements publics administratifs.

[22] Article 1er alinéa 2 de la même loi. C'est notamment le cas des chambres consulaires. Selon l'article 3 de la loi n°2001/016 du 23 juillet 2001 fixant leur statut, celles-ci constituent des établissements publics spécifiques, en raison de leurs missions (représenter et défendre les intérêts de leurs ressortissants auprès des pouvoirs publics, assumer des missions d'intérêt professionnel et des missions de service public) et du mode de désignation de leurs membres (élection) et dirigeants (nomination).

En somme, l'absence de monopole de création et d'organisation des services publics, dont le champ d'action se veut toujours plus affiné, contribue à consolider l'idéologie libérale. Il n'en est pas moins de la gestion de ces services.

2- La tendance libérale dans la gestion des services publics étatiques

L'État, en tant que garant de la volonté générale, garde sous son emprise directe les services publics d'essence régalienne, notamment, pour répondre au premier chef aux préoccupations des citoyens. L'option libérale de l'État est manifeste particulièrement dans la gestion des ressources humaines au sein de la fonction publique et dans la gestion des finances publiques.

Les règles libérales sont mises en œuvre dans différents aspects de la fonction publique. D'abord, l'État opère le recrutement de son personnel fonctionnaire par le mécanisme libéral du concours administratif[23], sous réserve de quelques dérogations[24]. Il importe de souligner qu'aucune discrimination non justifiée n'est imposée aux candidats à l'accès dans la fonction publique ; de manière expresse, la norme réglementaire précise : « *L'accès à la fonction publique est ouvert, sans discrimination aucune, à toute personne de nationalité camerounaise remplissant les conditions prévues (…), sous réserve des sujétions propres à chaque corps* »[25]. On appréhende mieux la réserve prescrite in fine en réalisant que l'autorité réglementaire prévoit des recrutements distincts « *lorsque la situation du postulant est une condition déterminante pour l'accès à la Fonction publique* » ou « *lorsque des distinctions peuvent être faites pour tenir compte d'éventuelles inaptitudes à occuper certains postes de travail* »[26]. Ensuite, la gestion par l'État des fonctionnaires pour la réalisation des missions d'intérêt général épouse le cadre du statut général de la fonction publique auquel sont intégrées des exigences démocratiques. Dominant par son intitulé et sa vocation à constituer la règle de droit commun de gestion des agents publics, ce texte est complété dans certaines de ses dispositions par des statuts particuliers et n'admet cependant que quelques dérogations applicables à certains corps de fonctionnaires, par les règles contenues dans une portion bien restreinte de statuts spéciaux. Si l'obligation de servir et de se consacrer au service s'impose toujours au fonctionnaire,

---

[23] Voir Décret n°2000/696/PM du 13 septembre 2000 fixant le régime général des concours administratifs.

[24] À titre d'exemple, le recrutement des enseignants du supérieur n'est pas assujetti au concours administratif ; il obéit à des modalités particulières et internes à chaque université.

[25] Article 12 al 1er du Décret n°94/199 du 7 octobre 1994 portant Statut général de la Fonction publique de l'Etat.

[26] Article 12 (2) (nouveau) du Décret n°2000/287 du 12 octobre 2000 modifiant et complétant certaines dispositions du Décret n°94/199 du 7 octobre 1994. À titre illustratif, le recrutement dans les forces de défense et de sécurité met à juste titre un accent particulier sur les aptitudes physiques.

ce dernier bénéficie désormais de la possibilité d'exercer une activité privée lucrative, à condition que celle-ci ne nuise pas à son indépendance et à la mission d'intérêt général liée à son statut[27]. De même, on ne saurait ignorer la multiplication d'organismes de concertation dans le droit de la fonction publique qui traduit l'orientation actuelle de ce droit vers la participation plutôt que vers la décision unilatérale. Même si en raison de quelques insuffisances relevées la doctrine s'est montrée parfois critique[28], il reste que la réforme du statut général de la fonction publique de l'État choisie par les pouvoirs publics est en rupture avec les règles statutaires d'antan, tant ce domaine des services publics porte l'adaptation aux exigences libérales. La défense des intérêts des agents depuis l'accès à la fonction, la gestion de la carrière active jusqu'à la cessation de la fonction et l'accession au droit à la pension, est particulièrement ouverte aux valeurs et principes démocratiques garantis par le constituant camerounais[29].

En ce qui concerne la gestion des finances publiques, la traditionnelle unicité de caisse a vécu. Pour l'exécution de leurs budgets, l'État et ses démembrements disposent obligatoirement d'un compte ouvert auprès du Trésor public. À côté dudit compte, ces collectivités publiques ont désormais la possibilité d'ouvrir des comptes dans les livres des banques commerciales. Seulement, les mouvements financiers en termes de recettes et de dépenses des entités publiques sont opérés par deux types de caissiers. Le Trésor public a perdu le monopole de la gestion de l'encaisse publique autant que du décaissement. Cette tendance à la démonopolisation de la régie financière se consolide lorsqu'on intègre l'intervention notamment du Fonds routier. En effet, à sa création en 1996, ce dernier est appréhendé sous la qualification de mécanisme de financement des programmes de protection du patrimoine, ceux de prévention et de sécurité routières ainsi que d'entretien routier[30]. Cette qualification faisait du Fonds routier un démembrement de l'administration du Trésor et, partant, dépendant de celui-ci en vertu du principe de l'unicité de caisse. Cette conception n'a plus cours depuis la réforme législative de 2004 qui érige le Fonds en organisme

---

[27] Voir les articles 35 à 37 du Statut général de la Fonction publique précitée.

[28] Lire Etienne-Charles LEKENE DONFACK, « Réflexions sur le nouveau Statut général de la Fonction publique (à propos du Décret n°94/199 du 7 octobre 1994), *Juridis Infos* n°20, oct.-déc. 1994, pp. 22-62 ; Maurice KAMTO, « Regard sur le nouveau statut général de la fonction publique », *Lex Lata*, n°2, 1994, p. 8 à 11 (1ère partie) ; n°3, p. 9 à 12 (2ème partie).

[29] En réalité, l'écho du préambule de la Constitution retentit dans les règles applicables à la gestion des agents de l'Administration. C'est ce qui justifie la modification, par le décret du 12 octobre 2000, du Statut général adopté en 1994 et antérieur à la révision constitutionnelle de 1996.

[30] Article 22 alinéa 1er de la loi n°96/07 du 8 avril 1996 portant protection du patrimoine routier national.

de financement ayant le statut d'établissement public administratif de type particulier[31].

À l'analyse, l'Etat met en œuvre des moyens exorbitants de droit commun pour la gestion des services publics sans que cela soit tourné vers la violation des droits et libertés des administrés. De manière plus générale, il ressort des différentes considérations de fond que la création et l'organisation autant que la gestion des services publics (surtout régaliens) ne sont pas en contradiction avec le déploiement de l'idéologie libérale. Tout au contraire, elles participent à sa consolidation et se prolongent au niveau décentralisé.

B- Le trait libéral dans les services publics infra-étatiques

La pénétration de l'idéologie libérale dans le domaine des services publics au Cameroun trouve davantage un écho favorable dans le cadre infra-étatique. Cette déclinaison marque le souci des pouvoirs publics de rapprocher l'Administration des administrés, dans la logique de la décentralisation.

Relativement aux modes de gestion des services publics, il est concevable que l'exécution de ces derniers soit confiée à une personne publique autre que l'État (qui en garde la charge au niveau le plus élevé). Ce mode de gestion peut être réalisé par le mécanisme de la décentralisation aussi bien technique que territoriale. L'analyse de la consolidation de l'idéologie libérale dans le domaine des services montre qu'il y a apport de la décentralisation dans ses deux variantes.

1- L'apport de la décentralisation technique

En droit administratif camerounais, le recours à l'établissement public est très récurrent[32]. Relevant de la décentralisation technique ou fonctionnelle, cette entité est un service public -au sens organique- créé pour prendre en charge une mission de service public précis –au sens matériel. Si l'établissement public reste lié à sa collectivité de rattachement (l'État ou une collectivité territoriale décentralisée) par le mécanisme de tutelle, il ne s'inscrit pas moins dans une logique libérale pour le bien des usagers-citoyens.

L'établissement public administratif est une structure à laquelle s'applique strictement la décentralisation fonctionnelle d'un service public administratif. Il traduit au sens de la loi du 22 décembre 1999 une « *personne morale de droit public,*

---

[31] Article 22 (nouveau) alinéa 2 de la loi du 22 juillet 2004 modifiant et complétant certaines dispositions de la loi du 8 avril 1996 portant protection du patrimoine routier national. Le législateur de 2004 vise explicitement l'article 1er de la loi n°99/016 du 22 décembre 1999 précitée.

[32] Lire Armel-Habib SANDIO KAMGA, *L'établissement public en droit administratif camerounais*, Thèse de Doctorat/Ph.D en droit public, Université de Yaoundé II, 2014, page 6 et ss.

dotée de l'autonomie financière et de la personnalité juridique ayant reçu de l'État ou d'une collectivité territoriale décentralisée un patrimoine d'affectation, en vue de réaliser une mission d'intérêt général ou d'assurer une obligation de service public »[33].

Cette définition implique *a priori* la présence exclusive de la puissance publique et l'application du régime de droit public à cette institution, puisque le service public administratif est incarné par la personne publique[34]. Elle marque également la volonté de l'État de spécifier ou catégoriser des intérêts importants de ces citoyens à sauvegarder, à travers la création d'institutions spécialisées dans la satisfaction de ceux-ci. Cependant, il ne faut pas se laisser emporter par cette apparence *prima facie*, dans la mesure où l'établissement public tel que l'institue le législateur camerounais porte en lui la marque de l'idéologie libérale. Il suffit de tenir compte de la limitation du mandat d'administrateur à trois ans renouvelable une seule fois[35]. Par ailleurs, la place reconnue aux administrateurs non institutionnels au sein du conseil d'administration -ou tout autre organe en tenant lieu- de ce service public institutionnalisé doit être mise en exergue. À côté des représentants des administrations publiques, le « *représentant des usagers ou des bénéficiaires des services* » et le « *représentant du personnel* »[36] participent à la prise des décisions stratégiques. Ces deux représentants particuliers exprimeraient les intérêts et revendications catégorielles de ceux qui leur donnent mandat pour agir en leurs lieu et place, assurant un contrepoids au sein de l'organe suprême de l'établissement face aux représentants de la puissance publique. Si cette sorte de gestion participative des services publics atténue le caractère imposé des décisions, on peut tout de même regretter le silence du législateur sur les conditions et modalités de désignation de ces représentants des usagers et des agents du service.

Toutefois, le souci de libéraliser la gestion n'est pas toujours exempt de considérations entraînant la restriction des marges de manœuvre reconnues à une

[33] Article 2-3 de la loi n°99/016 du 22 décembre 1999 précitée.

[34] Dans la législation du 22 décembre 1999, l'établissement public à caractère industriel et commercial n'existe plus. On y trouve en revanche la société à capital public (personne morale de droit privé, dotée de l'autonomie financière et d'un capital-actions intégralement détenu par l'Etat, une ou plusieurs CTD ou une ou plusieurs autres sociétés à capital public, en vue de l'exécution dans l'intérêt général, d'activités présentant un caractère industriel, commercial et financier) et la société d'économie mixte (personne morale de droit privé, dotée de l'autonomie financière et d'un capital-actions détenu partiellement d'une part, par l'Etat, les CTD ou les sociétés à capital public et d'autre part, par les personnes morales ou physiques de droit privé).

[35] Article 65 (1) de la loi n°99/022 du 22 décembre 1999 précitée.

[36] Article 63 « *le conseil d'administration est composé de représentants des administrations concernées par l'exécution des missions assignées à l'établissement public administratif. Il comprend obligatoirement : un représentant du Ministère de tutelle technique ; un représentant du Ministère chargé des finances ; un représentant des usagers ou des bénéficiaires des services ; un représentant du personnel* ».

telle institution. L'établissement public est confronté à des difficultés qui freinent l'élan marqué dans son élan de consolidation de l'idéologie libérale au Cameroun. Conformément à la législation en vigueur, le président du conseil d'administration, en ce qui concerne l'établissement public administratif, est désigné par un décret du président de la République sans aucune précision expresse apportée sur la durée de son mandat. Sans nier le pouvoir constitutionnel du président de la République de nomination aux emplois civils[37], et au regard de la pratique, on peut déplorer le non-respect de l'incompatibilité entre la fonction de membre de gouvernement et celle de président du conseil d'administration d'un établissement public administratif. Tout pourrait porter à croire que le président du conseil d'administration issu du gouvernement assure la régularité de la primauté des intérêts de l'État, bridant quelque peu la coloration libérale promue par les pouvoirs publics.

Quoi qu'il en soit, l'accroissement des services publics sur le double plan institutionnel et matériel n'est pas seulement le fait des établissements publics. La contribution des autres entités infra-étatiques au renforcement de l'idéologie libérale dans le domaine des services publics doit être mentionnée.

2- L'apport de la décentralisation territoriale

Le développement de la décentralisation territoriale s'accompagne du développement des services publics locaux. Par cette décentralisation s'opère la délocalisation des unités autonomes d'administration du centre vers la périphérie. C'est à partir des transferts de compétences[38] et de moyens, mais également de la possibilité pour les populations locales de désigner elles-mêmes leurs dirigeants par le moyen de l'élection, que s'opère en réalité la libre administration au sens de la pénétration de l'idéologie libérale. Les collectivités territoriales décentralisées (ci-après CTD) qui en ressortent sont alors investies de la personnalité morale de droit public et incarnent des services publics locaux. On y note une progression libérale par la participation des populations aux affaires locales, même si quelques digressions libérales persistent par la restriction de l'autonomie des organes locaux.

En effet, le pouvoir central a pris la mesure de la nécessité d'ériger des localités en de personnes morales de droit public autonomes, pour leur donner la possibilité de gérer elles-mêmes efficacement leurs affaires propres. Avec la révision de la loi

---

[37] Article 8 alinéa 10 de la Loi n°96/06 du 18 janvier 1996 portant révision de la Constitution du 2 juin 1972.

[38] Voir Sali ALIYOU, « *Le transfert de compétences aux collectivités territoriales décentralisées au Cameroun* », Thèse de Doctorat/Ph.D en droit public, Université de Dschang, 2016, 784 pages ; FETE TERI, *Les transferts de compétences dans le processus de décentralisation au Cameroun*, Mémoire de Master recherche en droit public, Université de Yaoundé II, 2015, 174 pages.

fondamentale en 1996, les bases constitutionnelles de la décentralisation[39] sont mises en évidence. La réinitialisation du processus de décentralisation territoriale a conduit à une reconfiguration de la forme de l'État, la République du Cameroun devenant un État unitaire décentralisé[40]. Encore inédite jusqu'avant 1996, cette variante de l'État simple marque une révolution juridique dans l'aménagement des rapports entre l'État et ses démembrements territoriaux, et surtout dans la place offerte aux administrés. Dans l'administration des institutions décentralisées au plan territorial, la place est de plus en plus laissée à la participation citoyenne[41] et au libre exercice des droits des administrés textuellement consacrés. La loi n°2004/017 du 22 juillet 2004 portant orientation de la décentralisation contient des dispositions pertinentes en ce sens. Ainsi, non seulement toute personne physique ou morale peut formuler, à l'intention d'un exécutif local, toutes propositions tendant à impulser le développement de la collectivité territoriale concernée et/ou à améliorer son fonctionnement, mais aussi tout habitant ou contribuable d'une collectivité territoriale peut, à ses frais, demander communication ou prendre copie totale ou partielle des procès-verbaux du conseil régional ou du conseil municipal, des budgets, comptes ou arrêtés revêtant un caractère réglementaire[42].

Par ailleurs, l'idéologie libérale n'épargne pas l'administration des CTD lorsque le regard est porté vers les nombreuses compétences aujourd'hui faisant l'objet de transfert par les départements ministériels en charge de services publics non régaliens. Cette observation ne peut être négligée, surtout lorsqu'il est à constater que par le passé les CTD bénéficiaient de peu de compétences pour la satisfaction des intérêts locaux, ce qui justifiait d'ailleurs les multiples difficultés auxquelles elles étaient confrontées dans la réalisation de leurs missions. Des besoins étaient manifestés à la base par les populations, mais les organes locaux ne disposaient ni de compétences propres ni de moyens financiers suffisants nécessaires à la satisfaction de ceux-ci. De plus, les collectivités en question ont la faculté d'exploiter en régie des services d'intérêt public à caractère industriel et commercial, lorsque l'intérêt public l'exige, et notamment en cas de carence ou d'insuffisance de l'initiative privée[43].

[39] Bernard-Raymond GUIMDO DONGMO, « Les bases constitutionnelles de la décentralisation au Cameroun (Contribution à l'étude de l'émergence d'un droit constitutionnel des collectivités territoriales décentralisées) », *Revue Générale de Droit,* n°29, 1998, p. 81.

[40] Article 1er alinéa 2 de la loi constitutionnelle du 18 janvier 1996.

[41] Voir notre étude « La participation avec gestion de budget : concept et enjeux d'une gouvernance territoriale en Afrique noire francophone », in Gilles-Jean GUGLIELMI et Élisabeth ZOLLER (dir.), *Transparence, démocratie et gouvernance citoyenne*, Ed. Panthéon-Assas, 2014, p. 199-217.

[42] Article 13.

[43] Article 52 de la loi n°2004/017 du 22 juillet 2004 portant orientation de la décentralisation.

En somme, le changement observé dans les textes et les pratiques postérieurs à la fin des années 80 au Cameroun montre la consolidation progressive de l'idéologie libérale dans la création, l'organisation et le fonctionnement des services publics décentralisés, malgré quelques lacunes qui restreignent cette consolidation dans le domaine des services publics au plan territorial[44]. Ces digressions libérales identifiées ne montrent pas l'inexistence des marques du libéralisme ici. Elles permettent simplement de constater que des difficultés réelles entachent encore la véritable consolidation sur certains points précis. D'ailleurs, au-delà du recul du monopole étatique, on note un mouvement libéral marqué par une accentuation de la gestion déléguée des services publics.

II- Le flux de la délégation de gestion des services publics

La gestion des services publics fait l'objet d'une attention particulière dans tous les États modernes. Si la gestion opérationnelle des services peut être assurée par la même personne publique que celle qui en détient la gestion stratégique, il est concevable que cette gestion opérationnelle soit confiée à une personne privée, voire une autre personne publique.

De ce qui précède, on peut dire que le renforcement de l'idéologie libérale est perceptible à deux niveaux. Le premier concerne les mécanismes de délégation de gestion des services publics. En théorie, l'opérationnalisation de la délégation de gestion des services publics peut relever d'une décision unilatérale de l'État.

Cependant, ce dernier peut choisir de se détourner de la modalité unilatérale pour se tourner vers celle bilatérale. Dans la pratique camerounaise, on observe la dualité des techniques juridiques (**A**). Le second niveau est celui de la portée de cette délégation. Le désengagement de l'État de la gestion de certains services publics n'est pas synonyme de désintérêt de la puissance publique. Au contraire, l'idéologie libérale n'exclut guère la protection de l'intérêt général autant que la préservation de l'intérêt des opérateurs ; à cet effet, l'État développe la régulation (**B**).

[44] En fait, l'autonomie des organes locaux est perfectible. Il y a la restriction portée par le pouvoir central à l'autonomie consacrée des communes et régions. Leur autonomie financière est précaire ; le budget communal dépend encore en majeure partie du budget général de l'État. La consolidation de l'idéologie libérale dans les services publics locaux est freinée aussi par le déficit de maturité des acteurs locaux du processus de décentralisation territoriale. Il en est de même des populations qui manifestent à la base des comportements détournés de la participation active à l'administration locale et à la satisfaction de l'intérêt local de la collectivité.

A- L'usage des techniques unilatérale et contractuelle de délégation

Le transfert de la gestion des services publics aux personnes autres que l'État est de plus en plus usité au Cameroun et affiche un cumul de mécanismes juridiques. En effet, la gestion déléguée des services publics en droit camerounais se réalise sur la base d'une décision administrative unilatérale ou d'un simple acte administratif d'approbation. Elle est rendue possible également dans le cadre d'un accord de volonté conclu entre la puissance publique et les personnes bénéficiaires. Ainsi, la délégation de gestion des services publics est tantôt unilatérale, tantôt contractuelle.

1- La délégation unilatérale de gestion des services publics

La volonté des pouvoirs publics d'associer notamment les personnes privées dans la gestion des services publics est manifeste au Cameroun. La promotion de l'idéologie libérale emprunte la voie de l'ouverture des secteurs d'activités à l'attrait des investisseurs dont l'implication est subordonnée à l'obtention par eux des autorisations administratives ou autres prescrites par la réglementation en vigueur. Celles-ci constituent alors des actes unilatéraux d'habilitation certifiant tant la capacité que la qualité de la personne privée qui en est titulaire, à assurer la gestion des activités de service public. Selon les secteurs d'activités pris en considération, l'habilitation administrative qui permet aux personnes privées de participer à l'exercice des missions de service public présente une typologie plurielle. Sans besoin d'exhaustivité, quelques exemples l'illustrent à suffisance.

En ce qui concerne le service public de la communication, la loi n°90/052 du 19 décembre 1990 relative à la liberté de communication sociale n'établit pas une unicité de régime juridique pour tous les supports d'information. L'intérêt scientifique ici tient au fait que la libéralisation médiatique[45] intervient dans le sillage de l'ouverture démocratique au début des années 90.

Pour la presse écrite, la publication des organes de presse est libre[46] et tout promoteur est tenu préalablement à la première parution, d'en faire la déclaration au préfet territorialement compétent[47]. De cette évolution, on peut noter là, la rupture avec le caractère répressif du régime antérieur institué par la loi n°66/LF/18 du 21 décembre 1966 sur la presse[48]. De plus, toute personne physique ou morale peut

---

[45] Lire utilement Michel TJADE EONE, *Démonopolisation, libéralisation et liberté de communication au Cameroun. Avancées et reculades*, Paris, L'Harmattan, 2001, 274 pages.

[46] Article 6 de la loi n°90/052 du 19 décembre 1990.

[47] Article 7, *ibid.*

[48] Elle a été modifiée par la loi n°80/18 du 14 juillet 1980. Sous l'empire de cette législation, la création d'un journal est subordonnée à une autorisation administrative préalable, à la présentation d'un quitus

publier jusqu'à trois organes de presse[49]. Face au risque d'excès de pouvoir de l'autorité préfectorale[50], le législateur a rationalisé en 1996 la procédure de délivrance du récépissé, œuvrant ainsi dans le sens d'un affermissement du processus de libéralisation. La modification de la loi n°90/052 s'est traduite par un encadrement du pouvoir du préfet dans la procédure de délivrance du récépissé de déclaration. L'encadrement est l'œuvre des dispositions de l'article 7 nouveau de la loi n°96/04 du 4 janvier 1996. D'abord, la déclaration préalable est faite désormais contre décharge. Cette formalité prescrite par l'alinéa 1er marque le déclenchement du processus de déclaration qui devrait aboutir à la délivrance d'un récépissé par l'autorité préfectorale. Ensuite, la décision du préfet est, selon l'alinéa 3, enserrée dans un délai impératif. Désormais, le Préfet est tenu, dans les quinze jours à compter de la date de saisine, de délivrer un récépissé dès lors que le dossier est conforme aux prescriptions légales. Le silence gardé par cette autorité administrative à l'expiration dudit délai vaut récépissé de déclaration ; surtout, dans le cas où le Préfet refuse de manière expresse de délivrer le récépissé de déclaration, le demandeur peut saisir le juge compétent en référé d'heure en heure. Au total, seul le récépissé délivré par le Préfet vaut reconnaissance administrative de la création d'un organe de presse.

À la différence de la presse écrite, le législateur de 1990 consacre la liberté de communication audiovisuelle. Plus qu'une évolution, il s'agit d'une révolution juridique qui met fin au monopole étatique en cours depuis l'indépendance[51]. Le régime juridique établi est dominé par une autorisation administrative préalable[52]. Intervenue en application de la loi n°90/052 du 19 décembre 1990, la norme réglementaire prévoit, en effet, que la création et l'exploitation d'une entreprise

fiscal et au dépôt de cautionnement (argent déposé dans les caisses de l'Etat pour payer les frais de justice, les amendes éventuelles qui pourraient frapper un organe de presse).

[49] Article 27, *ibid.*

[50] Le régime de la déclaration préalable suppose que le Préfet opère un contrôle de conformité des pièces et mentions exigées par la loi. En pratique, il est arrivé qu'une autorité refuse de délivrer le récépissé au directeur d'un organe de presse frappé d'interdiction ou de suspension administrative, mais ayant déposé une déclaration en vue de la publication d'un autre organe. Un préfet a pu estimer que la déclaration concernait en réalité l'organe interdit : c'est le cas en 1991 du dépôt infructueux de déclaration de *L'Expression Nouvelle* et de *La Messagère* suite à l'interdiction frappant *La Nouvelle Expression* et *Le Messager*.

[51] Sur cette question voir aussi loi n°87/019 du 17 décembre 1987 fixant le régime de la communication audiovisuelle au Cameroun. Sur les étapes successives, se reporter à : Pierre-Paul TCHINDJI, « La démonopolisation de la radiodiffusion au Cameroun : description du monopole pré-existant, énonciation de la démobilisation et son application », *Fréquence Sud, Revue de recherche en communication*, n°14, juin 1998, pp. 93-104 ; Fabien NKOT, « Les usages politiques du droit de la presse au Cameroun. Notes de sociologie politique du droit », *Polis/Revue camerounaise de Science politique*, Vol. 13, numéros 1- 2, 2006, pp. 13-27.

[52] Article 36 de la loi n°90/052 du 19 décembre 1990.

privée de radiodiffusion sonore ou de télévision sont subordonnées à l'obtention d'une licence délivrée par arrêté du ministre chargé de la communication, après avis motivé du conseil national de la communication[53]. Il y a lieu de souligner que le risque d'arbitraire est contenu : le dossier de demande d'attribution de licence est examiné par un comité technique présidé par le ministre sus-évoqué et composé des représentants de diverses administrations publiques[54].

Le service public du sport est l'autre domaine d'application de l'habilitation administrative unilatérale. Le contexte international et la dynamique politique interne ont contribué considérablement à la promotion de l'idéologie libérale ici. À la faveur de la levée du « vent de l'Est » et du déclenchement du processus de démocratisation du début de la décennie 1990, le Cameroun a choisi « *l'option (...) de relâcher l'étatisation outrancière d'antan et de permettre l'avènement de la 'démocratie sportive'* »[55]. Sur le plan normatif, « *le développement des activités physiques et sportives et du sport de haut niveau incombe à l'État et au mouvement sportif national constitué d'associations et des fédérations sportives* »[56]. À cet égard, le fonctionnement des partenaires susvisés de l'État est assujetti à l'agrément préalable du ministre en charge des sports[57]. De surcroît, le législateur a expressément posé une règle d'incompatibilité entre les fonctions administratives dans l'appareil technocratique du ministère en charge des sports et les fonctions électives ou exécutives au sein des fédérations sportives civiles[58]. En somme, l'emprise de l'État sur la gestion du service

---

[53] Article 8 du décret n°2000/158 du 3 avril 2000 fixant les modalités de création et d'exploitation des entreprises audiovisuelles privées.

[54] Aux termes de l'article 13 du décret du 3 avril 2000, ce comité est composé d'un représentant pour chacune des administrations suivantes : Présidence de la République, Services du Premier Ministre, Ministère chargé des finances, Ministère chargé de l'urbanisme, Ministère chargé des télécommunications, Ministère chargé de l'aviation civile, Ministère chargé de l'administration territoriale, Ministère chargé de la justice, Ministère chargé de la défense, Ministère chargé de l'emploi et du travail, Délégation Générale à la Sûreté nationale et Agence de régulation des télécommunications.

[55] François Claude DIKOUME, *Le service public du sport en Afrique noire. L'exemple du Cameroun*, Paris, L'Harmattan, coll. Etudes africaines, 2ème édition, 2012, p. 18. Il y a lieu de mentionner la tenue des états généraux du sport au Cameroun en 1992, année de forte revendication de la démocratisation et d'élections pluralistes. Sur la situation du service public du sport entre l'indépendance et 1996, se reporter à David-Claude KEMO-KEIMBOU, « Le sport, le politique et l'Etat au Cameroun : le paradoxe d'une institutionnalisation (1949-1996) », *Regards sociologiques*, n°20, 2000, pp. 26-37.

[56] Article 3 alinéa 2 de la loi n°2011/018 du 15 juillet 2011 relative à l'organisation et à la promotion des activités physiques et sportives. Elle abroge la loi n°96/09 du 5 août 1996 fixant la Charte des activités physiques et sportives.

[57] Voir article 5 alinéa 2 de la Loi n°2011/018 du 15 juillet 2011 et l'Arrêté n°018 A/MINSEP/SG/CJ du 24 octobre 2006 fixant les conditions et les modalités d'octroi et de retrait des agréments aux associations sportives et d'éducation physique.

[58] Article 46 de la Loi n°2011/018 du 15 juillet 2011. Avant les réformes de 1996, de hauts fonctionnaires du ministère en charge des sports ont eu à exercer la fonction de secrétaire général ou de

public du sport a connu un recul considérable. Loin d'une « *gestion directe* » et d'un « *interventionnisme exclusif* » de l'État, on relève le « *passage de la tutelle au partenariat* »[59]. La puissance n'est cependant pas dépouillée de son pouvoir de contrôle et de police : c'est ainsi que « *la gestion directe et quasi exclusive du football camerounais par les autorités de l'État intervient très souvent en période de crise. Elle est une gestion ponctuelle et trouve sa justification plutôt dans la volonté de l'État d'éviter des blocages dans la gestion du football par la Fécafoot* »[60].

Quoi qu'il en soit, l'habilitation unilatérale de gestion des services publics n'exclut pas le recours au contrat.

2- La délégation contractuelle de gestion des services publics

Le droit camerounais des services publics est aujourd'hui construit sur des fondements de plus en plus détachés du monopole de la gestion par l'État. Par le déficit de performance et les difficultés rencontrées dans la gestion efficace et efficiente de certains services publics gérés en régie, mais aussi de toute évidence, par la volonté de libéraliser divers secteurs de l'économie, les pouvoirs publics camerounais ont marqué leur désengagement de la gestion directe de plusieurs services publics. Ils ont à cet effet usé de la technique juridique de la privatisation[61].

---

président de fédération sportive. À titre d'exemple emblématique, Monsieur Issa HAYATOU est secrétaire général de la Fédération camerounaise de football de 1974 à 1983, puis directeur des sports au Ministère de la jeunesse et des sports entre 1982 et 1986, avant de devenir président de ladite Fédération de 1986 à 1988.

[59] Claude BEKOMBO JABEA, *L'interaction entre la lex sportiva nationale et la lex sportiva internationale : réflexion à partir du cas du Cameroun* », Thèse doctorat en droit public, Université Jean Moulin-Lyon III, 2016, p. 198 et ss. L'auteur trouve la traduction de cette évolution appréciable, en ce qui concerne le football, dans le Décret n°2014/384 du 26 septembre 2014 portant organisation et fonctionnement des sélections nationales de football du Cameroun. Ce texte abroge le décret n°72/600 du 31 octobre 1972 portant organisation de l'Equipe nationale de football, ensemble ses modificatifs et textes subséquents.

[60] François Claude DIKOUME et Paul KOSYAKBE, « Les rapports entre l'Etat du Cameroun et la Fédération internationale de football association (FIFA) », *in* Eric BOURNAZEL (dir.), *Sport et Droit*, Bruxelles, Bruylant, 2000, p. 198.

[61] C'est précisément à la faveur d'une Ordonnance (n°90/004 du 22 juin 1990 relative à la privatisation des entreprises publiques et parapubliques) prise sur autorisation de la loi (n°89/030 du 29 décembre 1989 habilitant le Président de la République à légiférer par Ordonnance en matière de privatisation des entreprises publiques et parapubliques) que le Président de la République a intégré dans l'ordonnancement juridique camerounais la politique de privatisation au Cameroun. Aux termes de l'article 1er de ladite Ordonnance « *la privatisation est l'opération par laquelle l'Etat ou un organisme public ou para-public se désengage totalement ou partiellement au profit du secteur privé des entreprises quelle que soit leur forme juridique (établissement public, société d'économie mixte ou autre), dans lesquelles il détient tout ou partie du capital* ». Lire aussi *La privatisation des monopoles de service public au Cameroun. Evolution et Enjeux*, Friedrich E. Stiftung/Institut Supérieur de Management Public, Yaoundé, 1997 ;

La délégation se réalise par le recours au contrat administratif ; ce moyen juridique connaît une typologie plurielle.

L'expérience camerounaise de la gestion déléguée des services publics a fait du contrat de concession, le contrat de droit commun ou de principe en la matière. Si aucun texte ne l'affirme de manière expresse, cette analyse résulte du constat fait sur les différentes opérations de privatisation des services publics[62]. Le recours constant à ce type de contrat en matière de délégation de service public au Cameroun pourrait être justifié par le risque alors supporté intégralement par le cocontractant de l'Administration. À ce sujet, lorsque l'État n'arrive plus à supporter dans son portefeuille des entreprises publiques, pour des raisons financières, le recours à la concession semble une technique adéquate pour continuer de faire fonctionner le service public normalement tout en préservant les deniers publics, aux frais d'un cocontractant. La libéralisation introduite et consolidée dans le domaine des services publics ici prévoit alors comme cocontractant de l'Administration, soit une personne publique, soit une personne privée. Dans tous les cas, on pourrait penser sans risque de se tromper que l'option pour la concession de service public en matière de délégation de service public s'explique par le caractère ouvert ou assez libéral de ce mode de gestion.

Cela dit, le contrat d'affermage n'est pas ignoré par le droit positif camerounais en matière de gestion déléguée du service public[63]. En fait, dans la politique de privatisation d'un service public, l'État peut opter pour la division entre la gestion du patrimoine constitué dans ce service public d'une part, et l'exploitation réelle dudit service d'autre part. La stratégie rationnelle qui s'impose dans ce cas de figure est d'avoir une société de patrimoine à laquelle est confiée par l'État la gestion du patrimoine, et une société d'exploitation à laquelle est confiée l'exploitation du service pour le bien des usagers. Le partenariat implique à cet égard le recours à deux contrats administratifs distincts. Le premier adopté comme concession de service public entre le concédant, l'État, et le concessionnaire, la personne privée, conduit inexorablement au second qui est l'affermage. Le contrat d'affermage en droit camerounais impose la reconfiguration de l'étendue de la concession de service public.

P. Plane, « La privatisation des services publics en Afrique subsaharienne. Enjeux et incertitudes », *Revue économique*, vol. 47, n°6, 1996, pp. 1409-1421.

[62] Cas du service public de l'électricité, du service postal, de la téléphonie, du service du transport ferroviaire…

[63] Cas unique actuellement du service public de fourniture d'eau potable.

La diversité contractuelle est une marque du libéralisme au Cameroun, comme l'illustre la combinaison de la concession et de l'affermage[64]. Elle entraîne dans la gestion déléguée des services publics des faisceaux de conventions qui marquent l'implication du secteur privé à différents échelons de la prise en charge des activités contribuant à la satisfaction de l'intérêt général. Par ailleurs, l'habilitation contractuelle pour la gestion d'un service public a connu récemment une extension intéressante au Cameroun : l'État ou une collectivité territoriale décentralisée et d'autres personnes morales de droit public ou de droit privé peuvent, par une convention signée entre les parties au cours d'une assemblée générale constitutive, créer un groupement d'intérêt public – qui est une personne morale de droit public – pour exercer ensemble des activités ayant un caractère de mission de service public, dans un domaine bien déterminé[65].

Au demeurant, la coloration libérale de la gestion déléguée des services publics nécessite un encadrement juridique favorable à la mise en œuvre d'une régulation de plus en plus dynamique dans divers secteurs d'activités.

B- Le développement d'une régulation dynamique

Au Cameroun, la pratique de gestion déléguée, que le support juridique soit une décision unilatérale ou un contrat, concerne les services publics de divers secteurs d'activités. Pour garantir la concurrence, veiller à la qualité des services rendus et de sauvegarder l'intérêt général, la régulation se présente de nos jours comme le mécanisme juridique approprié. La régulation peut être définie comme l'« *action de régler un phénomène* »[66]. Au-delà de cette définition quelque peu hermétique, la doctrine semble apporter des éléments pertinents ; pour certains auteurs français, « *la régulation se rapporte au pilotage complexe d'un système plus ou moins bien connu plutôt qu'à un pouvoir mécanique* »[67]. La régulation, qui participe de la refondation de l'État, est un mode d'intervention consistant à assurer l'équilibre dans les relations entre acteurs opérant dans des secteurs d'activités complexes et sans cesse mouvants, à garantir les droits des usagers.

La régulation tant économique, médiatique, corporatiste que sportive est doublement détachée de l'État : elle affiche, sur le plan institutionnel, une autonomie

---

[64] Voir Décret n° 2005/493 du 31 décembre 2005 fixant les modalités de délégation des services publics, de l'eau potable et de l'assainissement liquide en milieu urbain et périurbain.

[65] Articles 2 et 5 de la loi n°2010/023 du 21 décembre 2010 fixant le statut du groupement d'intérêt public.

[66] Gérard CORNU (dir.), *Vocabulaire juridique*, Paris, PUF, Quadrige, 7ème éd., 2005, p. 720.

[67] Jean-Claude PRAGER et François VILLEROY de GALHAU, *18 leçons sur la politique économique. A la recherche de la régulation*, Paris, Seuil, 2003, p. 16.

et, sur le plan fonctionnel, une indépendance, réalité qui conforte l'idéologie libérale dans le domaine des services publics.

1- Le développement d'une régulation institutionnellement autonome

L'inscription du Cameroun dans la politique de libéralisation de plusieurs secteurs d'activités au début des années 90 est allée de pair avec l'expérience de régulation des services publics ouverts à la concurrence. À l'observation, la régulation par une administration ministérielle est en recul, la tendance forte étant à l'intervention d'organismes privés et publics autonomes supposés plus neutres dans le déploiement des services publics, moins marqués par des pratiques autoritaires.

Les fédérations sportives nationales et les ordres professionnels sont des personnes morales de droit privé qui participent à l'exécution de missions de service public et incarnent respectivement la régulation sportive et la régulation corporatiste. En droit camerounais, une fédération sportive est un regroupement de plusieurs associations sportives, sociétés sportives et licenciés d'une ou de plusieurs disciplines sportives. Son fonctionnement est soumis à l'agrément préalable du ministre en charge des sports, autorité de tutelle, et cesse à partir du retrait dudit agrément[68]. On ne saurait ignorer que chaque fédération sportive nationale est affiliée à la fédération internationale de sa discipline et doit faire respecter les règles qui lui viennent de cette haute autorité sportive. Il y a ainsi une autorité qui fait concurrence à l'État, qui protège l'autonomie de la fédération nationale vis-à-vis de l'État[69]. À l'instar des fédérations sportives, les ordres professionnels sont des personnes morales dont on ne peut nier ni le caractère d'organismes de droit privé ni l'autonomie juridique envers l'État.

Par ailleurs, les organismes de régulation créés par diverses législations sectorielles sont des personnes publiques. Personnes morales de droit public distinctes de l'État, ils jouissent de la personnalité juridique et de l'autonomie financière. Autrement dit, leur existence n'est juridiquement pas subordonnée au fonctionnement des départements ministériels même si un lien de tutelle les rattache à ceux-ci. De manière générale, ces organismes sont textuellement qualifiés d'établissements publics administratifs : c'est le cas de l'Agence de régulation des

---

[68] Article 5 de la loi n°2011/018 du 15 juillet 2011 précitée.

[69] Si l'on s'en tient au football, le Cameroun a été à plusieurs reprises sanctionné ou menacé de sanction par la Fédération internationale de football association (FIFA) pour ingérence de l'État dans les activités de la FECAFOOT. Il arrive qu'un conflit entre celle-ci et le ministère de tutelle technique soit porté devant la FIFA (voir compte rendu de la réunion tripartite FIFA-MINJES-FECAFOOT du 5 novembre 2004 à Zurich).

télécommunications[70], de l'Autorité portuaire nationale[71], de l'Agence de régulation du secteur de l'électricité[72]. Il faut souligner le cas notable du Conseil national de la communication (ci-après CNC) qui s'apparente à un organisme public innommé. Le législateur s'est montré très laconique, se contentant de disposer : « *Il est créé un Conseil national de la communication dont l'organisation et le fonctionnement sont fixés par voie réglementaire* »[73]. L'autorité réglementaire a qualifié le CNC initialement d'« *organe consultatif* »[74] et récemment d'« *organe de régulation et de consultation* »[75]. Ceux ayant le statut juridique d'établissement public administratif ont à leur tête un directeur général chapeauté par un conseil d'administration, tandis que le CNC est une instance collégiale ; dans les deux cas, la désignation des dirigeants relève d'une décision administrative discrétionnaire dont on peut craindre qu'elle n'abonde pas nécessairement dans le sens de la consolidation de l'idéologie libérale recherchée dans le domaine des services publics[76]. Dans l'ensemble, et en termes de comparaison, ces différents organismes se rapprochent des autorités publiques indépendantes (API) dotées de la personnalité juridique connues depuis le début des années 2000 en France[77].

---

[70] Créée par la loi n°98/014 du 14 juillet 1998 régissant les télécommunications (modifiée et complétée par la loi n°2010/013 du 21 décembre 2010 portant régime des communications électroniques). L'organisation et le fonctionnement de cette Agence (ci-après ART) sont régis par le décret n°98/197 du 8 septembre 1998.

[71] Elle a été instituée par la loi n°98/021 du 24 décembre 1998 portant organisation du secteur portuaire. Voir le décret n°99/126 du 15 juin 1999 portant organisation et fonctionnement de l'APN.

[72] Sur la création de l'Agence de régulation du secteur de l'électricité (ARSEL), voir loi n°98/022 du 24 décembre 1998 régissant le secteur de l'électricité au Cameroun (modifiée et complétée par la loi n°2011/022 du 14 décembre 2011). Sur l'organisation et le fonctionnement de l'ARSEL, voir décret n°99/125 du 15 juin 1999, abrogé par le décret n°2013/203 du 28 juin 2013.

[73] Article 88 de la loi n°90/052 du 19 décembre 1990 sur la liberté de communication sociale.

[74] Décret n°91/287 du 21 juin 1991 portant organisation et fonctionnement du CNC.

[75] Décret n°2012/038 du 23 janvier 2012 portant réorganisation du CNC.

[76] Selon la loi n°99/016 du 22 décembre 1999 précitée, le directeur général est nommé par décret du président de la République pour une durée de 3 ans renouvelable deux fois. Pour le CNC, il était composé, sous l'empire du décret du 21 juin 1991, des représentants des professionnels du secteur, de la société civile et des administrations publiques. Avec le décret de 2012, il comprend 9 membres nommés par décret du président de la République et choisis parmi les personnalités de nationalité camerounaise reconnues pour leur intégrité, leur rectitude morale et leur expertise dans le domaine de la communication sociale.

[77] Lire *Rapport sur les Autorités publiques indépendantes*, Annexe du Projet de loi de finances 2015, 129 pages. Il faut noter qu'une autorité publique indépendante est une autorité administrative indépendante (AAI) dotée de la personnalité juridique. En raison de l'absence de cette personnalité, il nous a paru impossible par le passé d'admettre tout rapprochement entre les organismes de régulation camerounais et ceux de la France : lire notre étude sur « Les établissements publics indépendants : une innovation fondamentale du droit administratif camerounais », *RASJ*, vol. 2, n°1, 2001, pp. 153-178.

Cela dit, la régulation ministérielle n'a pas disparu totalement, elle reste isolée. La réforme du secteur des postes et télécommunications, qui semblait ouvrir une ère nouvelle relativement à la structuration organique des acteurs publics[78], notamment la création de l'Agence de régulation des télécommunications, s'avère inachevée. La particularité du sous-secteur postal l'illustre à suffisance. Le décret n°2010/2429/PM du 12 août 2010[79] prescrit l'intervention d'une Agence de régulation postale tandis que postérieurement, la direction de la régulation et du contrôle des activités postales figure dans l'organigramme du ministère des Postes et Télécommunications[80]. Cette intervention ministérielle, somme toute résiduelle, n'entrave pas l'indépendance des régulateurs dans la conduite de leurs missions. Il y a lieu d'examiner à présent cette question.

2- Le développement d'une régulation fonctionnellement indépendante

Le contexte de crise des finances publiques et de libéralisation économique a conduit à une conception renouvelée du rôle de l'État dans certains secteurs d'activités. S'étant désengagé en tant qu'opérateur économique de nombreux secteurs productifs, l'État n'a pas pour autant cessé d'être un acteur majeur pour l'activité économique. À ce titre, il doit se préoccuper du climat des affaires et créer les conditions d'un marché concurrentiel et compétitif. La régression de l'État interventionniste a favorisé postérieurement l'émergence de l'État régulateur. Cette évolution a donné lieu à la création des organismes de régulation dont le fonctionnement se veut autonome[81].

On peut schématiser l'architecture de la régulation de manière suivante : l'État encadre les activités par la législation et la réglementation *a priori*, pendant que les régulateurs y participent et exercent un contrôle ainsi qu'une veille *a posteriori* sur le fonctionnement. La régulation a donc pour objet de préserver équitablement les intérêts du public, de l'État et des professionnels d'un secteur d'activité. Pour emprunter à la France, on dirait : « *Le régulateur n'a pas vocation à se substituer aux pouvoirs publics. Au législateur et au gouvernement de définir les finalités et de garantir les équilibres ; au régulateur d'être l'arbitre entre opérateurs et d'être attentif aux intérêts*

---

[78] Voir notre étude sur « La réforme du secteur des postes et télécommunications au Cameroun », *RASJ*, vol. 1, n°1, 2000, pp.97-104.

[79] Ce texte fixe les modalités d'autorisation d'installation et d'exploitation des réseaux et services postaux.

[80] Voir le décret n°2012/512 du 12 novembre 2012 portant organisation de ce Ministère.

[81] Voir notre étude précitée « Les établissements publics indépendants : une innovation fondamentale du droit administratif camerounais », *RASJ*…

du consommateur »[82]. Au Cameroun, les organismes de régulation sont chargés d'assister les pouvoirs publics dans l'élaboration, la mise en œuvre et le suivi des politiques nationales sectorielles, et de veiller au respect des lois et règlements en vigueur. De manière systémique, ces organismes assurent la bonne marche de leurs secteurs ; ils disposent à cet effet d'un certain pouvoir décisionnel et d'un pouvoir contentieux certain.

En ce qui concerne le pouvoir décisionnel, il se décline en plusieurs mécanismes. D'abord, les organismes de régulation interviennent dans l'édiction des normes juridiques pour l'encadrement des activités concernées. Dans l'exercice de cette fonction de réglementation, les régulateurs peuvent, sans être assujettis au pouvoir hiérarchique d'une quelconque autorité, prendre des actes administratifs décisoires. C'est le cas de la révision des tarifs et de l'autorisation d'établissement dans le secteur de l'électricité[83]. L'évolution du pouvoir décisionnel des ordres professionnels est saisissante : alors que le décret n°88/859 du 8 juin 1988 prescrivait la compétence du ministre de la Santé publique pour accorder les autorisations d'installation en clientèle privée aux pharmaciens, en 1990 le législateur a conféré à l'Ordre national des pharmaciens du Cameroun la compétence pour délivrer les autorisations nécessaires à l'exercice de cette profession libérale[84]. Globalement, ces décisions administratives pouvant faire grief sont susceptibles de recours contentieux devant la juridiction administrative[85]. Les organismes de régulation peuvent aussi participer résolument à l'émission d'actes réglementaires en formulant à l'administration étatique de tutelle des avis conformes. Ceux-ci ont la particularité d'orienter et de déterminer matériellement la décision à prendre par l'autorité compétente ; c'est ainsi que le Conseil national de la communication émet un avis conforme sur les dossiers de demande de licences de création et d'exploitation des entreprises privées de communication audiovisuelle[86]. Ensuite, les instances de régulation bénéficient d'importants pouvoirs de contrôle du bon fonctionnement des secteurs. Sur la base des constats, elles ont la latitude d'adresser des injonctions au(x) contrevenant(s) et,

---

[82] Déclaration de M. le Premier ministre Lionel JOSPIN dans le quotidien français *Le Monde* du 28 mars 1998.

[83] Sur ce pouvoir de l'ARSEL, cf. articles 72 et 82 de la loi la loi n°2011/022 du 14 décembre 2011 régissant le secteur de l'électricité au Cameroun.

[84] Article 3 de la loi n° 90-035 du 10 août 1990 portant exercice et organisation de la profession de pharmacien.

[85] Pour les ordres professionnels, voir : CFJ/CAY arrêt n°50 du 27 juin 1968, Bernard AUTEROCHE c/ Ordre National des Médecins du Cameroun ; CS/CA, Arrêt du 21 mars 1977, FEUMI NJANTOU Jacques c/ Ordre National des Avocats. Pour les fédérations sportives, voir CS/CA, Jugement du 25 mars 1989, Aigle royal de Dschang « El Pacha » c/ Etat du Cameroun (Ministère de la Jeunesse et des Sports).

[86] Article 4 alinéa 2 du décret n°2012/038 du 23 janvier 2012 précité.

le cas échéant, de prononcer les sanctions administratives et pécuniaires. Le régulateur du secteur de l'électricité peut prendre des sanctions punitives telles que l'annulation de titre ou des amendes civiles[87]. Pour sa part, le régulateur médiatique peut prononcer à l'encontre des opérateurs publics et privés ainsi que des professionnels du secteur de la communication sociale la mesure de suspension temporaire d'activités pour une période n'excédant pas 6 mois ou celle d'interdiction définitive d'activités[88].

En outre, parce qu'ils sont chargés de veiller à ce que le cadre législatif et réglementaire soit respecté, les organismes de régulation tranchent des litiges. Les régulateurs exercent les pouvoirs de règlement contentieux notamment, voire arbitral des différends entre les opérateurs sectoriels. À cet égard, l'Agence de régulation du secteur de l'électricité, tout comme l'Agence de régulation des télécommunications, peut être saisie comme instance d'arbitrage par tout opérateur, aux fins de règlement des différends entre opérateurs de leurs secteurs respectifs[89]. Les décisions d'arbitrage peuvent intervenir dans le règlement des différends entre les opérateurs et leurs usagers/consommateurs. Par ailleurs, il importe de souligner que les fédérations sportives nationales et les ordres professionnels exercent la compétence disciplinaire pour les acteurs du champ sportif et au sein des professions[90].

En conclusion, la consolidation de l'idéologie libérale dans le domaine des services publics au Cameroun est un processus soutenu. Le « moins d'État » n'est pas un leurre, mais bien une réalité ; l'Etat délègue de plus en plus l'organisation et la gestion des services publics aux personnes tant privées que publiques. Deux facteurs explicatifs peuvent être avancés : d'une part la crise économique qui a frappé les Etats du continent durant les années 80 et, d'autre part, les politiques de libéralisation, de privatisation et d'ajustement structurel impulsées principalement par les institutions financières internationales. Surtout, les régulateurs camerounais imposent progressivement leur autorité sans pour autant être autoritaires ; ils peuvent être

---

[87] Voir article 97 de la loi n°2011/022 du 14 décembre 2011 précitée. Le montant des amendes varie entre 100 000 et 10 000 000 de francs CFA.

[88] Article 6 du décret n°2012/038 du 23 janvier 2012 précité.

[89] Sur la base des articles 86 et 87 de la loi n°2011/022 du 14 décembre 2011, l'ARSEL a défini les modalités de son rôle d'arbitre conformément aux dispositions de l'Acte uniforme OHADA relatif à l'arbitrage. Un différend relatif à la signature d'une convention d'interconnexion pour la revente de trafic téléphonique a opposé l'opérateur de téléphonie mobile Orange Cameroun SA à un fournisseur de services de télécommunications à valeur ajoutée au public (Gécomiex). Après examen, une décision de l'ART (n°000049/D/ART/DG/DAJCI du 19 mars 2007) a enjoint la société Orange à signer une convention d'interconnexion avec Gécomiex.

[90] Voir par exemple : article 41 à 57 de la loi n° 99/36 du 10 août 1990 relative à l'exercice et l'organisation de la profession de médecin ; article 38 à 55 de la loi n° 99/001 du 07 avril 1999 relative à l'exercice et l'organisation de la profession d'opticien.

qualifiés à juste titre de pouvoirs de régulation. Ils exercent un pouvoir de régulation étendu dans le domaine économique et extra-économique[91]. Quelles que soient les réserves que l'on peut raisonnablement émettre sur le fonctionnement des organismes de régulation[92], la dynamique semble irréversible.

[91] Lire Guillaume Joseph FOUDA, « Les organismes publics de régulation et de gouvernance en droit public camerounais : du foisonnement des autorités administratives indépendantes et des établissements publics administratifs », *Revue de droit administratif*, n°1, 1er semestre 2012, pp. 183-196.
[92] Voir Agathe Florence LELE, *Les agences de régulation au Cameroun*, Mémoire de Master en administration publique, ENA (France), 2004-2005, 90 pages.

LES FONDEMENTS IDÉOLOGIQUES DU DROIT DE LA DOMANIALITÉ PUBLIQUE AU CAMEROUN

Christophe BETI ETOA[1]

Introduction

Notre intervention contributive au thème général du séminaire portant sur ***Les fondements du droit administratif camerounais*** a pour titre « Le fondement idéologique du droit de la domanialité publique ».

Tel que libellé, le sujet à traiter nous incline à faire œuvre d'archéologue à la recherche des fondements idéologiques, autrement dit des idées, des concepts, des pensées, des théories qui sont à la genèse de l'existence de l'objet considéré.

Cette approche se distingue de celle basée sur des fondements juridiques, textuels, jurisprudentiels du droit de la domanialité publique, dans laquelle le chercheur en droit est amené à faire état des textes ou des décisions de justice qui caractérisent les fondements du droit en cause.

Avec les fondements idéologiques, nous nous situons en amont des textes, dans la pensée, dans l'esprit de ceux qui ont inspiré les règles sociales. Allusion est ici faite aux exégètes, aux philosophes, aux penseurs, aux conclusions des commissaires de gouvernement, aux auteurs et, relativement aux textes, aux travaux préparatoires des commissions de réflexion, aux exposés des motifs des textes, aux débats parlementaires...

En réalité, l'idéologie, définie comme « *système d'idées, de croyances, de doctrines propres à une époque, à une société ou à un groupe social* »[2] et le droit formel ne sont pas aussi distants qu'on pourrait le croire. En effet, comme l'affirme Jacques Chevalier, « *Il n'y a nullement séparation, mais imbrication du droit et de l'idéologie : l'idéologie traverse le droit de part en part et modèle les concepts juridiques, tandis que la*

[1] Chargé de cours, UY2, FSJP.

[2] Dictionnaire Antidote.

médiation de la forme juridique est indispensable à la propagation des effets idéologiques »[3].

L'éminent auteur ajoute plus loin, « *Les concepts juridiques sont, par essence même, chargés, pétris d'idéologie : par-delà leur fonction instrumentale, ils véhiculent nécessairement un ensemble de représentations établissant le bien-fondé de l'ordre social et politique. Cette imprégnation du droit par l'idéologie s'explique par un effet de code. Le droit ne saurait être considéré comme un élément isolé, séparé du reste de la société ; c'est au contraire le produit de l'évolution sociale : les concepts qu'il utilise ne sont pas neutres, autonomes, intemporels, mais intimement et indissolublement liés aux valeurs sociales dominantes* »[4].

Ainsi, faire l'étude du droit de la domanialité publique sous l'angle idéologique renvoie à l'analyse des idées dominantes qui ont prévalu et déterminé l'institution de ce concept. La représentation que le droit domanial véhicule contribue à établir celui-ci dans des assises plus solides et à légitimer ses règles.

Mais qu'est-ce donc le droit de la domanialité publique dont les fondements idéologiques sont ici recherchés ?

La domanialité publique, dans le contexte du droit administratif camerounais comme dans celui des États influencés par le droit français, dérive du terme domaine public. Elle peut être définie comme l'ensemble des règles qui régissent la détermination, la protection et l'utilisation des biens des personnes publiques (État, collectivités territoriales décentralisées, établissements publics) classés dans la catégorie dite du domaine public. C'est le régime juridique de droit administratif, très protecteur, auquel est soumis le domaine public. Ce dernier est **une partie du patrimoine** des personnes publiques nécessaire à l'accomplissement de leurs missions d'intérêt général[5]. Il se distingue du domaine privé qui regroupe les biens des

---

[3] Jacques CHEVALLIER, « Les fondements idéologiques du droit administratif français », in. *Variations autour de l'idéologie de l'intérêt général*, Vol. 2, Paris, P.U.F., 1979, p. 3.

[4] *Idem.*

[5] Le terme domaine public pourrait désigner l'ensemble des biens appartenant aux personnes publiques, comme ce fut le cas à une époque reculée, à en croire Marie-Aimée Latournerie : « *Il y a deux siècles, le domaine public désignait toutes les propriétés de l'Etat. Il désigne aujourd'hui une partie des propriétés des diverses personnes publiques faisant l'objet d'un régime juridique distinct de celui de leur domaine privé* ». (*Point de vue sur le domaine public,* Ed. Montchrestien, clefs politiques, 2004, p.9). En droit positif camerounais comme en droit français, il ne désigne qu'une partie des biens appartenant aux personnes publiques.
L'article 2 de l'Ordonnance n° 74-2 du 6 juillet 1974 fixant le régime domanial définit précisément le domaine public en droit camerounais comme l'ensemble des « *biens meubles et immeubles qui, par nature ou par destination, sont affectés soit à l'usage direct du public* (voies publiques, rivages de la mer, cimetières, emplacements de marchés, parkings, jardins publics...), *soit aux services publics* (écoles publiques,

personnes publiques, en principe non affectés à l'utilité publique, dont le régime obéit essentiellement aux règles de fond et de compétence du droit privé. Une distinction est ainsi établie au sein du patrimoine des personnes publiques : d'une part des biens du domaine privé régi fondamentalement par le droit privé et d'autre part, le domaine public régi par le droit public, et singulièrement par le droit administratif.

Dès lors, poser la question des fondements idéologiques du droit de la domanialité publique au Cameroun, c'est chercher à savoir sur quelles idées repose la conception du droit de la domanialité publique au Cameroun.

Répondre à cette question permettra de déterminer ce qui a véritablement motivé l'institution de la notion de domaine public dans le contexte et les textes camerounais, contraignant à mettre à part certains biens publics en leur réservant un régime juridique particulier.

Une réponse adéquate à la question posée peut être apportée par l'analyse non seulement de l'origine des idées (I), mais également de leur substance (II).

I- L'origine des idées

Fondamentalement, le droit positif camerounais relève de l'histoire coloniale du pays. Par conséquent, les idéologies qui ont façonné ce droit « hérité » sont partagées par la doctrine camerounaise qui conserve et entretient plus ou moins consciemment, plus ou moins fidèlement, cette source originelle, génésique.

Cependant si l'idéologie de la domanialité publique au Cameroun est incontestablement d'inspiration française (B), il reste que des éléments constitutifs de la domanialité publique se trouvaient déjà dans la conception coloniale du patrimoine tribal (A).

A- Des éléments constitutifs de la domanialité publique dans la conception précoloniale du patrimoine tribal

Historiquement, la domanialité publique, au sens du droit français, a commencé par l'application des règles protectrices d'inaliénabilité et d'imprescriptibilité au domaine de la couronne[6], avant que celui-ci ne se voie appliquer une distinction entre les choses publiques affectées à l'usage de tous et celles qui appartiennent en propre au roi. Cette distinction préfigurait la séparation domaine public-domaine

universités d'Etat, musées, mairies, palais de justice, stades, hôpitaux publics, gares, voies ferrés, barrages hydroélectriques, lignes électriques, transformateurs, châteaux d'eau, fontaines publiques, etc.) ».

[6] Cf. Ord. De Moulins de 1566 et l'Édit d'août 1667.

privé qui allait être mise en exergue dès le XVIIe siècle[7]. Dès les origines, le domaine public est défini fondamentalement par le critère d'affectation des biens à l'utilité publique, à l'usage commun[8] ; le critère d'appartenance ou de propriété en était exclu ou relégué au second plan. En ce sens, le Parlement de Bordeaux, en date du 30 juin 1766, déclare : « *Il y a des biens appartenant en commun à la Nation dont la garde et la conservation sont l'attribut de la souveraineté... Ce n'est pas un véritable droit de propriété dans la main du souverain, mais plutôt un dépôt qui lui a été confié, de la chose commune ou publique, pour la conserver, la protéger, la rendre plus utile à tous les sujets* »[9].

Si l'on considère que le critère d'affectation à l'usage commun, plus que celui de l'appropriation, caractérise la domanialité publique, force est de constater que la conception d'un domaine public n'était pas étrangère à l'entendement patrimonial des populations camerounaises avant la pénétration européenne. Une « domanialité non écrite », selon les termes de Phil René Oyono et autres[10], était bien établie.

L'affectation du patrimoine tribal à l'usage de tous et sa protection constituaient des principes d'organisation et de fonctionnement des sociétés africaines précoloniales.

1- Des biens communautaires laissés à l'usage de tous

« *Le droit foncier coutumier africain et singulièrement camerounais,* affirme Aloys Mpessa, *était exclusif de l'idée de maître, de propriété au sens du droit européen, dérivé du droit romain* »[11]. Ce droit coutumier des biens publics avait pour règle la non-appropriation exclusive, individuelle desdits biens. « *Pour les autochtones,* renchérit-il, *la terre était un bien collectif inaliénable, dont les membres de la collectivité tiraient individuellement les utilités, soit en les cultivant, soit en y édifiant des constructions* »[12].

---

[7] A. Van Lang, G. Gondouin, V Inserguet-Brisset, *Dictionnaire de droit administratif,* 4e éd., Armand Colin, Dalloz, 2005, p. 124.

[8] E. Gros, « L'affectation, critère central de la domanialité publique », RDP, 1992, p. 749.

[9] Relevé par P. Yolka(*La propriété publique, essai pour une théorie*, Th. Paris II, LGDJ, 1997), cité par Y. Gaudemet, « Du domaine de la Couronne au domaine public », Mél. En l'honneur de J.-F. Lachaume, Dalloz 2007, p. 528.

[10] Phil René Oyono, Jesse C. Ribot, Andy White et Mariteuw Chimère Diaw, « Domaine public, conservation et décentralisation en Afrique francophone : théorie et pratiques des antinomies philosophiques et légales », *in* Workshop on Forest Governance & Decentralization in Africa, 8-11 April 2008, Durban, South Africa, p. 5,
*www.cifor.org/**publi**cations/pdf_files/events/documentations/.../Paper27Oyonoetal.pdf*

[11] Aloys Mpessa, *Essai sur la notion et le régime des biens domaniaux au Cameroun*, Th.1998, Université Paris 1-Panthéon – Sorbonne, p. 21.

[12] *Idem*, p. 42. C'est un constat identique que fait Huguet lorsqu'il affirme : « Dans les temps anciens les indigènes considéraient que la terre n'appartient à personne ou plutôt à Dieu... Dans ces conditions,

Parlant de la domanialité lignagère en Afrique noire francophone, Oyono et autres soutiennent qu'« *il y avait déjà des cadres sociaux de domanialité multi-stratifiés (lignage, ethnie, royaumes et États vassaux, empires), sans que les uns et les autres s'aliènent. Du point de vue des dynamiques sociales et politiques propres à chaque lignage, clan, ethnie, royaume ou empire, la domanialité non écrite a été inclusive. Aucun groupe social n'était échu de ses droits sur un domaine - de ses tenures : l'accès et l'usage de l'espace territorial étaient régis par des règles, normes et prescriptions internes. Aucun corps social n'avait le pouvoir d'exclure d'autres de l'appropriation des ressources, de l'accès aux dites ressources et du contrôle dudit accès. Il ne s'agissait donc pas d'une domanialité fermée et fondamentalement prescriptive* »[13]. La logique de l'exclusion inhérente au modèle occidental de l'appropriation individuelle est, selon eux, « *antithétique à la domanialité inclusive et non écrite des sociétés précoloniales* ». L'exemple de la gestion patrimoniale des Baoulés illustre bien cette affirmation. Chez eux, « *la terre et la forêt appartenaient à toute la communauté : le souverain ne devait qu'en réguler les mécanismes d'accès et d'usage* »[14].

Le décret du 12 janvier 1932 relatif à la constatation des droits coutumiers a, dans ce sens, reconnu le droit des populations autochtones, même s'il instituait une conditionnalité. Analysant ledit texte, Aloys Mpessa relève que : « *sur l'ensemble de ces terres, les populations avaient les droits d'usage traditionnels de chasse, de parcours, de cueillette, tant que leur exercice n'était pas incompatible avec les objectifs de développement* »[15].

Ce sont en fait les Allemands qui ont introduit l'institution domaniale et son corollaire la propriété foncière au Cameroun à la fin du XIXe siècle. Ce qui bouleversera considérablement la conception camerounaise du régime de la terre et de son organisation sociale et économique. Les ressources naturelles, qui appartenaient aux populations locales, sont devenues une propriété de l'administration coloniale. Les populations ne pouvaient plus prélever des animaux sans le permis de l'administration coloniale. De telles mesures créèrent, à l'évidence, des tensions, et des résistances de la part des populations locales.

---

la terre apparait comme un bien en quelque sorte immuable et éternel, indestructible, et dont les hommes ne peuvent avoir que la jouissance » (L. Hugues, « Le domaine et la propriété foncière en Afrique-Occidentale française », Recueil de législation, de doctrine et de jurisprudence coloniale, Tome 1, 1918, p.7.

[13] Article précité, p.3

[14] Idem, p. 5

[15] A. Mpessa, « Le domaine national du Cameroun : institution foncière et domaniale ambiguë. Entre appropriation publique et appropriation privée », Mél. En l'honneur de Jacqueline Morand-Deviller, Confluences, Montchrestien 2007, p.644

Quoi qu'il en soit, le législateur camerounais, au lendemain des indépendances, avait, ancrés à l'esprit, la conception de l'appartenance des biens à la communauté et l'usage commun qui en était fait. L'institution des nouvelles lois domaniales devait inéluctablement exprimer la connaissance de cette conception. Les observations d'Aloys Mpessa sont claires à ce sujet : « *Le législateur camerounais de 1963 avait judicieusement choisi le concept de patrimoine commun parce qu'il essayait de rendre compte en terme juridique, de la conception africaine modernisée du droit sur la terre, considérée comme un don de Dieu, un bien sacré appartenant à la communauté, mais mis à la disposition des individus, et dont chacun pouvait tirer toutes les utilités. Dans cette optique, la terre est un legs des ancêtres, leur appartenant toujours, mais dont les utilités devaient se transmettre de génération en génération. Nul ne pouvant y exercer des droits exclusifs, sa gestion est confiée à une entité supérieure, la collectivité nationale, d'où l'expression-concept "patrimoine collectif national"* »[16].

Tout comme l'idée de l'usage collectif des biens communautaires, celle de la protection du patrimoine tribal était conçue avant la pénétration coloniale.

2- L'existence précoloniale du principe de la préservation du patrimoine tribal

La protection, traduite en droit positif notamment par l'inaliénabilité et l'imprescriptibilité, est l'une des caractéristiques fondamentales de la domanialité publique ; elle est indissociable de la notion de domaine public. Le bien affecté à l'utilité publique doit être protégé tant que cette affectation demeure ; la protection étant la garantie de l'affectation[17].

La préservation, l'inaliénabilité, l'imprescriptibilité ne sont pas des concepts inconnus dans les sociétés africaines précoloniales. Antérieurement à l'installation allemande au Cameroun, la terre comme partout en Afrique au 19e siècle, n'était pas considérée comme un bien marchand. Hors commerce, elle « *était inaliénable et appartenait en jouissance aux familles qui devaient la transmettre intacte à leur descendance comme ces familles l'avaient elles-mêmes reçu de leurs ancêtres* »[18].

C'est assurément l'une des raisons qui ont fait dire à John Iliffe que « *la nature a été relativement bien conservée en Afrique* » [19], même si pour lui, il faut en chercher les

---

[16] *Idem*, p. 643.

[17] Helene Saugez, *L'affectation des biens à l'utilité publique : contribution à la théorie générale du domaine public,* Thèse, Université d'Orléans, juin 2012.

[18] Aloys Mpessa, *Essai sur la notion et le régime des biens domaniaux au Cameroun*, Th.1998, Université Paris 1-Panthéon – Sorbonne, p. 22.

[19] John Iliffe, *Africans : the history of a continent,* Cambridge University Press, 1995, 323 pges.

causes dans le manque de techniques et d'outils adéquats susceptibles de transformer significativement ladite nature.

L'argument du déficit technologique est certes valable. Toutefois, comme le notent Oyono et autres, il n'est pas la seule variable explicative. Les populations en question avaient aussi des pratiques sociales, culturelles et économiques qui « respectaient » la nature et contribuaient à sa préservation. Pour eux, « *la conservation de la nature est une pratique très vieille en Afrique noire : elle a assurément toujours fait partie des normes culturelles des populations depuis l'époque précoloniale. Ce n'est donc pas absolument faute de moyens technologiques transformateurs que la forêt - en Afrique centrale du moins - fut conservée, mais aussi du fait de nœuds de systèmes de valeurs millénaires ou séculiers. Les aspects non concurrentiels des modes de vie sociale et économique ont donc contribué à la conservation de la nature dans l'Afrique de l'Ouest et l'Afrique centrale précoloniales. En d'autres termes, la conservation, n'est pas une pratique absolument importée : elle n'est pas un phénomène nouveau, dont la nature idéologique et les aspects opératoires – comme la domanialité écrite – doivent être définis par l'État et le pouvoir politique supra-sociétal et supra-local* »[20].

Une société qui tient à sa survie doit se protéger ; la conservation des terres communautaires contribue à atteindre cet objectif. « *Dans une communauté qui vit de l'agriculture,* affirme Cocquery Vidrovitch, *la terre -base et source de la vie - est sacrée ; c'est une entité présentée, souveraine et donnée comme telle – ni appropriable ni aliénable. On comprend dès lors la difficulté et peut être même l'impossibilité de transposer dans une telle société le concept d'appropriation privée comme concept premier de rapport de la terre* »[21].

Les administrateurs coloniaux se sont cependant employés à introduire de nouvelles règles qui contrastaient grandement avec la conception coutumière du foncier ; à la domanialité non écrite des sociétés précoloniales africaines s'est substituée une domanialité écrite, instaurée par l'intrusion coloniale. Dans toute l'Afrique francophone, les colons ont entrepris d'imposer et de reproduire les conceptions idéologiques ainsi que l'infrastructure légale d'appropriation et de gestion des espaces de la métropole. En effet, le 4 juillet 1935, un décret colonial créait et posait les bases de la notion de « domaine public de l'État » dans toute l'Afrique occidentale française (AEF) et dans toute l'Afrique équatoriale française (AOF).

---

[20] Article précité, p.4

[21] Mme CocqueryVidrovitch, « Le régime foncier rural en Afrique noire », Colloque sur les problèmes fonciers en Afrique, Paris, 22-23 septembre, Revue 1980, p. 109.

C'est ainsi que la conception française de la domanialité publique s'est installée dans les territoires colonisés.

B- Une conception domaniale d'inspiration française

Le droit de la domanialité publique tel que conçu actuellement au Cameroun est assurément d'inspiration française. Celle-ci se manifeste non seulement dans le cadre de la solidarité idéologique de la doctrine camerounaise vis-à-vis de la doctrine française, mais également à travers le partage des bases historiques de l'idéologie de la domanialité publique.

1- Fidélité et solidarité idéologique de la doctrine camerounaise vis-à-vis de la doctrine française

Si l'on peut admettre que les **fondements juridiques** du droit domanial camerounais sont autonomes par rapport au droit français depuis l'accession du Cameroun à l'autonomie interne et à l'indépendance, voire depuis la période coloniale des suites de l'application du principe de la spécialité législative, comme l'affirme pertinemment le professeur Magloire Ondoua[22], l'infusion des **fondements idéologiques** du droit français dans le droit d'Afrique francophone en général et dans le droit camerounais en particulier, reste d'une brûlante actualité. La solidarité idéologique joue ici à fond. La plupart des juristes camerounais, comme d'Afrique francophone, sont nourris de principes du droit français. La doctrine et la jurisprudence française foisonnent dans nos cours magistraux et travaux dirigés. Ce ne sont pas les ouvrages de *Droit constitutionnel* ou de *Droit administratif* de Joseph Owona, de *Contentieux administratif* de Joseph Biyoum, de *Droit domanial* de Jean-Marie Nyama qui sont le plus souvent proposés aux étudiants ; mais plutôt le *Droit constitutionnel* de Bernard Chantebout ou de Jean Gicquel, le *Droit administratif* de René Chapus, André de Laubadère ou Charles Debbasch, le *Contentieux administratif* de René Chapus, Bernard Pacteau ou Serge Daël, le *Droit administratif des biens* de Jacqueline Morand-Deviller, etc., qui sont mis en exergue. Les revues de droit français occupent une grande place dans nos bibliothèques et sont citées en référence aux apprenants et largement exploitées par les chercheurs.

---

[22] « *Le message délivré par la Lettre de Cachet du 26 octobre 1774 était simple : le droit édicté en métropole, pour les citoyens français, n'était pas automatiquement applicable à l'empire colonial… En édictant cette lettre, le Roi prenait une décision de rupture quelque peu brutale, par rapport à la situation antérieure. Ce faisant, il ajoutait à la séparation et à la diversité physique de l'État français, une séparation et une diversité juridique ou de systèmes juridiques* ». Magloire Ondoa, *Introduction historique au droit camerounais : la formation initiale. Éléments pour une théorie de l'autonomie des droits africains*, Ed. Le Kilimandjaro, 2013, pp. 61 et 62.

Par ailleurs, la plupart des textes élaborés dans nos administrations s'inspirent largement du droit français. La comparaison de nombreux textes camerounais avec les textes français illustre à suffisance cette assertion. Par exemple, des similitudes existent entre le code de l'urbanisme français et la loi n° 2004/003 du 21 avril 2004 régissant l'urbanisme au Cameroun[23] ; notre code civil « camerounais », dans les articles relatifs à notre sujet, à savoir les articles 538 à 543, est resté inchangé depuis 1804.

Il faut reconnaître que sortis de la colonisation, du mandat et de la tutelle, il était difficile, pour les nouveaux dirigeants camerounais d'imaginer, de créer *ex nihilo* des droits régissant la société en général, et le domaine foncier en particulier. Les principes du droit coutumier ne pouvaient entièrement régir une société en pleine mutation. Il a donc fallu s'inspirer des concepts, des notions, des règles qui étaient à leur disposition ; celles de l'ancien occupant. « *Du point de vue technique,* constate Mpessa, *le gouvernement camerounais de l'autonomie ne disposait pas de juristes camerounais qui auraient imaginé un régime domanial authentiquement camerounais. Celui qui avait été initié en 1959 portait la marque des administrateurs coloniaux français dont l'emprise sur l'administration camerounaise était encore évidente* »[24].

Ainsi, le droit de la domanialité publique est fondamentalement inspiré des idées, des concepts élaborés par la doctrine française. Le droit positif domanial camerounais en porte la marque : distinction entre le domaine public et le domaine privé[25], principes d'inaliénabilité, d'imprescriptibilité et d'insaisissabilité[26], division du domaine public en domaine naturel et artificiel[27], etc. Toutes ces notions sont les fruits de longues et progressives réflexions doctrinales qui remontent à l'Ancien Régime français.

---

[23] Voir notamment l'article 2 de la loi régissant l'urbanisme au Cameroun :
« *Le territoire camerounais est le patrimoine commun de la Nation. L'État et les collectivités territoriales décentralisées en sont les gestionnaires et les garants dans le cadre de leurs compétences respectives. Les collectivités territoriales décentralisées harmonisent, dans le respect réciproque de leur autonomie, leurs prévisions et leurs décisions d'utilisation de l'espace* » et l'article L101-1 du Code français :
« *Le territoire français est le patrimoine commun de la nation. Les collectivités publiques en sont les gestionnaires et les garantes dans le cadre de leurs compétences. En vue de la réalisation des objectifs définis à l'article L. 101-2, elles harmonisent leurs prévisions et leurs décisions d'utilisation de l'espace dans le respect réciproque de leur autonomie* ».

[24] Thèse précitée, p. 79.

[25] Ord. n°74-2 du 6 juillet 1974 fixant le régime domanial, art. 1er ; art.2 ; art. 10.

[26] *Idem*, art. 2, al.2.

[27] *Ibid.* al.3.

2- Les bases historiques partagées de l'idéologie de la domanialité publique

Ayant adopté les principes du droit domanial français au lendemain des indépendances, les juristes camerounais ont, en partage avec les juristes français, la même histoire relative à la construction évolutive de l'idéologie de la domanialité publique.

Ce concept, basé sur la distinction domaine privé et domaine public et les corollaires protecteurs de ce dernier traduits par l'indisponibilité, l'inaliénabilité, l'imprescriptibilité, a été progressivement élaboré par la doctrine française, depuis les « domanistes »[28] de l'Ancien Régime aux juristes de l'époque moderne et contemporaine.

Le principe de la distinction domaine public-domaine privé dans le patrimoine des personnes publiques est ainsi le sceau de l'idéologie française[29].

Les réflexions doctrinales françaises partent du domaine de la couronne[30].

Sous l'Ancien Régime, tous les biens du royaume étaient censés appartenir au roi et étaient réunis sous un vocable unique : le domaine de la couronne. Le roi de France se comportait vis-à-vis du domaine royal de la même manière qu'un seigneur féodal. Il se considérait comme propriétaire dudit domaine et le gérait de façon anarchique ; les biens le composant étaient ainsi dilapidés en aliénations, donations ou mises en gage[31].

Face à cette prodigalité qui menaçait la survie du royaume, des jurisconsultes ont entrepris de distinguer les biens du royaume et de suggérer une protection particulière pour ceux qui étaient attachés à la fonction royale. Ils esquissèrent ainsi

---

[28] Cette appellation désigne, selon Yves Gaudemet, « *les auteurs de l'ancien droit qui, très tôt, ont dégagé une véritable théorie du domaine de la Couronne… À l'expression de cette théorie, sur quelque deux cents ans de monarchie, sont attachés les noms de Charondas Le Caron (Pandectes ou digestes de droit français, 1611), Bacquet (Traité des droits de la justice, 1714 ; Traité des prescriptions, 1753), Lagarde, (Traité historique de la souveraineté du roi et des droits dépandants, 1714), ou encore d'auteurs comme Choppin (Traité du domaine de la couronne en France, 1662), Nicolas de la Mare (Traité de la police, 1738), Lefevre de la Planche (Traité du domaine, 1764), Dunod de Charnage (Traité des prescriptions, 1744), ou Loyseau (Traité des seigneuries)* » *(Y. Gaudemet, « Du domaine de la couronne au domaine public. Étude d'histoire des doctrines », Mélanges en l'honneur de J.F. Lachaume,* Dalloz 2007, p. 527.

[29] Le « Krownland » (domaine de la couronne) établi par les Allemands par ordonnance du 15 juin 1896 renfermait toutes les « terres vacantes et sans maître ». Il s'agissait du domaine privé ; la législation allemande ne prévoyait pas l'existence d'un domaine public.

[30] Y. Gaudemet, *« Du domaine de la couronne au domaine public. Étude d'histoire des doctrines », op cit.*, p. 525.

[31] Olivia Brissaud, *Le principe d'inaliénabilité à l'épreuve de la Révolution française. La perception de l'œuvre d'art à travers les sélections patrimoniales : objet de commerce ou res sacra* ? Thèse, Paris, École Nationale des Chartes, 2012.

la théorie dualiste des biens de la couronne. Un domaine fixe fut distingué du domaine casuel.

Le domaine casuel rassemblait tous les biens qui venaient à échoir au roi ; il constituait le patrimoine « privé » du roi et était, par conséquent, disponible, aliénable.

Quant au domaine fixe, il comprenait l'ensemble des biens et droits acquis par la couronne à l'avènement d'un roi donné. De plus, des biens du domaine casuels pouvaient entrer dans le domaine fixe par un acte qui prévoyait explicitement cette introduction ; ou encore, un bien acquis par le roi pouvait entrer dans le domaine fixe après dix ans d'administration par les agents royaux. De fait et de droit, le domaine fixe comprenait les biens et les droits attachés à la fonction royale et bénéficiait de l'inaliénabilité[32], principe érigé en rempart contre la prodigalité des souverains.

C'est l'Édit de Moulin, préparé par le chancelier Michel de L'Hospital et pris par le roi de France Charles IX en février 1566 qui, à la fois, distingue les deux domaines et consacre le principe de l'inaliénabilité du domaine de la couronne, notamment des biens du domaine fixe. Cet Édit conféra à l'inaliénabilité une solennité quasi constitutionnelle. À noter que l'inaliénabilité est reconnue dès le XIVe siècle[33]. À partir du règne de Charles V (1364-1380), l'engagement de ne pas aliéner le domaine est inséré dans le serment du sacre. L'Édit de Moulin consacra définitivement le principe[34] qui fut par la suite renforcé en 1667, au moment où la règle de l'imprescriptibilité du domaine public a été édictée[35].

---

32 Y. Gaudemet, précité, p. 527-528.

33 Selon Marie-Aimée Latournerie, la reconnaissance du principe d'inaliénabilité remonte à plus loin. « *Il semble, écrit-elle, que ce soit à Montpellier en 1279, dans une assemblée solennelle de princes chrétiens, que fut pour la première fois proclamé le principe de l'inaliénabilité et de l'imprescriptibilité du domaine de la couronne. Souvent renouvelé, mais toujours enfreint par la faiblesse ou la prodigalité des princes, il ne reçut en France une sanction définitive et régulière que par l'ordonnance de Moulin, rendue par Charles IX en 1566* ». *Point de vue sur le domaine public,* éd. Montchrestien, clefs politiques, 2004, p.34

34 L'édit de Moulin admettait cependant certaines exceptions à l'inaliénabilité du domaine fixe. Les apanages ont ainsi constitué, avec l'engagement, les deux grandes exceptions au principe d'inaliénabilité. L'apanage est un bien foncier assigné à un " puîné " mâle de la maison de France pour assurer sa subsistance selon certaines conditions. Quant à l'engagement, il consistait à concéder temporairement des biens de la couronne à des particuliers, lorsque le roi avait besoin de moyens financiers, la portion du domaine devant faire retour à la Couronne au terme de l'engagement.

35 D'après Xavier Godin, « *L'édit portant règlement général sur le domaine de la Couronne d'avril 1667, rendu pour le dégagement du domaine… avait mis fin au débat touchant à l'imprescriptibilité du domaine. En effet, l'imprescriptibilité qui paraît, aujourd'hui, découler naturellement de l'inaliénabilité fit l'objet de textes particuliers sous l'Ancien Régime. Le premier fut la déclaration du 30 juin 1539 qui la reconnut conjointement avec l'inaliénabilité. Mais une ordonnance de 1555, rendue pour le Dauphiné, admettait*

Au XVIIIe siècle, la distinction commence à être affirmée à la faveur du retour aux notions et principes du droit romain, distinction entre *respublicae* et *resfisci*. Le terme domaine public apparaît, avec un contenu distinct de celui de la conception actuelle. On le constate notamment dans le *Traité du Domaine* de Lefèvre de la Planche, paru après sa mort en 1764. Il y est écrit : « *Dans le domaine public, il sera permis de distinguer ce que la puissance publique possède comme les autres citoyens, comme destiné à ses usages privés, c'est-à-dire les dépenses publiques en un mot ce qui lui est assigné comme patrimoine, d'avec ce qu'elle possède comme puissance publique pour les usages de la société dont les droits sont déposés entre ses mains. Tout domaine sera public, mais dans la propriété du domaine, on distinguera la propriété et la possession publiques, d'avec la propriété et la possession privées* »[36]. Ainsi définie, la notion de domaine public conçue par Lefèvre de la Planche se rapproche plus de la notion actuelle de propriété publique[37].

En tout cas, la doctrine officielle de la monarchie conservait la notion de domaine de la couronne, avec les distinctions évoquées plus haut.

À la Révolution de 1789, le « domaine de la couronne » devient le « domaine de la Nation ». Un décret des 22 novembre-1er décembre 1790 dispose : « *Toutes les portions du territoire national qui ne sont pas susceptibles d'une propriété privée sont considérées comme des dépendances du domaine de la Nation* »[38]. Le domaine change ainsi de nature en raison de la différence qui existe entre la couronne qui est une institution de la monarchie, et la Nation qui renvoie au peuple souverain. Une conséquence fondamentale est tirée de la souveraineté de la Nation : à la différence du roi, la Nation peut disposer de son domaine. Ce qui entraîne la suppression de l'indisponibilité des biens nationaux par le décret de 1790. Partant, la distinction domaine public - domaine privé n'avait plus sa raison d'être et ne fut donc pas consacrée.

Au XIXe siècle, la doctrine allait y revenir pour la faire triompher. Les dispositions du code civil de 1804 ont en effet suscité un regain d'intérêt pour la notion de domaine public. Ce regain d'intérêt a pour fondement l'article 538 du code civil

---

qu'une prescription de cent ans puisse être opposée au fisc. Certains y virent alors une règle générale applicable à tout le royaume, alors que d'autres l'interprétaient comme une dérogation limitée à une seule province. La controverse prit donc fin avec l'édit de 1667 qui proclama l'imprescriptibilité du domaine ». La réformation des domaines de mainmorte en Bretagne sous le règne de Louis XIV. Le cas du regaire urbain de Nantes, Mémoire de DEA d'Histoire du droit, Université Rennes 1, soutenu le 22 septembre 1999, p.24.

[36] Cité par Michel Verpeaux, « Proudhon et la théorie du domaine public », 109e congrès national des sociétés savantes, série Histoire moderne, T2, Dijon, 1984, p. 115.

[37] P. Yolka, *La propriété publique, essai pour une théorie*, Th., Paris II, LGDJ, 1997.

[38] Les dépendances visées par le texte sont les fleuves et rivières navigables, les chemins publics, les fortifications des villes, les ports…

selon lequel : « *Les chemins, routes et rues à la charge de l'État, les fleuves et rivières navigables ou flottables, les rivages, lais et relais de la mer, les ports, les havres, les rades, et généralement toutes les portions du territoire français qui ne sont pas susceptibles d'une propriété privée, sont considérés comme des dépendances du domaine public* ». La doctrine en a déduit que le code civil a voulu rendre ces biens inaliénables et, partant, a voulu les distinguer des autres biens de l'administration.

Les auteurs de l'exégèse, Pardessus[39], Delvincourt, Duranton[40], Toullier[41], et autres, relevant ainsi la mention du domaine public dans le code civil, vont proposer des éléments d'une nouvelle théorie du domaine que Victor Proudhon, dans son *Traité du domaine public*, reprendra ensuite à son compte[42] pour lui donner une tournure systématique[43].

Dans le chapitre premier de son *Traité du domaine public*, après une considération sur la nature des choses qui sont communes à tous les hommes, Proudhon écrit : « *il y en a d'autres qui sont publiques, quaedam publica, comme asservies par la disposition de la loi civile aux usages de tous. Tels sont les bords de mer, les fleuves et rivières navigables, les grandes routes, et c'est le genre de choses qui fait l'objet du domaine public* »[44].

Quant au domaine privé, dénommé à l'époque domaine de l'État par Proudhon (la conception proudhonienne de domaine de l'État sera remplacée par le terme domaine privé à la fin du 19e siècle)[45], il est défini de la manière suivante : « *il y a d'autres appartenant propriétairement à la communauté politique, qui en jouit comme*

---

[39] Traité des servitudes.

[40] Cours de droit, suivant le Code civil.

[41] Droit civil français suivant l'ordre du Code.

[42] Robert Pelloux a mis en exergue le travail des précurseurs de Proudhon dans l'élaboration de la théorie du domaine public. Pour lui, « *Pardessus, Toullier, Delvincourt, Duranton et bien d'autres que nous n'avons pu citer ont préludé pendant un tiers de siècle ; de leurs efforts sont sortis de "petits traités du domaine", très courts, inachevés, perçus dans leurs œuvres. Aussi, comme ces faits sont assez éloignés de nous, a-t-on cru longtemps que Proudhon avait créé de toutes pièces une théorie nouvelle, tandis qu'il n'a fait, sur beaucoup de points, que continuer, achever les systèmes embryonnaires précédents* ». *La notion de domaine public dans l'ancien droit*, Thèse, Grenoble, Dalloz, 1932, p. 111.

[43] Victor Proudhon, Doyen de la Faculté de Droit de Dijon, *Traité du Domaine public*, 1833-1834. Voir M. Boulet-Sautel, « De Chopin à Proudhon : une construction de la notion moderne de domaine public », Droits, 1995, n° 22, p. 91.

[44] *Traité du domaine public ou de la distinction des biens considérés principalement par rapport au domaine public*, T1,Bruxelles, Librairie de jurisprudence de H. Tarlier, 1835, p.1-2.

[45] Huet-Guyard (J.M.), *La distinction du domaine public et du domaine privé*, Thèse, Paris Domat-Monchrestien, 1939, p.6.

les particuliers jouissent chacun de ses biens : sun universalis. Ce sont celles qui composent les domaines nationaux ou le patrimoine commun de l'État et des communes »[46].

Dès la parution de l'ouvrage de Proudhon en 1833, la doctrine adopta sa théorie. Dix-huit ans plus tard, la distinction entre le domaine public et le domaine privé fut consacrée par la loi du 16 juin 1851 relative à la constitution de la propriété en Algérie[47]. Le 11 août 1920, le décret relatif à l'organisation du domaine au Cameroun introduisait la distinction domaine public - domaine privé dans le territoire camerounais. Cette distinction et son corollaire sont aujourd'hui consacrés en droit positif camerounais par l'ordonnance n° 74-2 du 6 juillet 1974 fixant le régime domanial.

La doctrine contemporaine française poursuit les réflexions sur la distinction et la domanialité publique[48] ; ce qui a abouti en 2006 à l'adoption d'un nouveau code domanial, le Code général de la propriété des personnes publiques (CG3P)[49]. La doctrine camerounaise, quant à elle, paraît stagnante, s'accrochant à l'héritage colonial en la matière et engageant des aménagements contextuels sans envergure. L'ordonnance de 74, toujours en vigueur, prévoit un décret d'application organisant la gestion du domaine public au Cameroun ; 42 ans plus tard, ce décret reste attendu.

En tout cas, l'idéologie du droit de la domanialité public au Cameroun, on le voit, est largement tributaire de la doctrine française, qu'elle soit ancienne, moderne ou contemporaine. Mais au fond, qu'exprime-t-elle ?

---

[46] Proudhon, *Traité du domaine*, précité, p. 2.

[47] Aloys Mpessa, *Essai sur la notion et le régime des biens domaniaux au Cameroun*, précité, p. 62.

[48] Marie-Aimée Latournerie, « Réflexion sur l'orientation du droit des propriétés publiques », EDCE, n ° 38,1987, p. 18. ; Jean-Pierre Amadei,« Le devenir du domaine public », Les annales de la voirie, mai-juin 2000, p.14 ; Philippe Yolka, « Un État sans domaine ? », AJDA, 2003, p. 1017 ; Étienne Fatôme, « A propos des bases constitutionnelles du droit du domaine public », AJDA, 2003, p.1192 et p. 1404 ; Hubert-Gérald Hubrecht, « Faut-il définir le domaine public et comment ? », AJDA 2005, p. 598 ; Christine Maugüe, « Frontières de la domanialité publique », JCP N, 27/10/2006, n ° 1337, p. 1888 ; Fabrice Melleray, « Définitions et critères du domaine public », Dossier, Propriété publique-Domaine public, RFDA, n° 5 sept-oct. 2006, p. 906 ; Philippe Yolka, « Identifier le domaine public », *Revue juridique de l'entreprise publique, n ° 636*, novembre 2006 ; Jean-Marc Sauvé, « La valorisation économique des propriétés des personnes publiques », Les entretiens du Conseil d'État en droit public économique, 6 juillet 2011 ; Michaël Bardin, « L'aménagement indispensable et la modernisation de la domanialité publique », *La Semaine Juridique,* édition administrations et collectivités territoriales n° 2013.2071, n° 24, 10 juin 2013 ; Marie-Hélène Péro Augereau-Hue, Bernard Delorme, « Quand commence la domanialité publique », Defrénois, n° hors-série, 1er juin 2013, p. 46 ; etc.

[49] Ordonnance, 21 avril 2006 relative à la partie législative du Code général de la propriété des personnes publiques, JO, 22 avril 2006, p. 6024.

II- La substance des idées

Fondamentalement, la domanialité publique est née de l'idée de réserver certains biens, parmi l'ensemble des biens de la nation (biens des personnes publiques, des personnes privées ou biens non appropriés), à la satisfaction de l'utilité publique. Et pour que cette affectation à l'utilité publique ne soit entravée, les biens ainsi affectés bénéficient d'un régime particulier de protection.

A- Réserver certains biens aux fins d'utilité publique

Aux termes de l'article 2 de l'ordonnance n° 74-2 du 6 juillet 1974 fixant le régime domanial, « *Font partie du domaine public, tous les biens meubles et immeubles qui, par nature ou par destination, sont affectés soit à l'usage direct du public, soit aux services publics…, ils sont insusceptibles d'appropriation privée* »[50].

La disqualification de l'appropriation privée (1°) et l'affectation à l'utilité publique (2°) constituent ainsi les critères caractéristiques de la domanialité publique.

1- La disqualification de l'appropriation privée et insignifiance génésiaque du critère de la propriété

Selon le droit positif, les personnes publiques sont propriétaires du domaine public. De surcroît, au regard de la jurisprudence élaborée par le juge français, seules les personnes publiques peuvent posséder, dans leur patrimoine, des biens classés dans la catégorie des biens du domaine public[51].

Cependant, le critère de la propriété publique exclusive des biens du domaine public n'est pas clairement exprimé dans le texte camerounais relatif au régime domanial. Nulle part dans l'ordonnance n° 74-2, il n'est dit explicitement que « seuls » les biens appartenant aux personnes publiques peuvent faire partie du domaine public.

En effet, selon son article premier, « *La présente ordonnance régit le domaine public, le domaine privé de l'État et des autres personnes morales de droit public* ». À l'analyse,

[50] Le texte prévoit néanmoins des possibilités d'aliénation. Selon l'article 5, al. 3, en effet « *Les dépendances du domaine public naturel ou artificiel reconnues sans utilité compte tenu de leur affectation initiale, peuvent être déclassées et intégrées par décret au domaine privé de l'État ou des autres personnes morales de droit public* ».

[51] Voir par ex. CE, 8 mai 1970, Sté Nobel-Bozel, p. 312, AJ 1970, p. 349, Chron. R. Denoix de Saint Marc et D. Labetoulle ; à propos d'un mur longeant une voie publique et implanté sur un terrain privé. ; CE, 15 février 1989, Commune de Mouveaux, CJEG 1990, p. 55, note D.D., RDP 1989, p. 1517 ; TC 16 mai 1994, Consorts Allard, D. 1994, IR, p. 228 : relativement à des voies privées ouvertes à la circulation du public.

ce libellé laisse la place à une ordonnance ou à tout autre texte qui régirait « *le domaine public des personnes privées* ». Par ailleurs, la mention de l'article 2, alinéa 2, « *ils sont insusceptibles d'appropriation privée* », ne dit pas qu'ils sont susceptibles d'appropriation publique. Ils peuvent en effet n'appartenir ni aux personnes publiques ni aux personnes privées[52].

Cette incertitude ou imprécision pourrait se justifier par le peu de considération qu'à l'origine, la doctrine accordait au critère de propriété ; seule comptait l'affectation à l'usage de tous. L'inclusion du critère de la propriété publique dans la définition du domaine public est relativement récente.

Au départ en effet, le critère de la propriété du roi, de la nation ou de l'État n'entrait pas en ligne de compte dans les réflexions relatives à la domanialité publique. D'ailleurs, cette propriété était déniée, s'agissant des biens qui devaient être laissés à l'usage de tous. Comme l'affirme Aloys Mpessa, « *C'est justement pour combattre cette idée primitive, suivant laquelle le domaine de la couronne était la propriété du roi et de sa famille que certains jurisconsultes de l'ancien régime, Chopin, Loyseau, Domat et Lefèvre de la Planche esquissèrent la théorie dualiste des biens de la couronne* »[53].

D'un autre point de vue, le critère de propriété était indifférent à la détermination des biens affectés à l'utilité publique. Selon Yves Gaudemet, en effet, « *La doctrine dégagée tend uniformément à affirmer l'indisponibilité du domaine, en retranchant du patrimoine "privé" du roi les biens et droits attachés à la fonction royale, à la Couronne, quelle que soit d'autre part la nature du droit exercé sur ces biens du domaine de la Couronne. Sur ce dernier point en effet, les domanistes sont à la fois partagés et assez uniformément approximatifs, la notion même de propriété n'étant pas au centre du droit des biens publics de l'ancien droit* »[54].

Les domanistes de l'ancien droit avaient en fait pour idée de dissocier le domaine de la couronne de la personne du souverain et d'affirmer l'absence de droit de disposition du second sur le premier. Le bien public n'était pas lié à la propriété du souverain, mais plutôt attaché à la fonction, à la mission assignée au souverain. Pour Philippe Yolka, « *Il y a des biens appartenant en commun à la Nation dont la garde et la conservation sont l'attribut de la souveraineté… Ce n'est pas un véritable droit de propriété dans la main du souverain, mains plutôt un dépôt qui lui a été confié, de la chose commune ou publique, pour la conserver, la protéger, la rendre plus utile à tous les*

---

[52] Voir plus loin la position de Ducrocq, Berthélémy, Proudhon…

[53] Thèse précitée, p. 59.

[54] Mélanges en l'honneur de J.F. Lachaume, Dalloz 2007, p. 527-528.

sujets »[55]. « *En 1689,* écrit Marie-Aimée Latournerie, *Domat affirmait que le Roi n'a qu'un droit de garde et de surintendance sur les choses qui sont in usa publico, et en 1764, Lefebvre de la Planche précisait que ces choses sont des res nullius, insusceptibles de propriété privée et ne relevant que de la police* »[56].

La formule de l'article 538 du code civil selon laquelle « *toutes les portions du territoire français qui ne sont pas susceptibles d'une propriété privée sont considérées comme des dépendances du domaine public* » a suscité une interprétation qui a conduit des juristes, parmi les plus éminents de l'époque, à écarter le critère de propriété dans la détermination du domaine public.

Pardessus proposait « *de consacrer les mots domaine public à exprimer les choses qui servent à l'usage commun comme les chemins, routes, rues, places, fleuves, bâtiments publics, choses qui par suite de la destination qu'on leur a donnée ne sont susceptibles ni de propriété privée, ni de prescription* »[57]. Ducrocq, s'appuyant sur l'interprétation de l'article 538 du code civil, affirme : « *la première condition que doit présenter un immeuble domanial pour constituer une dépendance du domaine public est d'être non susceptible de propriété privée* »[58]. Pour Cormenin, le domaine public est « *celui qui, d'après la définition de l'article 538 du Code civil, n'est pas susceptible de propriété privée. Il se compose de ce qui sert à l'usage public et commun et ne peut, dès lors être la propriété exclusive de personne, tels que les chemins, les fleuves, etc.* »[59].

C'est Proudhon qui, semble-t-il, a le plus soutenu la thèse déniant l'appropriation par l'État du domaine public. Pour lui, déclare Marie-Aimée Latournerie, « *le pouvoir sur le domaine public est "un pouvoir spécialement chargé de régir et administrer les choses qui sont, par les lois, asservies à l'usage de tous et dont la propriété n'est à personne"* »[60]. Et il affirme fortement : « *le domaine public n'est pour personne, ni même pour l'État, un domaine de propriété, puisque nul n'en est exclu... Le domaine public diffère essentiellement aussi du domaine de propriété, puisqu'il ne s'applique qu'à des choses qui n'appartiennent à personne* »[61].

Cependant, dans la 5e édition de son *Précis de droit administratif et de droit public général* datant de 1903, Maurice Hauriou, professeur de droit à l'université de Toulouse, avec une clairvoyance juridique remarquable, affirma que les personnes

---

[55] P. Yolka, *La propriété publique, essai pour une théorie*, Th. Paris II, LGDJ, 1997, p. 63.

[56] M.-A Latournerie, *Point de vue sur le domaine public,* Ed. Montchrestien, clefs politiques, 2004, pp.18-19.

[57] *Élément de droit public et administratif,* 1e éd., Paris-Poitiers, 1834, T1, pp 250-251.

[58] Cours de droit administratif, 7e éd. 1874.

[59] *Droit administratif,* 5e éd. Paris, éd. Pagnerre, 1840.

[60] Ouvrage précité, p. 19.

[61] Proudhon, *Traité du domaine*, précité, pp. 242-243.

publiques détenaient un droit de propriété sur les biens du domaine public. Il déclara en effet que : « *Les dépendances du domaine public sont des* ***propriétés administratives*** *rendues inaliénables et imprescriptibles par leur destination d'utilité publique et par leur affectation. À côté du domaine public, il existe une autre catégorie de propriétés administratives qui constituent le domaine privé, elles ne sont ni inaliénables, ni imprescriptibles et n'ont point reçu d'affectation spéciale à l'utilité publique* ».

Le raisonnement de Hauriou est à la fois simple et pertinent : partant de la constatation que, avant et après l'affectation, le bien relève du domaine privé, et qu'on reconnaît alors qu'il est objet de propriété, l'éminent juriste estime difficile d'admettre que le droit de propriété disparaisse pendant la durée de l'affectation ; il est selon lui plus juste de considérer que ce droit subit un simple aménagement, du fait de sa destination particulière. « *La nouveauté de l'approche, estime* Marie-Aimée Latournerie, *tient à ce qu'Hauriou soutient que les dépendances du domaine public sont une propriété administrative, autrement dit, l'inaliénabilité et imprescriptibilité qui les frappent en raison de leur destination d'utilité publique et tant que dure leur affectation, par voie de conséquence de leur mise hors du commerce, ne sont pas destructives de l'idée de propriété* »[62].

Depuis lors, il est admis que les personnes publiques disposent d'un droit de propriété sur leur domaine public, comme elles le détiennent à l'égard de leur domaine privé.

La jurisprudence française, tant civile qu'administrative a, à plusieurs reprises, consacré la thèse propriétariste à propos des voies publiques[63], du domaine public maritime[64]ou fluvial[65] et des bâtiments des collectivités publiques affectés à des services publics[66].

2- L'affectation à l'utilité publique : critère fondamental de la domanialité publique

L'idée d'affectation[67] des biens à l'utilité publique a toujours été à la base de la conception du domaine public, depuis l'époque romaine, en passant par les jurisconsultes de l'Ancien Régime jusqu'aux penseurs contemporains. La doctrine est

[62] Ouvrage cité, p. 25.

[63] CE, *22 novembre 1901, Ville de Saint-Étienne.*

[64] CE, 17 janvier 1923, *Piccioli.*

[65] CE, 17 mai 1946, *Commune de Vieux-Boucau.*

[66] CE, 17 mars 1967, *Ranchon.*

[67] Pour le commissaire du gouvernement R. Latournerie, l'affectation : « *c'est la détermination du but assigné à un bien ou à une institution juridique qui donne à la fois, aux pouvoirs impartis aux autorités publiques qui ont à atteindre ce but, leur fondement et leur mesure* », Conclusions sur CE, 28 juin 1935, M. Marécar, *RDP*, 1935, p. 590.

unanime sur le fait que la domanialité publique trouve son fondement dans l'idée d'affectation des biens à l'utilité publique[68] ; le bien doit nécessairement servir l'intérêt général pour être considéré comme intégré au domaine public. Ainsi, selon Proudhon, le domaine public comporte des « *choses qui sont par les lois, destinées et asservies à l'usage de tous* »[69]. Pour Maurice Hauriou, « *toute domanialité publique repose sur l'idée de l'affectation des choses à l'utilité publique* »[70]. « *C'est l'affectation publique d'un bien appartenant à une personne publique,* reconnaît Christian Lavialle, *qui conduit à le ranger dans le domaine public* »[71]. La considération de la place essentielle de la notion d'affectation fait dire à Jacqueline Morand-Deviller qu'elle est la « *poutre maîtresse de la domanialité publique* »[72]. Comparant les biens du patrimoine des personnes publiques distingués en domaine privé et domaine public, Helene Saugez affirme : « *La différence entre les deux concerne l'affectation* »[73].

Ainsi, c'est le critère d'affectation qui détermine véritablement le caractère public du domaine. Car si le critère de propriété est partagé entre domaine public et domaine privé[74], celui de l'affectation à l'intérêt général, à l'utilité publique est quasi exclusif au domaine public.

---

[68] À mettre cependant à part la thèse d'Henri Berthélémy selon laquelle c'est la nature des choses qui les prédisposerait à faire partie du domaine public. Il affirme en substance : « *C'est au raisonnement seul que nous pouvons demander le critérium qui sépare le domaine public du domaine privé. De quoi s'agit-il en somme ? Il s'agit de déterminer quelles parties du domaine sont, en fait, assez différentes des biens qui composent les particuliers pour qu'une réglementation spéciale soit nécessaire. On ne comprendrait guère qu'on étendît aux routes, aux fleuves, aux rivages, les règles ordinaires sur la propriété et les services fonciers. On n'est pas surpris d'entendre dire que de telles choses sont inaliénables et imprescriptibles ; personne n'aurait supposé qu'on pût avoir l'idée d'acheter une portion de la place publique, d'un port ou d'un fleuve* » (*Traité élémentaire de droit administratif*, 1920, pp. 457).
Néanmoins dix ans plus tard, dans une note, Jèze contestait le raisonnement de Berthélémy en ces termes : « *il suffit de considérer l'histoire du droit français sur le domaine et le système juridique des États étrangers pour constater que des fleuves, des routes, qui, en France, font ou feraient aujourd'hui incontestablement partie du domaine public, ont appartenu ou appartiennent en propriété à de particuliers* » (Gaston Jèze, note sur CE, 21 mars 1930, Société agricole et industrielle du Sud algérien, RDP 1930 pp. 764-765).

[69] Ouvrage précité, p. 241.

[70] *Précis de droit administratif et de droit public*, Sirey, 9e éd., 1919, p. 716.

[71] C. Lavialle, *Droit administratif des biens*, PUF, 1996, p. 37.

[72] Rapport de synthèse de J. Morand-Deviller, *Réflexions sur le Code général de la propriété des personnes publiques, actes du colloque*, université de Lille II du 29 novembre 2006, présidé par Jacqueline Morand-Deviller, sous la direction de Stéphane Guerard, Litec, 2007, p. 131.

[73] Helene Saugez, *L'affectation des biens a l'utilité publique : contribution à la théorie générale du domaine public*, Thèse, Université d'Orléans, juin 2012, p. 7.

[74] « *L'État, les départements et les communes sont propriétaires de leur domaine public comme ils le sont de leur domaine privé* », Concl. Teissier, sur C.E., 16 juin 1909, Ville de Paris, précité.

D'où la formule cardinale de l'article 2 de l'ordonnance n° 74-2 du 6 juillet 1974 fixant le régime domanial : « *Font partie du domaine public, tous les biens meubles et immeubles qui, par nature ou par destination, sont affectés soit à l'usage direct du public, soit aux services publics* ».

Cette disposition présente un critère alternatif de l'affectation : les biens peuvent être affectés, soit à l'usage direct du public, soit aux services publics.

Les biens publics affectés à l'usage direct du public sont constitués d'immeubles ou d'espaces ouverts à tous. Le caractère direct de l'affectation implique que ces biens soient mis à la disposition du public qui y accède librement. Ainsi, sont affectées à l'usage public des dépendances telles : le rivage de la mer, les cours d'eau et les lacs, la voirie publique, les promenades, jardins et parcs publics, les cimetières[75], les fontaines publiques, etc.

C'est l'affectation de certains biens à l'usage direct du public qui a suscité les premières réflexions sur la domanialité publique. Face à la menace que faisait courir le roi sur l'intégrité des biens de la couronne suite aux prodigalités et aux dilapidations dont il faisait preuve, les jurisconsultes ont estimé qu'il convenait de prendre des mesures visant à protéger les biens utiles à tous. Jusqu'à la fin du XIXe, c'est à ces biens que se limitaient les règles protectrices de la domanialité publique. D'où, sans doute, le désir affirmé de certains auteurs, tels Ducrocq, Proudhon et Berthélémy, de les soustraire au « *dominium* », à la propriété du souverain ou de l'État.

Cependant, la conception du domaine public va évoluer lorsque des penseurs considéreront que les biens affectés à l'usage de tous ne sont pas les seuls à mériter une protection particulière.

Aubry et Rau, par exemple, ont émis l'idée d'une extension de la domanialité publique aux biens affectés aux services publics. En 1869, dans leur *Cours de droit civil français*, ils déclarent en effet que le domaine public comprend « *d'une part les choses qui sont livrées à l'usage du public et, d'autre part, les choses qui, sans être abandonnées à l'usage du public, sont affectées, directement et en elles-mêmes, à un service d'utilité générale* »[76].

---

[75] « *Un cimetière communal, affecté à l'usage du public doit être dès lors compris parmi les dépendances du domaine public de la commune* » : C.E. 28 juin 1935, Marécar, Rec. 734.

[76] Appliquant ces principes, ces éminents juristes citent comme faisant partie du domaine public national, outre les choses énumérées par les articles 538 et 540 du Code civil, d'une part, les chemins de fer, bien qu'ils aient été concédés à des particuliers, cela en s'appuyant sur un arrêt de la Cour de cassation du 16 mai 1861, les canaux de navigation et leurs francs bords, les églises métropoles et cathédrales, les bibliothèques et musées nationaux avec les manuscrits, livres, tableaux, statues et autres

Maurice Hauriou abonde également dans le sens de cette extension. Selon lui, « *sont dépendances du domaine public toutes les choses qui, étant propriétés administratives, ont été l'objet d'une affectation formelle à l'utilité publique. Cette affectation résulte tantôt d'évènements naturels complétés par des actes administratifs comme le mouvement des eaux complété par des déclarations de navigabilité pour les fleuves, tantôt d'actes administratifs ; il n'est pas nécessaire qu'elle soit perpétuelle, il suffit qu'elle soit actuelle et formelle. Avec cette formule, sont dépendances du domaine public, non seulement les terrains non bâtis affectés à l'usage direct du public, comme les routes ou rivages de la mer, mais aussi les terrains non bâtis affectés à un service public tels que les champs de manœuvre militaires, champs de tir, polygones ; sont dépendances du domaine public les bâtiments affectés aux services publics et les objets mobiliers dépendant des collections publiques* »[77].

Cette conception du domaine public développée par Hauriou en 1919 est criante d'actualité. Ne serait-ce pas d'ailleurs l'appréhension des biens affectés aux services publics qui a suscité à cet illustre auteur l'idée de la reconnaissance à l'État du statut de propriétaire des biens classés au domaine public et l'émergence de la notion de « propriété administrative » ?

Quoi qu'il en soit, la formulation retenue en 1947 par la commission de réforme du code civil entérine l'extension de la domanialité publique aux biens affectés aux services publics. Elle dit en substance : « *sauf dispositions contraires de la loi, les biens des collectivités administratives et des établissements publics ne sont compris dans le domaine public qu'à condition, soit d'être mis ou placés à la disposition directe du public usager, soit d'être affectés à un service public, pourvu qu'en ce cas, ils soient par nature ou par des aménagements particuliers adaptés exclusivement ou essentiellement aux biens particuliers de ces services* »[78].

Avec quelques nuances dans le libellé, c'est cette conception alternative de l'affectation qui sous-tend les dispositions de l'article 2 de l'ordonnance n° 74-2, susmentionné.

En France, la définition conceptuelle du domaine public intégrant les biens affectés à un service public[79] a eu pour conséquence l'élargissement du champ d'application du régime de la domanialité publique. Ce qui a conduit Liet-Veaux à

---

objets mobiliers qui en font partie, comme l'a également jugé la Cour de cassation par un arrêt du 10 août 1841 et, d'autre part, les arsenaux, les casernes, les bâtiments nationaux tels que les palais du Sénat, du corps législatif et du Conseil d'État.

[77] *Précis de droit administratif et de droit public*, Sirey, 9e éd., 1919, p. 740.

[78] *JO débats*, 1947, pp. 587-588

[79] Christian Lavialle, « *Que reste-t-il de la jurisprudence Société Le Béton ?* » *Revue française de droit administratif*, RFDA, 2010, p. 533-542.

dénoncer l'« hypertrophie pathologique du domaine public »[80]. Dès lors, toutes les réflexions se sont orientées vers la recherche d'un critère réducteur de la domanialité publique, relatif aux biens affectés à un service public[81]. Des propositions ont été avancées. Dans ses conclusions sous un arrêt du Conseil d'État de 1935, Marécar, Roger Latournerie propose d'admettre que « *les biens du domaine public sont, parmi les propriétés domaniales, celles qui, affectées à un service public, sont telles que leur emploi, leur mise en œuvre constituent l'objet même du service, à l'exclusion de celles qui sont seulement l'un des moyens par lesquels le service accomplit sa mission* ».

Cinq ans plus tôt, Gaston Jèze suggérait déjà de discriminer entre les biens affectés à un service public, ceux qui jouent un rôle essentiel pour le service et ceux qui sont secondaires. « *La théorie du domaine public, écrit-il, est une conséquence de la notion de service public. Ne sont du domaine que les choses affectées directement et spécialement à un service public. Mais un régime juridique spécial de protection n'est pas nécessaire pour toutes les choses affectées directement au service public. Il y a des choses qui, dans le fonctionnement du service public, jouent le rôle essentiel* »[82]. D'autres auteurs ont abondé dans ce sens[83].

Cette tendance doctrinale conduit à ce que la commission de réforme du code civil adopte en 1947 la proposition évoquée plus haut, dans laquelle elle évoque la condition d'*aménagement particulier* pour les biens affectés aux services publics.

Le critère d'aménagement spécial a ainsi été conçu pour réduire « *l'hypertrophie* » provoquée par l'adoption du critère d'affectation aux services publics.

Il a été intégré dans le Code général de la propriété des personnes publiques (CG3P). L'Art. L. 2111-1 dudit code dispose : « *Sous réserve de dispositions législatives spéciales, le domaine public d'une personne publique mentionnée à l'article L.1 est constitué des biens lui appartenant qui sont soit affectés à l'usage direct du public, soit affectés à un service public pourvu qu'en ce cas ils fassent l'objet d'un aménagement indispensable à l'exécution des missions de ce service public* ».

L'ordonnance n° 74-2 du 6 juillet 1974 fixant le régime domanial ne fait aucunement mention du critère d'aménagement spécial. À vrai dire, l'extension disproportionnée du domaine public n'est pas ressentie ici comme là-bas.

Au-delà de la détermination, de l'identification des biens domaniaux, l'intérêt fondamental du droit du domaine public repose sur le régime juridique de ces biens.

---

[80] G. Liet-Veaux, RA, 1970, p.297.

[81] F. Melleray, « La recherche d'un critère réducteur de la domanialité publique », AJDA 2004, p. 490.

[82] Note sur CE, 21 mars 1930, Société agricole et industrielle du sud algérien, RDP 1930, p. 766.

[83] Notamment, Marcel Waline, *Les mutations domaniales - Étude des rapports des administrations publiques à l'occasion de leurs domaines publics respectifs*, publiée, Thèse, Paris : Dalloz, 1925.

Ce régime est sous-tendu par la nécessité de protéger leur affectation à l'utilité publique.

B- Préserver les biens affectés à l'utilité publique

Analysant l'évolution du droit de la domanialité publique, M. Lagrange affirme : « *la distinction [domaine public - domaine privé] a paru être imposée par la nécessité d'assurer une protection particulière à ces "choses communes" qui doivent le demeurer et dont l'État seul est en mesure d'assurer la conservation* ».[84] Ainsi, pour que les biens affectés à une utilité publique puissent être utilisés au mieux de leur destination, ils doivent être préservés de toute atteinte pouvant porter préjudice à ladite destination. Aussi diverses mesures protégeant l'intégrité des dépendances domaniales ont-elles été suggérées par la doctrine avant d'être établies en règles positives.

Au départ, la protection des biens domaniaux était conçue en termes rigoureux, avant de connaître, à l'heure actuelle, une tendance à l'assouplissement.

1- D'une conception rigoureuse de la protection des biens domaniaux...

L'institution de la domanialité publique avait pour objectif, nous l'avons vu plus haut, de mettre des biens affectés à l'utilité publique à l'abri de toute prévarication, de toute convoitise, de toute dégradation à la fois des gouvernants et des particuliers. Différentes formes de protection ont alors été pensées, visant à garantir ces biens contre toute action pouvant porter atteinte à l'affectation. Les formes de protection élaborées avaient en commun d'être rigoureusement appliquées.

Ainsi, l'inaliénabilité, l'imprescriptibilité, l'insaisissabilité, l'interdiction de servitudes, la précarité ont été conçues pour une protection optimale des biens domaniaux. Elles se distinguent en mesures visant à préserver la disparition des biens du patrimoine public, celles concernant leur intégrité matérielle et celles relatives à la protection de leur utilisation.

a- Mesures visant à prévenir la dépossession des personnes publiques de leurs biens domaniaux

Les mesures prévenant la dépossession des personnes publiques de leurs biens domaniaux mettent en exergue le critère de propriété publique des biens du domaine public. Elles ont pour but d'assurer que les biens en cause restent dans le patrimoine

[84] M. Lagrange, « L'évolution du droit de la domanialité publique », RDP, 1974, p.8. Abondant dans le même sens, Emmanuelle Gillet-Lorenzi et Seydou Traoré affirment que « *L'idée de protection est au cœur de la théorie du domaine public. Elle constitue le fondement même du régime de domanialité publique. Les autorités administratives chargées de la gestion des dépendances du domaine public ont compétence liée pour assurer la protection du domaine public* », *Droit administratif des biens*, Éditions du CNFPT, 2007, p. 58.

de la personne publique propriétaire tant qu'ils sont affectés à l'utilité publique[85]. Ainsi, toute action qui les soustrairait du patrimoine public sans désaffectation et déclassement préalables serait illégale. D'où l'institution des principes protecteurs d'inaliénabilité, d'imprescriptibilité et d'insaisissabilité.

Le principe d'inaliénabilité interdit toute aliénation d'un bien du domaine public tant que celui-ci reste affecté à l'utilité publique. En posant le principe selon lequel le domaine de la couronne est inaliénable, l'Édit de Moulin de février 1566 visait à éviter les démembrements de ce domaine et à protéger ses dépendances vis-à-vis des autorités publiques elles-mêmes. Cet objectif reste d'actualité[86].

L'imprescriptibilité, quant à elle, interdit des actions possessoires des particuliers. Ce principe est en fait le corollaire du principe d'inaliénabilité. Si l'inaliénabilité vise les collectivités publiques propriétaires, l'imprescriptibilité, pour sa part, est dirigée contre les particuliers. Cette imprescriptibilité est ainsi la forme de protection qui tend à garantir les dépendances du domaine public contre toute forme d'acquisition par les particuliers sur le fondement d'un usage prolongé. Aucune possession utile, quelle que soit sa durée, ne peut être opposée à la libre disposition par la collectivité publique d'un élément du domaine public. Le principe d'imprescriptibilité du domaine public ouvre donc aux collectivités publiques propriétaires le droit de revendiquer, à tout moment, les biens appartenant à ce domaine public[87].

L'insaisissabilité est également établie comme une mesure de protection contre la dépossession des personnes publiques de leurs biens. À noter qu'elle concerne aussi bien les dépendances du domaine public que les dépendances du domaine privé des personnes publiques. L'insaisissabilité des biens publics implique que ces derniers ne sont pas saisissables et ne peuvent faire l'objet d'une mesure conservatoire. Ainsi, un créancier ne pourra faire procéder à l'appréhension d'un bien appartenant à une personne publique, même si cette dernière est son débiteur. De fait, s'agissant des dépendances du domaine public, la combinaison des principes de l'inaliénabilité et

---

[85] C'est dans ce sens que le Conseil constitutionnel français à reconnu "*le principe de continuité du service public, les droits et libertés des usagers du domaine public* et *la protection du droit de propriété des personnes publiques* comme *constituant les « exigences constitutionnelles qui s'attachent à la protection du domaine public"*; la règle d'inaliénabilité jouant ici un rôle de second plan et ne bénéficiant pas de la stature constitutionnelle, mais contribuant néanmoins à assurer le respect des exigences constitutionnelles susmentionnées. Décision n° 2003-473 DC du 26 juin 2003.

[86] Hubert-Gérald Hubrecht, « L'inaliénabilité : passé et avenir d'un principe de droit constitutionnel », in *la Constitution et les valeurs : mélanges en l'honneur de Dimitri Georges Lavroff*, Paris, Dalloz, 2005, p. 417.

[87] Sur ce point, voir Jean-Marie Auby, L'action domaniale, AJDA 1983, p. 507.

de l'imprescriptibilité devrait pouvoir justifier, par voie de conséquence, l'insaisissabilité desdites dépendances[88].

Une ultime protection domaniale se situe dans l'adoption de contraintes procédurales encadrant la sortie des biens du domaine public. Le pouvoir de déclassement de l'administration est strictement contrôlé. L'assise immobilière des services publics comme des usages publics devant être sauvegardée, la sortie des biens du domaine public doit être justifiée par une désaffectation évidente. Le Conseil constitutionnel affirme ainsi de manière constante que « *le déclassement d'un bien appartenant au domaine public ne saurait avoir pour effet de priver de garanties légales les exigences constitutionnelles qui résultent de l'existence et de la continuité des services publics auxquels il reste affecté* »[89].

b- Mesures visant la préservation de l'intégrité physique des biens domaniaux

L'intégrité est l'état d'une chose intacte, entière, qui n'a pas été altérée. Les mesures préservatrices de l'intégrité ont pour but d'assurer que les biens affectés ne soient pas endommagés et qu'ils satisfassent à l'usage pour lequel ils ont été affectés. Toute action qui les soustrairait de leur mission ou qui les dégraderait serait illégale ; il en va ainsi des actes ayant pour conséquence la dégradation des biens.

L'intégrité des biens domaniaux peut être atteinte par leur dégradation physique. Cette dégradation est prévenue par la police de la conservation du domaine public. Son exercice est destiné à maintenir l'intégrité matérielle du domaine public et à en assurer un usage conforme à l'affectation. Cette police s'applique aux seules dépendances du domaine public. De fait, elle ne trouve à s'appliquer que lorsqu'elle est prévue explicitement par des textes spéciaux[90].

---

[88] La formulation actuelle de l'insaisissabilité est source d'interrogations pour Jean-Marc Sauvé. Il se pose en effet la question de savoir si l'avantage de l'insaisissabilité des biens, accordé aux établissements publics industriels et commerciaux, ne peut être assimilé à une aide d'Etat incompatible avec le libre jeu de la concurrence. « *Ce principe, ajoute-t-il, n'est-il pas en outre susceptible de faire obstacle à l'exécution d'une décision de justice et, par voie de conséquence, de contrevenir à l'une des exigences du droit à un procès équitable, ainsi que le suggère l'affaire du port de Campoloro (*CE, 18 novembre 2005, Société fermière de Campoloro et autre, n°271898, Rec. p. 515 ; CEDH, 26 septembre 2006, Société de gestion du port de Campoloro et autre c/ France, n°57516/00) *? De cette jurisprudence, il résulte que l'exigence d'exécution des décisions de justice pourrait se heurter à l'impératif de bon fonctionnement des services publics dont la collectivité condamnée a la charge* ». « La valorisation économique des propriétés des personnes publiques », *Les entretiens du Conseil d'Etat en droit public économique*, Mercredi 6 juillet 2011, p.6.

[89] Voir notamment la décision n° 2005-513 DC du 14 avril 2005, Loi relative aux aéroports.

[90] Sur ce point, l'article 230 du Code pénal camerounais punit d'une peine d'emprisonnement d'un mois à deux ans, celui qui met obstacle à l'usage d'une voie publique terrestre ou fluviale, en rend l'usage difficile en déformant la chaussée ou en détournant le cours de la voie d'eau, soit par des constructions, soit par une utilisation abusive, soit par l'exploitation des terrains adjacents, soit par la négligence de la personne publique chargée de l'entretien.

c- Mesures visant la préservation de l'utilisation des biens domaniaux

La protection de l'utilisation du domaine public permet le fonctionnement optimum des dépendances du domaine public et des services publics. Entrent dans cette catégorie deux types de servitudes : celles qui sont imposées aux riverains au bénéfice des dépendances domaniales et celles qui sont interdites sur le domaine public au détriment des propriétés riveraines. La précarité des autorisations d'occupation privative et l'expulsion des occupants sans titre complètent ces mesures.

Les servitudes imposées aux riverains sont qualifiées de servitudes administratives ou d'utilité publique. Il s'agit des servitudes de passage, d'implantation, d'appui et de circulation nécessaires aux activités des services publics, des servitudes de *non aedificandi* ou de limitation de hauteur des bâtiments, des prescriptions d'abattage d'arbres, etc. Les servitudes administratives sont des charges particulières qui pèsent sur les propriétés privées dans l'intérêt des dépendances du domaine public. Leur instauration emporte, selon les cas, une obligation de faire ou de laisser faire, une interdiction de faire. En étant une forme de limitation apportée à l'exercice du droit de propriété, dans l'intérêt général, ces servitudes d'utilité publique doivent être prévues, dans leur principe, par une disposition législative.

Le domaine public, quant à lui, en raison des principes d'inaliénabilité et d'imprescriptibilité, ne peut en principe être assujetti à des servitudes au sens des articles du code civil. Selon l'article 637 dudit code, « *une servitude est une charge imposée sur un héritage pour l'usage et l'utilité d'un héritage appartenant à un autre propriétaire* ». Une servitude constitue donc un démembrement de la propriété puisqu'elle porte atteinte à l'exclusivité du propriétaire sur son bien. L'interdiction de servitudes sur le domaine public a depuis longtemps été admise comme l'une des mesures protectrices du domaine. Selon une jurisprudence bien établie, « *aucune servitude ne peut être valablement instituée sur le domaine public* »[91] ; ce qui dispense les dépendances domaniales de la quasi-totalité des servitudes légales. Les servitudes d'accès, de vue et de déversement des eaux sont néanmoins reconnues aux riverains des voies publiques.

Relativement au principe de précarité, l'autorisation d'occupation peut toujours être révoquée, le plus souvent pour des motifs d'intérêt général, quelle que soit la

---

D'autre part, l'art. 2 de la loi n° 80-22 du 14 juillet une 1980 prévoit des peines d'amende de 50 000 à 200 000 F CFA et d'un emprisonnement de 2 mois à 3 ans contre l'empiètement, l'exploitation ou l'occupation sans autorisation d'une parcelle du domaine public.

[91] CE, 3 novembre 1933, Porte, Sirey, 1934, 3, p. 41 ; CE, 10 décembre 1954, Commune de Champigny-sur-Yonne, rec., p. 658, AJDA 1955, II, p. 447 ; TC, 28 avril 1980, préfet de la Seine-Saint-Denis c/ Centre hospitalier intercommunal de Montfermeil, AJDA 1980, p. 607 ; Cour de cassation, 1e chambre civile, 2 mars 1994, Société Escota, Droit administratif 1994, n° 530.

durée d'occupation qui a été fixée initialement, sans que la personne publique soit contrainte de verser des indemnités au profit du permissionnaire évincé[92]. Cependant, la passation d'un bail emphytéotique ou l'autorisation d'occupation temporaire constitutive de droits réels permet au bénéficiaire de prétendre à une indemnisation lorsqu'il est mis un terme au contrat pour des motifs d'intérêt général. L'indemnité couvre la réparation du préjudice éventuellement subi par le bénéficiaire.

L'occupation sans titre constitue également une atteinte à l'utilisation du domaine public. Elle concerne les personnes qui occupent privativement une dépendance domaniale sans justifier d'un titre autorisant cette occupation. L'occupation illégale du domaine public est constitutive d'une contravention de voirie en raison de l'atteinte qu'elle porte à l'utilisation de la dépendance. Il s'agit là d'une infraction courante donnant lieu à l'expulsion des occupants illégaux ou à la destruction d'ouvrages illégalement réalisés à cette occasion. L'occupant dont l'expulsion est susceptible d'être demandée ou ordonnée pourrait se trouver dans deux situations classiques. Soit il est dépourvu *ab initio* de tout titre juridique autorisant l'occupation de la dépendance ; soit le titre juridique initialement délivré a cessé d'être valable (expiration du délai, retrait, annulation)[93].

Si des règles et principes ont été élaborés pour protéger rigoureusement les biens du domaine public, on assiste cependant à l'heure actuelle à un infléchissement de ces règles et principes.

2- … à une tendance à l'assouplissement des règles de protection

La conception du droit applicable aux propriétés des personnes publiques, et singulièrement aux biens du domaine public, a subi de profondes mutations ces dernières décennies ; l'intérêt général fondant la protection du domaine public s'est trouvé confronté à un autre intérêt général représenté par le besoin de valorisation des propriétés publiques.

a- La valorisation des propriétés publiques : fondement générique de l'assouplissement du régime protecteur de la domanialité publique

La doctrine du XIXe siècle, avec en tête de proue la pensée proudhonienne, a mis en exergue l'aspect défensif du régime domanial ; le domaine public, insusceptible

[92] CE, 24 novembre 1993, Société anonyme atlantique bâtiments constructions ; CE, 29 mars 2000, M. Jean-Louis ISAS.

[93] Maylis Douence, « L'expulsion de l'occupation sans titre du domaine public », Droit administratif, février 2004, p. 8.

de propriété était conçu comme dédié entièrement à l'utilité publique et insusceptible de produire des revenus.

La reconnaissance du droit de propriété des personnes publiques sur les biens du domaine public a modifié cette conception. Selon Nathalie Laval, « *À partir du moment où l'idée de propriété publique fit écho - à nouveau - dans la doctrine du début du XXe siècle et fut entérinée dans le droit positif, tant jurisprudentiel que législatif, les autorisations d'occupation du domaine public allaient être abordées selon une optique fondamentalement nouvelle* »[94]. Abondant dans ce sens, Jean-Marc Sauvé affirme : « *la reconnaissance d'un droit de propriété des personnes publiques sur leurs biens s'est accompagnée d'une multiplication des instruments de valorisation de ceux-ci* »[95]. Et Nathalie Laval de conclure que « *la reconnaissance du droit de propriété des personnes publiques sur leurs dépendances par la doctrine et la jurisprudence, a donc conduit le Conseil d'État, surtout à partir des années trente, à considérer le domaine public non plus uniquement comme un objet de police, mais également comme une richesse collective, objet d'exploitation* »[96]. La nécessité de valoriser les propriétés des personnes publiques s'est imposée dans la mesure où ces biens doivent générer des ressources financières, qu'ils ont des besoins propres de rénovation, de reconstruction et de financement et qu'ils peuvent servir de support à de nombreuses activités économiques.

Au-delà de sa considération comme bien « hors commerce », le domaine public est désormais perçu comme « *un bien dont l'administration doit assurer, dans l'intérêt collectif, la meilleure exploitation* », selon les termes du commissaire du gouvernement Chenot[97]. D'ailleurs, en 1790, l'Assemblée nationale française notait déjà le caractère limitatif du régime protecteur du domaine basé sur l'inaliénabilité. En effet, dans l'exposé des motifs du décret des 22 novembre – 1er décembre 1790, il est dit que : « *La maxime de l'inaliénabilité, devenue sans motifs, serait encore préjudiciable à l'intérêt public, puisque des possessions foncières, livrées à une administration générale, sont frappées d'une sorte de stérilité, tandis que de la main de propriétaires actifs et vigilants, elles se fertilisent, multiplient les subsistances, animent la circulation, fournissent des aliments à l'industrie et enrichissent l'État...* »[98].

La recherche de la rentabilité est ainsi devenue pour les collectivités publiques un besoin, voire une obligation. Pour François-Charles Bernard, « *parce que les biens des*

---

[94] « Développement économique et domaine public », Petites Affiches, 9 juillet 1997 n° 82.

[95] « La valorisation économique des propriétés des personnes publiques », Les *entretiens du Conseil d'Etat en droit public économique*, Mercredi 6 juillet 2011, p.2.

[96] Nathalie Laval, précité, Petites Affiches, 9 juillet 1997 n° 82.

[97] Conclusions sur CE 5 mai 1944, Compagnie maritime de l'Afrique orientale, RDP 1944, pp. 241 et s.

[98] Ancien Moniteur réimprimé, t.6, Plon, 1859, p. 321 et s.

personnes publiques ont incontestablement une valeur sinon marchande du moins économique, et parce que l'augmentation de cette valeur apparaît aujourd'hui comme une obligation rationnelle, le droit, mais également la pratique ont développé de nouveaux outils afin de faciliter la valorisation et l'ont même rendue, à certains égards, juridiquement obligatoire »[99]. Pour ce faire, il a fallu assouplir le régime domanial en y insérant des mesures garantissant une meilleure conciliation entre la protection de l'affectation du domaine public et la valorisation de la propriété publique que constitue ledit domaine.

b- Les instruments de la valorisation

Les instruments de valorisation qui modifient le régime domanial dans le sens de l'assouplissement sont constitués de dispositions renforçant la sécurité juridique des occupants privatifs du domaine public, au surplus, des riverains. Il s'agit notamment des modes d'occupation du domaine public constitutifs de droits réels : bail emphytéotique administratif, autorisations d'occupation temporaire constitutives de droits réels, contrats de partenariat intégrant des objectifs de valorisation.

Ces titres d'occupation ont en commun d'accorder aux personnes souhaitant exploiter le domaine public des droits réels afin que ces dernières construisent un ouvrage qu'elles exploitent ou qu'elles louent à la personne publique qui revêt ainsi à la fois le statut de propriétaire du terrain d'assiette et de locataire des équipements réalisés par le bénéficiaire du titre d'occupation[100]. Le titulaire d'un titre constitutif de droits réels sur le domaine public pourra, pendant la durée de validité de son titre, exercer « *les prérogatives du propriétaire* » sur les ouvrages, constructions et installations réalisés et, dans certaines conditions, aura la possibilité de céder et de transmettre son droit, de l'hypothéquer, ainsi que la faculté de recourir au crédit-bail. C'est le sens de l'article 17 de la loi n° 2006/012 du 29 décembre 2006 fixant le régime général des contrats de partenariat au Cameroun qui établit que : « *lorsque le contrat emporte occupation du domaine public, il vaut autorisation d'occupation de ce domaine pour sa durée. Le titulaire du contrat a, sauf stipulation contraire de ce contrat, des* ***droits réels*** *sur les ouvrages et équipements qu'il réalise. Ces droits lui confèrent les prérogatives et obligations du propriétaire, dans les conditions et les limites définies par les clauses du contrat ayant pour objet de garantir l'intégrité et l'affectation du domaine public* ».

[99] « La propriété des personnes publiques : entre valorisation et protection », *Recueil de mélanges en l'honneur de Jean-Pierre Boivin*, Institut de Droit public des affaires, Paris, Ed. La mémoire du droit, 2012, p. 445.
[100] CE, 26 février 1994, *Société SOFAP-MARIGNAN Immobilier*, req. n° 144641.

Ces dispositions constituent ainsi une étape supplémentaire dans le processus d'assouplissement du droit de la domanialité publique s'agissant du régime juridique de l'usage privatif du domaine public.

Certes, ces titres restent révocables. Cependant, le cocontractant frappé d'une résiliation dans l'intérêt général est en droit d'obtenir réparation du préjudice direct et certain résultant de la résiliation de la convention d'occupation domaniale avant son terme, tel que la perte des bénéfices et des dépenses exposées pour cette occupation[101]. Jean-Marie Sauvé peut alors affirmer que : « *Malgré les sujétions qui pèsent sur eux, la protection des acteurs économiques occupant le domaine public est de mieux en mieux assurée. Certes, la situation de l'occupant domanial est précaire sur le domaine public*[102]*, mais les titres d'occupation tendent de plus en plus à s'inscrire dans la durée* »[103].

S'agissant des servitudes, ne pouvant empêcher les relations de voisinage ordinaires entre propriétés immobilières, le régime de la domanialité publique s'accommode nécessairement de servitudes établies au profit de propriétés riveraines.

La jurisprudence administrative française avait admis que des servitudes pouvaient être établies sur le domaine public à condition qu'elles soient préexistantes à l'incorporation du bien dans ce domaine et que l'exercice desdites servitudes ne soit pas incompatible avec l'affectation de la dépendance domaniale considérée[104]. Le droit camerounais ne semble pas admettre cette possibilité, puisqu'il décide que dès lors qu'une propriété est acquise par une personne publique, les droits antérieurs à cette acquisition sont invalidés[105]. *A fortiori* les biens entrant dans la catégorie des biens du domaine public.

La constitution de servitudes conventionnelles sur le domaine public pourrait toutefois être réalisée, à condition qu'elles soient compatibles avec l'affectation du bien qu'elles grèvent.

---

[101] C'est précisément cette opposabilité en cas de retrait anticipé du titre d'occupation qui caractérise le droit réel attribué à l'occupant privatif ; le droit à l'occupation se transformant en droit à l'indemnité. Cependant, il s'agit d'un droit réel administratif, car l'administration dispose unilatéralement et à tout moment de la faculté de transformer ce droit en un droit à l'indemnisation.

[102] Le principe de précarité repose sur l'idée que l'administration est censée pouvoir toujours mettre fin aux contrats et aux autorisations d'occupation portant sur une dépendance du domaine public. Voir par exemple CE, 5 janvier 2009, Association « Société centrale d'agriculture, d'horticulture et d'acclimatation de Nice et des Alpes-Maritimes », n° 305021, Rec. p. 20.

[103] « La valorisation économique des propriétés des personnes publiques », Les entretiens du Conseil d'Etat en droit public économique, Mercredi 6 juillet 2011, p.7.

[104] Cf. par *a contrario* CE, 11 mai 1959, *Dauphin*, D. 1959, p. 374.

[105] Cf. art. 4, loi n° 85-09 du 4 juillet 1985 relative à l'expropriation pour cause d'utilité publique et aux modalités d'indemnisation.

Les principes d'inaliénabilité et d'imprescriptibilité se sont ainsi accommodés de l'octroi aux occupants de droits réels sur le domaine public et de la constitution de servitudes pour certains riverains du domaine.

À noter que l'acceptation de l'infléchissement est faite sur le fondement de la compatibilité des occupations privatives avec l'affectation du domaine. D'une manière générale, le domaine public ne peut être grevé de droits dont l'exercice serait susceptible de porter atteinte à la destination publique du domaine et d'entraver l'administration dans ses prérogatives tirées de sa fonction domaniale. Par conséquent, l'octroi ou le renouvellement d'une autorisation d'occupation ne peut se faire que si l'utilisation projetée s'avère compatible avec l'affectation du domaine. Pour Philippe Godfrin, cette compatibilité des occupations privatives les rend « normales » vis-à-vis du régime de la domanialité publique. Selon lui en effet, « *les utilisations privatives, chaque fois qu'elles sont compatibles avec l'utilisation principale, sont normales et doivent même être encouragées, dans la mesure où elles sont non seulement source de revenus pour la collectivité propriétaire, mais participent aussi au développement économique général* »[106]. Nathalie Laval, quant à elle, qualifie les occupations compatibles de « régulières ». Pour elle en effet, « *l'attribution d'un droit réel sur le domaine public n'est pas en soi contraire au principe d'inaliénabilité. Elle ne pourra être régulière que si elle ne porte pas atteinte à l'affectation du domaine aux services publics et par conséquent à leur continuité* »[107].

En réalité, l'inaliénabilité, étant relative et attachée à l'affectation, se ramène à une incapacité conditionnelle plutôt qu'à une indisponibilité de la chose. Comme l'a d'ailleurs indiqué Hauriou, « *Même pendant la durée de l'affectation, il ne faut pas croire que la mise hors du commerce de la chose soit absolue, elle est au contraire très relative, elle ne s'oppose qu'aux entreprises qui seraient inconciliables avec la destination d'utilité publique de la chose* »[108].

Conclusion

La domanialité publique est, sans doute, parmi les sujets de droit public qui ont fait l'objet de débats intenses au sein de la doctrine, celui qui a suscité le plus d'intérêt. Nous n'en voulons pour preuve que l'ancienneté des réflexions en la matière. Aujourd'hui encore, des milliers de pages s'écrivent à son sujet. Aucune notion n'a autant mobilisé la réflexion doctrinale que la domanialité publique. Et

[106] *Droit administratif des biens*, 4e éd,. Masson, p. 115.

[107] « Développement économique et domaine public », Petites Affiches, 9 juillet 1997 n° 82.

[108] Hauriou, *Précis de droit administratif et de droit public général*, 1903.

pour cause, elle régit les moyens matériels sur lesquels reposent les missions de l'administration et constitue un symbole fondamental de la souveraineté[109].

Les idées d'usage collectif du patrimoine communautaire et de protection de ce patrimoine n'étaient pas absentes dans la pensée et la pratique précoloniales au Cameroun. Cependant, la pénétration coloniale et singulièrement la présence française ont permis d'intégrer formellement cette notion dans le contexte juridique camerounais. En se l'appropriant, la doctrine camerounaise s'est également revendiquée héritière de la longue lignée des penseurs qui ont planché sur le sujet. On peut cependant regretter le peu d'empressement des auteurs camerounais à contribuer virilement au développement de cet héritage.

Les fondements idéologiques du droit de la domanialité publique au Cameroun sont connus. Il reste aux chercheurs de définir de façon précise les contours de la notion en droit camerounais et de tenter de clarifier le régime juridique domanial au Cameroun. Des réflexions doctrinales contextualisées permettraient d'améliorer les règles et la pratique du droit domanial au Cameroun, tant il est vrai, comme l'affirme pertinemment Yves Gaudemet, « *La perspective doctrinale… rend sensible la constante et déterminante influence des doctrines, de la doctrine, sur le droit qui se fait, sur ses évolutions et sur sa systématisation ; ici sans doute plus nettement que dans aucun autre domaine du droit administratif* »[110].

---

[109] Selon Marie-Aimée Latournerie, « *Les caractéristiques du droit positif, qui procèdent aujourd'hui de la notion de domaine public, sont ainsi le fruit tant de la pensée de quelques générations de juristes sur cette notion que, plus profondément, de la transmission d'images d'enracinement multiséculaire de la souveraineté dans la propriété.* » *Point de vue sur le domaine public,* Ed. Montchrestien, clefs politiques, 2004, p.9.

[110] Y. Gaudemet, « Du domaine de la Couronne au domaine public », Mélanges en l'honneur de Jean-François Lachaume, Dalloz 2007, p. 526.

LE CRITÈRE DE LA PUISSANCE PUBLIQUE EN DROIT ADMINISTRATIF CAMEROUNAIS

Armel Habib SANDIO KAMGA[1]

Résumé

Le critère de la puissance publique occupe une place centrale en droit administratif camerounais. Il est un élément décisif dans la détermination du champ du droit administratif d'une part et un fondement relatif de la compétence de la juridiction administrative d'autre part. En tant qu'élément décisif, il est premièrement un référent indispensable pour l'identification des sujets du droit administratif et secondement, il est un complément incontournable dans la délimitation du contenu du droit administratif. En tant que fondement relatif de la compétence du juge administratif, si la juridiction administrative connaît, suite à la dévolution textuelle et l'extension jurisprudentielle, des actes de puissance publique, il y a des actes de puissance qui lui échappent, soit parce qu'ils sont dévolus au juge judiciaire, soit parce que le critère du service public est absent.

Mots-clés : prérogatives de puissance publique – service public – compétence juridictionnelle – exorbitance - régime spécial.

La puissance publique est sans doute le premier concept théorique qui ait servi à caractériser l'Etat et son droit. Il est le premier critère utilisé par la doctrine et la jurisprudence du XIXe siècle lorsqu'il s'est agi de désigner les situations où l'État apparaît en tant que tel avec toutes les prérogatives et règles spéciales qui en découlent. Mais au début de la IIIe République (1875-1940), le critère de la puissance publique a cédé la place à celui du service public. Ce changement a constitué une date essentielle dans l'histoire du droit administratif. Dès cet instant, la puissance publique et le service public sont devenus les deux notions qui ont fait couler le plus d'encre dans la théorie administrative française et qui ont alimenté les controverses les plus vives[2].

---

[1] *Docteur Ph/D en droit public, Moniteur à la FSJP de l'Université de Yaoundé II Soa.*

[2] AMSELEK P., « Le service public et la puissance publique : réflexion autour d'une étude récente »,*AJDA*, 1968, p.492.

Tout commence en effet avec l'arrêt Blanco lorsque le Tribunal des Conflits déclare que « Considérant que la responsabilité qui peut incomber à l'État pour les dommages causés aux particuliers par le fait des personnes qu'il emploie au service public ne peut être régie par les principes qui sont établis dans le Code civil pour les rapports de particulier à particulier (...) elle a ses règles spéciales qui varient suivant les besoins du service et la nécessité de concilier les droits de l'État avec les droits privés ». À la suite de cette affaire, « les difficultés contentieuses nées de l'activité administrative ne pouvaient plus être tranchées par les juridictions appartenant à l'ordre judiciaire »[3]. Face à cet état de choses, « il fallait, si possible, découvrir (...) un critère, un signe infaillible, qui permit à chacun de connaitre la situation régie par des règles dérogatoires au droit commun et par là même en cas de contentieux, de choisir son juge »[4]. Ce critère, c'est-à-dire la caractéristique à laquelle on se réfère ou sur laquelle on se base pour choisir, classer, sélectionner quelque chose, a été trouvé par une partie de la doctrine française, notamment Maurice Hauriou[5], dans la puissance publique.

Il se trouve que pour mener à bien leur fonction de promotion de l'intérêt général, les autorités administratives doivent disposer de moyens juridiques leur permettant d'outrepasser la résistance des intérêts privés[6]. C'est en effet « le caractère le plus apparent des relations juridiques propres au droit administratif que de mettre en jeu ou d'être susceptible de mettre en jeu certaines des prérogatives que comporte l'*impérium*, le pouvoir de commandement inhérent à toute société politique et que la doctrine française qualifie traditionnellement de puissance publique »[7]. C'est ainsi que le droit administratif est essentiellement un instrument de contrainte, un dispositif d'assujettissement : il exprime l'absolue supériorité de l'administration sur les administrés[8]. Dans cette logique, la puissance publique constitue pour l'État un véritable droit subjectif dont il serait propriétaire[9].

---

3 SANDEVOIR P., *Études sur le recours de pleine juridiction,* LGDJ, Bibl. de droit public, t.56, 1964, p.18.

4 RIVERO J., « Existe-t-il un critère du droit administratif ? », *RDP,* 1953, p.280.

5 Principalement Maurice Hauriou (1856 - 1929). Celui-ci fut doyen de la faculté de Toulouse de 1906 à 1918.

6 SEILLER B.,« L'exorbitance du droit des actes administratifs unilatéraux », *in* F. Melleray, l'exorbitance du droit administratif en question (s), *LGDJ,* 2004, p.108.

7 L'HUILLIER J., « A propos de la crise de la notion de service public », *Recueil Dalloz,* 1955, p.121.

8 CHEVALLIER J., « Les fondements idéologiques du droit administratif français », *in Les variations autour de l'intérêt général,* Vol. 2, PUF, 1978, p.6.

9 *Ibid.*, p.36.

Comme l'affirmait Jean Rivero, la puissance publique, est la traduction au plan administratif de la réalité politique qu'est le pouvoir[10]. Elle légitime l'exercice du pouvoir. « Elle n'a donc rien de mystérieux. Elle ne manifeste pas une volonté métaphysiquement supérieure à celle des individus et qui appartiendrait aux gouvernants. Elle est simplement la conséquence d'une croyance sociale passée en force de règle juridique : ceux qui directement ou indirectement, agissent au nom de la Nation ont des compétences que les simples particuliers ne détiennent pas. La puissance publique ce n'est donc rien d'autre que la détention de compétences exorbitantes du droit commun, le droit commun étant le droit privé »[11]. C'est au regard de ce qui précède que le droit administratif est un droit de classe, c'est-à-dire un droit exprimant la domination d'une classe et exprimant d'ailleurs aussi, car les interactions dialectiques ne sont jamais univoques, la résistance des classes dominées[12]. C'est dans cette mesure que « la conception traditionnelle du droit administratif est inspirée par le mythe du prestige de la puissance publique »[13].

Avec ce critère, le droit administratif n'est pas simplement l'ensemble des règles applicables à l'administration ou à l'action ou fonction administrative[14]. Il est, comme le soutient G. Vedel, « le corps de règles spéciales applicables à l'activité du pouvoir exécutif en tant qu'il use de la puissance publique »[15]. À travers cette définition, Georges Vedel a infusé à la pensée de son maître Hauriou, une jeunesse et une vigueur renouvelée[16].

Parler du critère de la puissance publique en droit administratif camerounais est la preuve de ce que le droit administratif français n'a pas été sans influence sur les droits africains après la Première Guerre mondiale dès l'implantation de la France en Afrique. En réalité, « les États africains issus de la décolonisation ont largement subi l'influence des puissances européennes »[17]. L'utilisation du concept de puissance publique est la marque indélébile de l'influence de la France dans les États qu'elle occupait. En effet, les États d'Afrique francophone sont des consommateurs fidèles des concepts du droit public français en général et de son droit administratif en

[10] RIVERO J., *op.cit.*, p.287.

[11] VEDEL G., « Les bases constitutionnelles du droit administratif », *EDCE,* n°8, 1954, pp.42-43.

[12] DEMICHEL A., *Le droit administratif : essai de réflexion théorique,* Paris, *LGDJ,* 1977, p.13.

[13] DEBBASCH Ch., « Finances publiques et droit administratif », *in* Mélanges offerts à M. le Doyen Louis Trotabas, *LGDJ,* 1970, p.113.

[14] AMSELEK P., « Le service public et la puissance publique… », *op. cit,* p.493.

[15] VEDEL G., « Les bases constitutionnelles du droit administratif », *op. cit.*, pp.45-46.

[16] RIVERO J., *op. cit.*, p.285.

[17] BIPOUN-WOUM J.-M., « Recherches sur les aspects actuels de la réception du droit administratif dans les États d'Afrique Noire d'expression française : le cas du Cameroun », *R.J.P.I.C.*,n° 3 septembre 1972, p.360.

particulier. On serait tenté de poser la question de savoir quel est le concept du droit administratif camerounais qui ne soit pas produit et enraciné en France ? Comme le constate d'ailleurs le professeur Magloire Ondoa, le fait que les concepts utilisés en France et en Afrique soient souvent homonymes n'est plus surprenant[18]. Même si les notions revêtent des significations et un contenu particuliers[19], en toute hypothèse, les concepts du droit français y sont formellement intégrés[20]. C'est d'ailleurs cette dernière proposition qui conduit à se poser la question de savoir comment le critère de la puissance publique est appréhendé en droit administratif camerounais.

L'intérêt de l'étude du critère de la puissance publique en droit administratif camerounais réside d'une part dans l'identification de sa place ou de son utilité dans la détermination du droit applicable à l'activité administrative et la compétence du juge administratif. D'autre part, il s'agit d'apprécier le degré de distanciation de l'utilisation de ce critère par rapport à ce qui est fait en France.

En tout état de cause, le critère de la puissance publique est appréhendé de façon duale. S'il est l'élément décisif dans la détermination du champ du droit administratif (I), il est cependant un fondement relatif de la compétence du juge administratif (II).

I- Un élément décisif dans la détermination du champ du droit administratif

Le critère de la puissance publique est un élément décisif et non exclusif dans la détermination du champ du droit administratif. Il permet d'identifier les sujets auxquels s'applique le droit administratif (A) d'une part, et de délimiter son contenu (B) d'autre part.

A- Un référent indispensable pour l'identification des sujets du DA

Sont considérées comme sujets du droit administratif, les personnes investies de prérogatives de puissance publique. D'ailleurs, « l'exercice de la puissance publique postule l'usage dans le but de la satisfaction de l'intérêt général, de prérogatives exorbitantes de droit commun »[21]. C'est ainsi qu'entrent dans le champ d'application du droit administratif les personnes publiques (1) ou privées (2) qui mettent en œuvre les prérogatives de puissance publique.

---

[18] ONDOA M., « Le droit administratif français en Afrique francophone : contribution à l'étude de la réception des droits étrangers en droit interne », *R.J.P.I.C.,* édition juris Africa, n°3, 56e année, septembre - décembre 2002, p.324.

[19] *Ibid.*

[20] *Ibid.*, p.326.

[21] BERNARD S., « La puissance publique et le droit de la concurrence », *in* Boleslaw Lukaszewuz et Henri Oberdorff (dir*), Le juge administratif et l'Europe, le dialogue des juges,* actes du colloque du 50e anniversaire des tribunaux administratifs, Presses universitaires de Grenoble, 2004, pp.179-180.

1- Les personnes publiques utilisant les prérogatives de puissance publique

Les personnes publiques constituant l'administration sont les premières à être considérées comme des sujets du droit administratif pour autant qu'elles mettent en œuvre les prérogatives de puissance publique. En effet, l'administration dans la conception classique est placée sur un piédestal par rapport aux personnes privées[22]. D'ailleurs, « il est rare que les personnes publiques dans la réalisation de leurs missions n'utilisent pas les prérogatives qui les mettent au-dessus des administrés. Elles agissent presque toujours comme puissance publique »[23]. Les prérogatives de puissance publique sont l'indice de l'établissement public[24] et des autres personnes publiques. C'est ce qui ressort de l'affaire Njambong Gabriel Claude contre FONADER : « Entendu qu'en effet, que d'une part, même si le FONADER, entreprise parapublique à sa création donc personne morale de droit privé ne pouvant prendre des actes administratifs unilatéraux, est devenu un établissement public en 1977 ayant une personnalité morale de droit public et soumis au régime de puissance publique et du droit administratif »[25]. Les prérogatives de puissance publique ou privilèges de puissance publique sont donc divers moyens d'action ou de protection propres aux personnes publiques[26].

Au regard de ce qui précède, il faut dire que « la puissance publique imprègne, à des degrés divers, l'ensemble des activités administratives, qui ne sont jamais assimilables aux activités privées »[27]. C'est la mise en œuvre de la prérogative de puissance publique qu'est l'acte administratif unilatéral qui permet de déterminer les personnes publiques sujettes du droit administratif. Ce pouvoir d'action unilatérale est la plus extraordinaire des prérogatives exorbitantes et la règle fondamentale du droit public[28]. En effet, « le pouvoir de prendre des décisions s'imposant par la seule volonté de leur auteur et par conséquent indépendamment du consentement de ceux qu'elles concernent est un pouvoir remarquable de l'administration : la première des prérogatives de puissance publique »[29]. Ainsi, l'arrêt Ngongang Njanke Martin permet de reconnaître les personnes publiques soumises au droit administratif à

---

22 DEBBASCH C., « Le droit administratif, droit dérogatoire au droit commun ?», *in* Mélanges en l'honneur de René CHAPUS, 1992, p.128.

23 MORANGE G., « Le déclin de la notion juridique de service public », *Receuil Dalloz*, 1947, p.45.

24 LINOTTE D. et ROMI R., *Service public et droit public économique*, Paris, Ed. jurisclasseur, 2003, p.193.

25 Jugement N° 47/CS/Ca 2002 – 2003 du 27 Mars 2003 Njambong Gabriel Claude C/FONADER

26 VAN LANG A., GOUDOUIN G., INSERGUET-BRISSET V., *Dictionnaire de Droit Administratif*, 4e éd., 2005, Armand Colin, p.252.

27 CHEVALLIER J., « Les fondements idéologiques du droit administratif français », *op. cit.*, p.8.

28 CE, Ass.2 juillet 1982, Huglo.

29 CHAPUS R., *Droit administratif général*, T.I, 15e éd. Montchrestien, 2001, n° 668.

travers la définition qui est donnée de l'acte administratif unilatéral. Cet arrêt précise que c'est « un acte juridique unilatéral, pris par une autorité administrative, dans l'exercice d'un pouvoir administratif créant des droits ou des obligations à l'égard des particuliers »[30]. Au regard du contenu de cet arrêt, il est possible de se limiter d'abord aux autorités des administrations centrales et des administrations décentralisées.

Cependant, il ne faut pas croire que les personnes publiques, quelle que soit l'action qu'elles mènent, sont des sujets de droit administratif. Une personne publique n'agit pas nécessairement par des procédés de puissance publique. Il arrive qu'en dépit de cette qualité de personne publique, elle se place volontairement dans une situation semblable à celle des particuliers, ce qui a pour conséquence de la soustraire du champ du droit administratif. Elle peut ainsi pratiquer la gestion privée notamment en ce qui concerne la gestion du domaine privé, les contrats qui relèvent du droit privé, les services industriels et commerciaux, etc. Dans ces cas, elle devient sujet de droit privé sauf si dans la gestion, elle a mis en œuvre les prérogatives de puissance publique. L'absence de moyens exorbitants conduit en général, à la compétence judiciaire, même si est en cause un service public. Ainsi dit, une activité qui ne se rattache ni à un service public ni à la puissance publique reste de la compétence judiciaire.

La question des actes des organes législatif et judiciaire se pose également, et il faut savoir s'ils sont également des sujets du droit administratif.

En ce qui concerne l'organe législatif, le juge administratif a clairement méconnu le caractère administratif aux actes relevant de l'activité législative de l'institution parlementaire[31]. Il faut cependant dire que l'exercice de prérogatives de puissance publique lui est clairement reconnu par les articles 75 et 76 du règlement intérieur de l'Assemblée nationale[32] notamment à travers l'exercice du pouvoir réglementaire reconnu au bureau de l'Assemblée nationale en ce qui concerne la gestion des services administratifs. Le législateur camerounais a ainsi pris en compte cette dimension

[30] Arrêt n° 20/CFJ/AP du 20 mars 1968 Ngongang Njanke Martin C/ État du Cameroun ; voir aussi, Arrêt n°320/A du 3 septembre 1954, Ada Ndzie c/ Administration du Territoire : « Considérant que les actes administratifs sont des décisions émanées des représentants légaux de l'Administration et ayant trait à l'organisation ou au fonctionnement d'un service public… » ;Jugement n°23/CS-CA/76-77 du 03 février 1977, Yeyap Njoya Joseph-Marie c/ Etat du Cameroun : « Considérant en droit, que la décision administrative ou décision exécutoire est tout acte juridique unilatéral d'une administration qualifiée et agissant en tant que telle, susceptible de produire par lui-même des effets de droit ».

[31] Arrêt n°4/CFJ-AP du 28 octobre 1970 Société des Grands Travaux de l'Est c/ État du Cameroun oriental

[32] Loi n° 2002/5 du 2 décembre 2002 .

administrative de l'activité parlementaire[33]. Ce pouvoir réglementaire peut concerner la gestion du personnel administratif de l'Assemblée nationale[34]. À l'occasion de l'usage de ce pouvoir réglementaire, l'Assemblée nationale devient, en ce qui concerne l'aspect administratif, sujette du droit administratif. La même question se pose à propos de l'organe juridictionnel.

En ce qui concerne l'organe juridictionnel, l'injusticiabilité de ses actes avait été posée dans l'affaire Aoua Hadja en ces termes : « le principe de la séparation des pouvoirs interdit au juge administratif de statuer sur des actions mettant en cause le fonctionnement du service public de la justice »[35]. Aujourd'hui, il est possible d'admettre la compétence du juge administratif en ce qui concerne l'acte de puissance publique relatif à la carrière des magistrats. Comme le dit si bien Mballa Owona, le magistrat a le droit de contester sa notation[36].

Le critère de la puissance publique est déterminant pour l'identification des personnes publiques soumises au droit administratif. Dès qu'il est présent, elles le sont. Elles perdent ce privilège dans le cas contraire. Autrement dit, « l'administration peut agir soit comme personne publique, soit comme personne privée ; le droit qui lui est applicable dans chaque cas est différent »[37]. Certaines personnes privées peuvent également être des sujets du droit administratif eu égard aux prérogatives de puissance publique dont elles sont investies.

2- Les personnes privées investies de prérogatives de puissance publique

Certaines personnes privées deviennent des sujets de droit administratif dès lors qu'elles sont investies de prérogatives de puissance publique. Le critère de la puissance publique faisant que change à cette occasion le droit qui leur est applicable en cas de litige. Elles cessent d'être soumises au droit privé pour s'inviter dans le champ du droit administratif. C'est dire que « le droit public règle d'éventuels échanges entre sujets formellement privés, pour autant par exemple que des prérogatives de puissance publique soient mises en œuvre »[38]. La prérogative de puissance publique qui leur est généralement reconnue consiste à exercer le pouvoir réglementaire par le biais des actes administratifs unilatéraux. Alors, un organisme

[33] MBALLA OWONA R., *La notion d'acte administratif unilatéral*, thèse de Doctorat Ph. D. Université de Yaoundé II, 2010.

[34] Jugement n° 85 CS/CA du 3 juillet 1997, Dame Nguema Marie c/ Assemblée Nationale.

[35] Arrêt n°213CFJ/CAY du 18 août 1972 Dame Aoua Hadja contre État Fédéral du Cameroun.

[36] Jugement n°CS/CA du 31 décembre 1992 Ngamy Emmanuel contre État du Cameroun.

[37] CHEVALLIER J., « Les fondements idéologiques du droit administratif français », *op. cit.*, p.11.

[38] CAILLOSSE J., « Droit public-droit privé : sens et portée d'un partage académique », *AJDA*, 1996, p.957.

privé peut accomplir des actes administratifs dans la mesure où il est délégataire de prérogatives de puissance publique[39].

L'exécution du service public par ces personnes privées est d'un mince secours pour déterminer le droit applicable. Pour que la mesure d'un organisme privé chargé d'exécuter un service public constitue un acte administratif, il ne suffit pas qu'il concerne l'exécution du service[40], « il faut en outre que cet acte soit un acte d'autorité, qu'il soit l'une des manifestations des prérogatives de puissance publique confiées à l'organisme en cause »[41]. Les décisions prises par ces organismes constituent, lorsqu'elles sont liées à l'exécution du service public et comportent l'emploi de prérogatives de puissance publique, des actes administratifs[42]. En France par exemple, depuis les arrêts Monpeurt rendu en 1942[43] et Bouguen rendu en 1943[44], « les décisions réglementaires ou individuelles que les comités d'organisation et les ordres professionnels prennent pour l'exécution du service public dont ils ont la charge constituent des actes administratifs ».

Au Cameroun, il existe également des personnes privées qui sont des sujets du droit administratif pour autant qu'elles exercent le pouvoir réglementaire. En effet, « en raison de la multiplicité des tâches de l'État, l'administration agit de nos jours assez souvent par personnes interposées. Il arrive que l'on confie à des personnes privées la gestion de services publics et qu'on leur confère pour leur permettre de mener à bien leur tâche des prérogatives de puissance publique, notamment le droit de prendre des décisions unilatérales exécutoires »[45]. C'est ainsi que la loi n° 66/LF/7 du 10 juin 1966 portant réglementation de l'exercice et l'organisation des professions des médecins, chirurgien-dentiste et de sage-femme, prévoit à l'article 40 que le Conseil est habilité à prendre des « décisions de caractère administratif ». Le juge administratif a reconnu explicitement que le Conseil national de l'ordre des médecins « est habilité à prendre des décisions à caractère administratif... »[46]. À

---

[39] PETOT J., « Quelques remarques sur les notions fondamentales du droit administratif français », *RDP*, 1965, p.376.

[40] DE LAUBADERE A., « Revalorisations récentes de la notion de service public en droit administratif français », *AJDA*, 1961, p.592.

[41] CE, Magnier, 13 janvier 1961, conl. Fournier dans la RDP, 1961, p.167.

[42] SCHWARTZENBERG R.-G., *L'autorité de chose décidée*, LGDJ, Paris 1969, p.46.

[43] CE, 31 juillet 1942, Monpeurt, *Rec*, 239, S. 19423-337, concl. Ségala, note Bernard ; *JCP* 1942. II 2046, concl. Ségala, note Leroque, *GAJA*, 8e éd, n°63, p.267.

[44] CE, 02 avril 1943, *Rec*, 56, S. 1944.3.1. Concl Lagrange, note Mestre ; *D.* 1944 concl Lagrange, note Jacques Donnedieu de Vabres, *J.C.P.* 1944. II, 2565 note Carlier ; *GAJA*, 8e éd. n° 64, P.274.

[45] JACQUOT H., « Le contentieux administratif au Cameroun », *RCD*, N°7, Janvier-Juin 1975, p.23.

[46] Arrêt n°50/CFJ/SCAY du 27 juin 1968, Bernard Auteroche c/ ordre national des médecins du Cameroun.Arrêt n°7/A du 31 mars 1977, Feumi Jantou Jacques c/ État du Cameroun.Arrêt n°9/A du 31 mars 1977, Ngon A Bidias c/ conseil de l'ordre des avocats. ; Arrêt n°8/A du 31 mars 1977, Nkongho

travers ces décisions, le juge s'est clairement prononcé sur la nature juridique des actes émanant des ordres professionnels[47]. Il l'a par ailleurs fait pour les actes des fédérations sportives. Ce fut le cas dans l'affaire Aigle Royal de Dschang « El pacha »[48]. Bien que le recours du requérant ait été déclaré irrecevable comme étant prématuré du fait d'une mauvaise computation des délais, la chambre administrative de la Cour suprême compétente en matière d'actes administratifs a implicitement reconnu sa compétence sur l'acte litigieux[49]. Enfin, il faut également ajouter le cas des fonctionnaires de fait[50].

Finalement, « il y aurait donc deux catégories de personnes privées gérant un service public qui ne se distinguent que par la présence ou l'absence de prérogatives de puissance publique »[51]. La mise en œuvre de ces dernières fait des personnes privées concernées des sujets de droit administratif, car leurs actes peuvent faire l'objet d'un recours pour excès de pouvoir[52]. En l'absence de ces prérogatives de puissance publique, la personne privée en cause est purement et simplement un sujet de droit privé même si elle remplit une mission d'intérêt général.

Référent indispensable pour l'identification des sujets du droit administratif, le critère de la puissance publique est aussi un complément incontournable dans la délimitation du droit administratif.

B- Un complément incontournable dans la délimitation du contenu du DA

« S'il existe de plus en plus de règles de droit communes à l'ensemble des sujets de droit, on ne peut nier une spécificité du droit administratif »[53]. Le critère de la puissance publique traduit cette spécificité et s'avère être important pour la délimitation du contenu du droit administratif. Cette importance est perceptible au

Agbor Mathias c/conseil de l'ordre des avocats ; Jugement n° 117/90-91 du 31 mai 1991, Tiako Félix c/ conseil de l'ordre des pharmaciens du Cameroun.

[47] Engoutou J. L., *La Cour Fédérale de Justice et le droit administratif camerounais,* Thèse de Doctorat Ph. D, Université de Yaoundé II, Septembre 2010, p.228.

[48] CS/CA, jugement N°48/88-89 du 25 mai 1989, Aigle Royal de Dschang "El Pacha" c/ État du Cameroun (Ministère de la Jeunesse et des Sports).

[49] CS/CA, jugement N°129/03-04 du 25 août 2004, DIAB FC de BANDJA et PANTHERE FC de BANGANGTE c/ Fédération camerounaise de football (FECAFOOT).

[50] Arrêt n°4/CFJ/AP du 04 novembre 1965, Kieffer Marguerite c/ État du Cameroun ; Arrêt n°224/CCA du 27 mars 1953, Civra c/ Administration du territoire.

[51] GEFFROY J. B., « Service public et prérogatives de puissance publique : réflexion sur les déboires d'un couple célèbre », *RDP,* 1987, p.68.

[52] *Ibid.*, p.79.

[53] DEBBASCH Ch., « Le droit administratif, droit dérogatoire au droit commun ?», *op.cit.*, p.131.

regard de la place qu'il occupe dans la précision de certaines notions (1) et de l'orientation du régime (2).

1- L'importance pour la précision des notions

Comme en France, le critère de la puissance publique participe à la définition de certaines notions fondamentales du droit administratif camerounais même si c'est à des degrés différents. La nature de certains actes est associée à la présence des dispositions exorbitantes. En effet, certains actes n'acquièrent le caractère administratif qu'en cas de présence des prérogatives de puissance publique. Il en est ainsi de la notion de contrat administratif.

Les contrats conclus entre une personne publique et une personne privée ne sont effectivement des contrats administratifs que s'ils apparaissent comme des actes de gestion publique en raison de leurs clauses. Contrairement à la France où le critère de la clause exorbitante de droit commun est alternatif dans la qualification du contrat administratif, l'exécution du service public pouvant suffire, au Cameroun ce critère révélateur de la puissance publique est plutôt impératif. Il doit nécessairement être joint au critère finaliste. C'est ce qui ressort de la jurisprudence administrative.

Le juge administratif camerounais ne s'est jamais prononcé explicitement sur l'existence du caractère alternatif de ces deux critères[54]. Au contraire, il affirme constamment le caractère cumulatif des critères. En effet, il précise que : « Considérant que le Conseil est bien compétent pour interpréter un contrat passé par une administration publique, en vue de participer au fonctionnement d'un service public et qui, par les clauses exorbitantes de droit commun qu'il renferme, présente le caractère de contrat administratif ; attendu enfin que le contrat administratif doit contenir des clauses exorbitantes du droit commun qui sont des stipulations ayant pour objet de conférer aux parties des droits ou de mettre à leur charge des obligations étrangères par leur nature à ceux qui sont susceptibles d'être librement consentis par quiconque dans le cadre des lois civiles ou commerciales ; Qu'il s'agit en d'autres termes des clauses qui diffèrent par leur nature de celles qui peuvent être inscrites dans le contrat analogue de droit privé ; Que de telles clauses relèvent que les parties se sont placées sous un régime de puissance publique et une seule d'entre elles suffit à conférer au contrat le caractère administratif »[55]. Cette position a été réitérée dans diverses autres affaires[56] dont la plus récente est l'affaire

[54] GUESSELE ISSEMEL. P., *L'apport de la Cour Suprême au droit administratif camerounais*, thèse de Doctorat Ph. D., Université de Yaoundé II, 2010, p.501.

[55] Arrêt N°83, CCA du 22 décembre 1951, RENUCCI c/ Administration du Territoire.

[56] Arrêt N°350, TE du 8 août 1964, Sieur PECK PECKE Joseph c/ État fédéré du Cameroun Oriental « Considérant qu'il est de principe que les considérations de forme ne sont pas suffisantes pour conférer

Um Ntjam dans laquelle il est précisé que « pour qu'un contrat soit administratif, il faut qu'il ait pour objet même l'exécution du service public ; qu'en d'autres termes, l'exécution du contrat ait pour but la satisfaction de l'intérêt général. Enfin, le contrat administratif doit contenir des clauses exorbitantes de droit commun… »[57].

Même le juge judiciaire a confirmé la place importante du critère des clauses exorbitantes dans la définition des contrats administratifs. Le Tribunal de grande instance du Mfoundi le précise dans l'affaire Sté forestière PETRA S.A c/ Sylvestre NAAH ONDOA, État du Cameroun en date du 09 février 2004 : « Attendu qu'à défaut d'une définition textuelle, la jurisprudence a retenu certains critères permettant de définir le contrat administratif ; Qu'il s'agit (…) du critère matériel qui fait concurremment appel au critère de la participation directe du contrat à l'exécution même du service public et au critère de la clause exorbitante »[58].

En somme, « la référence à l'existence de prérogatives exorbitantes a une résonance immédiate en droit des contrats administratifs où la présence de « clauses exorbitantes du droit commun » permet de qualifier le contrat et détermine la compétence de son juge »[59]. L'exorbitance semble alors consubstantielle au contrat administratif[60].

Certaines notions sont rattachées au droit administratif par la présence du critère de la puissance publique. Il en est ainsi des contrats administratifs et bien d'autres. Ce critère par ailleurs oriente le régime juridique.

à ce contrat le caractère administratif ; qu'on ne saurait en effet induire du fait que le requérant n'a pas pris une part importante dans l'élaboration de ce contrat, se contentant de le signer et d'y apposer des timbres, la preuve de la nature administrative de ce contrat, alors qu'aucune clause exorbitante de droit commun ne semble y avoir été insérée » ;jugement N°50/CS/CA 84-85 du 1er février 1985, TAMEGHI Boniface (AMSECOM – AMSECONCOM) c/ État du CamerounL'affaire TAMEGHI Boniface (AMSECOM-AMSECONCOM) c/ État du Cameroun en 1985 : « Attendu que le pouvoir de résiliation unilatérale dont dispose l'Administration en matière de marchés publics, est généralement considéré comme une prérogative exorbitante ».

[57] Jugement n°147/04-05/ADD du 31 août 2005 Um Ntjam François Désiré et Fils c/ État du Cameroun (MINEF).

[58] Jugement civil TGI n° 277 du 09 février 2004, affaire Sté forestière PETRA S.A c/ Sylvestre NAAH ONDOA, État du Cameroun.

[59] RADE Ch., « Exorbitance du droit administratif : regard d'un privatiste », *in* F. Melleray, *L'exorbitance du droit administratif en question (s), LGDJ*, 2004, p.52.

[60] CANEDO M., « L'exorbitance du droit des contrats administratifs », *in* F. Melleray, *L'exorbitance du droit administratif en question (s), LGDJ*, 2004, p.126.

2- L'importance pour l'orientation du régime

Pour Jean Rivero, l'idée de puissance publique rend compte de la plupart des règles administratives[61], mais pas de toutes[62]. D'ailleurs, le droit administratif a toujours insisté sur ces prérogatives particulières[63]. « L'ordre juridique est le produit d'un principe selon lequel les activités publiques n'ont pas vocation à se voir appliquer les règles de droit commun »[64]. C'est donc dire que la spécificité de l'administration et des règles qui lui sont applicables tient à la nature de ses moyens d'action, aux prérogatives dont elle dispose[65]. En effet, « les armes dont dispose l'administration excluent qu'elle soit traitée comme les simples particuliers, soumise au même droit qu'eux »[66]. Un ensemble de règles spéciales que l'on connaît encore sous le nom de droit administratif sont applicables du fait de la présence du critère de la puissance publique.

Grâce au critère de la puissance publique, certaines règles sont appliquées tant à l'activité juridique qu'à l'activité matérielle de l'administration.

S'agissant de l'activité juridique, le fait pour l'administration d'édicter des actes administratifs unilatéraux par exemple s'accompagne des règles porteuses elles également de privilèges. Il s'agit de la règle du privilège du préalable et de celle de l'exécution d'office. Le régime de puissance publique se traduit par la possibilité de prendre des décisions unilatérales s'imposant aux tiers et créant pour eux des droits et obligations qu'ils doivent exécuter avant de contester. Le juge administratif, eu égard aux prérogatives de puissance publique de l'administration, a reconnu ces règles attachées aux actes administratifs unilatéraux. Il précise dans ce sens que : « considérant que le fait que l'administration ait pris directement les actes attaqués et soit passée à leur exécution sans décision préalable d'un tribunal, découle de ce qui est appelé en droit administratif les privilèges du préalable et de l'exécution d'office ; Que ces privilèges permettent à l'Administration de prendre des décisions exécutoires sans avoir recours à un juge et de passer immédiatement à leur exécution par la contrainte »[67]. Le juge administratif a donc ainsi à côté de la règle du privilège du préalable, énoncé la règle de l'exécution de ces décisions par la contrainte.

S'agissant de l'activité matérielle, du fait de l'exercice des prérogatives exorbitantes au droit commun par l'administration dans ses rapports avec les

---

[61] RIVERO J., *op. cit.*, p.287.

[62] *Ibid.*

[63] DEBBASCH Ch., « Finances publiques et droit administratif », *op. cit.*, p.113.

[64] CAILLOSSE J., *op.cit.*, p.957.

[65] CHEVALLIER J., « Les fondements idéologiques... », *op. cit.*, p.6.

[66] *Ibid.*, p.7.

[67] Jugement n° 25/ CS/CA 78-79 du 30 novembre 1978, KIOYO Innocent c/ État du Cameroun.

particuliers, un ensemble de règles lui sont appliquées et donc l'équivalent ne se retrouve pas dans les rapports des particuliers entre eux, tels que régis par le droit privé. Il est possible de citer dans ce cas des règles telles que l'insaisissabilité, l'imprescriptibilité des biens de la puissance publique, etc.

En droit administratif camerounais, si le critère de la puissance publique est décisif pour la détermination du champ du droit administratif, il est plutôt un fondement relatif de la compétence du juge administratif.

II- Un fondement relatif de la compétence du juge administratif

Si en France l'existence d'une juridiction administrative a été à juste titre regardée comme la source essentielle de la spécificité du droit administratif[68], au Cameroun, la présence d'une juridiction administrative ne semble pas traduire une réelle spécificité du droit administratif, car la juridiction judiciaire est largement compétente en matière des actes de l'administration. C'est dire que le critère de la puissance publique est relatif, car incapable de justifier pleinement la compétence de la juridiction administrative. En effet, si certains actes de puissance publique lui sont soumis (A), il y a une grande partie qui lui échappe (B).

A- La soumission des actes de puissance publique au juge administratif

En France, la place importante des prérogatives de puissance publique a été consacrée par le Conseil constitutionnel dans sa décision dite Conseil de la concurrence[69] qui a confié le contentieux de l'annulation des actes administratifs unilatéraux au juge administratif. Mais bien avant, c'est surtout « la dissociation entre la définition organique et matérielle du service public qui a permis de considérer que le critère de compétence du juge administratif réside dans la prérogative de puissance publique »[70]. En effet, « pour décider de la compétence de la juridiction administrative, prévaut essentiellement l'intervention de la puissance publique par la stipulation des prérogatives ou des sujétions exorbitantes de droit commun »[71].

Au Cameroun, la compétence de la juridiction administrative résulte de la mise en œuvre de procédés de gestion publique, c'est-à-dire en fait de l'utilisation de la puissance publique. La connaissance des actes de puissance publique par le juge

[68] DEBBASCH Ch., « Le droit administratif, droit dérogatoire au droit commun ?», *op. cit.*, p.131.
[69] DC, 86-224 23 janvier 1987, conseil de la concurrence.
[70] BIZEAU J. P., « Le juge administratif n'est-il plus que le juge de la puissance publique ? », *AJDA*, 1992, p.180.
[71] BLAEVOET Ch., « L'influence relative de la notion de service public sur le champ du droit administratif et de la compétence administrative », *recueil Dalloz*, 1957, p.37.

administratif découle des textes (1), mais également de l'appropriation jurisprudentielle (2).

1- La dévolution textuelle au juge administratif

« Les actes juridiques mettant en œuvre une prérogative de puissance publique constituent des actes de droit public et leur contentieux relève normalement de la juridiction administrative. Cette conception qui ne saurait être contestée constitue le point de départ de la théorie dite de la gestion publique selon laquelle sont réservés aux tribunaux administratifs seulement les actes et les opérations où la puissance publique est en jeu »[72]. Puisque le droit administratif camerounais est plus d'élaboration législative que jurisprudentielle ou autant législative que jurisprudentielle[73], il se trouve que la part du contentieux administratif dévolue aux juridictions administratives par les textes est en rapport avec le critère de la puissance publique. Pour s'en convaincre, il suffit de scruter les domaines de compétence.

Les titres de compétence reconnus aux juridictions administratives se rapportent essentiellement aux activités de puissance publique. Le juge est compétent pour les actes où se manifeste la puissance publique. Avant la réforme du contentieux administratif opérée en 1996 et entérinée en 2006, sa compétence était déjà greffée aux prérogatives de puissance publique. En effet, la Cour fédérale de justice était, au regard de l'article 33 de la loi constitutionnelle du 1er septembre 1961, chargée de « statuer sur les recours en indemnité ou en excès de pouvoir dirigés contre les actes administratifs des autorités fédérales ». Il en était de même avec l'article 32 alinéa 3 de la Constitution du 02 juin 1972 qui disposait que « la Cour Suprême est chargée de statuer souverainement sur les recours en indemnisation ou en excès de pouvoir dirigés contre les actes administratifs ». Avec la loi constitutionnelle du 18 janvier 1996, on assiste à l'octroi des actes et opérations de puissance au juge administratif, car l'article 40 dispose que « la chambre administrative connaît de l'ensemble du contentieux administratif de l'État et d'autres collectivités publiques ».

L'ordonnance du 26 août 1972 énumérait les actes de puissance que connaissait la chambre administrative. Aujourd'hui, à quelque exception près, la loi de 2006 sur les tribunaux administratifs reprend la compétence de la juridiction administrative. Au terme de l'article 2 alinéa 3, elle comprend : « le recours en annulation pour excès de pouvoir et, en matière répressive, les recours incidents en appréciation de la légalité ; les actions en indemnisation du préjudice causé par un acte administratif ; les litiges concernant les contrats (à l'exception de ceux passés même implicitement sous l'empire du droit privé) ou les concessions de service public ; les litiges

[72] AUBY J.-M. DRAGO R., *Traité de contentieux administratif*, Paris, LGDJ, t.I, 3e éd.,1984, p.420.
[73] BIPOUN-WOUM J.-M., *op. cit.*, pp.361-362.

intéressant le domaine public ; les litiges intéressant les opérations du maintien de l'ordre ». Ainsi, la loi n° 2006/022 du 29 décembre 2006 en son article 3 alinéa 3 reconnaît exclusivement la compétence de la chambre administrative de la Cour suprême sur l'exception préjudicielle soulevée en matière de voie de fait administrative et d'emprise. Il s'agit à travers cette définition du champ de compétence du juge administratif, d'une véritable codification du critère de la puissance publique.

Au regard des différents domaines de compétence du juge administratif, force est de constater que le législateur lui a octroyé les litiges où la puissance publique s'est manifestée. Il s'approprie également certains litiges qui révèlent la présence de la puissance publique.

2- L'appropriation jurisprudentielle par le juge administratif

Il arrive que la loi ne prévoie pas toutes les hypothèses, dans ce cas, il appartient à la jurisprudence de la compléter[74]. D'ailleurs, G. Vedel n'affirmait-il pas que « dire le droit, c'est pour le juge administratif, surtout en grande partie, le créer »[75]. En effet, « puisque les juridictions administratives ont pour mission de statuer sur la base d'un droit spécial, par essence exorbitant, il leur faut déduire leur compétence des éléments qui traduisent l'originalité de ce droit »[76]. À titre plus général, lorsqu'aucun autre élément n'apparaît, le simple fait pour l'administration d'user de prérogatives de puissance publique fonde la compétence administrative[77].

Le juge administratif a étendu sa compétence sur la base du critère de la puissance publique en dépit du caractère législatif de notre droit administratif. M. Nchouwat précise ainsi qu'« à force de définir le droit camerounais comme un droit légiféré et importé, le risque est trop grand de minimiser l'apport du juge administratif camerounais. Pourtant ce dernier sans moyens matériels adéquats ni atouts intellectuels convaincants, a quand même apporté à notre édifice juridictionnel un concours qui n'est pas négligeable, loin de là »[78].

À des occasions diverses, le juge administratif a opéré une extension de ses compétences sur la base de l'existence du critère de la puissance publique. Il en a été

---

[74] TCHAKOUA J.-M., *Introduction générale au droit camerounais*, Yaoundé, *PUCAC*, 2008, p.90.

[75] VEDEL G., « Les bases constitutionnelles du droit administratif », *op. cit*, p.21.

[76] PETOT J., *op.cit.*, p.370.

[77] FRIER P.-L. et PETIT J., *Précis de droit administratif*, Montchrestien, 6e éd., 2010, p.416.

[78] NCHOUWAT A., *Le juge et l'évolution du droit administratif au Cameroun*, Thèse de Doctorat de 3e cycle en droit public, Université de Yaoundé II. Soa, 1993-1994, p.248.

ainsi en matière du contentieux des ordres de recettes dans l'affaire Mbedey Norbert[79], des actes détachables du contrat[80], et des vices de procédure[81].

Le juge administratif va plus loin en revenant sur certaines positions qu'il avait antérieurement prises. Après avoir rejeté sa compétente[82] à plusieurs reprises, le juge administratif a reconnu sa compétence en matière de contrôle des actes de gestion du domaine privé de l'État. C'est ce qui ressort de l'affaire État du Cameroun (MINUH) c/ AMOUGOU Jean Fidèle[83].

La même évolution s'est opérée en ce qui concerne les chefferies traditionnelles. Après les avoir longtemps considérés comme des actes n'entrant pas dans son champ de compétence[84], il a fini par statuer sur les actes de destitution des chefs traditionnels

---

[79] Arrêt n° 187CFJ/CAY du 29 mars 1972, Mbedey Norbert contre République Fédérale du Cameroun

[80] Jugement n°007CS/CA du 27 octobre 1988, Compagnie forestière Sangha Oubangui contre État du Cameroun.

[81] CS/CA, n° 07 du 26 février 1998, Dame Takoté épseTignokpa contre État du Cameroun.

[82] Dans l'affaire Azombo Nsomoto Victor contre État du Cameroun, le requérant demandait d'annulation d'un acte unilatéral pris en matière de gestion du domaine privé de l'État, le juge rejette sa compétence ; Arrêt n°126 CFJ/SCAY du 4 novembre 1966, AZOMBO NSOMOTO Victor c/ État du Cameroun ; Jugement N°58/CS/CA 86-87 du 25 juin 1987, NTONE KINGUE Gabriel et collectivité BONANTONE c/ État du Cameroun (MINUH) : « (…) Attendu que du point de vue de la compétence, la distinction entre domaine public et domaine privé est fondamentale ; Qu'en effet, tandis que le contentieux du domaine public ressortit à la juridiction administrative, les procès nés de la gestion du domaine privé de l'Administration relèvent au contraire des tribunaux judiciaires ; Que cette solution d'origine jurisprudentielle reçue depuis plus d'une décennie, a reçu une consécration dans le cadre de l'Ordonnance n°72/6 du 26 août 1972 fixant l'organisation de la Cour Suprême ; (…)Attendu qu'aux termes de l'article 9 (2) (d) de ladite ordonnance, le contentieux administratif comprend "les litiges intéressant le domaine public" ; Qu'il en résulte a contrario, que les litiges intéressant le domaine privé de l'Administration appartiennent aux juridictions de l'ordre judiciaire en tant que gardiennes de la propriété privée ; Attendu enfin qu'il y a lieu de mentionner que contrairement à ce que l'on serait tenté de croire, la forme administrative utilisée n'a pu avoir pour effet d'enlever à l'acte attaqué son caractère d'acte de droit privé pour lui conférer le caractère d'un acte administratif soumis à un régime de droit public et relevant de la juridiction administrative, cette forme étant la seule valable, comme prescrite par le décret n°76/167 du 27 avril 1976 susvisé, lequel prévoit en son article 31 que les actes de gestion du domaine privé sont faits en la forme administrative ; Qu'il appartient donc à la collectivité de BONANTONE qui se croit autorisée de contrôler les actes de l'État concernant la gestion de son domaine privé, de se pourvoir devant la juridiction compétente ». jugement N°16/CS/CA, 85-86 du 28 novembre 1985, KAMDEM WAFO Michel c/ État du Cameroun :« Attendu, en droit, que le domaine privé de l'État est géré par l'Administration à des fins principalement patrimoniales ; Qu'il s'ensuit que le contentieux relevant de ladite gestion est du ressort du juge judiciaire ».

[83] Arrêt n°04/CS/AP du 18 août 1994, État du Cameroun (MINUH) c/ AMOUGOU Jean Fidèle.

[84] Jugement N°08/CS/CA, 02-03 du 31 octobre 2002, BATEG Daniel c/ État du Cameroun (MINAT) « Attendu qu'en conséquence, cette affaire relative aux contestations soulevées à l'occasion de la désignation d'un chef traditionnel est exclue de la compétence de cette juridiction, la loi ne précisant

et s'abstient encore en ce qui concerne les actes de désignation. « Si le juge administratif ne peut connaître des contestations relatives aux actes de désignation des chefs traditionnels, il connaît au moins de celles qui portent sur les actes de destitution de ces chefs dans le cadre de la procédure disciplinaire ». Cette position a été adoptée par la Cour dans l'affaire Dr ENONCHONG Henry Ndifor Abi c/ État du Cameroun (MINAT) du 25 octobre 2001[85] : « Attendu que le défendeur en agissant ainsi s'était rendu coupable d'un excès de pouvoir et que par conséquent, son arrêté N° 0224/A/MINAT/DOT/SDOA/SCT du 3 septembre 1999 rapportant l'arrêté N° 038/A/MINAT/DOT/SDOA/SCT du 20 février 1997 portant homologation de la désignation du recourant comme chef de 2e degré de Besongabang arrondissement de Mamfé, département de la Manyu, province du Sud-Ouest, encourt l'annulation avec toutes les conséquences de droit ».

Au regard des dispositions textuelles et de la jurisprudence, il faut dire que « la juridiction administrative voit sa compétence déterminée directement ou indirectement dans la plupart des cas par le caractère administratif du service, c'est-à-dire au fond par ce que sont les procédés de gestion, ceux de la gestion publique »[86]. Cependant, d'autres actes de gestion publique lui sont soustraits.

B- La soustraction des actes de puissance publique au juge administratif

Un vaste champ des activités de puissance publique échappe au juge administratif au profit du juge judiciaire principalement. Les litiges administratifs sont soustraits à la compétence du juge administratif. Ainsi, la puissance publique est contestée dans son statut juridique[87]. Les actes de puissance publique sont largement dévolus au juge judiciaire (1) et certains peuvent en l'absence du service public être également soustraits de sa compétence (2).

1- La dévolution des actes de puissance publique au juge judiciaire

Au Cameroun comme en France, « il arrive que le juge judiciaire soit reconnu compétent bien que les modalités de l'action administrative aient revêtu en l'espèce un caractère exorbitant »[88]. Mais contrairement à la France, l'analyse des textes

---

pas s'il s'agit des contestations soulevées au cours des consultations ou après l'arrêté préfectoral d'approbation de la désignation » ; jugement N°40/ ; CS/CA 79-80 du 29 mai 1980, MONKAM TIENTCHEU David c/ État du Cameroun ; jugement N°7/CS/CA, 79-80 du 29 novembre 1979, ESSOMBA Marc-Antoine c/ État du Cameroun.

[85] Jugement N°07/CS/CA, 2001-2002 du 25 octobre 2001, ENONCHONG HENRY NDIFOR ABI c/ État du Cameroun (MINAT).

[86] BIZEAU J. P., « Le juge administratif n'est-il plus que le juge de la puissance publique ? », *op. cit.*, p.181.

[87] *Ibid.*, p.186.

[88] AMSELEK P., « Le service public et la puissance publique… », *op. cit.*, p.502.

montre qu'il est incontestablement le juge de droit commun du contentieux administratif,[89] car en dépit de l'article 40 de la loi constitutionnelle du 18 janvier 1996, qui octroie l'ensemble du contentieux administratif de l'État et des autres collectivités publiques à la chambre administrative de la Cour suprême, le juge judiciaire connaît d'un large pan des activités de puissance publique, toutes choses qui limitent la portée du critère de la puissance publique. Il connaît, soit exclusivement, soit partiellement du contentieux administratif.

De façon exclusive, le juge judiciaire est compétent dans certaines matières qui relèvent bien de la puissance publique. En effet, « les tribunaux de droit commun connaissent conformément au droit privé de toute autre action ou litige, même s'il met en cause les personnes morales énumérées au paragraphe premier, la responsabilité de ladite personne morale étant à l'égard des tiers, substituée de plein droit à celle de son agent auteur des dommages causés dans l'exercice même de ses fonctions »[90]. En dehors des champs énumérés et dévolus au juge administratif, le juge judiciaire intervient globalement dans le reste des activités de l'administration[91], que celle-ci ait mis en œuvre les prérogatives de puissance publique ou non.

De façon partielle, la juridiction judiciaire connaît de la voie de fait[92] et de l'emprise[93]. Les textes et la jurisprudence affichent une constance en cette matière. En effet, tant l'ordonnance du 26 août 1972 portant organisation et fonctionnement de la Cour suprême que la loi de 2006 fixant organisation et fonctionnement des tribunaux administratifs lui attribuent cette compétence. Mais cette compétence se limite à la réparation et aux injonctions dans la mesure où la constatation de la voie

[89] ONDOA M., « Le droit administratif français en Afrique francophone… », *op. cit.*, p.318.

[90] Article 3 alinéa 1 de la loi n° 2006/022 du 29 décembre 2006 fixant organisation et fonctionnement des tribunaux administratifs.

[91] SANDIO KAMGA A. H., *La responsabilité de l'agent public en droit administratif camerounais,* Mémoire DEA, Université de Yaoundé II, 2008-2009, 104p. voir Jugement civil n°359/TGI Ydé 4 juillet 1984 Keuzeta Jean C/ Délégué du Gouvernement et communauté urbaine de Yaoundé ; Jugement civil n°459/TGI Ydé 7 mai 1986, Mbamba Ndémé Louis C/Lomzok et parc National de matériel Génie Civil ; Jugement civil n°81/TGI ydé 01 novembre 2004, Ngongang Verlaine C/ proviseur du lycée de Cité verte et Office du Baccalauréat, le MINEDUC ; Jugement civil n°80/TGI Ydé du 21/12/1983 Simo André C/ prison centrale et État du Cameroun ; Jugement civil n°291/TGI du 09/02/2000, Mme Dicka née Kibemba Charlotte C/État du Cameroun.

[92] Arrêt n°8/A du 16 octobre 1968, Max Keller Ndongo. Arrêt n°10/CFJ/AP du 17 octobre 1968, Mve Ndongo, Procureur général c/ Ngaba Victor « de nature à constituer une voie de fait administrative, c'est-à-dire un acte tellement irrégulier qu'il perdrait le caractère administratif et par suite la protection des lois de 1790 et de l'An IIII ».

[93] Jugement N°30/ADD/03-04 du 04 février 2004, Pellamie Joseph c/ communauté urbaine de Douala « l'emprise administrative se définit par toute occupation ou dépossession d'une propriété immobilière privée du fait de l'administration à savoir l'État, une collectivité publique ou un établissement public ».

de fait et l'emprise, l'appréciation de leur régularité, relèvent de la compétence exclusive de la juridiction administrative. Ainsi, le juge judiciaire ne peut apprécier lui-même l'irrégularité de la voie de fait et de l'emprise ; cette appréciation constituant une question préjudicielle conduisant le juge judiciaire à surseoir à statuer et envoyer au juge administratif[94].

En ce qui concerne la voie de fait, le juge administratif confirme toujours la compétence du juge judiciaire. En effet, il estime toujours « (...) que cette atteinte à la liberté individuelle constitue, comme le soutient le représentant de l'État, une voie de fait qui donne compétence au juge judiciaire pour statuer sur une demande en dommages-intérêts présentée par le docteur Binam »[95].

En ce qui concerne l'emprise, dans son jugement Koum Jemba Joseph, la chambre administrative, après avoir qualifié l'agissement de l'administration d'emprise irrégulière affirme qu'« Attendu que la loi donne compétence aux tribunaux de droit commun pour connaître en outre des emprises et des voies de fait administratives et pour ordonner toutes les mesures pour qu'il y soit mis fin ; Que s'il appartient au juge administratif qui constate l'existence d'une emprise d'en apprécier le caractère régulier ou irrégulier, seul le juge judiciaire a compétence pour octroyer des dommages-intérêts » ; « Attendu que l'ensemble des dommages dont le requérant sollicite la réparation apparaît comme étant la conséquence d'une emprise irrégulière de la personne publique sur une propriété immobilière privée ; Que cette demande est dès lors, du ressort des tribunaux de droit commun »[96].

---

[94] Jugement N°15/CS-CA/86-87 du 29 janvier 1987, Nangah Company Ltd c/ État du Cameroun « Qu'il s'ensuit que, sous réserve qu'il en soit autrement décidé par l'Assemblée plénière de la Cour suprême qui a seule qualité, en vertu de ce même texte, pour statuer sur les questions préjudicielles soulevées en matière de voie de fait administrative, la chambre administrative est incompétente pour connaître du présent litige ».

[95] Jugement n°12/CS-CA/81-82 du 28 janvier 1982, Dame Binam née Ngo Njom fidèle c/ État du Cameroun ;Arrêt n°20/A du 04 janvier 2001, Djotoum Henriette c/ État du Cameroun (MINAT), recours n°508/A du 29 septembre 1986 « Considérant que cette fermeture n'étant pas conforme aux textes susvisés constitue une voie de fait, car s'agissant d'un fait matériel réalisé en dehors d'une voie permise par la loi ; Considérant que c'est à tort que la recourante a saisi le juge administratif qui, en l'espèce, n'est pas compétent ; Considérant qu'il échet d'annuler le jugement et de déclarer le juge administratif incompétent pour connaître de ce litige ».

[96] Jugement n°56/CS-CA/85-86 du 24 avril 1986, Koum Jemba Joseph c/ État du Cameroun. Dans le même sens, jugement n°18/CS-CA/85-86 du 24 avril 1986, Kamdem Wafo Michel c/ État du Cameroun : « Attendu que l'ensemble des dommages dont le requérant demande réparation apparaît dès lors, comme étant la conséquence d'une emprise irrégulière de la puissance publique sur une propriété immobilière privée ; Que par suite, conformément à une jurisprudence constante, il revient aux seuls tribunaux de droit commun de statuer sur la demande d'indemnisation formée par Kamdem Wafo Michel en raison de l'ensemble des dommages résultant de l'occupation illégale de sa villa et de ses conséquences » ; Jugement n°46/CS-CA/81-82 du 27 mai 1982, Madame veuve André Testas née

La connaissance partielle des actes de puissance publique par le juge judiciaire se poursuit en matière d'expropriation pour cause d'utilité publique. Il ressort des articles 11, 12 et 13 de l'ordonnance n° 74/3 du 06 juillet 1974 relative à la procédure d'expropriation pour cause d'utilité publique et aux modalités d'indemnisation que le juge judiciaire est compétent pour connaître de cette prérogative de puissance publique. Il est compétent en matière de contestation du montant de l'indemnisation fixé par le décret d'indemnisation. Lorsque la partie expropriée n'est pas satisfaite de la décision du ministre, elle saisit dans le mois de la notification le tribunal de première instance du lieu de la situation de l'immeuble. Le tribunal pourra confirmer, réduire ou augmenter le montant de l'indemnisation.

Avec l'implication du juge judiciaire dans le contentieux de la puissance publique, « le critère de partage de compétence entre les deux juridictions est devenu, dans bien des cas, à peu près insaisissable »[97]. Au surplus, le juge administratif peut être écarté si les prérogatives de puissance publique ne s'accompagnent pas de l'exécution du service public.

2- L'éviction du juge administratif en l'absence du service public

Le juge administratif peut être évincé en l'absence du critère du service public. En effet, ayant reconnu le caractère cumulatif des critères matériels que sont l'existence des clauses exorbitantes et l'exécution du service public, l'absence de ce dernier élément est de nature à disqualifier la qualité de contrat administratif et, par voie de conséquence, de ne pas entrer dans le champ de compétence du juge administratif.

Dans l'affaire Um Ntjam François Désiré et Fils contre État du Cameroun[98], prenant le contre-pied du conseil de l'État qui estimait que la chambre administrative n'était pas compétente, car le contrat qui liait l'État au requérant n'était pas un contrat administratif, mais plutôt un contrat de droit privé et impliquant la compétence du juge judiciaire au motif que la convention de collaboration du 07 mai 1999, ne confie à l'association ADEPROC aucune mission de service public. Le

---

Mathilde Jeanne Tuytelears c/ État du Cameroun ; jugement n°30/ADD/03-04 du 04 février 2004, Pellamie Joseph c/ communauté urbaine de Douala. Arrêt n°157/CFJ/CAY du 23 mars 1971, Medou Gaston c/ État Fédéral du Cameroun.

[97] De LAUBADERE A., « Réflexion sur la crise du droit administratif français », *Rec. Dalloz*, 2e cah.1952, p.5.

[98] Jugement n°147/04-05/ADD du 31 août 2005 Um Ntjam François Désiré et Fils c/ État du Cameroun (MINEF) ; Arrêt N°83 CCA, du 22 décembre 1951, RENUCCI c/ Administration du Territoire ; Arrêt N°350TE, du 8 août 1964, Sieur PECK PECKE Joseph c/ État fédéré du Cameroun Oriental.

juge administratif, après analyse de la situation contractuelle, conclut à la présence d'une mission de service public et par voie de conséquence se déclare compétent.

Il faut finalement dire que le juge se serait sans aucun doute déclaré incompétent si les allégations du Conseil d'État s'étaient révélées probantes ; montrant ainsi la place cruciale qu'occupe le critère du service public.

Conclusion

En définitive, au Cameroun comme en France « l'espoir d'un critère unique repose sur une illusion »[99], un mythe. Si le critère de la puissance publique est le fondement du droit administratif et de la compétence de la juridiction administrative, il ne l'est pas dans l'absolu. En d'autres termes, « si large que soit la part de vérité incluse dans la conception qui la met au cœur du droit administratif, il reste que cette notion ne saurait rendre compte de toutes les règles qui le composent »[100]. Elle côtoie nécessairement d'autres notions telles que le service public. Ce qui fait que l'équation prérogatives de puissance publique égale compétence du juge administratif n'est pas absolue. C'est plutôt prérogatives de puissance publique égale compétence du juge administratif et/ou compétence du juge judiciaire.

En dépit du constat de sa collaboration avec le critère du service public, il faut cependant dire que le critère de la puissance publique semble prendre le pas dans la détermination du droit applicable et de la compétence contentieuse par rapport au critère du service public. En effet, la puissance publique révèle ce qu'il y a de plus spécifique dans le droit administratif et imprègne le contentieux administratif camerounais. Cet état de choses est peut-être la traduction de ce qu'au concours d'agrégation de 1882, Maurice Hauriou était major devant Léon Duguit.

---

99 RIVERO J., *op.cit.*, p.288.

100 *Ibid.*

LES BASES DU CONTRAT ADMINISTRATIF AU CAMEROUN

Daniel MBARGA NYATTE[1]

Pour le doyen Alain Bockel, le droit administratif est une branche du droit public, utilisant les prérogatives exorbitantes de droit commun, qui règle l'organisation et l'activité administratives. Il peut être cerné à partir de trois critères : organique, fonctionnel, et matériel. Il est pour la plupart des auteurs, un droit du déséquilibre et un droit fondamentalement jurisprudentiel.

Le critère matériel vise la nature des actes qu'accomplit l'administration, qui dispose ainsi des moyens d'imposer sa volonté par les actes unilatéraux d'une part, et les actes bilatéraux en termes de contrat d'autre part[2].

Si l'un des traits caractéristiques du droit administratif est la place qu'occupent les actes administratifs unilatéraux, il faut se rendre compte de l'évidence, les pouvoirs publics procèdent aussi régulièrement par l'accord de volonté, et particulièrement le procédé du contrat, qui se trouve être de type particulier et très diversifié.

- Particulier parce que, autant dans le code civil, il est dit dans l'article 1134 al 1 que « *les conventions légalement formées font figure de loi à ceux qui les ont faites* », al 2 « *pas de modification sans consentement* », autant il n'en est rien dans le contrat administratif, celui-ci étant différent du contrat de droit privé basé sur l'accord de volonté, et de surcroît synallagmatique. C'est un contrat d'adhésion au vu des compétences et des formes maîtrisées par l'administration en termes d'adjudications publiques, de gré à gré, d'appels d'offres, de cahiers des charges, le tout s'articulant autour des prérogatives de l'administration que sont les pouvoirs de direction et de contrôle, de modification unilatérale, de sanction, de résiliation. Il ne s'agit pourtant pas d'oublier les droits du cocontractant, qui a toujours le bénéfice d'un certain équilibre financier, celui-ci devant être établi à tout moment. Il a droit à des acomptes et à des avances pour certaines catégories de prestations déterminées, qu'il s'agisse des faits nouveaux sur l'exécution du contrat, de la force majeure, de la théorie du fait du prince, et de l'imprévision.

---

[1] *Chargé de Cours/HDR, Université de Yaoundé II.*

[2] A. Bockel, *Droit Administratif*, NEA, 1978, p.1.

- Diversifié parce que le droit administratif camerounais consacre six types de contrats administratifs que sont le marché public, la concession de service public, le contrat d'affermage, de partenariat, le contrat plan et de ville[3]. La diversification du contrat résulte de la nature diversifiée de service public, qui a pour mission fondamentale de fournir des prestations aux citoyens, et la plupart des grands auteurs en l'occurrence Léon Duguit, Gaston Jèze, Louis Rolland, Jacques Chevallier, ont

[3] Pour plus de précisions :

➢ Le marché public est un accord de volontés écrit par lequel l'État, une collectivité territoriale décentralisée, une Établissement public administratif ou toute autre personne morale de droit public charge un entrepreneur, un fournisseur, ou un prestataire de services d'accomplir le service public correspondant, moyennant un prix.

➢ La concession elle, est un contrat conclu dans le cadre de ce que l'on appelle en droit administratif des contrats « les délégations de service public », qui présentent quatre caractéristiques :

a) La dénomination des parties contractantes :
L'administration s'appelle le concédant, le contractant de l'administration étant le concessionnaire ;

b) La délégation du service public du concessionnaire se limite uniquement à confier l'activité d'intérêt général au concessionnaire ni plus ni moins, sans lui donner les moyens d'accomplir cette activité.

c) Les charges du concessionnaire consistent à déployer ses propres moyens financiers, logistiques et humains en vue de l'exécution de la mission de service public.

d) Les modes de règlement du concessionnaire qui perçoit la totalité des redevances payées par les usagers du service public durant une période déterminée, en vue d'amortir les charges liées à l'investissement, ainsi que de réaliser des bénéfices.

➢ Le contrat d'affermage signifie que le contractant de l'administration s'appelle le fermier, et contrairement au précédent contrat de concession, non seulement le service public est délégué, mais bien plus le fermier bénéficie, de la part de l'administration, de certains moyens matériels nécessaires à l'exécution de la mission de service public. C'est la raison pour laquelle le contractant perçoit une partie des redevances payées par les usagers et réserve l'autre à la partie administrative en raison du bénéfice de certains moyens logistiques fournis par la puissance publique.

➢ Le contrat de partenariat est introduit par une loi de 2006. Cette nouvelle catégorie de contrat administratif se définit par trois exigences cumulatives à savoir :

a) L'urgence du projet à réaliser ;

b) La complexité du projet qui place l'administration dans l'incapacité technique à surmonter la difficulté.

c) L'obligation de recourir à l'expertise technique et étrangère et au financement international, faute de ressources budgétaires propres.

➢ Les contrats plans proviennent des difficultés éprouvées par les communes afin de réaliser l'urbanisme communal. Il s'agit d'aider les collectivités territoriales décentralisées à assurer le financement des projets d'urbanisme de la cité par la conjugaison des moyens propres de la commune et de ceux tirés du budget de l'État.

➢ Les contrats de ville sont plus proches du précédent, mais se distinguent en deux points de vue :

a) L'objet d'un contrat de ville porte sur le développement des équipements sociaux de base comme les écoles, les bibliothèques, les centres de santé communaux, l'éclairage public et hydraulique communale.

b) Dans un contrat de ville, la commune a la latitude de financer les projets sociaux susvisés en faisant recours aux prêts bancaires et au « partenariat » financier étranger, à l'exclusion de tout financement étatique.

consacré le caractère instrumental ou institutionnel, l'aspect juridique et le mythe d'un État généreux, préoccupé par le bien-être de ses sujets. Certains auteurs à l'instar des professeurs J.M. BIPOUM WOUM et Magloire ONDOA se sont interrogés sur la tropicalisation du service public, voire du contrat administratif, pour en constater que la conception française s'est imposée avec quelques originalités[4]. Au Cameroun, les critères organiques et matériels prônent plus la prise en compte de l'intérêt général en reposant sur un régime exorbitant de droit commun.

S'interroger sur les bases du contrat revient à relever ce sur quoi reposent les contrats administratifs au Cameroun ? La réponse à la question n'est possible que si l'on adopte la dogmatique et la casuistique, méthodes essentielles pour la compréhension de tout système juridique intégrant l'analyse des textes d'une part et la pratique réelle de ceux-ci d'autre part. Il s'agit ainsi d'appréhender la portée réelle des textes juridiques, ainsi que les décisions des juges et des tribunaux. Les bases sont duales à savoir la qualification textuelle (II), ainsi que la qualification jurisprudentielle (I).

I- Les bases jurisprudentielles

Dans l'histoire de la jurisprudence camerounaise, l'on peut observer trois séquences qui n'arrivent pas à définir de manière exhaustive la notion de contrat administratif. Tout compte fait, l'on relève que le juge administratif camerounais a fait sienne, ou a repris à son compte, la conception jurisprudentielle française des critères du contrat administratif. En France, comme au Cameroun, lorsqu'un texte ne donne aucune indication théorique sur le contrat administratif, la jurisprudence considère comme tel tout contrat qui allie le critère organique et/ à l'un des critères organiques[5].

---

[4] - M. ONDOA, « Le droit Administratif français en Afrique noire francophone : contribution à l'étude de la réception des droits étrangers en droit interne », *RJPIC.*, Vol 56, N° 3, 2002, p.297 et s.

- J.M. BIPOUN WOUM « Recherches sur les aspects actuels de la réception du droit administratif dans les États d'Afrique noire d'expression française : le cas du Cameroun », *RJPIC,* 1972, N° 3.

[5] L'on peut ainsi observer trois temps aux séquences :

- le juge administratif colonial (CCA) avait esquissé les critères jurisprudentiels du contrat administratif dans une affaire RENUCCI en 195 ;
- le juge administratif national a statué sur un abondant contentieux contractuel depuis 1985 dans plusieurs affaires (AMSECOM/AMSECOM.COM TAMAGHI BONIFACE) ; BIG BROTHER TRADING COMPAGNY – Société Internationale Buisiness ;
- dans deux célèbres affaires UM NTYAM de 2005 et 2008, le JA a pris soin de fixer à sa manière les critères du contrat administratif et a considéré comme tel tout contrat qui allie le critère organique et/à l'un des critères alternatifs.

A- La nécessité du critère organique

La notion d'institution en droit s'articule autour de deux données fondamentales telles que l'ont appréhendée les spécialistes du droit public ; il s'agit de l'organe, et de la règle. À partir de ces deux, il est possible de cerner le système normatif d'une société dans son ensemble. Les organes sont nombreux, les hypothèses contractuelles sont elles aussi nombreuses, dès lors que plusieurs intervenants sont nécessaires, pour la transparence.

1- La diversité des cas de figure

Trois sont essentielles :

a- Le contrat signé entre deux personnes publiques

Dès le départ, ceux-ci n'étaient pas distingués des contrats conclus entre une personne publique et une personne privée. La prise de conscience d'une certaine inadaptation à ces contrats des critères conçus pour l'hypothèse où la personne publique contracte avec une personne privée, ainsi que le développement des rapports contractuels entre personnes publiques, ont déterminé une prise en considération distincte des contrats conclus entre elles. Désormais, et en vertu de l'arrêt UAP rendu par le Tribunal des Conflits le 21 mars 1983, ils constituent une catégorie spéciale de contrats dont le caractère est déterminé par application d'une règle spécifique.

Aux termes du TC ; « *un contrat conclu entre deux personnes publiques revêt en principe un caractère administratif* »[6] . Ils sont présumés administratifs parce qu'un « contrat entre deux personnes publiques est normalement la rencontre de deux gestions publiques », étant donné que les personnes publiques agissent normalement selon les modes de gestion publique. De même, « *eu égard à son objet* », le contrat est en général administratif, dès lors qu'il y a exécution même du service public, ou qu'il comporte des clauses exorbitantes.

b- Le contrat signé entre l'État et la personne privée

Parce qu'une personne publique est partie à ces contrats, ils peuvent être des contrats administratifs, que la personne publique les ait conclus directement, ou par l'intermédiaire d'un mandataire privé.

Le principe est en effet qu'un contrat ne peut pas avoir un caractère administratif si une personne publique n'y est pas partie, c'est-à-dire s'il n'est pas intervenu entre personnes privées.

---

[6] TC 21 mars 1983, "Union des Assurances de Paris " P.537. AJ 1983- Concl D Labetoulle. D. 1984. P33. Note JB Auby et HB Hubrech. Revadm 1983 p.368 note Pacteau.

Toutefois, les contrats conclus entre une personne publique et une personne privée ne sont effectivement des contrats administratifs que s'ils apparaissent comme des actes de gestion publique, et cela en raison soit de leurs clauses, soit de leur objet, soit de leur régime[7].

c- Le contrat signé entre deux personnes privées dont l'un agit au nom et pour le compte de la personne publique

Le principe est le caractère non administratif des contrats conclus entre personnes privées. Un organisme de droit privé investi d'une mission de service public passe un contrat avec une partie privée : c'est en principe un contrat de droit privé, en vertu d'une solution jurisprudentielle que le TC présente comme une « *règle de valeur législative* »[8]. Les contrats en cause sont de droit privé, même s'ils se réfèrent au code des marchés publics et aux cahiers des charges des marchés de l'État ou contiennent des clauses exorbitantes, même s'ils ont pour objet (ce qui est fréquent) l'exécution des travaux publics, même s'ils ont pour objet l'exécution même d'un service public administratif[9].

La dérogation au principe est pourtant la jurisprudence entreprise Peyrot de 1963. Le contrat conclu avec une personne privée par l'organisme de droit privé chargé d'un service public peut être administratif s'il apparaît comme ayant été conclu « *pour le compte* » d'une personne publique[10]. Il en est ainsi, c'est la personne publique représentée qui est partie au contrat et il n'y a pas d'obstacle de principe à son caractère administratif. L'expression « *pour le compte de* » est prise dans une acceptation spéciale ; elle signifie que l'organisme privé a agi, mais sans mandat (même implicite) en lieu et place d'une personne publique qui, à l'arrière-plan de l'opération, a fait conclure le contrat. En somme, l'hypothèse est celle où l'organisme de droit privé a joué, en fait, le rôle d'un intermédiaire de la personne publique qui a téléguidé son action[11].

---

[7] TC 20 janvier 1986. Coop-agricole de l'Arne P446 DA 1986 N°155.

[8] TC 26 juin 1989. SA Cie générale d'entreprise de chauffage, D.1990 SC P.191 Ob X. Pretôt DA 1989 N°439.

[9] Voir par exemple, s'agissant de contrats entre sociétés concessionnaires d'autorité et entrepreneurs des travaux publics : CE 20 décembre 1961 Soc de l'autoroute Esterel Côte d'Azur P.274. AJ 1962 p.288 Chron J.M. Galabert et M. Gentôt JCP 1962. N° 12732 Note J. Alexandre.
TC 19 janvier 1972 SNCFC/Entreprise Salon et Barrault P.944 AJ 1972 P.353 Note J. Defau J.C.P 1973 N° 17 312 Note F. Moderne. R.D.P 1972 P.465 Concl. G. Braibant.

[10] TC 08 juillet 1963 Entreprise Peyrot. P.787. AJ 1963. P463. Chron M Gentot et J. Fourré. D. 1963. P.534 Concl C. Lasroy. Note PL Josse. JCP 1963. N°13375 Note JM Auby RDP 1963. P.766.

[11] C'est ce que manifestera, en l'absence même d'instructions de la personne publique, relativement à la conclusion du contrat, l'existence d'« *indices* » significatifs, tels que des clauses faisant bénéficier, par exemple, à une société d'aménagement du territoire de prêts et subventions normalement consentis aux

S'il apparaît, au contraire, que l'organisme de droit privé a contracté sans que de telles clauses soient convenues et de façon indépendante, de son propre mouvement ou encore, selon l'expression simple de la jurisprudence « librement », il ne sera pas réputé avoir contracté « pour le compte » de la personne publique avec laquelle il est en relation.

En règle générale, la solution en cause n'est pourtant pas limitée à l'hypothèse considérée dans l'affaire Peyrot. Elle n'a pas non plus, comme on le dit parfois, tourné court. Elle s'est au contraire développée ; s'appliquant par exemple aux contrats conclus par les sociétés d'aménagement du territoire[12] ; de même qu'aux contrats conclus par le crédit foncier de France avec des propriétaires de biens situés à l'étranger en vue de faciliter leur installation en France[13] ; ou encore à des contrats conclus en vue de la construction de centrales nucléaires[14].

Ainsi, lorsque (en toute matière) un organisme de droit privé peut être réputé avoir contracté « *pour le compte* » d'une personne publique, le contrat peut être administratif, comme si une personne publique y était réellement partie.

Il le sera effectivement par application des critères que l'on connaît : s'il contient des clauses exorbitantes, s'il a pour objet l'exécution de travaux publics, ou l'exécution même d'un service public administratif[15].

2- La multiplication des organes

Ils se dessinent en organes de passation de contrôle et de régulation des marchés publics.

---

personnes publiques, ou stipulant la remise des ouvrages achevés à la personne publique, ou encore que celle-ci prendra à sa personne publique ou encore que celle-ci prendra à sa charge la responsabilité décennale des constructeurs.

[12] CE Sect 30 mai 1975. Soc d'équipement de la région montpelliéraine. P.326 AJ 1975. P.345. Chron M. Franc et M. Boyen. D.1976 P.3 note F. Moderne. RD¨1976 P.1730.

[13] Ce SECT 18 juin 1976 Dame Culard p.319. AJ 1976. P.579 Note M. Durupty.

[14] TC 10 mai 1993. Soc WannerIsofi Isolation et Soc Nersa P.399 CJEG 1994. P.86 Concl P. Martin et note D. Delpirou. RD¨1996. P.1171 Note F. Lichère. RFDA 1994. P.181.

[15] Voir en général :

- Y Brard, « Le mandat comme fondement des contrats administratifs entre personnes privées », *JCP*, 1981.1, N° 3032.
- L. Richier, « Le contrat de mandat au risque du droit administratif », *CJEG*, 1999, p.27.
- M. Canedo, « Le mandat en droit administratif français », *LDEJ*, 2001.
- P. Delvolve, « De la nature juridique des sociétés d'économie mixte et de leurs marchés de Travaux », *RDP*, 1973, p.351.
- F. Llorens, « La jurisprudence Soc Entreprise Peyot : un nouveau développement », *RFDA*,1985, p.353.
- J.A Mazeres, « Que reste-t-il de la jurisprudence Entreprise-Peyrot ? » Melanges Couzinet, 1974.

L'initiative et la conduite de la passation d'un marché public incombent au maître d'ouvrage ou au maître d'ouvrage délégué et aux commissions

a- Les maîtres d'ouvrage et maîtres d'ouvrage délégués

Avant la création du ministère des Marchés publics, le maître d'ouvrage est soit un chef de département ministériel ou assimilé, soit le chef de l'exécutif d'une collectivité territoriale décentralisée ; un directeur général et directeur d'un établissement public et d'une entreprise du secteur public et parapublic représentant l'administration bénéficiaire des prestations prévues dans le marché[16]. Avec la création du ministère des Marchés, le Ministre va jouer un rôle primordial, en collaboration avec ces derniers : "il est chargé des marchés publics et est responsable du bon fonctionnement des marchés publics"[17].

Le maître d'ouvrage délégué est, avant la création du ministère des Marchés, une personne exerçant en qualité de mandataire du maître d'ouvrage détenant une partie des attributions de ce dernier. Il s'agissait du gouverneur de région, du préfet dans le département, du chef d'une mission diplomatique du Cameroun à l'étranger, habilités à passer et à signer les marchés financés sur crédits délégués par un maître d'ouvrage, et le cas échéant, d'un projet bénéficiant d'un financement extérieur.

Avec la création du ministère des Marchés publics, il y a disparition des relais régionaux et départementaux au profit des délégations régionales et départementales des marchés publics[18].

Qu'il s'agisse du maître d'ouvrage ou du maître d'ouvrage délégué, ils devaient alors : élaborer les plans de passation des marchés ; s'assurer de la disponibilité du financement et de celle du site du projet avant de saisir la commission des marchés compétente ; préparer les projets de dossiers d'appel d'offres et de demande de cotation et les soumettre à la commission des marchés compétente ; lancer les appels d'offres ; recevoir les offres et les transmettre à la commission de passation des marchés ; attribuer, publier les résultats, signer et notifier les marchés sans limitation de seuil. En outre, ils devaient suivre l'exécution physico-financière des marchés et les résilier le cas échéant[19].

Avec la création du ministère des Marchés, il y a une bonne dose de centralisation, le ministre délégué à la présidence de la République et ses services devant procéder

---

[16] Art. 5. Du décret 2004/275/ 24 sept 2004 portant code des marchés.

[17] Voir article 1er du décret n° 2012/075 du 08 mars 2012 portant organisation du ministère des marchés publics.

[18] Art.57 et 65 al1 du décret N°2012/075 du 08 mars 2012 portant organisation du Ministère des marchés publics.

[19] Art. 111 du Code des marchés.

au lancement des appels d'offres des marchés publics en liaison avec les départements ministériels et les administrations concernés : procéder à la passation des marchés publics et en contrôler l'exécution sur le terrain ; participer le cas échéant au montage financier en liaison avec les départements ministériels concernés[20].

b- Les commissions de passation des marchés

Avant la création du ministère des Marchés publics, c'étaient des organes d'appui technique placés auprès des maîtres d'ouvrage et des maîtres d'ouvrage délégués pour la passation des marchés, dont le montant est supérieur ou égal à cinq (05) millions de francs CFA. À ce titre, elles examinaient et émettaient un avis technique sur les dossiers d'appel d'offres, ainsi que les demandes de cotation préparées par le maître d'ouvrage ou le maître d'ouvrage délégué ; elles examinaient et adoptaient, le cas échéant, les grilles de notation avant le dépouillement des offres, organisaient les séances d'ouverture des plis ; commettaient des sous-commissions pour l'analyse des offres ; proposaient au maître d'ouvrage ou délégué l'attribution des marchés ; préparaient les dossiers à soumettre à l'avis des commissions spécialisées de contrôle des marchés, pour les marchés relevant de la compétence de ces dernières ; elles examinaient et émettaient un avis technique sur les projets de marchés et d'avenants éventuels préparés par le maître d'ouvrage ou le maître d'ouvrage délégué[21].

La commission des marchés était auprès du maître d'ouvrage ou délégué par l'autorité chargée des marchés publics[22].

La liste des commissions de passation des marchés créées et la composition desdites commissions étaient transmises à l'organisme chargé de la régulation des marchés publics par le maître d'ouvrage ou le délégué[23].

---

[20] Art 1er du décret N°2012/075 du 08 mars 2012 portant organisation du Ministère des marchés publics.

[21] Art 112. C1.

[22] Art 113. Toutefois, sur proposition du Maître d'ouvrage ou du Maître d'ouvrage délégué, d'autres commissions de passation des marchés peuvent être créées par l'autorité chargée des marchés publics en fonction des conditions de financement de certains projets.

[23] - Pour les collectivités territoriales décentralisées : un président nommé par l'autorité chargée des marchés publics, sur proposition du maître d'ouvrage ; deux représentants du Maître d'ouvrage ; le contrôleur financier auprès du Maître d'ouvrage ou le Receveur auprès de la collectivité territoriale décentralisée concernée le cas échéant ; un représentant de l'autorité de tutelle territorialement compétente ; un secrétaire désigné par le Maître d'ouvrage.

- Pour les commissions de passation des marchés auprès des maîtres d'ouvrage délégués : un président nommé par l'autorité chargée des marchés publics sur proposition du maître d'ouvrage délégué ; le représentant territorialement compétent du Maître d'ouvrage concerné ; le contrôleur des finances territorialement compétent ou son représentant ; le représentant territorialement compétent du

La composition s'articulait autour d'un président nommé par l'autorité chargée des marchés publics, sur proposition du maître d'ouvrage ; deux représentants du maître d'ouvrage ; le contrôleur financier auprès du maître d'ouvrage ; un représentant du ministère chargé des investissements publics désigné par le chef de ce département ; un secrétaire désigné par le maître d'ouvrage[24] sur proposition du maître d'ouvrage ou du maître d'ouvrage délégué, les présidents des commissions de passation des marchés étaient nommés par l'autorité chargée des marchés publics pour une période de deux ans renouvelable une fois[25].

Après la création du MINMAP, les commissions changent de visage, et l'on se retrouve avec le décret portant création, organisation et fonctionnement des commissions de passation des marchés publics[26] :

- **Les commissions centrales de passation des marchés**

Ce sont des organes d'appui technique placés auprès du ministre en charge des marchés publics pour la passation des marchés initiés par les chefs des départements ministériels, des administrations publiques, des collectivités territoriales décentralisées, des établissements publics et des entreprises du secteur public et parapublic, ainsi que les projets, dont les montants sont égaux ou supérieurs à des taux significatifs[27].

- **Les commissions ministérielles de passation des marchés**

Elles sont compétentes pour les marchés initiés au niveau des services centraux par les chefs des départements ministériels et de certaines administrations publiques, pour les montants de moyenne importance[28].

---

ministère chargé des investissements publics ou son représentant ; un représentant des services du maître d'ouvrage délégué ; un secrétaire désigné par le maître d'ouvrage.
Pour les chefs de mission diplomatique du Cameroun à l'étranger, un acte de l'autorité chargée des marchés publics indique la composition de la commission de passation des marchés et fixe les modalités de son fonctionnement.

[24] Art 113 al 2. CM.

[25] En l'occurrence le Premier ministre avant la création du MINMAP.

[26] Voir Décret 2013/27/du 05 août 2013 portant création organisation et fonctionnement des commissions de passation des marchés.

[27] Il s'agit de :
- cinq milliards (5.000.0000.000)FCFA pour les routes ;
- un milliard (1.000.000.0000) FCFA pour les autres infrastructures ;
- cinq cents millions (500.000.000) FCFA pour les bâtiments et équipements collectifs ;
- deux cent cinquante millions (250.000.000) FCFA pour les approvisionnements généraux ;
- cent millions (100.000.000)FCFA pour les services et prestations intellectuelles.

[28] Il en est des montants :

- **Les commissions régionales de passation des marchés**

Elles sont compétentes pour les marchés initiés au niveau régional par les administrations publiques, les collectivités territoriales décentralisées, ainsi que par les projets[29].

- **Les commissions départementales**

L'article 56 du décret portant organisation du ministère des Marchés publics ne limite pas les services déconcentrés aux seules délégations régionales.

Elles sont aussi prévues par l'article 9 du décret n° 2012/074 du 08 mars 2012 portant organisation et fonctionnement des commissions de passation des marchés publics. Elles sont compétentes pour les marchés initiés par les services déconcentrés départementaux et les collectivités territoriales décentralisées, dont les montants sont égaux à cinq (5) millions et inférieurs à 50 millions de francs CFA, à l'exclusion des marchés des prestations intellectuelles. En outre, elles sont également compétentes pour connaître des marchés de services de montants aux moins égaux à cinq (5) millions et inférieurs à quinze (15) millions de francs CFA[30].

Le critère organique ainsi dévoilé doit être arrimé à l'un des critères alternatifs.

- égaux à cinq millions (5.000.000) et inférieurs à cinq milliards (5.000.000.000) de FCFA pour les routes ;
- égaux à cinq millions (5.000.000) de FCFA et inférieurs à un milliard (1.000.000.000)FCFA pour les autres infrastructures ;
- égaux à cinq millions (5.000.000)FCFA et inférieurs à cinq cents millions (500.000.000) de FCFA pour le bâtiments et équipements collectifs ;
- égaux à cinq millions (5.000.000) FCFA et inférieurs à deux cent cinquante millions (250.000.000)FCFA pour les approvisionnements généraux ;
- égaux à cinq millions (5.000.000)FCFA et inférieurs à cent millions (100.000.000) FCFA pour les services et prestations intellectuelles.

[29] Les montants sont :

- égaux à cinquante millions (50.000.000) et inférieurs à un milliard (1.000.0000.000)FCFA pour les routes ;
- égaux à cinquante millions (50.000.000) FCFA et inférieurs à cinq cents millions (500.000.000)FCFA pour les autres infrastructures ;
- égaux à cinquante millions (50.000.000)FCFA et inférieurs à deux cent cinquante millions (250.000.000) FCFA pour les bâtiments et équipements collectifs ;
- égaux à cinquante millions (50.000.000) FCFA et inférieurs à cent millions (100 000 000) FCFA pour les approvisionnements généraux ;
- égaux à quinze millions (15.000.000) FCFA et inférieurs à cinquante millions (50.000.000) FCFA pour la fonction publique intellectuelle.

[30] Les textes prévoient le contrôle du MINMAP, les observateurs indépendants, le contrôle de l'Agence de Régulation ARMP.

B- L'ambiguïté des critères alternatifs en droit camerounais des marchés publics

Le principe est, en effet, qu'un contrat ne peut pas avoir un caractère administratif si une personne publique n'y est pas partie, c'est-à-dire qu'il est intervenu entre des personnes privées. Les contrats conclus entre des personnes publiques et une personne privée ne sont effectivement des contrats administratifs que s'ils apparaissent comme des actes de gestion publique, et cela en raison, soit de leurs clauses, soit de leur objet, soit de leur régime[31]. Au Cameroun, la situation est la suivante :

1- La valorisation extrême de la clause exorbitante de droit commun

Pendant qu'elle est remise en cause en France, elle est plutôt sublimée au Cameroun :

a- Approche théorique française évolutive

Du point de vue de son origine en droit français, dans ses conclusions de l'arrêt Granits porphyroïdes des Vosges[32], le commissaire du gouvernement Blum soulignait déjà que les contrats conclus dans l'intérêt du service public pouvaient être soit des contrats de droit commun, soit des contrats administratifs, et indiquait de ce fait le critère et la distinction : « *quand il s'agit d'un contrat, il faut rechercher, non pas en vue de quel objet ce contrat est passé, mais ce qu'est ce contrat de par sa nature même… qu'il soit de ceux qu'une personne publique seule peut passer, qu'il soit par sa forme et sa contexture un contrat administratif* ».

Ainsi, le commissaire du gouvernement Blum considérait que le critère du contrat administratif était la présence des clauses exorbitantes[33].

Le contenu n'est pas toujours très clair, et en pratique, il n'est pas toujours possible de formuler une théorie d'ensemble de la clause exorbitante, ou de dresser une liste exhaustive des stipulations reconnues comme telles. L'on peut néanmoins présenter quelques catégories assez générales qui rendent compte des clauses, les plus couramment utilisées[34].

---

[31] R. Chapus, *Droit administratif général* T1, 15e édition, *op.cit.*,p.548.

[32] CE 31 juillet 1912 Société des Granits porphyroïdes de Voges p.909. concl Blum. D. 1916.35. Concl. RDP P.145. Note G. Jeze. "En général, le contrat conclu par la ville de Lille pour la livraison des Pavés à l'État selon les règles et conditions des contrats intervenus entre particuliers »

[33] Voir TC 4 juin 1910 compagnie le Soleil et 6 février 1903. Terrier.

[34] Voir « Les conditions relatives à la clause exorbitante » Juris classeur fascicule 502.2.1981.
En général, elles sont assez nombreuses :

La controverse a été pourtant d'actualité en droit français des contrats, au point où l'on s'est posé la question de savoir où en était la clause exorbitante[35].

Si, pour le doyen Vedel et le professeur R. Chapus, il existe une option dynamique de la notion, dès lors que pour eux le critère unique est exclusif du contrat administratif et constitué par la présence des clauses exorbitantes, qu'il s'agisse des contrats par détermination de la loi (travaux publics, occupation du domaine public) que du marché des fournitures et de transport, où la forme et la contexture jouent un rôle essentiel dans la qualification comme marché administratif. Les deux concluent que sous des formules diverses, celles de la participation permanente à l'exécution d'un service public, ou celle de la nature de l'emploi occupé, la jurisprudence y afférente ne paraît que comme cas particulier de la mise en œuvre de la notion de clause exorbitante[36], cette vision est battue en brèche par Jean Lamarque et Raymond Odent, membres particulièrement autorisés du Conseil d'État. Pour eux, la clause ne joue qu'un rôle subsidiaire[37].

- Les clauses se rattachant à une prérogative de personne publique. Celles-ci n'ont pas besoin de stipulation expresse pour que l'administration puisse modifier un contrat de concession par une décision exécutoire ou user du privilège d'exécution d'office.
- Les clauses inhabituelles dans les conventions entre particuliers. Il s'agit, par exemple, de celle qui prévoit qu'en cas de litiges dans certains contrats, la juridiction administrative sera compétente pour connaître de l'affaire.
- Les clauses inspirées dans un souci d'intérêt général.

Ce sera par exemple l'indemnité à la mise en chantier d'un nouveau barrage, d'un port en eau profonde, d'un navire.

- Les clauses conférant au cocontractant des pouvoirs sur les tiers.

On peut le concevoir sur la rémunération du concessionnaire, ceci étant analysé comme délégation du droit de percevoir une taxe sur les usagers du service public : droit d'expropriation, le bénéfice des servitudes. Il peut même lui être confié un privilège d'exportation établissant un monopole.

- Les clauses interprétatives

Ces dernières n'ont pas besoin de stipulation expresse pour que l'administration puisse modifier un contrat de concession par une décision exécutoire ou user du privilège d'action d'office.

[35] Voir :

- P. Weil, « Le critère du contrat administratif en crise », Mel Waline ; Ainsi que « Le renouveau de la théorie du contrat administratif et ses difficultés », Mel Stassinopoulos.
- J. Lamarque : « Le déclin de la clause exorbitante » Mel Waline.
- P. Amselek « La qualification des contrats de l'Administration par la jurisprudence » AJDA Janvier 1983.

[36] - G. Vedel, « Remarques sur la notion de clauses exorbitantes », Mel Mestre.

- R. Chapus, *Droit administratif général* T1, *op.cit.*, pp.549-556.

[37] Voir – R Odent, *Cours de contentieux*,1970-1971, p.432 et « cours de contentieux », 1979-1981, p.567.

- J. Lamarque, *op.cit.*
- A. De laubadère, *Droit administratif* 12ᵉed LGDJ. 1982.

Le bilan montre pourtant qu'en doctrine :

- l'un peut rester sur le strict point de l'alternative. C'est le point de vue de Monsieur A. de Laubadère dans sa note magistrale consacrée à l'arrêt société d'exploitation touristique de Haute Maurienne[38] ;

- l'on peut aussi interpréter cela du point de vue de la hiérarchie des critères de P. Amselek dans son commentaire de l'arrêt, Société d'exploitation électrique de la rivière du Sant. Pour lui, les critères sont hiérarchisés, et c'est la présence des clauses exorbitantes qui constitue le critère de principe[39].

- **Dans la jurisprudence**

Comme le remarque Charles Debbasch, le rôle actuel de la clause exorbitante est controversé, l'État se comportant de plus en plus comme une personne privée. La notion traditionnelle de clause de droit commun perd de son importance et est à l'heure actuelle relayée dans la jurisprudence par un autre concept, celui du **régime exorbitant**. Le contrat est administratif alors même qu'aucune clause exorbitante ne s'y trouve, dès lors qu'il se trouve dans un environnement réglementaire exorbitant. En un mot, il s'agit de la présence d'une personne publique qui entraîne plutôt une ambiance de droit public, qu'une clause exorbitante[40].

b- La consolidation de la clause exorbitante en droit camerounais des contrats.

Elle est généralisée à plusieurs paramètres :

- **Les cahiers des charges**

Conçus par l'administration, ils déterminent les conditions dans lesquelles les marchés sont exécutés. Ils comprennent les documents généraux et les documents particuliers en termes de cahier de clauses administratives générales qui fixe les dispositions relatives à l'exécution et au contrôle des marchés publics applicables à toute une catégorie de marchés ; les cahiers de clauses administratives particulières, qui fixent les dispositions administratives et financières propres à chaque marché ; tous les autres cahiers techniques et documents généraux et documents particuliers

---

[38] TC 7 juillet 1980 Société d'Exploitation Touristique de Haute Maurienne p.509. CJEG 1981, p.1. Note J. Virole RDP 1981. P.474. note J de Soto.

- TC 19 janvier 1973.

[39] Amselek *op.cit.*

[40] Voir TC 19 janvier 1973 Société électrique de la Rivière du Sant.

- AJ 1973 p.358. Chron D. Leger et M. BOYON CJEG 1973. P.239 Concl M. ROUGEVIN BAVILLE Note A. Caron. JCP 1974. N° 17629 Note A. Pellet. Rev. Adm 1973. P.633 note P. Amselek.

- C. Debbasch, *Institution et Droit administratif*, PUF, T2, 1978.

définissant les caractéristiques des travaux, fournitures ou de services et prestations intellectuelles[41].

- **La modification unilatérale**

Le code parle de changements en cours de l'exécution du contrat[42]. Mais il est dit que les stipulations d'un marché public ne peuvent être modifiées que par voie d'avenant. Il est adopté et notifié selon la même procédure d'examen que le marché de base.

Il ne peut modifier ni l'objet du marché, ni le titulaire du marché, ni la monnaie de règlement, ni la formule de révision des prix.

Les ordres de services relatifs aux prix, aux délais et aux programmes constituent des actes contractuels de gestion d'un marché et ne peuvent être émis que dans les conditions suivantes :

- lorsqu'un ordre de service est susceptible d'entraîner le dépassement du montant du marché, sa signature est subordonnée aux justificatifs des finances ;

- en cas de dépassement du montant du marché dans une proportion d'au plus égale à dix pour cent (10 %), les modifications du marché peuvent être apportées par ordre de service et régularisées par voie d'avenant, sous réserve des dispositions ci-dessus ;

- lorsque le dépassement d'un montant du marché est supérieur à dix pour cent (10 %), les modifications ne peuvent se faire qu'après l'avenant y afférent.

Le montant global des avenants est plafonné à trente pour cent (30 %) du montant du marché de base. En tout état de cause, toute modification touchant aux spécifications techniques doit faire l'objet d'une étude préalable sur l'étendue, le coût et les délais du marché, et la variation dans la quantité des prestations ne peut s'effectuer que dans les conditions définies par les cahiers de clauses administratives générales.

- **La sous-traitance et la cotraitance** [43]

Un marché public peut faire l'objet de sous-traitance, ou donner lieu à des sous-commandes suivant les modalités fixées par le cahier des charges administratives générales. Les marchés sous-traités sont des contrats par lesquels le titulaire d'un marché cède à des tiers l'exécution d'une partie du marché. Les sous-commandes

[41] Article 61 code des marchés.

[42] Art 62 du code des marchés.

[43] Art 63 à 65 du code des marchés.

sont des commandes faites à des tiers par le titulaire du marché en vue, soit de la fabrication d'objets ou de matières devant entrer dans la composition de la prestation, soit de l'exécution de certaines opérations conditionnant la réalisation de cette prestation.

La cotraitance est lorsque les prestations objet d'un marché sont réalisées par des entreprises distinctes dans le cadre d'un groupement.

Dans les deux cas, tout recours à des sous-traitances ou sous-commandes est subordonné à autorisation préalable du maître d'ouvrage, ou du maître d'ouvrage délégué[44]. De même, en cas de cotraitance, le cahier de clauses administratives particulières (CCAP) doit préciser si les entreprises groupées sont conjointes ou solidaires, et l'une d'entre elles doit être désignée dans le CCAP comme mandataire et représenter l'ensemble des entreprises vis-à-vis du maître d'ouvrage ou du maître d'ouvrage délégué.

- **Le contrôle de l'exécution**

Au niveau du ministère

Avec la création du ministère des Marchés, il est assuré par la direction générale des contrôles des marchés publics. Cette dernière est placée sous l'autorité d'un directeur général, est chargée du contrôle de la réalisation physique des marchés publics, de la centralisation des procès-verbaux d'infractions établis par les brigades régionales et départementales, de l'élaboration des rapports de contrôle des réalisations physiques des marchés publics. Elle comprend la brigade centrale des marchés des infrastructures ; la brigade centrale de contrôle des marchés des approvisionnements et des services. Chaque brigade centrale comprend, outre le chef de brigade, douze (12) contrôleurs et vingt quatre (24) contrôleurs adjoints[45]. Les brigades régionales et départementales sont aussi pourvues en personnels et compétences avérées[46].

---

[44] Art 64 du code des marchés.

[45] Voir art 34 du décret N°2012/075 du 08 mars 2012 portant organisation du ministère des Marchés publics.

[46] - Au niveau de la Brigade régionale, celle-ci est chargée : du contrôle de l'exécution des marchés, en liaison avec les responsables régionaux des départements ministériels et les administrations compétentes ; de la détection et de la prévention de la fraude et de la corruption dans les marchés publics du domaine de compétence. Chaque brigade comprend outre le chef de Brigade, deux (2) contrôleurs et quatre (4) contrôleurs adjoints des marchés. Elle dispose du droit d'accès à tous les chantiers de travaux et des sites de livraison de fournitures liées aux marchés réalisés pour le compte de l'Administration.

- Au niveau de la Brigade départementale, les mêmes prérogatives existent, mais le chef de Brigade est assisté de quatre (04) contrôleurs adjoints.

Au niveau de l'Agence de régulation des marchés publics

En plus de sa mission principale de régulation, l'Agence doit recruter, par voie d'appel d'offres, les observateurs indépendants, veiller à la bonne exécution de leur mission d'observation et exploiter leurs rapports. Il en est de même du recrutement, en tant que de besoin, des auditeurs indépendants[47]. La circulaire présidentielle n° 001/CAB/PR du 19 juin 2012 en son point 43 précise que l'ARMP reste le surveillant et le facilitateur du système de marché public.

- **La circulaire N° 001/CAB/PR/du 19 juin 2012**

Les circulaires sont une variété d'actes unilatéraux non décisoires. Elles contiennent normalement des instructions, recommandations, explications adressées par les chefs de service, et notamment par les ministres aux personnels dont ils ont à diriger l'action. Relatives le plus souvent à l'application d'une législation ou d'une réglementation déterminée, elles en constituent un commentaire et interprètent les dispositions : elles indiquent les façons de procéder, les précautions à prendre, les contrôles à exercer, les délais à observer. Elles ont une importance pratique, et ont un caractère interprétatif, ou réglementaire[48].

La circulaire présidentielle relative à la passation et au contrôle de l'exécution des marchés publics est beaucoup plus explicite, le contrôle et le suivi de l'exécution des marchés publics devant, plus que par le passé, faire l'objet de la plus grande attention de tous les acteurs afin d'éviter les dérives observées, notamment le non-achèvement de certains chantiers engagés ; le dépassement toléré de 30 % pour certains avenants, la modification de la consistance et des quantités contractuelles des travaux, les marchés exécutés au-delà des délais contractuels et le démarrage tardif des travaux sur le terrain[49].

---

[47] Voir Décret n° 2012/076 du 08 mars 2012 modifiant et complétant certaines dispositions du décret N°2001/048 du 23 février 2001 portant création organisation et fonctionnement de l'Agence de Régulation des Marchés Publics.

[48] R. Chapus *Droit, administratif général* T.1, *op.cit.*, p.513 et s.

[49] D'une manière générale, selon la circulaire :

Le ministère en charge des marchés publics doit :

- assurer le contrôle de l'exécution des marchés publics, en liaison avec les administrations bénéficiaires ;
- assurer le contrôle sur le terrain de l'exécution des marchés publics en cours de réalisation ou de démarrage, qu'il s'agisse des approvisionnements, études, audits, maîtrises d'œuvre complètes ou partielles des routes, de bâtiments ou des équipements collectifs et autres projets structurants ;
- à cet effet, le Ministre en charge des marchés publics doit s'assurer de l'effectivité de la réalisation des travaux, de la pertinence des études et de la conformité des livraisons de la commande publique.

- **Le pouvoir de sanction**

Il s'agit là des dispositions exorbitantes qui relèvent du ministre en charge des marchés publics, ainsi que de l'Agence de régulation des marchés publics qui, après conduite des audits spécifiques, des enquêtes, contrôles et autres investigations sur la passation, l'exécution et le contrôle des marchés publics et sur les délégations de services publics, à la demande du ministre chargé des marchés, centralise les actes de sanction et procède à leur publication. L'Agence tient en même temps le fichier des entreprises et autres acteurs sanctionnés[50].

Ces prérogatives peuvent aboutir à la sanction non moins importante et fatale de la résiliation.

En général, nombre de clauses exorbitantes se trouvent en droit camerounais en dehors des marchés publics. Restent donc significatifs, les contrats relatifs à la redevance audiovisuelle pour le compte de la CRTV, la taxe foncière au profit du Crédit foncier, et bien d'autres, qui manifestent la prolifération des clauses exorbitantes de droit commun, avec une approche tout à fait mitigée au niveau de la participation comme autre critère alternatif.

2- Le critère de la participation ou de l'exécution même d'un service public à l'épreuve des faits au Cameroun

L'on retrouve, en droit de tradition française, des solutions purement jurisprudentielles relatives à des contrats entre lesquels il n'y a guère de distance et dont la qualification peut être indistinctement rattachée à l'arrêt Bertin rendu par le Conseil d'État dans une affaire où était en cause un contrat ayant pour objet

Dans cette optique, la transmission par le contractant des documents de payement des prestations est subordonnée au visa préalable du Ministre en charge des marchés publics dans un délai de trois (03) jours.

- Procéder avec le concours de ses services compétents, à des contrôles inopinés des marchés en cours d'exécution, en vue notamment de s'assurer du respect des clauses du marché et des règles de l'art. Lesdits services constatent les infractions et établissent les procès-verbaux de constat, le cas échéant, en vue de les faire réparer ou sanctionner par les autorités compétentes ;
- effectuer les contrôles a posteriori pour analyser le comportement d'une image ou d'une fourniture sous garantie.

En tout état de cause, le Ministère en charge des marchés publics définit les procédures de contrôle de l'exécution des marchés publics sur le terrain.

[50] Article 3 (nouveau) du décret n°2012/076/du 08 mars 2012 modifiant et complétant les dispositions du décret n° 2001/048 du 23 février 2001 portant création, organisation et fonctionnement de l'ARMP.

« *l'exécution même* » d'un service public[51] différent des conclusions « pour les besoins » du service public[52]. Trois grandes catégories peuvent être prises en considération :

- les contrats de délégation de service public ;

- les contrats d'engagement de personnels employés dans les services publics administratifs ;

- les contrats conclus avec les usagers des services publics administratifs.

En France, si ces trois catégories font appel au contrat administratif, le critère de la participation étant surestimé[53], au Cameroun, les contrats d'engagement des personnels, encore appelés les contractuels et décisionnaires, ne sont pas considérés comme administratifs. Le critère souffre dans le système camerounais, et c'est ainsi que les litiges concernant les contractuels d'administration, qui participent inéluctablement à l'exécution du service public, ont toujours relevé du juge judiciaire, au motif que ceux-ci relèvent du code du travail, dès lors que " *les différends individuels pouvant s'élever à l'occasion du contrat de travail entre les employeurs et travailleurs... relèvent soit de la compétence du Tribunal de première Instance, soit du tribunal de Grande Instance*"[54].

Les voix les plus autorisées se sont élevées contre cette vision qui, en toute évidence, est en deçà de la logique et de la réalité et contre les préceptes du droit

---

[51] CE 20 avril 1956. Epoux Bertin P.167 AJ 1956 2 P221. Chron. J Fournier et G Braibant P.272 Concl. M Long D 1956. 8433 note A de laubadère. Rev. Adm. 1956. P.496. note G. Liet-veaux. RDP 1956. P.869 Concl. Note M. Waline.

[52] CE Sect. 11 mai 1956 Société des transports Gondrand. P202. AJ 1956.2.P427 Concl.M.Long RDP 1957.P101. Note M. Waline.

[53] Il s'agit du développement de la jurisprudence Bertin de 1956, et à Yves Gaudemet de noter qu'il y aurait même une tendance des arrêts à n'utiliser que rarement et avec précaution, le critère de la clause exorbitante (celle-ci étant devenue subsidiaire). Cette opinion doctrinale avait déjà reçu l'aval de certains membres particulièrement autorisés du CE, en l'occurrence Raymond Odent, dans son cours de contentieux de 1970-1971. P432 et celui de 1979-1981. P567. Pour Jean Lamarque, le critère de participation au service public a un champ d'application très général. Le juge s'en sert pour déterminer la nature juridique des contrats les plus divers. Son domaine d'élection reste cependant celui des contrats de louage de service où il a éclipsé totalement le critère de clause exorbitante. Depuis 1956, les formules utilisées sont devenues évasives, et les règles dictant les changements de comportement pour les temporaires et contractuels par exemple, ne sont pas des règles exorbitantes, mais procèdent de la participation à l'exécution au service public. La participation a un rôle dominant, c'est en quelque sorte la première du syllogisme juridictionnel. Dans les contrats passés avec les services et commerciaux et surtout en matière de contrat passé avec les usagers, le critère de la clause exorbitante est éliminé purement et simplement au profit du critère tiré de la nature des liens de l'usager avec le service qui reçoit une application générale,quoique n'ayant pas une portée absolue.

[54] Art 1 al1 et 131 du Code du travail.

administratif.[55] Un bref éclairci pourtant, avec cette position courageuse prise dans l'affaire Tchamba Robert du 27 octobre 1994, où le requérant, licencié en sciences économiques de l'université de Yaoundé, stagiaire à l'École française du Trésor de Paris, a demandé son intégration dans le corps des inspecteurs du Trésor. Le juge administratif s'est néanmoins déclaré compétent, ce qui aurait dû provoquer un revirement de jurisprudence pour la postérité[56], mais à ce jour, pas de changement majeur.

En conclusion partielle, le critère organique reste la pierre angulaire du contrat administratif, et il doit être associé à l'un des critères alternatifs, pour un contrat administratif. Autant la clause exorbitante retrouve une dynamique allant jusqu'à sa généralisation, autant celle de la participation a du mal à s'imposer, les contrats liant les personnels non-fonctionnaires à l'administration étant toujours de droit privé. Les bases textuelles sont par contre très nombreuses.

II- La prolifération des bases textuelles

La question pertinente et essentielle du doyen Vedel a toute son importance, au regard du fait qu'on ne saurait dire que la part de la constitution des lois et règlements dans le droit administratif n'est pas considérable ni que ces lois et règlements sont sans importance[57]. La tendance doctrinale contemporaine est dans la majoration de la part du droit écrit, tendance qui procède d'une vision trop quantitative de l'État du droit et d'une sensibilité excessive au fait qu'il devient fréquent que les juridictions administratives préfèrent en appeler aux éditeurs de droit écrit pour leur faire adopter des solutions qu'elles auraient pu consacrer elles-mêmes[58].

Surtout, en ce qui concerne le Cameroun, la part du droit écrit est considérable[59], les bases textuelles étant à la fois internes et communautaires.

A- Les multiples bases textuelles internes

Elles dérivent de la Constitution elle-même, des lois et règlements.

---

[55] Voir note, Maurice Kamto dans affaire Rikam a MwaeHamadou du 26 avril 1984. Penant 1987 p.358.

[56] Voir note JC Aba'a Oyono dans affaire Tchamba Robert c/État du Cameroun in juridis Périodique avril – mai – juin 1999.

[57] G. Vedel « Le droit administratif peut-il rester indéfiniment jurisprudentiel ». EDCE. 1979-1980.

[58] R. Chapus *Droit administratif général* T1 15e édition, Montchrestien N°31, p31.

[59] JM BIPOUN WOUM. « Recherches sur les aspects actuels de la réception du droit administratif dans les États d'Afrique noire d'expression française : le cas du Cameroun » RJPIC N° 3, 1972.

1- La Constitution

Il s'agit là d'une base que l'on peut qualifier d'indirecte. Il ne peut en être autrement, dès lors que le doyen Vedel avait construit la fameuse théorie des bases constitutionnelles du droit administratif[60].

La configuration organique et matérielle du droit administratif est dès lors à l'image des orientations normatives contenues dans la Constitution. Vu sous cet angle du bloc de la constitutionnalité constitué du préambule, de ses énoncés des droits et non point à travers les formules de doctrine politique qu'on y trouve à son entame, les articulations pertinentes du dispositif et la jurisprudence constitutionnelle bourgeonnante, celui-ci, de toute évidence, est la résultante de celle-là. Il y a donc destruction de l'équilibre entre les prérogatives de puissance publique, et la marge de manœuvre des administrés ; la Constitution étant le terreau par excellence de l'exorbitance du droit administratif[61].

En réalité, le président de la République est une institution constitutionnelle, et le rattachement du ministère des Marchés publics au président de la République imprime une marque constitutionnelle à l'environnement des marchés publics au Cameroun.

Ainsi, le président de la République, de par la Constitution, est le représentant en chef de l'administration camerounaise, secondé aujourd'hui par le Premier ministre depuis 1991, lui aussi dépositaire d'un pouvoir réglementaire.

En ce qui concerne le Président, les articles 8 et 9 de la Constitution du 18 janvier 1996 réservent à lui surtout, le droit de créer, d'organiser et de diriger tous les services publics. Dans l'esprit de la Constitution, il nomme aux hauts postes de l'administration, préside les conseils ministériels, détermine des choix, les lignes de conduite, les valide.

D'une manière générale, tout tourne autour du chef de l'État, et tous les textes de la hiérarchie des normes vont consacrer son hégémonie. L'on parle ainsi d'« animation », de « correction », de « *substitution* »[62]. G. Conac est tout aussi perspicace, en révélant que le chef de l'État en Afrique en général, au Cameroun en particulier, est dans une situation d'architecte ou de maître d'œuvre ; il est au centre de tout. C'est lui qui bâtit la nation ; dirige l'État et le personnalise à l'intérieur

---

60 G. Vedel, « Les bases constitutionnelles du droit administratif » EDCE 1954 N°8, p.21.

61 Contribution du professeur Abane, " Existe-t-il un droit administratif camerounais ? Quel en serait le fondement" ? Supra.

62 Voir J. Gicquel, « Le présidentialisme négro-africain : l'exemple camerounais » Melanges Burdeau, Paris, *LGDJ*, 1978, p.708-726.

comme à l'extérieur. Dans une certaine mesure, il se confond avec le système politique lui-même. Il n'en est pas seulement le symbole : il le modèle et le contrôle. L'on attend de lui qu'il guide, qu'il enseigne, et qu'il protège. C'est le fondateur, le défenseur des projets de société en même temps qu'il les expérimente. Dans la mesure où la nation reste un projet fragile, elle a besoin de s'incarner dans un homme qui lui donne en quelque sorte son identité. Dans l'immédiat, le civisme est conçu comme une allégeance du chef et son équipe, une mobilisation au service de ses souhaits, de ses projets et de ses rêves. C'est lui qui donne vie aux institutions qui restent ses outils et ses instruments de la stratégie politique. C'est à lui que se réfèrent les formules officielles, c'est toujours lui que l'on rend responsable des difficultés, des crises politiques et économiques ou sociales, des retards dans le paiement des soldes, de la corruption et de l'insolence des privilégiés, de la misère et de la famine. Le style d'un homme devient le style d'un État[63].

2- La loi

Il a toujours existé des matières réservées à la loi, à cause de leur importance. Elles sont principalement déterminées par les dispositions du préambule et par celles de l'article 26 de la Constitution camerounaise du 18 janvier 1996. La plupart du temps, par exemple, les bornes de la liberté ne peuvent être déterminées que par la loi. De nombreux textes existent pourtant au Cameroun[64], mais nous n'en retiendrons que les plus significatifs en matière de contrat.

a- Les contrats de performance

- La loi n° 2007/006 du 26 décembre 2007 portant régime financier de l'État.

La mise en œuvre de la nouvelle gestion publique, qui crée une nouvelle architecture budgétaire entraîne un fondement de la responsabilité des gestionnaires publics par la contractualisation budgétaire.

---

[63] G. Conac, « portrait de chef d'État », *Revue pouvoirs*, 1983, N°25 p124 et s.

[64] Il en est des lois :

- N° 73/7 du 07 décembre relative aux droits du Trésor pour la sauvegarde de la fortune publique.
- N° 74/18 du 05 décembre 1974 relative au contrôle des ordonnateurs, gestionnaires et gérants des crédits publics et des entreprises d'État modifiée par la loi N°76/4 du 08 juillet 1976.
- Loi 2004/018 du 22 juillet 2004 fixant les règles applicables aux communes.
- Loi 2004/2019 du 22 juillet 2004 fixant les règles applicables aux régions.
- N° 99/016 du 22 décembre 1999 portant statut général des Etablissements publics et des entreprises du secteur public et parapublic.
- Loi N°2007/006 du 26 décembre 2007 portant régime financier de l'État.
- Loi n° 2006/012 du 29 décembre 2006 fixant le régime général des contrats de partenariat.

Ainsi, dans la nouvelle gouvernance financière, les gestionnaires de crédit doivent s'engager sur les résultats mesurés, par des indicateurs dans un document-cadre[65] ou dans le document de performance[66], en échange d'une enveloppe de crédit qui leur est accordée. C'est la contractualisation budgétaire.

Empruntée au système des organes britanniques, la contractualisation instaure une gestion orientée par les résultats. L'agence ici n'est pas une structure, mais un mode d'action, ce qui compte est l'existence d'une démarche contractuelle définissant des droits et des obligations tant du côté du prestataire que du maître d'ouvrage[67]. Dans le cadre de la mise en œuvre de la nouvelle gestion publique, la contractualisation est l'engagement de l'autorité opérationnelle (ou maître d'œuvre) envers l'autorité décisionnelle (maître d'ouvrage) d'exécuter une ou plusieurs actions précises, d'atteindre des cibles des résultats définis et de rendre compte de l'utilisation des ressources ainsi affectées. Elle constitue le socle de la responsabilité des gestionnaires de crédit, en partant d'une détermination des objectifs, d'un choix précis des indicateurs, le tout reposant sur de nouveaux acteurs générés par la mise en œuvre de la nouvelle gestion publique[68].

- La loi n° 99/016 du 22 décembre 1999 portant statut général des établissements publics et des entreprises du secteur public et parapublic

L'État et les collectivités territoriales décentralisées interviennent dans la gestion des établissements publics administratifs et des entreprises de leur portefeuille exclusivement à travers leurs représentants dans les organes de gestion. Le suivi de la gestion et des performances des établissements publics administratifs et des entreprises du secteur public et parapublic est assuré par le ministre chargé des finances. Les sociétés à capital public, les sociétés d'économie mixte et les établissements publics administratifs adressent ainsi au ministre chargé des finances tous les documents et informations relatifs à la vie de l'entreprise qui doivent être tenus, en vertu du droit commun, à la disposition des actionnaires ou des administrateurs. Et, notamment, les rapports d'activités, les rapports des contrôleurs financiers et des agents comptables, les rapports des commissaires aux comptes, ainsi

---

[65] C. Talbot, « La réforme de la gestion publique et ses paradoxes : l'expérience britannique », *RFAP*, N°105-106, 2003/1-2. Les documents cadres définissent les missions et les constitutions des agences (exécutives agencies) ainsi que leurs projets d'entreprise, budget, indicateurs et clé de rendement.

[66] Voir l'OCDE, contrat de performance, leçons se dégageant des études de cas sur les contrats de performance dans le secteur public. Paris OCDE. 29 novembre 1999 (PUMA/PAC (99) 2.

[67] S. Trosa, *Quand l'État s'engage : la démarche contractuelle*, Paris, Ed d'organisation coll. « service public », 1999, p.155.

[68] G. Moyum Kemgni ; « La nouvelle gouvernance financière au Cameroun », *RADJ*, Vol 8. N° 2, 2011, pp.293 et s.

que les états financiers annuels et les comptes certifiés. Les établissements publics administratifs, les sociétés à capital public et les sociétés d'économie mixte sont tenus de publier, au moins une fois par an, une note d'information présentant l'état de leurs actifs et de leurs dettes, et résumant leurs comptes dans un journal d'annonces légales et dans un organe de presse nationale.

b- Les contrats de partenariat

La loi n° 2006/012 du 29 décembre 2006 fixant le régime des contrats de partenariat stipule que ces contrats régissent dans le cadre des projets d'une grande envergure technique et financière, les relations de partenariat entre les personnes publiques et une ou plusieurs personnes publiques et une ou plusieurs personnes privées. Les modalités d'application de cette loi sont déterminées par le décret n° 2008/0115/PM du 24 janvier 2008. Le régime fiscal financier et comptable applicable aux contrats de partenariat est fixé par la loi n° 2008/009/ du 16 juillet 2008. L'organisme expert chargé de l'évaluation des projets éligibles aux contrats de partenariat prévu à l'article 7 de la loi n° 2006/012 à savoir le Conseil d'appui à la réalisation des contrats de partenariat (CARPA) est régi par le décret n° 2008/035 du 23 janvier 2008.

À travers le contrat de partenariat, l'État ou l'un de ses démembrements confie à un tiers, pour une durée déterminée, en fonction de la durée d'amortissement des investissements ou des modalités de financement retenues, la responsabilité de tout ou partie des phases d'un projet d'investissement comme la conception des ouvrages ou équipements nécessaires aux services publics ; l'entretien ou la maintenance, l'exploitation ou la gestion.

- **La loi réitère l'appel public à la concurrence et le libre accès**

Elle est initiée par l'autorité publique et précédée d'une publicité permettant la présentation de plusieurs offres concurrentes[69]. Il se dégage de ce qui précède que l'initiateur de la commande publique n'a juridiquement pas de moyen de limiter la diffusion de l'avis d'appel à concurrence, une telle limitation serait sûrement illégale. Le libre accès signifie que toute personne physique ou morale qui répond aux qualifications et conditions requises par les textes en vigueur, peut candidater à la commande publique ou à la prestation envisagée, sauf dans les cas précis des marchés de gré à gré, des marchés spéciaux et des indélicats.

[69] Art 8_1 et 8_2 de la loi de 2006/012.

- **La soumission aux principes d'égalité de traitement et de transparence**

En vertu du principe d'égalité, les citoyens sont tous égaux devant le service public, qu'ils soient usagers, agents ou candidats aux emplois publics ou à une commande publique.

Le principe d'égalité comme principe constitutionnel implique la prohibition de toute discrimination basée sur la race, l'ethnie ou le sexe[70].

En matière de passation des contrats administratifs, le principe d'égalité de traitement des candidats impose la prise en compte de l'équité et permet d'éviter des pratiques discriminatoires au niveau de l'administration contractante.

La transparence signifie que la passation des contrats administratifs doit respecter le principe de bonne gouvernance. En effet, son régime représente une garantie de transparence des processus contractuels des dépenses publiques, et le ministre des Marchés publics peut, à l'initiative du ou des candidats qui estiment que le principe de transparence n'a pas été respecté par l'administration contractante, procéder à l'annulation d'un marché[71].

Il en est de même de la sélection des candidats, de la phase de présélection, la phase de dialogue, l'étape relative à l'adjudication, les critères d'attribution du contrat, qui doivent respecter la transparence[72].

3- Les règlements

Les matières réglementaires sont celles que la Constitution n'a pas réservées à la loi. Ainsi déterminée de façon négative, cela fait apparaître qu'en principe, une matière réglementaire est édictée par décret ou autre texte du président de la République ou du premier ministre. Ils sont néanmoins très divers et surtout, c'est le domaine de la stabilité et de l'instabilité[73].

- **Le code des marchés**

Si, en droit français, il s'agit d'une loi, c'est au Cameroun l'œuvre du décret n° 2004/275 du 24 septembre 2004 portant code des marchés publics. Ce dernier fixe les règles applicables à la passation, à l'exécution et au contrôle des marchés

---

70 Jugement n°29/CS/CA/2005-2006 du 14 décembre 2005 Moukon à Ebong Martin C/État du Cameroun « *Attendu que le principe d'égalité que prévoit la constitution du Cameroun emporte l'égalité de chances d'accès aux emplois publics : ...()... Il en résulte qu'au moment de postuler à un emploi public, tous les candidats doivent compétir au même pied d'égalité* »

71 Art 81 de la loi n° 2006/012.

72 Article 9 de la loi fixant les contrats de partenariat.

73 Voir M. Bataki Wembou, *La passation des marchés publics au Cameroun ; entre stabilité et instabilité* Mémoire DEA, Droit public, Université de Yaoundé II. FSJP. 2010-2011.

publics. Les règles y afférentes reposent sur les principes de liberté d'accès à la commande publique, d'égalité de traitement des candidats et de transparence des procédures. Il s'applique à tout marché public financé ou cofinancé par le budget de l'État, des fonds d'aide extérieure bilatérale ou multilatérale ; sur emprunt avalisé par l'État, par le budget d'un établissement public, d'une entreprise du secteur public ou parapublic ou d'une collectivité territoriale décentralisée. Le code ne s'applique pas aux marchés conclus dans le cadre des conventions internationales signées par l'État. Les dispositions relatives à la passation, à l'exécution et aux organes de passation et de contrôle des marchés publics ne sont pas applicables aux prestations du montant inférieur à cinq (5) millions de francs CFA.

Le code des marchés a 166 articles traitant de la passation, de l'exécution, du contrôle de l'exécution, du règlement, du contentieux, des sanctions relatifs aux marchés publics et de la régulation. La plupart des dispositions du code prises en 2004 sont largement dépassées avec la création des institutions et normes nouvelles.

- **Le décret N° 2012/074 du 08 mars 2012 portant création, organisation et fonctionnement des commissions de passation des marchés ; modifié et complété par le décret N° 2013/271 du 05 août 2013**

Avec la création d'un ministère en charge des marchés publics, il a fallu en même temps réadapter les procédures de passation des marchés publics. D'une manière générale, nous sommes en présence des commissions centrales de passation des marchés placées auprès du ministre des Marchés publics, des commissions ministérielles auprès des chefs des départements ministériels ; les commissions régionales au niveau régional des administrations publiques, les collectivités territoriales décentralisées, ainsi que les projets. L'on prévoit aussi des commissions internes de passation des marchés publics auprès des établissements publics et des entreprises du secteur public et parapublic, des collectivités territoriales décentralisées, ainsi que certains projets. Les montants sont en général revalorisés, et les compétences bien définies[74].

À ces règles, une place importante doit être faite à la circulaire n° 001/CAB/PR du 19 juin 2012 relative à la passation et au contrôle de l'exécution des marchés publics[75].

[74] Voir décret n° 2013/271 du 05 août 2013 modifiant et complétant certaines dispositions du décret n° 2012/074 du 08 mars 2012 portant création, organisation et fonctionnement des commissions de passation des marchés publics.

[75] Une circulaire adressée au Premier ministre, au vice-Premier ministre, aux ministres d'État, aux ministres, aux ministres délégués, aux secrétaires d'État, aux chefs de Mission diplomatique sur les organes de passation des marchés publics et la passation des marchés publics proprement dite.

- **La création du ministère des Marchés publics**

C'est le décret n°2012/075 du 08 mars 2012 qui porte organisation du ministère de Marchés publics. Le MINMAP est placé sous l'autorité d'un ministre délégué à la présidence de la République, et responsable de l'organisation et du bon fonctionnement des marchés publics. À ce titre, il procède au lancement des appels d'offres des marchés publics, en liaison avec les départements ministériels et les administrations concernés, procède à la passation des marchés publics et en contrôle l'exécution sur le terrain, en liaison avec les départements ministériels et administrations concernés –il participe, le cas échéant, au montage financier des marchés publics, en liaison avec les départements ministériels concernés. Pour cette importance mission, le Ministère est doté d'un secrétariat particulier, de conseillers techniques et d'une inspection générale.

L'administration centrale comprend : un secrétariat général, une direction générale des marchés des infrastructures - une direction générale des marchés des approvisionnements et des services – une direction générale des contrôles des marchés – une division de la prospective – une division de la programmation et du suivi des marchés publics – une direction des affaires générales.

- Les services déconcentrés comprennent :

• les délégations régionales des marchés publics ;

• les délégations départementales des marchés publics ;

- **La modification de l'Agence de régulation des marchés publics**

Créée par décret n° 2001/048 du 23 février 2001, l'ARMP est désormais chargée d'assurer la régulation du système de passation des marchés et des conventions de délégation des services publics. À ce titre, elle a pour mission de procéder à la régulation des activités des marchés publics à travers, soit des actes de sanction des procédures, soit des actes à caractère didactique ; de procéder à l'évaluation périodique de la performance des acteurs et du système ; d'émettre des avis techniques, en tant que de besoin, à la demande du ministre chargé des marchés publics ou des administrations concernées, de proposer des réformes dans le cadre des marchés publics et des délégations des services publics ; de participer à l'élaboration des textes en matière de régulation des marchés publics et de délégation des services publics ; d'assurer le suivi de l'application des décisions portant sur le règlement des litiges relatifs aux marchés publics, de recruter, par voie d'appel d'offres, les observateurs indépendants, de veiller à la bonne exécution de leur mission d'observation et d'exploiter leurs rapports ; de contribuer à la formation des acteurs du système de passation des marchés publics à la demande des administrations concernées ; de vulgariser les règles et les procédures relatives aux marchés publics à travers des guides et des manuels ; de concevoir et de diffuser des documents types auprès des acteurs du système de passation des marchés publics ; d'apporter, en tant que de besoin, des appuis techniques aux acteurs du système de passation des marchés publics ; d'éditer un journal d'analyses des marchés publics à la fin de chaque semestre ; de tenir et mettre à jour le fichier de tous les acteurs du système de passation des marchés publics ; de diffuser l'information relative aux marchés publics auprès de tous les acteurs concernés ; de procéder à la publication, dans le journal des marchés, des avis d'appels d'offres, des résultats des attributions avec indication des montants, délais et attributaires, d'examiner, à la demande du MINMAP, les requêtes en concertation avec les administrations et les acteurs concernés et d'y donner suite ; d'examiner les recours en concertation avec les acteurs concernés et d'émettre des avis techniques, le cas échéant ; de collecter et de centraliser toute la documentation et toutes les statistiques sur les marchés publics en vue de constituer une banque de données ; de veiller à la bonne application des dispositions législatives et réglementaires visant à faciliter l'accès des PME nationales à la commande publique ; de recruter, par voie d'appel d'offres, des auditeurs indépendants, de veiller à la bonne exécution de leur mission d'audit annuel a posteriori, d'exploiter leurs rapports de suivi et de mise en œuvre des recommandations y afférentes ; de réaliser ou faire conduire des audits spécifiques, des enquêtes, contrôles et autres investigations sur la passation, l'exécution et le contrôle des marchés publics et sur les délégations de services publics à la demande du MINMAP ou des administrations concernées, de transmettre aux autorités compétentes les cas de violation constatés des dispositions réglementaires sur les marchés publics ; de centraliser les actes de sanction et procéder à leur publication ; de tenir et mettre à jour le fichier des entreprises et autres acteurs sanctionnés ; de participer ou organiser des réunions internationales relatives à la régulation des marchés publics ; de nouer des relations de coopération avec les organismes nationaux et internationaux intervenant dans le domaine de la régulation des marchés publics.

B- Les bases communautaires

Abstraction faite de certaines circonstances, l'arrêt Nicolo se prononçait en France en déclarant que les traités internationaux l'emportaient désormais sur les lois nationales avec lesquelles ils sont incompatibles, alors même que ces lois leur sont postérieures, au titre du contrôle de la conventionalité[76]. Les textes communautaires, les règlements, les directives et décisions ont une application directe sur l'ordre

[76] CE 20 octobre 1989, Nicolo. P.190. concl P. Frydman AJ 1989. P.756 Chron E Honorat et E. Baptiste, P.788. Note D. Simon. D. 1990. P.135 note Sabourin. RFDA 1990. P.267.

juridique interne, sur la base de la réciprocité, de la ratification, de la bonne foi de l'autre État. Ainsi, en matière de transparence dans les procédures de passation des marchés publics, nous avons :

1- Les mesures de publicité

L'article 11 du règlement 04/99/UEAC-CM-639, dispose que « *les États membres s'engagent à soumettre à des mesures de publicité, la passation des marchés* ».

2- Les contrôles communautaires de la concurrence

Ils sont menés dans la cadre des audits. Le Règlement n° 04/99/UEAC-CM-639, en son article 17, dispose qu'"*en cas de manquement aux obligations de publicité et de mise en concurrence auxquelles est soumise la passation des marchés (…) le Conseil Régional de la Concurrence peut être saisi avant la conclusion du contrat*". (CF. Affaire Silienou – Crédit foncier du Cameroun).

Conclusion

Les bases du contrat administratif sont extrêmement variées, d'où l'importance du phénomène – la jurisprudence, pour autant qu'elle est significative au critère organique, à la clause exorbitante, mais pas nécessairement au critère tiré de la participation à l'exécution du service public qui se retrouve à l'épreuve des faits. Les bases textuelles ne sont pas trop nombreuses, mais restent instables, pour des besoins d'efficacité et de réforme administrative.

L'ÉVOLUTION DU FONDEMENT IDÉOLOGIQUE DU DROIT ADMINISTRATIF CAMEROUNAIS

Raphaël ATEBA EYONG[1]

« *Le droit n'est pas neutre* »[2], a-t-on souvent dit. En particulier, il paraît indissociable de l'idéologie. C'est ce qu'affirme par exemple M. J.-L. Bergel sans équivoque : « *(…) l'état du droit dans un pays et à un moment déterminé ne peut se dissocier de phénomènes plus larges ni être isolé de ses sources ou de son contexte. Il dépend de l'histoire, de l'environnement humain, social, économique…, des choix idéologiques* »[3]. Rien n'est plus vrai, semble-t-il.

Certes, le droit n'est pas *purement et simplement* le produit d'une idéologie de classe liée à un certain type de structure de production, à la manière dont le conçoivent les marxistes[4]. Il affiche bien au contraire, sur ce terrain, une autonomie qui se constate empiriquement[5]. Cependant, celle-ci ne peut qu'être relative. De sorte que, bien que la relation entre l'idéologie et le droit ne revête pas tout à fait ainsi les traits d'un strict déterminisme, l'influence de l'une sur l'autre n'en paraît pas moins indéniable et s'impose au juriste. Évidemment, « *sa tâche n'est pas de déformer la règle de droit en la passant dans le moule de son idéologie personnelle ou de ses propres jugements de valeur* »[6]. Mais, sauf à confondre « pureté » de la science du droit et

[1] Docteur Ph.D., Assistant / Université de Maroua.

[2] C.ATIAS, D.LINOTTE, « Le mythe de l'adaptation du droit au fait », *D.*, 1977, chr., p. 251-258.

[3] J.-L. BERGEL, *Théorie générale du droit*, Paris, Dalloz, 1985, p. 3.

[4] Karl Marx disait à ce propos dans un passage demeuré célèbre : « *dans la production sociale de leur existence, les hommes entrent en rapports déterminés, nécessaires, indépendants de leur volonté, rapports de production qui correspondent à un degré déterminé de leurs forces matérielles productives. L'ensemble de ces rapports de production constitue la structure économique de la société, la base concrète sur laquelle s'élève une superstructure juridique et politique et à laquelle correspondent les formes de conscience sociale déterminée* » (K. MARX, *Contribution à la critique de l'économie politique*, rééd., Paris, Giard, 1928, p. 4s., cité par J. C. BILLIER, M. AGLAE, *Histoire de la philosophie du droit*, Paris, Armand Colin, 2001, p. 234).

[5] Ainsi, des pays, comme ceux d'Europe occidentale, ayant un système d'organisation des rapports de production identique, le système capitaliste en l'occurrence, peuvent cependant élaborer des systèmes juridiques présentant des singularités aussi notables que celles que l'on peut -encore- observer entre la *Common law* et le système romano-germanique.

[6] M. KAMTO, *Pouvoir et droit en Afrique noire. Essai sur les fondements du constitutionnalisme dans les États d'Afrique Noire francophone*, Paris, LGDJ, 1987, p. 52.

« pureté » du droit[7], en fait foncièrement « impur »[8], « *(...) il doit tenir compte des valeurs que consacre l'ordre juridique positif* »[9]. Car en réalité, « *il est en effet impossible de saisir les fondements des institutions et des textes de droit sans comprendre les « idéologies » qui les sous-tendent et qui, en fin de compte, leur donnent leur véritable sens* »[10].

C'est que, comme l'explique avec clarté M. le doyen J.-M. Bipoun-Woum notamment, « *le droit ayant une vocation instrumentale, les règles ne suffisent pas, à elles seules, à constituer un ordre ; elles doivent être sous-tendues par un fond d'idées, de principes et de conventions publiques qui, exprimant une conception précise de l'État et de l'ordre politique en général (...), renforcent et finalisent ces règles* »[11]. Or, l'idéologie n'est rien d'autre que cela, au terme d'une évolution des différents sens successifs du mot[12], un « *système d'idées constituant une doctrine politique ou sociale inspirant les actes d'un gouvernement ou d'un parti* »[13]. Ou, de manière plus large et sous un angle plus spécifiquement juridique, « *l'ensemble des idées, des croyances et des doctrines (...) qui sous-entendent, en quelque sorte, les institutions de droit positif* »[14]. C'est en tant que telles qu'immanquablement, et selon le constat posé en son temps par G. Ripert, « *les conceptions idéologiques interviennent dans la création du droit positif* »[15], tant textuel que jurisprudentiel. Elles en constituent le fondement même. Cette dernière expression pouvant être entendue ici dans son sens courant comme désignant l'« *élément essentiel servant de base à quelque chose* »[16] ou, dans un sens plus technique, comme renvoyant à la « source matérielle » qui, déclinée au singulier, désigne précisément « *le fondement idéologique d'un système juridique* »[17].

---

[7] Reproche souvent adressé à H. Kelsen ; v. par exemple à ce propos J. C. BILLIER, M. AGLAE, *Histoire de la philosophie du droit, op. cit.*, p. 155 et s.

[8] M. VIRALLY, « Le juriste et la science du droit », *RDP*, 1964, p. 608.

[9] M. KAMTO, *op. cit.*, p. 53.

[10] Pour reprendre une idée chère à B. CUBERTAFOND, *La création du droit*, Paris, Ellipses, 1999, not. p. 6.

[11] J.-M. BIPOUN-WOUM, « La représentation de l'État en justice au Cameroun », *RCD*, n° 28, 1984, p. 18.

[12] Sur cet aspect, v. not. A. CLAISSE, « L'idéologie : discours du pouvoir », p. 63-65 in : *Mélanges en l'honneur de G. Burdeau* : Le pouvoir, Paris, LGDJ, 1977.

[13] J. SERVIER, *L'idéologie*, Paris, PUF (Que sais-je ?), 1982, p. 3.

[14] P.-F. GONIDEC, « Traditionalisme et modernisme en matière d'institutions publiques africaines », *RJPIC*, 1966, p. 77.

[15] G. RIPERT, *Les forces créatrices du droit*, 2e éd., Paris, LGDJ, 1955, p. 338.

[16] *Le Petit Larousse illustré*, 1995,p. 448.

[17] J. VANDERLINDEN, « Contribution en forme de mascaret à une théorie des sources du droit au départ d'une source délicieuse », *RTDCiv*, 1995, p. 69.

C'est alors à bon droit, pour ainsi dire, que la doctrine administrativiste camerounaise, sans donc trahir en cela le postulat de neutralité axiologique cher à Kelsen et intrinsèquement lié à l'analyse dogmatique du droit, a consacré jusqu'à présent une part significative de ses efforts de systématisation à l'analyse du fondement idéologique de notre droit administratif. Seulement, le plus souvent, dans le discours doctrinal récent, l'inscription idéologique des pouvoirs publics se présente comme marquée par une évolution, ou encore un mouvement de transformation, en deux phases successives.

D'abord, la première phase qui s'étend *grosso modo* de 1960 jusqu'au tournant des années 90, et qui est d'ailleurs dominante par ce qu'il est convenu d'appeler « l'idéologie de la construction nationale ». Cette idéologie de la construction nationale aux contours peu précis se ramène, selon la systématisation proposée par M. M. Kamto, à deux composantes essentielles : « *d'une part, la composante unité nationale (...), et d'autre part, la composante développement national ou composante « développementaliste »* »[18]. Séduisante sur la forme, elle deviendra cependant « *le principe détourné de la justification de l'autoritarisme* »[19], sur la base de « *l'idée critiquable et critiquée* » selon laquelle « *la poursuite de l'unité nationale et la recherche du développement économique s'accommodent mal d'une contestation sans bornes* »[20]. Ce qui impliquerait nécessairement le resserrement des espaces de liberté accordés aux citoyens[21]. Ensuite, à la faveur du vent des réformes orchestrées à partir de l'entame de la décennie 90, le libéralisme se serait imposé désormais comme le référent idéologique des pouvoirs publics ; substitution d'un ordre et d'une idéologie nouveaux à la matrice idéologique ancienne. La présentation n'emporte pas spontanément la plus franche adhésion, et ce, pour deux raisons au moins.

Premièrement, elle ne permet pas de rendre compte de manière cohérente de la trace de certains principes essentiels du libéralisme politique discernable sous l'ère idéologique ancienne de la construction nationale. Deuxièmement, elle n'offre pas non plus d'explication plausible au phénomène, par ailleurs peu contestable, de la survivance d'institutions liées à cette idéologie observable sous l'empire du libéralisme actuel. Surgit alors l'interrogation : ***l'évolution du fondement idéologique du droit administratif camerounais correspond-elle à un mouvement linéaire de succession d'une idéologie nouvelle -celle libérale- à l'idéologie ancienne –de la construction nationale- ?***

---

[18] M. KAMTO, *Pouvoir et Droit en Afrique noire...*, *op. cit.*, p. 329.

[19] J. de N. ATEMENGUE, *La police administrative au Cameroun*, Th., Lyon III, 1995, p. 58.

[20] M. ONDOA, *Le droit de la responsabilité publique dans les États en développement*, Th., Bordeaux IV, 1997, p. 62.

[21] *Ibid.*

La question recouvre un enjeu d'importance théorique considérable en rapport avec le débat doctrinal sur l'existence ou non d'une identité spécifiquement camerounaise de notre droit administratif par rapport au « modèle » français. En Afrique en effet, ainsi que l'a démontré M. le doyen Magloire Ondoa, l'idéologie de la construction nationale a imposé la figure de l'État développeur. C'est l'État investi d'une mission de développement de la société et, à ce titre, « *appelé à user fréquemment de ses prérogatives de puissance publique* [ce qui] *ne peut manquer d'entraîner un assouplissement des mécanismes de protection des droits des citoyens et du contrôle de l'administration. Telle est l'idée qui sous-tend les droits africains et fonde l'inadaptation ou l'inapplicabilité directe des solutions françaises en Afrique* »[22]. La réception de celles-ci ne pouvant, dès lors, s'effectuer que sous bénéfice d'inventaire, au travers d'une entreprise rationnelle de sélection aboutissant à une construction normative présentant les traits de l'« originalité ». Cette originalité, cette « autonomie matérielle » étant alors *ipso facto* vouée à la disparition dès lors que la distance idéologique entre le droit administratif camerounais et celui français vient à s'étioler pour cause de libéralisation du premier.

Or, à l'analyse, cette idée d'une subversion totale de l'idéologie de la construction nationale par la mue libérale du droit administratif camerounais ne paraît pas l'exact reflet des données juridiques positives. Ces dernières suggèrent plutôt l'existence dans notre droit public d'une forme de *tension idéologique permanente à pôle dominant variant*, entre la construction nationale prônée par les pouvoirs publics et le masque de l'inscription libérale -peu ou prou- imposée à ces derniers -« du dehors » (?)-. L'on comprend et l'on décrit bien mieux ainsi ***l'évolution du fondement idéologique du droit administratif camerounais comme étant marquée non par un mouvement linéaire de succession d'une idéologie nouvelle à celle ancienne, mais par un mouvement pendulaire de recombinaison formelle de l'articulation des deux***. Un mouvement comportant actuellement deux phases successives à savoir d'une part une phase initiale de sacralisation idéologique de la construction nationale affichant une influence de l'idéologie libérale (I) et d'autre part, une phase actuelle de conversion idéologique libérale dissimulant une rémanence de l'idéologie de la construction nationale (II).

[22] M. ONDOA, *Le droit de la responsabilité publique dans les États en développement, op cit.*, p. 62.

I- Une sacralisation idéologique de la construction nationale affichant une influence de l'idéologie libérale

D'une manière que l'on pourrait dire évidente, les choix idéologiques initiaux posés par les autorités politiques camerounaises ont été fortement marqués par les « *funestes augures* »[23] sous lesquels l'État du Cameroun a été porté à l'existence.

En effet, lorsqu'il accède à l'indépendance le 1er janvier 1960, le Cameroun devient pleinement un État, mais « *sans existence préalable d'une nation, base de sa légitimité* »[24]. S'y opposait évidemment, le contexte quasi insurrectionnel qui prévalait alors, l'extraordinaire diversité « *d'entités ethniques et tribales parfois antagonistes, toujours rivales* »[25]. Le tout compliqué par l'histoire biculturelle du pays partagé entre les traditions culturelles francophone et anglophone[26]. Tous ces différents facteurs conjuguant leurs effets pour rendre hypothétique l'émergence d'une véritable conscience nationale pourtant bien indispensable à la survie de l'entité étatique[27]. Un défi politique qui se doublait sur le terrain économique, social et culturel par un autre enjeu majeur interpellant le nouvel État et conditionnant tout autant sinon plus encore l'émergence d'une véritable nation camerounaise : le développement[28]. Face à ces impératifs, la construction nationale va devenir « *la préoccupation fondamentale* »[29] des autorités camerounaises (con)sacrée comme véritable fondement idéologique de notre droit public[30].

Pourtant, dans le même temps, le Cameroun se trouve lié par un ensemble d'actes conventionnels -en la forme- instigués par l'ex-métropole et fixant, selon une orientation libérale prononcée, l'ossature de base de l'armature juridique et institutionnelle du nouvel État. Comme si « *Le souci du gouvernement français semble manifestement avoir été d'utiliser l'instrument conventionnel pour transmettre au nouvel*

---

[23] L'expression est de J. OWONA, « L'institutionnalisation de la légalité d'exception… », *op. cit.*, p. 105.

[24] P.-G. POUGOUE, *La famille et la terre. Essai de contribution à la systématisation du droit privé au Cameroun*, Th. d'État : Droit privé : Bordeaux I : juin 1977, p. 245.

[25] J. de N. ATEMENGUE, *La police administrative au Cameroun. Recherches sur le maintien de l'ordre public*, Th., Lyon 3,1995, p. 40.

[26] En conséquence de la double tutelle franco-britannique exercée sur le territoire du Cameroun.

[27] L'une et l'autre, la Nation et l'État, étant « *unis symbiotiquement* » (J. CHEVALLIER, « L'Etat-Nation », *RDP*, 1980, p. 1272).

[28] Pouvant être entendu comme « *un processus global, économique, social, culturel et politique, qui vise à améliorer sans cesse le bien-être de l'ensemble de la population et de tous les individus, sur la base de leur participation active, libre et significative au développement et au partage équitable des bienfaits qui en découlent* » (Rés. AG/NU, n° 41/128 du 4 décembre 1986, *Déclaration sur le droit au développement*).

[29] R.-G. NLEP, *L'administration publique camerounaise*, Paris, LGDJ, 1986, p. 259.

[30] V. À. KONTCHOU KOUOMEGNI, « Le droit public camerounais, instrument de construction de l'unité nationale », *op. cit.*, p. 416.

État les principes d'organisation administrative et judiciaire qui sont à la base du système juridique français »[31].

Pour faire bonne mesure, les autorités politiques nationales dissimuleront alors leur inclination ferme pour la sacralisation idéologique de la construction nationale derrière une façade libérale lisse et transparente. Une vraie fausse ambiguïté idéologique traduite au niveau du droit positif trente années durant par l'inscription libérale de l'État au plan des grands principes (**A**) et la consécration de la construction nationale dans l'ordre des régimes spécifiques (**B**).

A- L'inscription libérale de l'État dans l'ordre des grands principes

La décolonisation, « *processus d'émancipation des peuples coloniaux* »[32], n'a entraîné ni au Cameroun ni partout ailleurs le plus souvent, de rupture totale des liens entre États nouveaux et anciennes puissances dominantes. « *Par une sorte de réflexe naturel, chaque ancien tuteur tenait à léguer à son ancien protégé son propre modèle institutionnel* »[33]. C'est donc ainsi qu'une fois l'indépendance acquise, les autorités politiques du Cameroun vont s'arrimer au plan des valeurs exactement sur le sillage des démocraties occidentales. Pour ce faire, elles marqueront formellement, dans le droit positif, l'adhésion du pays aux principes de l'État de droit libéral. En l'occurrence, sous l'angle spécifique de notre propos[34] : la soumission de l'administration au droit **(1)**, et la limitation de l'administration par les droits **(2)**.

1- La soumission de l'administration au droit

Depuis toujours, « *la notion de l'État de droit sert de pierre angulaire du droit administratif dans la société libérale* »[35]. Véritable « *label nécessaire sur le plan international* »[36], l'on peut considérer d'un *point de vue formel* que, « *l'État de Droit, c'est celui dans lequel la toute-puissance du pouvoir trouve sa limite dans la règle juridique qu'il est tenu de respecter* »[37]. Dans sa conception spécifiquement française, il comporte de surcroît « *l'idée de l'administration de droit* »[38], dont les autorités, les agents, du plus haut degré au dernier de l'échelle des compétences, se conforment au

---

[31] J.-M. BIPOUN WOUM, « Recherches sur les aspects actuels de la réception... », *op. cit.*, p. 362.

[32] M. GHARSALLAH, « Réflexions sur la décolonisation notion juridique, politique et économique », *RJPIC*, 1963, p. 235.

[33] J.-M. BIPOUN-WOUM, « Les origines constitutionnelles du Cameroun », *RJPEM*, 1988, p. 98.

[34] Hors donc les aspects strictement constitutionnels du libéralisme politique.

[35] J. BELL, « Le règne du droit et le règne du juge. Vers une interprétation substantielle de l'État de droit », p. 15 in : *Mélanges en l'honneur de Guy Braibant* : l'État de droit, Paris, Dalloz, 1996.

[36] J. CHEVALLIER, *L'État de droit*, 2e éd., Paris, Montchrestien, 1994, p. 7.

[37] J. RIVERO, « État de Droit, état du Droit », p. 609 in : *Mélanges en l'honneur de Guy Braibant, op. cit.*

[38] J. BELL, « Le règne du droit et le règne du juge... », *op. cit.*

droit[39]. C'est à ce titre que les autorités camerounaises se sont attachées, de tout temps, à faire apparaître le Cameroun comme un État de droit. La puissance publique se trouvant soumise au droit au travers d'un double assujettissement au principe de légalité et au principe de responsabilité.

Le principe de légalité, pour commencer par lui, n'a jamais été consacré en tant que tel, *expressis verbis*, en droit administratif camerounais au plan des textes. Pourtant, il n'en demeure pas moins que, concrètement, l'activité administrative a toujours fait l'objet d'un encadrement juridique puisant sa source aussi bien dans la Constitution, les traités et les lois, que dans des actes émanant de l'administration elle-même[40]. Par ailleurs, dans le même temps où elles encadraient l'action administrative par le droit, les autorités camerounaises accusaient un peu plus l'empreinte du principe de légalité sur notre droit administratif en consacrant l'existence de voies de droit permettant aux citoyens, le cas échéant, de plier la puissance publique au respect des normes s'imposant à elle. Tel fut l'objet de la création, à partir de l'accession à l'autonomie interne et conformément aux prescriptions de la convention « *franco-judiciaire* » de 1958, d'instances nationales de justice administrative dotées d'un instrument précieux de lutte contre l'arbitraire de la puissance publique à savoir le recours pour excès de pouvoir.

Quant au principe de la responsabilité publique, il a été consacré de bonne heure au plan des textes. Il est vrai que, sans jamais faire l'objet d'une disposition de même portée que celle de l'article 1382 du code civil[41], la responsabilité des personnes publiques a toujours été établie par prétérition à partir de dispositions attributives de compétence aux juridictions administratives en matière de recours en indemnisation. Sans que cela ne prête nullement à équivoque concernant l'existence du principe de responsabilité justement caractérisé par l'obligation d'indemnisation, car « *l'on ne peut attribuer que ce qui existe* »[42]. Cela convenu, il devient alors possible d'admettre qu'en droit camerounais, la question de la recherche de l'existence de sources constitutionnelles spécifiques de la responsabilité publique se résout par l'affirmative. À partir de 1961 tout au moins, l'on peut ainsi lire dans la constitution fédérale une disposition particulière donnant compétence à la Cour fédérale de justice « *de statuer sur les recours en indemnité ou en excès de pouvoir dirigés contre les actes administratifs*

---

[39] v. C. GOYARD, « État de droit et démocratie », p. 300 in : *Mélanges en l'honneur de René Chapus*, 1992.

[40] Qu'il s'agisse évidemment d'actes à caractère général, mais aussi d'actes individuels lorsqu'ils créent des droits pour les particuliers.

[41] Selon les termes de cette disposition qu'il n'est peut-être pas inutile de rappeler, « *Tout fait quelconque de l'homme, qui cause à autrui un dommage, oblige celui par la faute duquel il est arrivé, à le réparer* ».

[42] M. ONDOA, *Le droit de la responsabilité…*, *op. cit.*, p. 441.

des autorités fédérales »[43]. De même, après la réunification, la Constitution du 02 juin 1972 a chargé la Cour suprême se substituant à la Cour fédérale de justice de statuer, notamment « *sur les recours en indemnité ou en excès de pouvoir dirigés contre les actes administratifs* »[44].

Ainsi se trouvait implicitement fondé, au plan constitutionnel, le principe de la responsabilité des personnes publiques. Leur responsabilité extracontractuelle tout au moins. La responsabilité contractuelle se rattachant beaucoup plus sûrement, mais tout aussi implicitement, aux dispositions d'actes infra-constitutionnels donnant compétence au juge administratif pour connaître des litiges relatifs aux contrats administratifs[45], à côté de celles établissant également sa compétence en matière de responsabilité extracontractuelle des personnes publiques dans des conditions identiques à celles décrites s'agissant des provisions constitutionnelles[46] pertinentes.

Affirmant ainsi la soumission de l'administration au droit, les pouvoirs publics vont également afficher une forme d'adhésion à la conception substantielle de l'État de droit en consacrant la limitation de l'administration par les droits.

2- La limitation de l'administration par les droits

À partir du XXe, « *au-delà de la hiérarchie des normes, l'État de droit va désormais être entendu comme impliquant l'adhésion à un ensemble de principes et de valeurs qui bénéficieront d'une consécration juridique explicite et seront assortis de mécanismes de garantie appropriés* »[47]. Autrement dit, dans cette approche substantielle, l'État de droit impose non seulement le respect des règles formelles du droit, mais aussi des valeurs telles que les droits fondamentaux[48]. Raison pour laquelle, en cohérence avec leur volonté de draper les institutions camerounaises du manteau de l'État de droit et de son socle idéologique libéral, les pouvoirs publics vont affirmer solennellement,

---

[43] Art. 33 3°) de la loi constitutionnelle du 1er septembre 1961 portant révision constitutionnelle et tendant à adapter la Constitution actuelle aux nécessités du Cameroun réunifié.

[44] Art. 32 3°) de la Constitution du 02 juin 1972.

[45] v., pour le *Tribunal d'État* : art. 1er 2°) du décret n° 59/83 du 04 juin 1959 ; pour la *Cour fédérale de Justice :* art. 3 2-c) de la loi n° 65/LF/28 du 12 novembre 1965, reprise à l'art. 14 al. 2 c) de la loi n° 69/LF/1 du 14 juin 1969 ; pour la *Cour suprême* de 1972 : art. 9 2-c) de l'ord. n° 72/06 du 26 août 1972. Rien n'interdit en effet d'inclure au titre des « *litiges relatifs aux contrats* » ceux liés aux questions de responsabilité.

[46] v., Pour le *Tribunal d'État* : art. 1er 5°) du décret de 1959 *op. cit.* ; pour la *Cour fédérale de Justice* : art. 3 2-b) de la loi de 1965 *op. cit.* repris à l'art. 14 al. 2-b) de la loi de 1969 *op. cit.* ; pour la *Cour suprême* de 1972 : art. 9 2-b) de l'ord. de 1972 *op. cit.*

[47] J. CHEVALLIER, *L'État de droit*, *op. cit.*, p. 108.

[48] J. BELL, « Le règne du droit et le règne du juge… », *op. cit.*, p. 15.

en préambule des premières constitutions[49], leur adhésion aux valeurs universelles de l'humanisme. Le tout assorti d'un catalogue de droits ainsi consacrés au plus haut niveau dans le bloc de la légalité administrative pris en son sens le plus extensif.

Les formules saisissantes du préambule de la Constitution du 04 mars 1960 paraissent sans équivoque à cet égard : « *le peuple camerounais, indépendant et souverain, se plaçant sous la protection de Dieu, proclame que l'être humain sans distinction de race, de religion, de sexe ni de croyance possède des droits inaliénables et sacrés* »[50]. Si l'on exclut la référence quelque peu inattendue à la divinité[51] et, au demeurant, non totalement détachable, semble-t-il, de la présence de l'évêque de Douala au sein du comité consultatif constitutionnel chargé de la préparation du texte[52], l'on retrouve là les mêmes accents que ceux de la Déclaration universelle des droits de l'homme (DUDH). Il y est d'ailleurs fait une référence explicite, puisque dans ce préambule il est dit également du peuple camerounais qu'« *il affirme son attachement aux libertés fondamentales inscrites dans la Déclaration universelle des Droits de l'Homme et la Charte des Nations Unies (…)* »[53]. Engagements tous repris dans le préambule de la Constitution du 02 juin 1972 en des termes pratiquement identiques, après que l'attachement du Cameroun à l'unité africaine et au principe de la coopération internationale a été de nouveau affirmé[54].

Il n'y a encore dans tout cela aucun avantage concret accordé, aucun droit véritable consacré. Juste de ces « *principes qui expriment une philosophie des libertés publiques plutôt que des règles de droit directement applicables* »[55]. Une philosophie revendiquant au fond, dans l'attachement du constituant à la Déclaration de 1948, une filiation avec l'humanisme et l'universalisme qui ont, l'un suscité, et l'autre puissamment nourri ce texte.

« *Expression, au lendemain des atrocités de la Seconde Guerre mondiale, de l'accord des États sur « un idéal commun à atteindre par tous les peuples et toutes les Nations »*

[49] Bien sûr, contrairement aux constitutions du 04 mars 1960 et 02 juin 1972, la loi constitutionnelle du 1er septembre 1961 ne comportait pas de préambule. Mais puisqu'elle ne faisait, formellement, que réviser le texte de 1960, l'on peut donc poser et soutenir l'hypothèse d'une reconduction du préambule de la Constitution de 1960 dans la loi fondamentale de 1961 (v. en ce sens l'analyse d'A. BOCKEL, *L'administration camerounaise*, *op. cit.*, p. 32).

[50] 1er paragraphe du préambule de la Constitution du 04 mars 1960.

[51] Elle disparaîtra des textes constitutionnels ultérieurs.

[52] D'après J.-M. BIPOUN-WOUM, « Les origines constitutionnelles du Cameroun », *op. cit.*, p. 96, note (26).

[53] 2e paragraphe du préambule de la constitution du 04 mars 1960.

[54] V. J. OWONA, « La nouvelle constitution camerounaise du 2 juin 1972 : de l'État fédéral à l'État unitaire », *Annales de la FDSE*, n° 4-1973, p. 31-32.

[55] M. KAMTO, « L'énoncé des Droits… », *op. cit.*, p. 15 .

(préambule)… »[56], la DUDH a marqué l'affirmation sur la scène internationale de la philosophie des droits de l'Homme qui a triomphé à la fin du XVIIIe siècle en Europe occidentale et en Amérique du Nord[57]. À cet égard, ainsi que le relève M. Frédéric Sudre, « *les racines profondes de la proclamation internationale des droits de l'homme sont les mêmes que celles des proclamations nationales* »[58] : la pensée judéo-chrétienne, la doctrine des droits naturels, la philosophie politique issue des lumières[59] ; toutes affirmant ce qui constitue le socle même de la doctrine des droits de l'Homme, l'égalité de tous les hommes dans une même dignité, et l'existence de droits « *qui appartiennent originairement et essentiellement à l'homme, qui sont inhérents à sa nature, dont il jouit par cela même qu'il est un homme, indépendamment d'aucun fait particulier de sa part* »[60] et qui constituent autant de « *(…) principes limitatifs du pouvoir civil, antérieurs et supérieurs à toute institution humaine* »[61]. Et, de surcroît, parce qu'elle procède à l'affirmation universelle, qu'aucune déclaration ou constitution nationale ne pouvait effectuer, du « *droit d'être un homme* »[62], « *On peut donc dire qu'assurer l'universalité des droits de l'homme est l'une des idées centrales sur lesquelles s'est fondée la Déclaration et que la volonté d'obtenir la reconnaissance de cette universalité a constitué l'un des objectifs essentiels poursuivis* »[63].

En une certaine façon, le Cameroun payait donc un tribut à la communauté internationale[64]. Non seulement, comme on vient de le voir, en faisant état dans sa loi fondamentale de son attachement à la DUDH, à ses valeurs sous-jacentes d'humanisme et d'universalité. Mais encore, il faut le souligner aussi, en procédant de suite à l'énumération des droits reconnus à ce titre. Pourtant, lorsqu'il s'agira de préciser le régime de mise en œuvre de tous ces principes, se révélera alors, derrière la façade libérale ainsi affichée, l'orientation fondamentale des pouvoirs publics au plan idéologique : la construction nationale.

---

[56] F. SUDRE, « La dimension internationale et européenne des libertés et droits fondamentaux », p.29 in : R. CABRILLAC *et ali* (dir.), *Libertés et droits fondamentaux*, 9e éd., Paris, Dalloz, 2003.

[57] J. MORANGE, *Droits de l'homme et libertés publiques*, 5e éd. (revue et augmentée), Paris, PUF (coll. Droit politique et théorique), 2000, p. 29.

[58] F. SUDRE, *Droit international et européen des droits de l'homme*, 7e éd. (refondue), paris, PUF (coll. Classiques), 2005, p. 38.

[59] J. ROBERT, J. DUFFAR, *Droits de l'homme et libertés fondamentales*, *op. cit.*, p. 39.

[60] Burlamaqui, *Principes de droit naturel*, 1747, chap. VII, §8, cité par F. SUDRE, *op. cit.*, p. 38.

[61] L. FAVOREU, et alii, *Droit des libertés fondamentales*, 4e éd., Paris, Dalloz (coll. Précis), 2007, p. 17.

[62] F. SUDRE, « La dimension internationale et européenne des libertés… », *op. cit.*, p. 29.

[63] G. ESPIELL, « Universalité des droits de l'homme et diversité culturelle », *RISS*, n° 158/1998, p. 584.

[64] Idée suggérée par M. KAMTO, « L'énoncé des droits dans les constitutions… », *op. cit.*, p. 10, note (9 bis).

B- La concrétisation de la construction nationale dans l'ordre des régimes spécifiques

Soumission de l'administration au droit, limitation de l'administration par les droits. Au plan des principes, dès l'indépendance acquise, les pouvoirs publics affichaient par constitutions interposées tous les affiquets de l'idéologique libérale.

« *Magie des principes et fétichisme constitutionnel* »[65]. Sans nul doute. Dans cette phase initiale de construction de l'État, la Constitution, « *document ésotérique* »[66], est « *une stratégie politique plus qu'un code contraignant* »[67] dans le cadre d'un « *constitutionnalisme d'opportunité ou de survie* »[68]. Et puis surtout, les principes, règles premières[69] « *de portée suffisamment large* »[70], comportent toujours « *une série indéfinie d'applications* »[71] spécifiées par des règles particulières qui, tout à la fois tirent leur justification du principe et, en précisant son régime, permettent aussi sa concrétisation, ou sa neutralisation. Singulièrement dans le cas de principes posés dans la loi fondamentale, comme en l'espèce, avec moult renvois à la loi pour en définir les conditions de mise en œuvre. C'est ainsi qu'à l'abri des principes libéraux proclamés dans la Constitution, les pouvoirs publics purent ériger un droit infra-constitutionnel qui en prenait le contre-pied, dominé par l'idéologie de la construction nationale. Aucun des oripeaux du libéralisme n'en sortit indemne. Ainsi, si l'administration était soumise au droit, c'était un droit consacrant une grande extension de ses prérogatives **(1)**. Et si elle paraissait limitée par les droits des citoyens, c'était avec une forte contraction des garanties y afférentes **(2)**.

1- L'extension des pouvoirs de l'administration par le droit

Dans le Cameroun naissant et durant les années qui suivront, le principe de l'astreinte de l'administration au respect du droit, jamais renié, ne devait cependant pas représenter, concrètement, une sujétion particulièrement gênante pour cette dernière. En effet, mal dissimulé par le projet de société libéral (pro)clamé dans le préambule des constitutions dans « *un style incantatoire ou proclamatoire dont la*

---

[65] M. KAMTO, « L'énoncé des droits… », *op. cit.*, p. 20.

[66] F. GALLETTI, *Les transformations de l'État et du droit public en Afrique de l'Ouest francophone*, Th. : Droit public : Perpignan : 04 janvier 2003, p. 573.

[67] G. CONAC, « Le juge constitutionnel en Afrique, censeur ou pédagogue ? », *op. cit.*, p. VIII.

[68] F. GALLETTI, *op. cit.*

[69] Sens étymologique du mot. À ce propos, v. not. J.-M. MAILLOT, *La théorie administrativiste des principes généraux du droit. Continuité et modernité*, Paris, Dalloz, 2003, p. 11.

[70] Y. GAUDEMET, *Les méthodes du juge administratif*, Paris, LGDJ, 1971, p. 36.

[71] J.-L. BERGEL, *Théorie générale du droit*, Paris, Dalloz, 1985, p. 97.

fonction idéologique ne trompe guère »[72], la construction de l'entité nationale constituait, pour les dirigeants de l'État, « *(...) un objectif cardinal, une valeur prioritaire par rapport à toute autre malgré ses contraintes* »[73]. Dans leur esprit, il paraissait surtout évident que « *l'État pour être à même de jouer efficacement ce rôle d'accoucheur de la nation doit être doté des moyens nécessaires pour imposer sa volonté aux collectivités particulières, aux patries secondaires* »[74]. Dès lors, « *il est demandé au droit nouveau d'être facteur de réalisation de cette unité nationale* » à travers son « instrumentalisation »[75] au profit d'un renforcement de l'État.

C'est en cela qu'immanquablement, sous le paravent libéral, « *l'idéologie de la construction nationale appelle l'autoritarisme* »[76]. Ce sera, au plan politique, l'instauration d'un régime fort appuyé sur l'idée que « *les exigences de la « construction nationale (...) rendraient inadaptée pour les pays sous-développés, la démocratie libérale attribut des pays développés d'Europe occidentale* »[77]. Et, au plan administratif plus spécifiquement visé, ce sera *l'institutionnalisation d'une légalité d'exception*[78] consacrant l'extension démesurée des pouvoirs de décision de l'administration et leur concentration, en son sein, au niveau central, rendant ainsi bien peu signifiant *in concreto* le principe de soumission de l'administration au droit. Tout en allant de pair avec une contraction des droits des citoyens et de leurs garanties.

2- La contraction des droits et des garanties des citoyens pour leurs droits

Pas plus que la soumission de l'administration camerounaise au droit, la limitation de celle-ci par les droits et libertés fondamentaux reconnus aux citoyens n'a eu pleine consistance au Cameroun dans les années qui ont suivi l'indépendance, et au-delà.

Non pas, certes, que les citoyens aient été soumis durant cette période à un arbitraire total. La lecture des textes constitutionnels successifs de 1960, 1961, et 1972 et de leurs déclarations de droits suggérant même plutôt que, « *dès l'accession du Pays à la souveraineté internationale, le législateur camerounais s'est préoccupé d'instituer un régime de légalité et de primauté du droit en proclamant sa volonté d'assurer le respect des droits de l'homme et des libertés fondamentales* »[79].

---

[72] M. KAMTO, « L'énoncé des droits dans les constitutions des États africains francophones », *op. cit.*, p. 20.

[73] A. KONTCHOU KOUOMEGNI, « Le droit public camerounais... », *op. cit.*, p. 416.

[74] A. Ahidjo cité par C. KEUTCHA TCHAPNGA, *Le contrôle de l'État...*, *op. cit.*, p. 57.

[75] Idée très appuyée not. chez R.-G. NLEP, *L'administration publique camerounaise...*, *op. cit.*, p. 263s.

[76] M. ONDOA, *Le droit de la responsabilité publique...*, *op. cit.*, p. 96.

[77] M. KAMTO, *Pouvoir et Droit en Afrique noire*, *op. cit.*, p. 491.

[78] Théorisée par J. OWONA, « L'institutionnalisation de la légalité d'exception... », *op. cit.*

[79] F.-X. MBOUYOM, « Les mécanismes juridiques de protection des droits...», *op. cit.*, p. 58.

Seulement, dans le même temps, s'imposait chez les gouvernants « *l'idée reçue et entretenue qu'il faut, d'une manière ou d'une autre, assurer une protection efficace de la puissance publique* »[80]. Cela, en considérant sans doute que « *celle-ci se justifie par l'immensité de sa tâche de construction nationale et implique comme méthode, la restriction des droits et libertés individuels des citoyens* »[81]. Des voix autorisées s'élevant même au sein de la doctrine pour confirmer que dans le Cameroun d'alors, « *l'octroi de libertés publiques risque de compromettre la réalisation de l'unité nationale* »[82].

Ainsi, preuve du primat idéologique de la construction nationale sur l'apparence libérale, la proclamation constitutionnelle des droits et libertés sera neutralisée par une double série de limitations. D'abord les limitations matérielles et formelles des droits, et ensuite les limitations processuelles à l'exercice et à la protection des droits.

À bien y regarder, sur un terrain strictement juridique, l'énoncé des droits dans les lois fondamentales adoptées au Cameroun de 1960 à 1972 pourrait n'avoir été « *qu'un de ces articles de luxe qui servent de parure aux Constitutions africaines* »[83] dans les trois premières décennies d'indépendance, et au-delà. Au surplus, l'effectivité et les modalités de nombre de droits proclamés se trouvaient suspendues à une intervention législative préalable. Comme on pouvait l'observer avec la liberté d'aller et venir, le principe d'inviolabilité du domicile, la liberté d'expression, d'association, etc., « *le texte constitutionnel après avoir proclamé le ferme attachement du peuple camerounais à telle ou telle liberté, subordonne généralement l'exercice de celle-ci aux formes ou conditions déterminées par la loi* »[84]. Avec la possibilité pour celle-ci d'« *en restreindre l'application au nom de la sauvegarde de « l'ordre public » ou des « intérêts supérieurs de l'État »* »[85], dans le plus pur style du « *constitutionnalisme rédhibitoire* » théorisé par M. le chancelier Joseph Owona[86].

De la sorte, la loi, à laquelle le constituant attribuait compétence pour la détermination des garanties et obligations fondamentales du citoyen, la sauvegarde de la liberté individuelle et le régime des libertés publiques[87], loin d'exprimer la

---

[80] R.-G. NLEP, *L'administration publique camerounaise…*, *op. cit.*, p. 259.

[81] M. ONDOA, *Le droit de la responsabilité publique…*, *op. cit.*, p. 62.

[82] M. PROUZET, « Contribution à la notion de liberté publique en Afrique noire. Cas particulier de l'Afrique occidentale », p. 933 in : *Mélanges en l'honneur de Georges Burdeau*, *op. cit.*

[83] M. KAMTO, « L'énoncé des droits dans les constitutions… », *op. cit.*, p. 19.

[84] J. OWONA, « L'institutionnalisation de la légalité d'exception… », *op. cit.*, p. 122.

[85] M. PROUZET, « Contribution à la notion de liberté publique… », *op. cit.*, p. 928.

[86] v. J. OWONA, « L'essor du constitutionnalisme rédhibitoire en Afrique noire : étude de quelques « constitutions Janus » », p. 235-243 in : *Mélanges Pierre-François Gonidec* : L'État moderne horizon 2000. Aspects internes et externes, Paris, LGDJ, 1985.

[87] v. not. art. 23 1°) de la Constitution du 04 mars 1960 et art. 20 1°) de la Constitution du 02 juin 1972.

« volonté générale », manifestait celle de l'Exécutif et de son tout-puissant chef tout à son projet de construction nationale. S'ensuivra alors, dans la définition législative du régime des droits proclamés, l'instauration de multiples restrictions processuelles à la fois à leur exercice même, autant qu'à leur défense en justice.

Si, dans les années 70, Michel Prouzet pouvait affirmer qu'« *au sens où on les définit communément dans les pays occidentaux, les libertés publiques n'existent guère en Afrique noire* »[88], sans doute est-ce du fait que, dans un pays comme le Cameroun à cette époque, c'est « *l'insécurité qui domine, en général, l'exercice des libertés individuelles et collectives* »[89]. Excellemment illustrée par les cas de la liberté de la presse et de la liberté d'association, probablement « *en raison des incidences qu'elles ont sur la vie politique, intellectuelle et professionnelle des citoyens* »[90], cette insécurité résultait d'un régime des droits et libertés ayant trois principales caractéristiques. d'abord, des conditions de mise en œuvre restrictives, ensuite le primat de l'« ordre public » assuré par un contrôle administratif étendu, et enfin la faiblesse des garanties juridictionnelles.

Traditionnellement, dans la réglementation d'une liberté, le législateur commençait toujours par en réaffirmer le principe : « *La liberté de la presse est garantie sur toute l'étendue du territoire de la République…* »[91], « *la liberté d'association est reconnue sur le territoire de la République…* »[92], « *la communication audiovisuelle est libre* »[93], etc. Avant d'en fixer les conditions de mise en œuvre assorties de restrictions. Les unes clairement inscrites dans la poursuite de l'objectif de construction nationale à l'instar de la disposition proscrivant, en matière de liberté d'association, la création d'associations « *présentant un caractère exclusivement clanique ou tribal* »[94]. Les autres visant à renforcer le contrôle de l'État sur certains groupes ou catégories en substituant, pour ceux-ci, le régime de la déclaration par celui, moins libéral, de l'autorisation préalable comme condition à l'exercice de leur liberté en tel domaine particulier[95]. D'ailleurs, la déclaration préalable érigée en règle de droit commun s'accompagnait elle-même d'obstacles processuels en pratique. L'exemple de la liberté d'association a pu montrer que les lenteurs administratives -savamment

[88] M. PROUZET, « Contribution à la notion de liberté publique en Afrique noire… », *op. cit.*, p. 927

[89] J. GICQUEL, « Le présidentialisme négro-africain… », *op. cit.*, p. 711.

[90] R.-G. NLEP, *L'administration publique camerounaise…*, *op. cit.*, p. 286.

[91] Art. 1er de la loi n° 66-LF-18 du 21 décembre 1966 *sur la presse.*

[92] Art. 1er de la loi n° 67-LF-19 du 12 juin 1967 *sur la liberté d'association.*

[93] Art. 3 1) de la loi n° 87-13 du 17 décembre 1987 *fixant le régime de la communication audio-visuelle au Cameroun.*

[94] v. art. 4 de la loi n° 67-LF-19 *op. cit.*

[95] Tel était le cas, par exemple en matière de liberté d'association, pour les associations étrangères et les congrégations religieuses (v. art. 18 et 25 de la loi n° 67-LF-19).

orchestrées ?- liées à la délivrance du récépissé de déclaration conduisaient la plupart des associations à fonctionner dans l'illégalité[96] avec la « bienveillante compréhension » de l'administration. Cette dernière se réservant ainsi le droit de mettre opportunément un terme à ce régime de « tolérance administrative »[97], clairement instrumentalisé, en ordonnant la dissolution d'une association « en situation irrégulière tolérée » devenue gênante, sans être astreinte au respect des formes et procédures -plus contraignantes- applicables dans le cas d'une association légale ; le tout assez parfaitement illustré par l'affaire dite des *Témoins de Jéhovah* telle que tranchée en 1972 par la Cour fédérale de justice[98].

Beaucoup plus profondément encore, l'exercice des libertés était soumis à un contrôle pesant des autorités administratives. Elles disposaient de pouvoirs de police très étendus consacrés, sous les chefs les plus divers, par les textes régissant les différentes libertés réglementées et d'autres à portée plus large, mais affectant leur régime. Par exemple en matière de liberté de communication sociale, la loi de 1966 sur la presse instaurait une procédure de dépôt pour *censure*[99], avant la publication de chaque journal ou écrit périodique[100]. Dans ce cadre, le ministre de l'Administration territoriale ou le Préfet pouvait effectuer la saisie administrative de tous les exemplaires « *contraires à l'ordre public* », ainsi que les accessoires d'imprimerie (clichés, stencils, etc.) les concernant. Le Ministre pouvait même décider de l'interdiction définitive de toute publication « *de caractère séditieux* » ou « *contraire aux bonnes mœurs* ». Sans préjudice des procédures susceptibles d'être engagées au plan pénal au titre de la répression des actes de « *subversion* »[101] ou considérés tels.

Parallèlement, les garanties juridictionnelles instaurées en faveur des particuliers se trouvaient, elles, drastiquement réduites. Ce sera, du côté du juge judiciaire « *gardien des libertés essentielles et de la propriété privée* », l'amenuisement de son champ d'intervention concernant les restrictions à l'exercice des libertés. Tant et si bien qu'en matière de liberté d'information par exemple, « *l'État avait même fini par briser l'illusion que le juge judiciaire pouvait garantir la liberté de la presse* »[102].

---

[96] v. sur ce point, J. de N. ATEMENGUE, *La police administrative au Cameroun…, op. cit.*, p. 238.

[97] v. sur cette notion, l'étude de L. TALLINEAU, « Les tolérances administratives », *RA*, 1978, p. 338.

[98] v. CFJ/SCAY, arr. n° 178, 29 mars 1972, *Eitel MOUELLE KOULA c/ R.F.C.* et CFJ/SCAY, arr. n° 194, 25 mai 1972, *NANA TCHANA Daniel Roger c/ E.F.C.*

[99] Dans ce texte la chose existait, sans être nommée expressément telle, ainsi que l'a observé J. de N. ATEMENGUE, *op. cit.*, p. 221.

[100] v. art. 11 al. 1 de la loi n° 66-LF-18 du 21 décembre 1966.

[101] v. la nomenclature établie dans l'ord. n° 62-OF-18 du 12 mars 1962, *portant répression de la subversion.*

[102] J. de N. ATEMENGUE, *La police administrative au Cameroun…, op. cit.*, p. 233.

Notamment en conférant à l'administration le pouvoir d'agir d'office en matière de destruction d'écrits litigieux sans plus être tenue de solliciter l'aval du juge judiciaire[103]. Ce sera aussi du côté du juge administratif, censeur de la légalité des décisions administratives, le resserrement des voies processuelles menant à son prétoire et la neutralisation de son contrôle. Le recours gracieux préalable, instrument de « *protection précontentieuse de l'administration* »[104], remplira la première fonction ; la seconde étant assurée par la notion d'« ordre public » dont la seule invocation par l'administration à l'époque étudiée « *suffit à priver d'efficacité les recours juridictionnels contre les décisions de censure, saisie et interdiction* »[105] en matière d'urgence[106].

Ainsi s'affirmait, dans les régimes spécifiques mis en place à partir de l'indépendance, la sacralisation idéologique de la construction nationale nonobstant l'influence de l'idéologie libérale perceptible au plan des principes. C'est ce rapport qui a semblé s'inverser à partir des années 90 avec la conversion des pouvoirs publics au libéralisme non sans une rémanence de l'idéologie de la construction nationale.

II- Une conversion idéologique libérale dissimulant une rémanence de l'idéologie de la construction nationale

Après avoir constitué une trentaine d'années durant la charpente d'un État unificateur et développeur fort et autoritaire, l'armature juridico-institutionnelle sous-tendue par l'idéologie de la construction nationale va connaître, à partir de 1990, de profonds bouleversements. Le phénomène est à ce point marquant qu'il est devenu une thématique centrale de la doctrine, de droit public notamment, d'ici[107]

103 v. art. 31 c) de la loi n° 80-18 du 14 juillet 1980 modifiant et complétant certaines dispositions de la loi n° 66-LF-18 sur la presse citée par J. de N. ATEMENGUE, *op. cit. ;* en complément, v. aussi l'art. 4 du décret n° 81-244 du 22 juin 1981 *fixant les conditions d'autorisation et d'interdiction d'un journal, périodique ou revue.*

104 R.-G. NLEP, *L'administration publique camerounaise…*, *op. cit.*, p. 259.

105 G. PEKASSA NDAM, « Les « habits neufs » du contrôle administratif des organes d'information depuis la réforme de 1990 au Cameroun », *RISA*, vol. 70 (3), 2004, p. 600.

106 v. art. 16 2) et 122 de la loi n° 75/17 du 08 décembre 1975 prohibant les mesures de référé ou de sursis à exécution dans le cadre des litiges intéressant l'ordre public.

107 v. not. J. T. HOND, « Des transformations de l'État au Cameroun », *op.cit.* ; C. KEUTCHA TCHAPNGA, « Les mutations récentes du droit administratif camerounais », *Juridis*, n° 41, janv.-fév.-mars 2000, p. 75-87 ; M. ONDOA (dir.), *L'administration publique camerounaise à l'heure des réformes*, Paris, L'Harmattan, 2010, 318 p. ; du même auteur, « Ajustement structurel et réforme du fondement théorique des droits africains post-coloniaux : l'exemple camerounais », *RASJ*, vol. 2, n° 1-2001, p. 75-117.

ou d'ailleurs[108]. Le contexte et les causes[109], tant endogènes qu'exogènes[110], en sont connus. La crise économique et la pression des partenaires bilatéraux et multilatéraux contraignent les pouvoirs publics à réformer l'État « *outrecuidant, surestimant ses forces et ses moyens, mais surtout asphyxiant l'individu et l'empêchant de libérer ses énergies et son imagination créatrices* »[111]suscitée par l'idéologie de la construction nationale. En réponse, ces derniers engageront alors un vaste mouvement de réformes visant à construire un environnement juridico-institutionnel plus propice aux libertés. Sans pour autant procéder à la déconstruction immédiate et totale de l'ordre ancien[112]. Du coup, si la multiplication des réformes d'inspiration libérale semble traduire comme une conversion des pouvoirs publics à cette idéologie (**A**), la perpétuation de mécanismes liés à l'idéologie de la construction nationale en signale bel et bien la rémanence (**B**).

A- La multiplication de réformes inspirées d'une idéologie libérale

Depuis l'entame de la décennie 1990 et jusqu'à la période actuelle, les pouvoirs publics ont engagé l'État et le droit (public) camerounais dans un train de réformes accélérées et de grande ampleur. Il n'est pas absolument certain qu'il y ait une « Réforme » à l'œuvre derrière ces « réformes »[113]. Mais ce qui paraît indubitable, c'est le relent de libéralisme qui les sous-tend. À preuve, à la réforme libérale de la « *constitution politique* » répond symétriquement, dans un mouvement continu depuis plusieurs années, la réforme de la « *constitution administrative* »[114] selon deux lignes de crête : la transformation du cadre structurel et matériel de l'action administrative **(1)** d'une part, la mutation des procédés décisionnels de l'action administrative **(2)** d'autre part.

---

[108] v. F. GALLETTI, *Les transformations de l'État et du droit public en Afrique de l'Ouest francophone*, *op. cit.*

[109] Dans l'étude des changements sociaux en général, sans doute importe-t-il de ne point confondre les deux selon le conseil de P.-F. GONIDEC, « L'État de droit en Afrique. Le sens des mots », *RJPIC*, n° 1-1998, p. 6.

[110] L'on ne peut, dans ce cas, dissocier les deux points de vue. Dans une perspective théorique, v. not. C. SAVONNET-GUYOT, « Le « dedans » et le « dehors » le « haut » et le « bas ». Réflexions sur les sites d'observation du « politique » africain », *RFSP*, 1981, p. 799-804.

[111] M. ONDOA, « Ajustement structurel et réforme du fondement théorique des droits africains post-coloniaux… », *op.cit.*, p. 105.

[112] v. M. ONDOA, « Ajustement structurel et réforme du fondement théorique… », *op.cit.*, partic. p. 114s.

[113] En guise de réponse -quelque peu « impressionniste »- au « *« Réforme » ou « réformes » that's the question ?* » de M. Joseph Owona (v. sa « Préface », p. 5 in : M. Ondoa (dir.), *L'Administration publique camerounaise à l'heure des réformes*, *op. cit.*).

[114] Expression empruntée à J. CHEVALLIER, *op. cit.*, p. 300.

1- La transformation du cadre structurel et matériel de l'action administrative

Substantiellement, la mutation induite par la libéralisation s'analyse d'abord, chez nous comme ailleurs, en une redéfinition des fonctions de l'État, de son périmètre d'intervention dans le champ socio-économique. Il s'agit de passer d'un État démiurge pratiquant l'interventionnisme à tout cran[115] à un État libéral, « *un État replié sur lui-même, garantissant les droits et libertés individuels et confiné dans ses missions régaliennes* »[116].

En conséquence, l'appareil administratif a dû être reconfiguré au plan structurel pour s'adapter à ces nouvelles missions avec l'accentuation de la décentralisation et l'irruption des organes de régulation ; tandis que le cadre matériel de l'action administrative évolue vers une considération accrue pour les destinataires de celle-ci par la revalorisation des droits et libertés. Avec ces réformes, comme il siérait dans un État libéral, c'est l'individu-citoyen qui se retrouve ainsi placé au cœur de l'action administrative. La mutation des procédés décisionnels de l'administration tend même désormais à en faire l'un des moteurs.

2- La mutation des procédés décisionnels de l'action administrative

Naguère au Cameroun, le plus souvent, l'administration décidait, elle décidait seule, souverainement. L'acte administratif unilatéral, « *condensé de la puissance juridique de l'administration et l'expression de sa supériorité intrinsèque* »[117] constituait son principal instrument de décision, donc d'action. Aujourd'hui, les réformes en cours instaurent des mécanismes qui annoncent une implication accrue des citoyens dans le processus décisionnel et un recours plus important à des procédés d'action partenariale entre les personnes publiques et les opérateurs privés. Il y a donc à l'œuvre actuellement un double processus de « démocratisation » et de « contractualisation » de l'action administrative.

L'activité de l'administration camerounaise semble vouée à se « démocratiser » de plus en plus. Qu'il s'agisse d'intéresser les citoyens aux débats sur la politique gouvernementale, de freiner les comportements prédateurs par une sorte de mise à nu de l'activité administrative, ou de renforcer la légitimité des gouvernants[118], le constat est toujours le même. Nombre de textes édictés dans les temps récents comportent des mécanismes permettant la participation des citoyens dans la prise de

---

[115] v. F. GALLETTI, *Les transformations de l'État et du droit public en Afrique de l'Ouest…*, *op. cit.*, p. 423s.

[116] M. ONDOA, « Ajustement structurel et réforme du fondement théorique... », *op. cit.*, p. 104.

[117] J. CHEVALLIER, « Le droit administratif, droit de privilège ? », *Pouvoirs*, n° 46, 1988, p. 60.

[118] Sur ces différents points, v. M. ONDOA, « Ajustement structurel et réforme… », *op. cit.*, p. 108.

décisions. Celle-ci paraît se décliner sous trois formes étroitement corrélées, qui sont, suivant une échelle de gradation croissante : l'information, la consultation, et la concertation. Celle-ci pouvant viser aussi la prise en charge d'activités déterminées. Elle se traduit alors par un recours accru à la technique contractuelle.

À ce propos, selon une remarque de M. François Lichère à laquelle il est, du reste, difficile de ne pas souscrire, « *l'époque contemporaine a vu l'administration contractuelle s'élever à un niveau sans précédent* »[119]. On pourrait même dire, sur un ton plus léger, que « *le recours à la formule contractuelle est à la mode* »[120]. De fait, au Cameroun, l'importante pénétration du contrat parmi les procédés -juridiques- de l'action administrative, au plan de l'écriture textuelle au moins, est un fait extrêmement frappant à inscrire sans doute parmi les mutations les plus marquantes de notre droit administratif. À coup sûr, ainsi que l'a bien vu M. Célestin Keutcha, « *la contractualisation (...) est certainement une tendance profonde de l'évolution des modes d'action de la puissance publique au Cameroun* »[121]. Ce qui marque l'esprit aujourd'hui c'est, non pas l'usage en soi du contrat par l'État, mais plutôt deux phénomènes apparus concomitamment à la faveur du train de réformes touchant aux mécanismes de fonctionnement de l'État au Cameroun.

Il s'agit tout d'abord d'un phénomène de *diversification* des contrats de l'administration. On les savait déjà hétérogènes par leurs régimes juridiques, les uns conclus sous l'empire du droit privé, les autres soumis à un régime de droit public. Désormais, il faut encore relever la diversité de leurs objets qui se traduit notamment par l'apparition de contrats de type nouveau. Un exemple particulièrement topique à ce sujet est fourni par le « *contrat de partenariat* » dont le régime spécifique a été récemment fixé par le législateur[122].

Second phénomène remarquable, en même temps qu'elle se diversifie, la technique du contrat public *se généralise* et touche un spectre toujours plus large de l'activité administrative. La gestion des services publics lui offre un terreau particulièrement adapté à son déploiement. Le contrat de concession, tout particulièrement, toujours présent dans notre législation, connaît une nouvelle jeunesse par son introduction dans les secteurs les plus divers, de l'aménagement

[119] F. LICHERE, *Droit des contrats publics*, Paris, Dalloz, 2005, p. 3.

[120] J. MORAND-DEVILLER, *Cours de droit administratif*, *op. cit.*, p. 390.

[121] C. KEUTCHA TCHAPNGA, « Les mutations récentes du droit administratif camerounais », *op. cit.*, p. 84.

[122] v. loi n° 2006/012 du 29 décembre 2006 *fixant le régime général des contrats de partenariat.*

urbain[123] à la protection des forêts[124], en passant par la gestion du péage routier[125] et autres services publics à caractère industriel et commercial tels que l'eau potable et l'assainissement liquide en milieu urbain et périurbain[126], l'électricité[127], les télécommunications[128], etc. Il n'est pas jusqu'aux relations intra-étatiques qui ne semblent vouées à la contractualisation. Là encore, ce n'est pas le fait même de l'existence possible de conventions entre l'État et ses démembrements qui constitue l'élément nouveau. Simplement, les réformes récentes, notamment en matière de décentralisation, laissent entrevoir la perspective d'un rôle bien plus accru du contrat dans les rapports entre d'une part, l'État et les établissements ou collectivités infra-étatiques et, d'autre part, entre ces dernières elles-mêmes. On peut ainsi relever par exemple qu'à présent, « *les collectivités territoriales peuvent, en tant que de besoin, s'associer sous forme contractuelle pour la réalisation d'objectifs ou de projets d'utilité publique : avec l'État, avec une ou plusieurs personne (s) morale (s) de droit public créée (s) sous l'autorité ou moyennant la participation de l'État ; (...)* »[129]. De même, il est prévu que « *l'État peut céder aux communes tout ou partie de ses biens meubles ou immeubles relevant de son domaine privé, ou passer avec lesdites communes des conventions portant sur l'utilisation de ces biens* »[130]. Et il peut en faire autant avec les régions[131].

Tout cela est bien établi. Pourtant, souterrainement se perpétue l'idéologie de la construction nationale.

B- La perpétuation de mécanismes liés à l'idéologie de la construction nationale

Que l'État et son droit connaissent actuellement, au Cameroun, une profonde mutation sous-tendue par une idéologie libérale portée par les partenaires au développement, le fait n'est donc pas contestable. Par contre, que ces transformations traduisent une conversion idéologique totale des pouvoirs publics au libéralisme et l'abandon définitif de l'idéologie de la construction nationale autorisant à dresser « *le*

---

[123] v. par ex. art. 67 de la loi n° 2004/003 du 21 avril 2004 *régissant l'urbanisme au Cameroun.*

[124] v. art. 44s. de la loi n° 94/01 du 20 janvier 1994 *portant régime des forêts, de la faune et de la pêche.*

[125] v. art. 14s. du décret n° 98/013/PM du 28 janvier 1998 sur les modalités du péage sur certains axes bitumés.

[126] v. le décret n° 2005/493 du 31 décembre 2005 sur les modalités de délégation des services publics de l'eau.

[127] v. not. art. 12 de la loi n° 98/022 du 24 décembre 1998 *régissant le secteur de l'électricité.*

[128] v. not. art. 9 de la loi n° 98/014 du 14 juillet 1998 *régissant les Télécommunications au Cameroun.*

[129] Art. 18 de la loi n° 2004/17 du 22 juillet 2004, *portant loi d'orientation de la décentralisation.*

[130] Art. 9 de la loi n° 2004/18 du 22 juillet 2004 *fixant les règles applicables aux communes.*

[131] v. par ex. l'art. 9 de la loi n° 2004/19 du 22 juillet 2004 *fixant les règles applicables aux régions.*

certificat de décès » de celle-ci[132], voilà qui paraît bien moins certain. La perpétuation de mécanismes traduisant au plan juridique la survie de l'idéologie de la construction nationale tend à mettre en exergue une sorte d'hésitation des pouvoirs publics dans l'orientation idéologique du droit administratif camerounais **(1).** En conséquence, c'est le juge administratif, chargé de garantir l'application et d'assurer le développement jurisprudentiel de ce droit, qui se retrouve en situation d'arbitrer la part respective des différentes valeurs qui sous-tendent l'architecture du droit administratif écrit dans notre contrée **(2).**

1- La traduction d'une hésitation des pouvoirs publics dans l'orientation idéologique du droit administratif camerounais

Pour exprimer la répulsion des pouvoirs publics face au libéralisme, il serait sans doute assez aisé d'établir combien l'application des textes nouveaux se trouve altérée par des réflexes développementalistes cultivés pendant des décennies de pratique, comme M. Magloire Ondoa en exprimait déjà la crainte naguère[133]. L'encadrement particulièrement restrictif de la liberté de manifestation publique par les autorités administratives[134] témoigne ainsi de ce que, trop souvent encore dans notre pays, « *les mécanismes de l'État de droit demeurent largement théoriques et prennent de ce fait valeur d'enseignes décoratives* »[135].

Juste que l'on pourrait toujours se heurter à l'idée que l'écriture des textes traduit de toute façon un engagement sans faille en faveur du libéralisme auquel la pratique s'ajustera immanquablement par l'effet du temps[136]. Or, en « négligeant » l'investigation sociologique sur la réception des textes nouveaux pour s'attacher à leur exégèse, l'on découvre plus sûrement comment, par la conservation de dispositions ou textes anciens en rupture avec l'idéologie nouvelle et l'édiction de dispositions ou textes nouveaux en continuité avec l'idéologie ancienne, les pouvoirs publics manifestent, malgré leur inclination libérale actuelle, un attachement rémanent à l'idéologie de la construction nationale.

---

[132] Pour reprendre l'expression de M. ONDOA, « Ajustement structurel et réforme… », *op. cit.*, p. 114.

[133] M. ONDOA, « Ajustement structurel et réforme… », *op.cit.*, p. 114.

[134] Sur ce point, v. not. B. M. METOU, « Vingt ans de contentieux des libertés publiques au Cameroun », *RASJ*, vol. 8, n° 1-2011, partic. p. 274s.

[135] M. ONDOA, « Le droit public des États africains sous ajustement structurel : le cas du Cameroun », p. 420 in : B. Bekolo Ebe, Touna Mama, S. M. Fouda (dir.), *Mondialisation, exclusion et développement africain : stratégies des acteurs publics et privés*, T. 2, Paris, Maisonneuve et Larose, 2006.

[136] Il faut toujours du temps au corps social pour « digérer » du droit nouveau, surtout en période d'inflation législative. v. R. SAVATIER, « L'inflation législative et l'indigestion du corps social », *D.*, chr., 1977, p. 43-48.

En effet, dans le droit camerounais aujourd'hui, même dans les matières directement touchées déjà par le mouvement réformateur -là est le problème-, il y a comme une survivance de dispositions et textes juridiques nombreux relevant de l'ordre constitutionnel antérieur à la réforme constitutionnelle libérale de 1996. Ni hasard ni accident, cet état de fait résulte, d'un point de vue technique, de l'aménagement des mécanismes réglant la transition entre l'ordre juridique ancien et le nouveau, les conditions de l'abrogation du premier et de l'entrée en vigueur du second. Ce que l'on appelle, au moins depuis Paul Roubier, le « *droit transitoire* »[137].

Celui-ci semble avoir été conçu par les autorités politiques de notre État en vue d'instaurer une continuité relative[138] ou, à tout le moins, éviter une rupture totale au plan juridique et, donc, idéologique, entre l'ordre passé et celui présent. Aussi ces dispositions transitoires rythmant « *le passage d'un ordre constitutionnel autoritaire à un autre, libéral et démocratique* »[139] organisent-elles : au plan constitutionnel spécifiquement, la conservation de dispositions ou textes antérieurs à 1996, non explicitement abrogés et non soumis à un contrôle systématique de caducité ; et, de manière plus générale, celle de dispositions ou textes explicitement abrogés, en raison du principe de l'entrée en vigueur « progressive » des dispositifs nouveaux.

Dès lors, le juge administratif étant susceptible de se trouver en situation de devoir appliquer des normes issues de corpus juridiques relevant d'inspirations idéologiques différentes et ayant tous une égale prétention à la validité formelle, c'est lui qui, en définitive, déterminera sans doute le sens de l'évolution future du fondement idéologique de notre droit administratif.

2- L'affirmation de la position d'arbitre du juge administratif dans l'orientation idéologique du droit administratif camerounais

En raison de la tension idéologique qui anime le droit produit par les pouvoirs publics, le juge administratif peut se trouver en situation de faire application de *corpus* normatifs d'inspirations idéologiques fort différentes. Aussi, c'est lui qui, en définitive, jouant de son pouvoir d'interprétation, déterminera substantiellement la « couleur » idéologique du droit administratif camerounais. Sur ce terrain, au demeurant, l'analyse des revirements du juge national s'avère d'ores et déjà des plus instructives. En effet, la « rupture » idéologique intervenue dans les années 90 aurait dû logiquement se traduire au plan jurisprudentiel par des revirements modifiant les

---

137 v. P. ROUBIER, *Le droit transitoire (conflits de lois dans le temps)*, 2e éd., Paris, Dalloz/Sirey, 1960, 590 p.

138 v. A.-D. OLINGA, *La Constitution de la République du Cameroun*, *op.cit.*, p. 25.

139 M. ONDOA, « La constitution duale : Recherches sur les dispositions constitutionnelles transitoires au Cameroun », *RASJ*, n° 2-2002, p. 23.

anciens principes jurisprudentiels établis sous l'empire de l'idéologie de la construction nationale pour consacrer de nouvelles règles plus libérales. Seulement, à l'analyse, il ne semble pas que l'on s'achemine vers une telle option. Revirements « libéraux » et « autoritaires » -consacrant le durcissement d'une jurisprudence- s'entremêlent et ne permettent pas de dégager une inclination particulière du juge administratif dans un sens ou dans l'autre. L'on parlera donc encore, en l'espèce, d'une orientation « monologique »[140] des revirements du juge administratif camerounais dont la jurisprudence, loin de subvertir, conforte l'ordre idéologique voulu par les pouvoirs politiques en toutes ses ambiguïtés.

[140] v. G. TIMSIT, *Thèmes et systèmes de droit*, *op. cit.*, p. 464.

LA PERSISTANCE DE L'IDÉOLOGIE DE LA CONSTRUCTION NATIONALE EN MATIÈRE DE POLICE ADMINISTRATIVE

Emmanuel Ghislain BEYEGUE BOULOUMEGUE[1]

L'idéologie de la construction nationale n'est pas morte. Elle vit. L'on aurait pu croire, un quart de siècle après ce que l'on a appelé le vent d'Est, qui a soufflé sur l'ensemble des États d'Afrique noire francophone[2], que cette idéologie eut été définitivement supplantée par une autre plus libérale, promue notamment par les bailleurs de fonds internationaux[3]. Que non ! L'idéologie libérale n'a pas jusqu'à ce jour, pu faire disparaître celle de la construction nationale. Cette dernière reste même vivace, à plusieurs égards, et l'un des domaines qui semblent constituer une forteresse imprenable de celle-ci est assurément celui de la police administrative[4]. Mais il convient sans doute, à l'entame de cette étude, de resituer l'idéologie de la construction nationale dans son contexte de naissance, et de voir quels sont les prolongements scientifiques auxquels elle a pu donner lieu au cours de son évolution, et surtout comment elle a durablement affecté le droit public camerounais.

---

[1] *Doctorant en droit public, ATER, FSJP/UY-II.*

[2] CONAC G. (Dir.), *L'Afrique en transition vers le pluralisme politique*, Paris, Economica, La vie du droit en Afrique, 1993, p. 11 ; DALOZ J. P. et QUANTIN P. (Études réunies et présentées par), *Les transitions démocratiques africaines : dynamiques et contraintes*, Paris, Karthala, 1997 ; Du BOIS de GAUDUSSON J., « Crise de l'interventionnisme et libéralisation en Afrique », RJPIC tome 38, N°1, janv. 1984, pp. 1et suiv.

[3] BERG E., *Rapport sur le développement accéléré en Afrique au sud du Sahara. Programme indicatif d'action. Banque Mondiale 1981.* Également, AMSELLE J. L., « La politique de la Banque Mondiale au sud du Sahara », *Politiques Africaines*, n° 10, 1983, pp.114 et suivantes, L'HERITEAU M.F., *Le Fonds Monétaire International et les pays du tiers monde*, Paris, P.U.F., 1986, p.21 et suivantes ; BANQUE MONDIALE, *Rapport sur le développement dans le monde, 1991. Le défi du développement*, Banque Mondiale, Economica, p. 10.

[4] Sur la police administrative au Cameroun, lire : ATEMENGUE J. de N., *La police administrative au Cameroun. Recherches sur le maintien de l'ordre public*, Thèse, Droit public, Lyon III, 1995 ; Voir également du même auteur, « Le pouvoir de police du Président de la République au Cameroun : réflexions sur le fondement de l'ordre juridique », in Verfassung und Recht in Ubersee, 35. Jahrgang-1. Quartal 2002, pp. 81-101 ; BEYEGUE BOULOUMEGUE E. G., *La police administrative au Cameroun*, Thèse de Doctorat/Ph. D en droit public, Université de Yaoundé II, en cours.

Au lendemain des indépendances, les États africains, « ***nés sous de funestes augures***[5] », sont très vite confrontés à un certain nombre de problèmes essentiels à leur viabilité, mais aussi à leur stabilité et donc à leur durabilité[6]. Le premier de ces problèmes et apparemment le plus urgent, était assurément celui de la construction d'une nation, interlocuteur sociologique indispensable à tout État qui veut se consolider, et à plus forte raison d'un État construit en l'absence d'une nation. Aussi fallait-il, dans chacun des États, engager le vaste et difficile chantier de la construction d'une unité nationale[7].

Le second problème et non des moindres, auquel devaient faire face les jeunes États, était celui du développement. Il fallait, au regard de la pauvreté et du sous-développement multiforme dont étaient marqués tous ces jeunes États, poser les bases d'un développement véritable, au sens complet de ce mot, à savoir non seulement le développement économique, mais aussi ceux social et culturel, bref le développement tout court[8]. On peut aisément constater que ces deux objectifs que s'assignaient alors les jeunes États, et qui s'analysaient en de véritables défis à relever, ne sont pas sans lien (s). En effet, la construction de la nation apparaît ici comme la condition indispensable au développement de l'État, tout comme le développement dont il s'agit est d'abord celui de la nation, d'où le succès de l'expression même de développement national dans le discours des dirigeants politiques de cette époque[9]. La construction nationale, qui très vite se transforme en la construction de l'unité nationale, apparaît donc complémentaire de la recherche du développement. Telle est la justification historique du discours de la construction nationale, et qui très vite

---

[5] OWONA J., « L'institutionnalisation de la légalité d'exception dans le droit public Camerounais », in R.C.D., n°6, juil-déc. 1974, p. 3.

[6] Voir par exemple : BAYART J.-F., *L'État au Cameroun*, Presses de la Fondation nationale des Sciences politiques, 1979.

[7] C'est ainsi qu'à l'occasion de la leçon inaugurale qu'il prononça comme Docteur Honoris causa en Sciences Juridiques et Politiques de l'Université de Yaoundé, le Président Ahmadou AHIDJO affirmait que « ***la réalisation de l'Unité nationale reste pour les Camerounais, et en particulier pour les dirigeants du pays, un objectif cardinal, une valeur prioritaire par rapport à toute autre, malgré ses contraintes*** ». Propos rapportés par KOUNTCHOU KOUOMEGNI A., « Le droit public camerounais, instrument de construction de l'unité nationale », in RJPIC n° 4, oct.-déc. 1979, p. 416.

[8] Voir à cet effet toute la littérature sur ce que l'on a appelé le droit administratif du développement. Pour un aperçu, lire : GRANGER R., « Pour un droit du développement dans les pays sous-développés (Dix ans de conférences d'agrégation) », D. 1961 ; SCHAEFFER E., « Aliénation-Réception-Authenticité. Réflexions sur le droit du développement », Penant, 1974, pp. 311-332 ; RAINAUD J.M., « Réflexion sur le droit administratif du développement, in CONAC G., (Dir.), *Les grands services publics dans les Etas francophones d'Afrique noire*, Paris, Economica, coll. La vie du droit en Afrique, 1984, pp. 53-75.

[9] KAMTO M., *Pouvoir et droit en Afrique. Essai sur les fondements du constitutionnalisme dans les pays d'Afrique noire francophone*, Paris, L.G.D.J., B.A.M., 1987, p. 334.

va se transformer en une véritable idéologie, c'est-à-dire un « ***discours du pouvoir***[10] », un « ***système d'idées constituant une doctrine politique ou sociale inspirant les actes d'un gouvernement ou d'un parti***[11] ». Cette idéologie déterminera donc pendant plusieurs décennies l'essentiel de la politique législative des États d'Afrique noire francophone. L'ensemble du droit public en sera profondément imprégné[12], qu'il s'agisse du droit constitutionnel[13] ou du droit administratif[14] dont il est ici question.

On le sait, « ***le droit n'est pas neutre***[15] ». Si l'école viennoise du droit, portée à son plus haut niveau de rigueur, par Hans KELSEN, promeut une science du droit pure[16], le droit quant à lui, ne pourrait prétendre à un tel statut. Il apparaît plutôt foncièrement impur[17]. De tout temps, « ***les conceptions idéologiques interviennent dans la création du droit positif***[18] ». Comme le note fort judicieusement le professeur Joseph Marie BIPOUN WOUM, « ***le droit ayant une vocation instrumentale, les règles ne suffisent pas, à elles seules, à constituer un ordre. Elles doivent être sous-tendues par un fond d'idées, de principes et de conventions publiques qui, exprimant une conception précise de l'État et de l'ordre politique en***

---

[10] CLAISSE A., « L'idéologie, discours du pouvoir », in *Le pouvoir*, Mélanges en l'honneur de Georges BURDEAU, Paris, LGDJ, 1977, pp. 63-65 ; le Doyen RIPERT (RIPERT G., *Les forces créatrices du droit*, Paris, LGDJ, 2ème édition, 1955, p. 72), écrit dans ce sens que « ***la loi est l'expression de la volonté des gouvernants. Mais cette volonté n'est pas purement arbitraire. Les gouvernants veillent au maintien de l'ordre par devoir et par intérêt*** ».

[11] SERVIER J., *L'idéologie*, Paris, PUF, Que sais-je ?, 1982, p. 3.

[12] KOUNTCHOU KOUOMEGNI A., « Le droit public camerounais, instrument de construction de l'unité nationale », *op.cit.*, pp. 416 et suiv.

[13] KAMTO M., *Pouvoir et droit en Afrique. Essai sur les fondements du constitutionnalisme dans les pays d'Afrique noire francophone, op.cit.*

[14] NLEP R. G., *L'administration publique camerounaise : contribution à l'étude des systèmes africains d'administration publique*, Paris, L.G.D.J., B.A.M., 1986, 406 pages.

[15] ATIAS C. et LINOTTE D., « Le mythe de l'adaptation du droit au fait », D., 1977, Chr., pp. 251-258. Le Professeur Joseph Marie BIPOUN WOUM (BIPOUN WOUM J. M., « La représentation de l'État en justice au Cameroun », in R.C.D., 1984, p. 18.) affirme dans ce sens que le droit administratif (français) est « ***le pilier normatif de l'État libéral français*** ». Quant au professeur Jacques CHEVALLIER (CHEVALLIER J., « Les fondements idéologiques du droit administratif français », in *Variations autour de l'idéologie de l'intérêt général*, C.U.R.R.A.P., p. 3.), il affirme que « ***toutes les composantes de l'ordre juridique sont, à des titres divers, imprégnées des valeurs sociales dominantes et elles en assurent la diffusion avec une singulière efficacité, puisqu'elles les dotent de la force obligatoire attachée à la règle de droit. Il n'y a donc nullement séparation, mais imbrication, du droit et de l'idéologie : l'idéologie traverse le droit de part en part et modèle les concepts juridiques, tandis que la médiation de la forme juridique est indispensable à la propagation des effets idéologiques*** ».

[16] KELSEN H., *Théorie pure du droit*, Traduction de la deuxième édition par Charles EISENMANN, Paris, Dalloz, 1962, 489 pages.

[17] Voir dans ce sens : VIRALLY M., « Le juriste et la science du droit (à propos de la traduction de la « *Théorie pure du droit* ») », RDP 1964, pp. 591-611, précisément p. 608.

[18] RIPERT G., *Les forces créatrices du droit*, *op.cit.*, précisément p. 338.

général, renforcent et finalisent ces règles[19] ». Aussi le droit administratif camerounais, pour ne prendre que lui, a-t-il été sous-tendu, depuis l'indépendance, par cette idéologie passée à la postérité comme étant l'idéologie de la construction nationale.

Au plan doctrinal, elle est systématisée par le doyen Maurice KAMTO. Dans sa thèse[20], il la définit comme « ***une idéologie de mobilisation des énergies physiques, de captation de l'imagination et des pulsions affectives des populations. Elle vise à mobiliser (l'activité de) celle-ci sur des thèmes ayant une portée globalisante, totalisante, à façonner une conscience collective nouvelle marquée par le désir de vivre en commun et la volonté de combler son aspiration au bien-être matériel[21] »***. L'auteur la désigne alors très exactement comme étant une « ***idéologie de l'État et de la construction nationale »*** et propose de la définir par rapport à ses objectifs. Elle apparaît ainsi plus clairement comme « ***la mobilisation de l'ensemble du potentiel (humain et économique) national en vue de la réalisation, d'une part de l'unité nationale, d'autre part du développement national, celle-là s'affirmant comme une condition de celui-ci[22] »***.

Aussi, comme son nom ne l'indique pas nécessairement[23], l'idéologie de la construction nationale comporte-t-elle deux composantes, l'une « ***nationaliste »***, l'autre « ***développementaliste »***. La première se rapporte à l'unité nationale. Elle vise à construire une véritable nation, à travers l'œuvre d'intégration nationale, qui signifie aussi construction de l'État, puisqu'ici l'État est né en l'absence d'une véritable nation. Il s'agit donc de parvenir à l'édification de véritables États-nations[24]. La seconde composante de l'idéologie de la construction nationale est le développement, dans toutes ses dimensions. Car ici plus qu'ailleurs, l'État reste le principal moteur du développement. Ce dernier est « ***le complément logique de l'unité nationale, d'autant plus que les deux thèmes sont présentés sous la forme d'un couple d'exigences auxquelles il faut répondre[25] »***.

---

[19] BIPOUN WOUM J. M., « La représentation de l'État en justice au Cameroun », précité, p. 18.

[20] KAMTO M., *Pouvoir et droit en Afrique. Essai sur les fondements du constitutionnalisme dans les pays d'Afrique noire francophone, op.cit.*, pp. 325 et suiv.

[21] *Idem*, p. 327.

[22] *Ibid*, p. 329.

[23] Il ne faut pas en effet se laisser abuser par une interprétation littérale de l'expression idéologie de la construction nationale, en pensant qu'elle ne concerne que le seul aspect lié à la construction de l'unité nationale. En effet, cette idéologie intègre également l'aspect développement, comme le démontre bien le professeur KAMTO dans son ouvrage déjà cité.

[24] KAMTO M., *Pouvoir et droit en Afrique : Essai sur les fondements du constitutionnalisme dans les pays d'Afrique noire francophone, op.cit.*, p. 329.

[25] *Idem*.

Tel est donc décliné le substrat idéologique du droit public camerounais et, principalement du droit administratif dès le lendemain des indépendances[26]. Il aura permis l'édification et la consolidation d'un droit public autoritaire, c'est-à-dire privilégiant les prérogatives de la puissance publique par rapport aux droits et libertés des citoyens[27].

Que l'idéologie de la construction nationale ait généré l'autoritarisme dans le droit public camerounais, cela ne fait l'ombre d'aucun doute. Au plan constitutionnel, le doyen KAMTO le laisse clairement entendre, puisque pour lui, le recours à cette idéologie contribue à la sacralisation du pouvoir, et donc à l'essor d'un constitutionnalisme autoritaire[28]. Au plan du droit administratif, c'est aux doyens Roger Gabriel NLEP[29] et Magloire ONDOA[30] que l'on doit d'avoir suffisamment souligné le lien quasi filial qui existe entre idéologie de la construction nationale et autoritarisme. Le premier soutenait en effet en son temps, que « ***la philosophie administrative de nos jeunes États se ramène donc à la logique d'une dynamique inexorable consistant en un déséquilibre au profit de la puissance publique, entre la protection des prérogatives permanentes de cette dernière et la sauvegarde des libertés et des droits contingents des citoyens***[31] ». Quant au second, il affirme sans ambages que l'autoritarisme est consubstantiel à l'idéologie de la

[26] Il convient néanmoins de nuancer le propos qui consisterait à dire que tout le droit public camerounais d'avant les années 90 est exclusivement inspiré par cette idéologie. En fait, la situation est beaucoup plus subtile. Même si l'idéologie de la construction nationale exerce en la matière une hégémonie certaine, l'on note tout de même l'influence bien que faible, d'une idéologie libérale, que révèle l'adoption de constitutions consacrant des principes au cœur de la construction de l'État de droit, à l'instar de la soumission de l'administration au droit, de la consécration de droits et libertés à l'avantage des individus, etc. Mais cette consécration formelle participe plus de ce que l'on pourrait appeler une volonté mystificatrice ou ce que le professeur KAMTO qualifie de « ***fétichisme constitutionnel*** ». Lire : KAMTO M., « L'énoncé des droits dans les constitutions des États africains francophones », R.J.A., 1991, n° 2 et 3, p. 15.

[27] Voir dans ce sens : BIPOUN WOUM J. M., « Recherches sur les aspects actuels de la réception du droit administratif dans les États d'Afrique noire d'expression française. Le cas du Cameroun », in R.J.P.I.C., n°3, 1972 ; OWONA J., « L'institutionnalisation de la légalité d'exception dans le droit public camerounais », *op.cit.*

[28] KAMTO M., *Pouvoir et droit en Afrique. Essai sur les fondements du constitutionnalisme dans les pays d'Afrique noire francophone*, *op.cit.*, pp. 491 et suiv.

[29] NLEP R. G., *L'administration publique camerounaise : contribution à l'étude des systèmes africains d'administration publique*, *op.cit.*, pp. 259 et suiv.

[30] ONDOA M., *Le droit de la responsabilité publique dans les États en développement. Contribution à l'étude de l'originalité des droits africains*, Thèse de Doctorat en Droit Public, Université de Yaoundé II-Soa, 1997, 3 tomes, 966 pages.

[31] NLEP R. G., *L'administration publique camerounaise : contribution à l'étude des systèmes africains d'administration publique*, *op.cit.*, p. 376.

construction nationale[32]. C'est pour cette raison que sous l'impact de cette dernière, « ***les structures d'autorité se renforcent, le pouvoir réglementaire de l'autorité centrale s'hypertrophie, les structures de dialogue disparaissent, les normes de liberté s'effritent, le principe de légalité n'a de valeur qu'incantatoire, le contentieux s'épuise, la référence à la liberté devient formelle***[33] ». Pour l'éminent auteur donc, il n'y a aucun doute : « ***l'idéologie de la construction nationale appelle l'autoritarisme***[34] ». Cet autoritarisme se manifeste différemment en fonction des chapitres du droit public. En droit administratif spécifiquement, il s'analyse en un centralisme en matière d'organisation administrative, en unilatéralisme dans le domaine des actes de l'administration, en interventionnisme dans le domaine des services publics, en un réductionnisme du principe de soumission de l'administration au droit, etc. Cet autoritarisme a toujours imprégné de manière particulière le droit de la police administrative au Cameroun et continue toujours de l'imprégner, malgré la libéralisation qui a affecté le droit administratif camerounais à l'aube des années 90[35].

La question centrale ici est donc la suivante : par quels procédés l'idéologie de la construction nationale arrive-t-elle à se maintenir dans le droit de la police administrative ? Comment se traduit la persistance de cette idéologie en ce domaine ? Les analyses qui suivent montreront que c'est à travers cet autoritarisme que continue de vivre l'idéologie de la construction nationale dans le domaine de la police administrative. Autrement dit, l'on peut soutenir l'idée d'une persistance de l'idéologie de la construction nationale en matière de police administrative à travers l'autoritarisme qui continue de caractériser cette activité essentielle de la puissance publique.

En cette matière, cet autoritarisme se manifeste tout d'abord sur le terrain des fondements de la police administrative. Ceux-ci apparaissent, comme par le passé, marqués du sceau de l'impérialisme (I). L'autoritarisme se manifeste également en ce qui concerne l'aménagement de la police administrative : celui-ci reste toujours caractérisé par un étatisme incontestable (II). Impérialisme des fondements et

---

[32] ONDOA M., *Le droit de la responsabilité publique dans les États en développement, op.cit.*, p. 56.

[33] *Idem*, p. 61.

[34] *Ibid*, p. 62.

[35] KEUTCHA TCHAPNGA C., « Les mutations récentes du droit administratif camerounais », in Juridis périodique, n° 41, janv-mars 2000, pp. 75-87 ; ONDOA M., « Ajustement structurel et réforme du fondement théorique des droits africains post coloniaux : l'exemple du Cameroun », in R.A.S.J., Vol. 2, n° 1, 2001, pp.75-117 ; du même auteur : « Le droit public des États africains sous ajustement structurel : le cas du Cameroun », in BEKOLO EBE B., TOUNA MAMA, FOUDA S. M., (Dir.), *Mondialisation, exclusion et développement africain : stratégies des acteurs privés,* Mélanges offerts au Professeur Georges NGANGO, Paris, Maison Neuve et Larose, 2003, p. 375.

étatisme[36] dans l'aménagement de la police administrative apparaissent alors comme l'expression parfaite de la bonne santé de l'idéologie de la construction nationale. Car « ***la poursuite de l'unité nationale et la recherche du développement économique s'accommodent mal d'une contestation sans bornes*** »[37], tout comme elles doivent mettre l'activité de maintien de l'ordre public à l'abri de toute limite, faisant ainsi des droits et libertés de simples enseignes décoratives.

I- Des fondements toujours marqués par un indéniable impérialisme

La police administrative au Cameroun repose toujours sur des fondements impérialistes, c'est-à-dire dominateurs, hégémoniques. Le fondement de la police administrative, on le sait, c'est l'ordre public. C'est lui qui constitue l'objet et le but de l'activité de police administrative[38], même si cela doit être relativisé pour ce qui concerne certaines polices spéciales. Quoi qu'il en soit, que ce soit en matière de police générale ou de police spéciale, l'on note une action hégémonique de l'ordre public : dans le premier cas, cette hégémonie s'analyse en un absolutisme, alors que dans le deuxième cas, elle prend le visage d'un expansionnisme.

---

[36] Le concept d'impérialisme doit être entendu ici dans le sens de dominateur. L'ordre public, qui est le fondement de l'action de police s'exprime ici de manière hégémonique. Il domine toutes les autres valeurs qui pourraient lui être antithétiques, notamment celles de libertés et droits fondamentaux des citoyens, destinataires des mesures de police. Quant au concept d'étatisme, qui est défini par le dictionnaire alphabétique et analogique de la langue française (édition de 1990), comme une « ***doctrine politique préconisant l'extension du rôle, des attributions de l'État à toute la vie économique et sociale*** », il doit être entendu dans le domaine ici spécifiquement étudié, comme marquant non seulement l'omniprésence de l'État, mais aussi la prédominance des prérogatives de celui-ci dans le jeu des rapports qu'ils entretiennent avec les droits des citoyens. L'un et l'autre de ces concepts sont des déclinaisons de l'autoritarisme, consubstantiel à l'idéologie de la construction nationale.

[37] ONDOA M., *Le droit de la responsabilité publique dans les États en développement, op.cit.*, p. 62.

[38] Il convient en effet de rappeler, à toutes fins utiles, que l'ordre public qui constitue le fondement et le but de l'action de police administrative ne doit pas être confondu à l'ordre public global en vigueur au sein de la société étatique. Ce dernier est en effet celui qui est recherché et régulé par l'ensemble du droit, toutes branches confondues. Mais l'ordre public peut connaître un certain compartimentage, en raison des spécificités qui sont les siennes au sein des branches du droit dans lesquelles il se déploie. Aussi peut-il connaître des applications variées en fonction du fait qu'il se déploie en droit administratif, en droit constitutionnel, en droit civil, en droit pénal, en droit international public ou privé, etc. Même si une conception d'ensemble de l'ordre public est possible, celle-ci ne gomme pas les spécificités de la notion qui, en plus, peut être perçue différemment selon que l'on se place du point de vue substantiel ou du point de vue procédural. Sur toutes ces questions, lire VINCENT-LEGOUX M.-C., *L'ordre public. Étude de droit comparé interne*, Paris, P.U.F., 2001, 558 pages ; JACQUINOT N., *Ordre public et constitution*, Thèse, Aix-en-Provence, 2000.

A- Une police générale basée sur un fondement absolutiste

L'absolutisme du fondement de la police générale tient au fait que la notion d'ordre public apparaît encore aujourd'hui, fondamentalement, comme une notion incontrôlée. Ceci emporte des conséquences particulièrement graves, notamment en ce qui concerne la garantie des droits et libertés des citoyens. Cet absolutisme est entretenu tant par les textes que par la jurisprudence. Les premiers marquent une indétermination de l'ordre public, alors que la seconde contribue à en approfondir les exigences, manifestant ainsi la persistance de l'idéologie de la construction nationale, laquelle engendre une conception autoritaire de l'ordre public.

1- L'absolutisme textuel : l'indétermination du contenu de l'ordre public

L'analyse du droit positif camerounais laisse difficilement percevoir une définition de l'ordre public[39]. Les textes constitutionnels sont très elliptiques à cet égard. Il faut donc interroger l'armature législative en vigueur, mais celle-ci, même si elle fournit des indications précieuses dans le sens de donner une idée de ce qu'est l'ordre public en droit positif camerounais, ne permet tout de même pas de dissiper le voile d'incertitude qui plane autour de cette notion. Au final, la notion d'ordre public n'a, en droit administratif camerounais, jusqu'à ce jour, reçu aucun contenu matériel clair et précis.

On le sait, en raison de sa plasticité[40], la notion d'ordre public peut difficilement recevoir une définition dans les textes. Car « ***les textes ne constituent qu'une base très***

---

[39] Et si la convention franco-camerounaise relative à la défense, à l'ordre public et à l'emploi de la gendarmerie (Convention signée le 31 décembre 1958. Voir GUIFFO MOPO J.-P., *Constitutions du Cameroun. Documents politiques et diplomatiques*, 1977, p. 40) dispose en son article 8 que « ***le maintien et le rétablissement de l'ordre public comportent la protection des personnes et des biens, l'exécution des lois et règlements, la répression des troubles intérieurs*** », loin de régler le problème ici étudié, elle en crée plutôt un autre, puisqu'on peut légitimement s'interroger sur sa pertinence ou son caractère opératoire dans le domaine de la police administrative. En tous cas, elle est le signe du caractère globalisant donné ici à l'ordre public de la police administrative. Cette convention est d'ailleurs l'un des rares textes camerounais bien que d'origine internationale, à donner un contenu à l'ordre public.

[40] PICARD E., « L'influence du droit communautaire sur la notion d'ordre public », A.J.D.A., 20 juin 1996, n° spécial, p. 56. L'auteur affirme qu' « ***en droit interne, la notion d'ordre public s'avère éminemment difficile à saisir*** », qu' « ***elle y apparait essentiellement protéiforme, équivoque, relative, circonstancielle, contingente, indéterminée et singulièrement contradictoire puisque toujours maitresse de sa nécessité, mais en même temps sujette à l'aléa de ses exigences concrètes dans un contexte factuel donné, tout à la fois impérative dans son principe, mais éminemment flexible dans ses implications pratiques*** ». L'ensemble de la doctrine souligne ce caractère élastique de la notion d'ordre public. Voir entre autres : BERNARD P., *La notion d'ordre public en droit administratif*, Paris, LGDJ, 1962, p. 3 ; JACQUINOT N., Ordre public et constitution, Thèse, Aix-Marseille, 2000, 433 pages ; GOGNETTI J., La notion d'ordre public. (Étude limitée au droit administratif), Thèse, Université de Reims Champagne-Ardenne, 1997, pp. 14 et suiv.

souple et l'erreur serait grande de prétendre enfermer dans des formules rigoureuses la complexe et vivante notion d'ordre public, objectif de la police administrative, notion fluctuante, qui revêt des aspects et une intensité différents selon les époques et les circonstances[41] ». Mais cela dit, même si l'ordre public est une notion contingente et relative[42], ***« cette relativité et cette contingence pourraient ne pas faire obstacle à une décomposition de l'ordre public en éléments simples et constants : salubrité, sécurité, tranquillité... Il serait alors possible, a priori de dessiner les contours de cette notion, même si l'application concrète de ce concept restait fonction des circonstances[43] »***. Ainsi, malgré le caractère fuyant de l'ordre public, il reste que les textes peuvent en fixer le contenu, de sorte que les usages qui en seront faits par les sujets de droit ne relèvent pas de l'arbitraire.

Malheureusement, tel n'est pas du tout le cas ici. C'est ainsi que l'un des rares textes qui aborde la question, à savoir l'article 87 alinéa 1 de la loi n° 2004/018 du 22 juillet 2004 fixant les règles applicables aux communes, affirme de manière particulièrement laconique, *que* ***« la police municipale a pour objet (...), d'assurer le bon ordre, la sûreté, la tranquillité, la sécurité et la salubrité publiques[44] »***.

Au-delà de son caractère laconique, ce texte pose un certain nombre de problèmes que le droit positif ne résout pas. Il fixe l'objet de la police municipale, cela est certain. Mais cet objet est-il le même que celui de la police générale nationale ? Aucun élément du droit positif ne permet de le dire avec certitude. Cela ne peut donc qu'ajouter au caractère insaisissable de l'ordre public ici, lequel est également accentué par le fait que la notion de bon ordre manque cruellement elle aussi de contenu précis en droit positif.

---

[41] BERNARD P., *La notion d'ordre public en droit administratif, op.cit.*, p. 13.

[42] MOREAU J., "Police administrative", J.C.A., fasc. 200, n° 73.

[43] MAILLARD DESGREES Du Loû D., Police générale, polices spéciales. (Essai sur la spécificité des polices générales et spéciales), Thèse, Rennes, 1988, p. 161.

[44] L'alinéa 2, quant à lui, se veut plus explicite. Il donne une vue plus détaillée des missions assignées à la police municipale. Il est sans doute utile de rappeler que la loi de 2004 abroge celle n°74-23 du 5 décembre 1974 portant organisation communale, dont l'article 71 portait sur le même objet, et dont elle se démarque en certains points, d'importance variable. Si l'on compare les dispositions anciennes avec celles actuellement en vigueur, l'on se rendra très vite compte que certaines matières semblent avoir disparu du champ de la police administrative, à savoir la morale publique et l'esthétique publique, puisque le nouveau texte semble ne pas avoir maintenu ces matières. Cela dit, peut-on dire que ces matières, en raison du fait que la loi de 2004 semble les avoirs évacuées, sont définitivement sorties du champ de la police générale ? La question mérite un examen plus approfondi, à la lumière de l'ensemble de l'ordre juridique, surtout que la pratique semble ne pas avoir suivi cette apparente évolution législative. (On en veut pour preuve des arrêtés municipaux récents et postérieurs à la loi de 2004, visant à réglementer l'habillement dans les lieux publics, au nom de la morale et de la décence publique).

À la lecture de cette disposition, on peut observer que le législateur consacre comme éléments de l'ordre public des composantes que l'on pourrait qualifier de traditionnelles[45], même si la façon de leur énonciation ne peut laisser indifférent, tant elles peuvent appeler des interprétations parfois contradictoires. En effet, comment ne pas s'interroger ici sur l'emploi, en sus de ces éléments, des notions de « ***bon ordre*** » et de « ***sûreté*** » ? Un tel emploi ne saurait être gratuit, encore moins dénué de conséquences au plan juridique.

S'agissant tout d'abord de la notion de « ***bon ordre*** », s'agit-il de lui donner un contenu suffisamment neutre auquel elle n'a pas accès lorsqu'elle est déclinée simplement comme ordre, sans adjectif qualificatif ? On serait tenté de le penser ; tant elle peut alors paraître connotée, car l'ordre dont il s'agirait serait alors considéré comme celui voulu par les seules autorités chargées de le maintenir ou de le rétablir. Le fait d'ajouter le qualificatif « ***bon*** » donnerait ainsi une indication, mieux une direction, quant au type d'ordre à rechercher et à maintenir. Mais, même si l'on était d'accord pour accepter une telle analyse, la question se déplacerait du nom à l'adjectif, pour chercher à savoir ce qu'il faut entendre par ce dernier, quel contenu lui donner. Mais il semble que toute spéculation ne puisse conduire ici qu'à des résultats stériles, le cœur et les reins du législateur étant en la matière hors de toute sonde cognitive[46].

Quant à l'emploi du terme sûreté en sus de celui de sécurité, il semble qu'il ne soit rien d'autre que le signe itératif de la place, mieux de l'importance accordée à la sécurité comme composante de l'ordre public, mais aussi et surtout comme objectif à rechercher et à sauvegarder précieusement[47].

L'indétermination de la notion d'ordre public apparaît également lorsque l'on s'interroge sur le point de savoir si la morale et l'esthétique publiques en sont des composantes. Si la question ne faisait pas l'ombre d'un doute avec la loi de 1974[48], les changements apportés par la loi de 2004 ne permettent plus de le dire avec

[45] À savoir la tranquillité, la sécurité, et la salubrité publiques.

[46] On peut néanmoins, à la suite du Professeur CHAPUS, qui pose lui aussi la question de savoir si la notion de « ***bon ordre*** » a un contenu propre (CHAPUS R., *Droit administratif général*, tome 1, précité, p. 705), admettre avec Charles-Edouard MINET (MINET C.-E., *Droit de la police administrative*, *op.cit.*, p. 35) « ***qu'il peut être compris comme synonyme de tranquillité publique*** ».

[47] En fait, il semble que la notion de sûreté soit « englobée dans la sécurité publique ». (MINET C.-E., *Droit de la police administrative*, précité, p. 35), car elle se rapporte traditionnellement à la situation individuelle du citoyen. C'est d'ailleurs en ce sens que le vocabulaire juridique l'a défini « ***garantie de la liberté individuelle qui consiste dans la protection accordée par la société à chacun de ses membres pour la conservation de sa personne, de ses droits et de sa propriété*** ». Cf. CORNU G., *Vocabulaire juridique*, Paris, PUF, Quadrige, 4e édition, *op. cit.*, p.866

[48] Loi N°74-23 du 5 décembre 1974 portant organisation communale. Voir notamment l'article 71.

certitude. L'ancienne loi rangeait clairement, comme faisant partie de la police municipale, « ***en général, l'ensemble des mesures tendant à l'embellissement des agglomérations de la commune***[49] », de même qu'elle visait aussi clairement « ***les mesures destinées à la sauvegarde de la morale et de la décence publiques***[50] ». Ces dispositions n'ayant pas été reprises par la loi de 2004, on pourrait penser qu'elles ne font plus partie du droit positif. Mais il faut bien croire que non. Car le nouveau texte vise expressément la morale publique comme pouvant justifier les mesures prises contre les aliénés donc l'état pourrait alors compromettre celle-ci. Mais il faut bien reconnaître qu'au-delà des mesures prises contre les aliénés, rien ne s'oppose à ce que des mesures à caractère moral soient prises concernant d'autres personnes. Ceci n'est pas sans danger pour les libertés, en raison du fait que ce n'est pas ici la moralité qui est consacrée comme but de la police administrative, mais bien la morale. La nuance n'est pas sans importance. Alors que la moralité publique est un ensemble d'« ***idées morales communément admises à un moment donné par la moyenne des citoyens***[51] », l'ordre moral vise la promotion forcée de valeurs morales défendues par une minorité[52]. Selon Gilles LEBRETON, « ***alors que la moralité publique vient d'en bas, et constitue un facteur de paix sociale, l'ordre moral vient d'en haut et se veut un moyen de conquérir les âmes et d'opprimer les consciences***[53] ».

Le contenu matériel de l'ordre public s'en trouve difficile à saisir. Au final, l'incertitude qui plane sur l'existence de ces composantes de l'ordre public ne peut qu'augmenter les potentialités des autorités de police, élargir en cas de besoin la surface d'intervention de leurs mesures, tout en la maintenant dans une réelle obscurité.

Il est indéniable, au regard des analyses déjà faites, que l'ordre public s'analyse plus en « ***une directive suffisamment imprécise pour permettre de faire prévaloir, dans chaque cas d'espèce, l'intérêt général qui peut entrainer soit le respect des***

---

[49] Article 71 alinéa 7.

[50] Article 71 alinéa 6.

[51] Définition donnée par le Commissaire du gouvernement GULDNER dans ses conclusions sur C.E., 20 décembre 1957, Société nationale d'éditions cinématographiques (S. 1958.3, p. 73) reprenant ainsi celle de Pierre-Henri TEITGEN, (TEITGEN P.-H., *La police municipale. Étude de l'interprétation jurisprudentielle des articles 91, 94 et 97 de la loi du 05 avril 1884*, Thèse Droit, Nancy, 1934, Sirey 1934, p. 134) ; ce dernier considérait aussi la moralité publique comme « ***l'absence de scandales publics*** ».

[52] En l'occurrence les autorités de police administrative, ou les groupes sous la pression desquels elles agissent.

[53] LEBRETON G., « *Le juge administratif face à l'ordre moral* », *Droit public : Mélanges Gustave PEISER*, Paris, Presses universitaires de Grenoble, 1995, p. 363. Selon Paul BERNARD (BERNARD P., *La notion d'ordre public en droit administratif*, Paris, LGDJ, 1962, p. 35), « ***la moralité est donc la pointe avancée de l'ordre public dans le domaine de la morale*** ».

libertés, soit leur limitation[54] ***»***. Ce caractère purement indicatif du contenu matériel de l'ordre public confirme l'idée que celui-ci peut être étendu à souhait par les autorités exécutives qui sont en charge du maintien de l'ordre public[55].

L'ordre public apparaît alors ici comme une directive d'action à la fois absolutoire et illimitée. Il est plus un ordre de limitation des libertés qu'un ordre de protection de ces libertés. Sa dimension restrictive est plus importante que sa dimension protectrice. Ici apparaît alors l'expression la plus flagrante de la persistance de l'idéologie de la construction nationale dans le droit de la police administrative au Cameroun, à travers sa pointe avancée qu'est l'autoritarisme[56]. Cette philosophie autoritaire de l'ordre public est prolongée au plan jurisprudentiel.

---

[54] BERNARD P., *op.cit.*

[55] Sous le prisme fonctionnel, la dimension autoritaire de l'ordre public révélée par les textes apparaît avec beaucoup plus de netteté, car elle permet de révéler la nature des rapports qu'il entretient avec la liberté. Force est donc de constater qu'au Cameroun, ce rapport est foncièrement antagoniste, et débouche systématiquement sur une hégémonie de l'ordre sur la liberté[55]. Ici, l'ordre est constamment mis en opposition avec la liberté, révélant par là que les deux valeurs ne sont pas ici de la même substance. C'est pour cette raison que l'ordre est constamment mis en réserve, lorsqu'on consacre les droits et libertés. Toutes les libertés, que ce soit au plan constitutionnel ou législatif, sont consacrées sous réserve du respect de l'ordre public, à condition qu'elles ne portent pas atteinte à l'ordre public. *A contrario*, cela signifie que dès qu'ils portent atteinte à l'ordre public, les droits et libertés sont amenés à s'effacer au profit de celui-ci. Cette constante du droit public camerounais signifie donc que l'ordre et la liberté n'habitent pas à un même niveau l'idée de droit. Ils sont perçus comme ne pouvant pas s'exprimer simultanément au sein de l'ordre juridique. Leur perception antagoniste amène forcément l'un à supplanter l'autre. La forme d'énonciation des droits et libertés sous réserve qu'ils ne portent atteinte à l'ordre public signifie simplement qu'ici, dans la vision antagoniste qui est établie entre l'ordre et la liberté, l'ordre est le principe et la liberté l'exception. Cette vision somme toute absolutiste de l'ordre public lui permet de s'imposer sans aucune limite au sein de l'ordre juridique. Car s'il y a une limite qui doit naturellement constituer un garde-fou à l'épanouissement excessif de l'ordre, c'est la liberté, et vice versa.

[56] Le mode de déclinaison des valeurs d'ordre et de liberté dans les différents textes juridiques révèle toujours une prévalence de l'ordre sur la liberté. Si l'autoritarisme avait véritablement vécu, la nature des rapports entre l'ordre et la liberté issue de ces procédés d'énonciation aurait également évolué, dans un sens véritablement favorable aux droits et libertés. Aussi peut-on aisément observer que, 40 ans après, les observations pénétrantes faites par le Professeur Joseph OWONA (OWONA J., « L'institutionnalisation de la légalité d'exception dans le droit public camerounais », précité) à la revue camerounaise de droit sur les différents procédés d'énonciation des droits et libertés et de déclinaison de l'ordre public restent d'une actualité bouleversante. Cette dernière est le signe le plus éloquent non seulement de l'absolutisme dont continue de bénéficier la notion d'ordre public en matière de police administrative, mais surtout de la substance autoritaire qu'elle ne cesse de transporter. Dans cette dimension restrictive, l'ordre public va jusqu'à investir la sphère privée, brisant ainsi l'une des fondations de toute société qui se veut libérale, à savoir la séparation de la sphère publique et de la sphère privée. Il va alors limiter les activités privées, de même qu'il peut investir la vie privée.

2- L'absolutisme jurisprudentiel : l'approfondissement des exigences de l'ordre public

Le traitement jurisprudentiel de l'ordre public, en confortant une réelle obscurité autour de cette notion, contribue à étendre le champ matériel de la police administrative et à le rendre potentiellement illimité, et surtout à en approfondir les exigences. Le juge[57] camerounais n'a pas jusque-là donné un contenu à la notion d'ordre public. En général, il se contente d'enregistrer celle-ci telle qu'elle a été mobilisée par les diverses autorités administratives, qui, en retour, ne manquent pas une occasion d'y faire recours, en raison de l'abri qu'elle semble constituer pour elles dans l'accomplissement de leurs actions. Il a déjà été noté la difficulté qu'il y a à donner une définition, ou si l'on veut un contenu *a priori* à l'ordre public au plan textuel. Car pour une partie de la doctrine, « ***la notion d'ordre public dépasse donc les textes de loi qui l'ont organisée, parce que cette préoccupation permanente prend le visage quotidien de la vie. La fixer dans un texte, ce serait la dénaturer, la supprimer***[58] ». Mais cela dit, on peut tout au moins en limiter l'exorbitance, en procédant à une sorte d'encadrement de celle-ci.

En effet, le caractère abstrait, vague et insaisissable de l'ordre public tient à ce que, pour le professeur PICARD, « ***il est de l'essence même de cette notion de ne pouvoir être, a priori et surtout de façon générale et abstraite, définie par son contenu (...). L'ordre public est une norme de nécessité (...) et, comme la nécessité, s'apprécie au regard de certaines valeurs effectivement impliquées dans l'expérience, c'est-à-dire dans la matérialité d'une situation de fait (...). Par conséquent, elle ne peut être définie en son contenu provisoirement et relativement- qu'ex post, c'est-à-dire en considérant l'ensemble des décisions particulières qui ont décidé, sous le contrôle du juge***[59]***, qu'il y avait dans les espèces considérées, une exigence suffisamment légitime, suffisamment impérative, suffisamment proportionnée pour justifier, dans la mesure indiquée, une restriction du droit ou de la liberté en cause***[60] ». Ainsi, malgré la plasticité incontestable de la notion, elle peut néanmoins, au dire de l'éminent auteur, être cernée, et le rôle du juge apparaît ici comme décisif, car en fin de compte, c'est à lui que revient la lourde charge de déterminer, sur la base des différentes espèces qui lui sont soumises, le contenu de l'ordre public. Il peut alors, à l'aide des pouvoirs qui lui sont conférés par la société, veiller, soit à contenir celle-ci dans des proportions restreintes, soit même à la laisser s'étendre, mais en en surveillant la nuisance vis-à-vis des droits et libertés.

---

[57] Il s'agit ici particulièrement du juge administratif.

[58] BERNARD P., *La notion d'ordre public en droit administratif*, *op.cit.*, p. 13.

[59] C'est nous qui soulignons.

[60] PICARD E., *La notion de police administrative*, Paris, LGDJ, 1984, tome 1, p. 563.

Le juge « ***constitue le dernier rempart contre les abus susceptibles de se produire du fait de ces habilitations en chaîne***[61] » dont bénéficient les autorités de police administrative et qui leur permettent, au nom de l'ordre public, de porter atteinte aux droits et libertés. Le professeur MAILLARD n'affirme-t-il pas, à juste titre d'ailleurs, que « ***la détermination du contenu de l'ordre public général est jurisprudentielle***[62] » ? Le fait pour celui-ci de rester muet devant une notion aussi potentiellement liberticide ne peut que susciter étonnement et condamnation, car la notion d'ordre public apparaît alors dans l'ordre juridique comme ce que les autorités administratives voudraient qu'elle soit, c'est-à-dire ne visant que les seuls intérêts de la puissance publique. Elle peut s'étendre à l'infini, sans que cela interpelle le juge, qui semble alors poursuivre une politique jurisprudentielle en faveur des seules prérogatives de la puissance publique[63]. Le contenu de l'ordre public ne peut que s'en trouver imprécis et obscur, car seule l'autorité administrative sera capable d'en donner les éléments, lesquels sont alors purement aléatoires et même arbitraires, variant à l'excès en fonction de ses intérêts.

Le mutisme du juge ici se décline d'abord dans le fait qu'il peut lui arriver d'invoquer la notion, mais sans la définir. Cela apparaît surtout en qui concerne le contentieux de l'urgence. Il est très bavard sur l'invocation de la notion, mais essentiellement muet sur sa définition. Il s'agit d'ailleurs d'une tendance essentielle de sa jurisprudence. Ainsi, il peut affirmer que la décision de fermeture d'une officine

---

[61] VIMBERT C., « *L'ordre public dans la jurisprudence du Conseil constitutionnel* », R.D.P. 1994, p. 728. Patrick WACHSMANN affirme dans le même ordre d'idées que : « ***les positions que la loi abandonne, c'est le juge qui est censé les défendre*** », pour montrer l'importance de l'action du juge dans le système juridique ; Cf. WACHSMANN P., « La liberté individuelle dans la jurisprudence du Conseil constitutionnel », R.S.C., 1988, p. 13.

[62] MAILLARD DESGREES Du Loû D., *Police générale, polices spéciales. (Essai sur la spécificité des polices générales et spéciales)*, précité, p. 166.

[63] Paul BERNARD affirme, dans ce sens, que « ***l'ordre public est d'une part, le reflet et l'instrument de la notion de puissance publique ; d'autre part, le visage et l'arme du pouvoir exécutif*** ». L'auteur poursuit, pour insister sur le caractère irremplaçable de l'ordre public : « ***on peut concevoir une société sans service public, mais il est impossible d'imaginer une société organisée sans intervention de la notion d''ordre public. L'absence de l'ordre public c'est l'anarchie, c'est la négation de toute organisation sociale, c'est la démission du droit*** », précité, pp 241 à 242.

pharmaceutique[64], de rectification[65], d'attribution[66] ou de suspension[67] de l'usage d'un titre foncier, de retrait d'une accréditation[68] ne concerne pas l'ordre public, sans jamais dire en quoi, ni pourquoi[69]. *A contrario*, il peut considérer que la décision de fermeture d'une clinique[70], d'interdiction de la consommation de sachets de glutamate[71] ou d'annulation[72] de certains ventes, compensations et actes s'y rapportant sur des parcelles du domaine public et du domaine privé de l'État intéresse l'ordre public, tout en restant muet sur le contenu de la notion en cause[73].

On peut donc aisément constater que le juge s'abstient non seulement de donner un contenu à l'ordre public, mais surtout, il considère cette notion telle qu'elle a été mobilisée par l'autorité administrative sans la soumettre à un quelconque contrôle. Ainsi, il va jusqu'à considérer que l'ordre public est en cause parce que « ***le Président de la République a visé les nécessités d'ordre public***[74] » ou, tout simplement, qu'« ***il ressort de l'acte attaqué qu'il est intervenu dans l'optique de préserver l'ordre public et la paix sociale***[75] ». Pour le juge donc, l'ordre public est ce que les autorités administratives voudraient qu'il soit.

---

[64] Ordonnance n° 05/92-93/CS/PCA du 05 octobre 1992, Affaire SIGHOKO Abraham contre État du Cameroun.

[65] Ordonnance n° 14/OSE/PCA/CA/CS/90-91 du 04 juillet 1991, Affaire CHEDJOU Gabriel contre État du Cameroun ; Ordonnance n°11/OSE/PCA/CS/91-92 du 14 avril 1991, Affaire ZOCK Ibrahim contre État du Cameroun.

[66] Ordonnance n° 14/OSE/PCA/CS/93-94 du 07 mars 1994, Affaire Collectivité de Maképé II contre État du Cameroun.

[67]Ordonnance n°75/OSE/PCA/CS/97-98 du 18 septembre 1998, Affaire MBINA MPONA Jules contre État du Cameroun (MINUH).

[68] Ordonnance n° 48/OSE/PCA/CS/97-98 du 24 avril 1998, Affaire NDACHI TAGNE David contre État du Cameroun (MINCOM).

[69] Voir dans le même sens : Ordonnance de référé n° 02/OR/PCA/CS/97-98, Affaire KOUOGAN Claude contre État du Cameroun (MINUH) et NGOUOMPENE Joseph (intervenant).

[70] Ordonnance n° 01/ORSE/CS/PCA/88-89 du 27 février 1989, Affaire JOHN Calvin contre État du Cameroun.

[71] Ordonnance n° 33/OSE/PCA/CS/95-96 du 30 janvier 1996, Affaire Société Mondiana SARL contre État du Cameroun.

[72] Ordonnance n° 05/OSE/PCA/CS/97-98 du 13 octobre 1997, Affaire Mesdemoiselles CARLE Julia et TCHANGONGOM TCHEUMAKA contre État du Cameroun (P.R.).

[73] Sur ces aspects de traitement de l'ordre public par le juge administratif dans le contentieux de l'urgence : GUIMDO DONGMO B.R., *Le juge administratif camerounais et l'urgence : Recherche sur la place de l'urgence dans le contentieux administratif camerounais*, Thèse de Doctorat d'État en droit public, Université de Yaoundé II-SOA, F.S.J.P., 2003-2004.

[74] *Idem.*

[75] Ordonnance n° 15/OSE/PCA/CS/97-98 du 26 novembre 1997, Affaire B.I.C.E.C. contre État du Cameroun.

Mais bien au-delà de ces considérations, il existe dans la jurisprudence du juge administratif une dimension de l'absolution de l'ordre public qui s'analyse non plus en un abstentionnisme, mais en une attitude véritablement positive. L'on observe donc ainsi dans la jurisprudence une conception essentiellement liberticide de l'ordre public. En effet, dans le contentieux relatif à la dissolution d'association[76], le juge estime que l'évocation de certains slogans tels « ***villes mortes*** » ou « ***désobéissance civile*** » ne peut que troubler l'ordre public, voire porter atteinte à la sécurité de l'État. Une telle conception fait sortir la notion d'ordre public de sa dimension matérielle pour lui faire prendre corps dans une sphère immatérielle, puisque ne sont plus considérés comme atteinte à l'ordre public des troubles uniquement matériels, mais bien désormais la seule « ***évocation*** » de certains termes ou slogans. Même à l'ère de l'autoritarisme triomphant, un tel seuil n'avait pas été franchi par le juge. Il s'agit là d'une manifestation jurisprudentielle renforcée de la vigueur actuelle de l'idéologie de la construction nationale, laquelle transparaît également dans les fondements des polices spéciales.

B- Des polices spéciales axées sur des fondements expansionnistes

Les polices spéciales existent en droit positif camerounais. S'il a été démontré ailleurs qu'elles véhiculent « ***essentiellement des préoccupations de puissance publique***[77] », elles sont ici marquées par un réel autoritarisme. Elles reposent sur des fondements expansionnistes, c'est-à-dire qu'elles permettent de développer la notion de police, tout comme elles contribuent, par leur existence de plus en plus multiple, à leur propre diversification. Leur expansionnisme peut donc être analysé au double plan qualitatif et quantitatif.

1- L'expansionnisme qualitatif des polices spéciales

L'expansionnisme qualitatif est basé sur la notion même de police spéciale, c'est-à-dire sur sa nature intrinsèque. Il vient du fait que si on peut parvenir à soutenir l'idée de l'existence ici de plusieurs types de polices administratives, parmi lesquelles les polices générale et spéciale, leur distinction n'est toutefois pas aisée, en raison non seulement du fait que cela n'est pas clairement établi par les textes, mais surtout du fait du silence assourdissant de la jurisprudence sur la question[78].

---

[76] Ordonnance N°19/O/PCA/CS du 26 septembre 1991, Affaire Organisation camerounaise des droits de l'homme (OCDH) c/ État du Cameroun (MINAT) ; Ordonnance N° 20/O/PCA/CS du 26 septembre 1991, Affaire KOM Ambroise c/ État du Cameroun (MINAT) ; Ordonnance N°21/O/PCA/CS du 26 septembre 1991, Affaire Comité d'action populaire pour la liberté et la démocratie (CAP-Liberté) c/ État du Cameroun (MINAT).

[77] GAILLARD G., *Les polices spéciales en droit administratif français*, Thèse, Grenoble, 1977, p. 48.

[78] Le système juridique camerounais semble ne pas accorder d'importance particulière aux différentes spécifications qui sont accordées aux diverses manifestations de la notion de police ailleurs, à savoir par

Les notions de police générale et de police spéciale apparaissent alors difficiles à distinguer. En fait, le flou ici entretenu n'est pas neutre. C'est qu'au regard des textes, la notion de police administrative en général a ici un caractère très englobant, si bien que la distinction que l'on peut rechercher entre police générale[79] et police spéciale[80] apparaît à tout le moins factice, signe d'une forte proximité entre ces deux notions. Et si l'on aboutit néanmoins à accepter l'idée de l'existence de ces deux formes de police, c'est essentiellement sur la base d'un constat matériel, lié notamment à la façon dont les compétences des différentes autorités sont conditionnées[81]. Mais il reste que la distinction entre police générale et police spéciale est extrêmement floue, et particulièrement difficile à établir, si bien qu'il ne serait pas exagéré de conclure au caractère interchangeable des deux, et donc, à l'inutilité d'un critère de distinction[82]. La police administrative apparaît ainsi comme une notion fourre-tout, un concept obèse, si bien que sa fonction au sein du système juridique apparaît comme principalement instrumentale, au service prioritaire des intérêts de la puissance publique, qui est en fin de compte la seule à pouvoir l'employer dans le sens qui sied le mieux à ses intérêts.

L'expansionnisme qualitatif ici tient donc au fait que la nature de police spéciale étant très floue, cette dernière tend à se rapprocher de la police générale, à travers

exemple la distinction entre police administrative et police judiciaire, police administrative et police législative, police nationale et police municipale, et surtout entre police générale et police spéciale.

[79] Aucun texte du Cameroun indépendant n'emploie l'expression police générale. Il faut remonter à la période du Mandat, pour trouver un texte applicable au Cameroun et employant cette expression. En effet, l'arrêté du 1er juin 1946 portant réorganisation du service de la Sûreté générale dans les Territoires du Cameroun (J.O.C., 15 juin 1946, pp. 809-811), en son article 5, mentionne la « ***centralisation et la diffusion des renseignements de police générale intéressant l'ordre public et la sûreté du Territoire*** ». (C'est nous qui soulignons).

[80] Quant à l'expression police spéciale, elle est employée surtout pour désigner la police spéciale des chemins de fer, et avec une connotation principalement organique. Elle fait d'ailleurs l'objet de la sollicitude très régulière des autorités normatives.

[81] On peut en effet observer que parmi les autorités détentrices du pouvoir de police, certaines tiennent leur habilitation en ce domaine d'une manière telle que leurs pouvoirs s'avèrent limités au plan matériel, voir juridiquement encadrés : elles s'apparentent alors à des autorités de police spéciale. Quant à d'autres autorités de police administrative, elles tiennent leur habilitation, soit d'une clause générale ne spécifiant pas la nature ou l'étendue de leur intervention, soit n'en dispose pas du tout au plan strictement formel, mais exercent quand même de manière manifeste et incontestable un réel pouvoir de police. De cette différence de conditionnement des compétences, on peut tirer l'existence d'autorités de police générale distinctes des autorités de police spéciale, et inférer l'existence au Cameroun d'une distinction entre police générale et police spéciale.

[82] Quant à la distinction police étatique, police municipale, si elle est effectivement consacrée à travers la mise en place d'une police municipale (au sens matériel du terme), cette distinction est atténuée par le fait que l'on ne sait pas toujours si c'est sur la base de ce même titre qu'agissent les autorités de police générale étatiques, ou si c'est sur la base d'une habilitation distincte.

l'identité de leurs fondements. Plusieurs polices spéciales sont en effet basées sur les valeurs de l'ordre public général, et les pouvoirs qu'elles accordent aux diverses autorités administratives ne sont en rien différents de ceux dont bénéficient les autorités de police générale. Les polices spéciales apparaissent donc ainsi comme de simples prolongements de la police générale, ou plutôt des répliques de celles-ci.

L'expansionnisme qualitatif des polices spéciales tient aussi au fait que celles-ci contribuent au gonflement de la notion de police administrative. Elles sont en effet généralement confiées à des autorités déjà détentrices de pouvoirs de police générale, brisant ainsi toute spécificité organique pouvant permettre de les identifier. La conséquence en est que de telles autorités se trouvent en possession de pouvoirs de police d'une double nature, à la fois générale et spéciale, de telle sorte que leur action s'exprimera de manière confuse, sans distinction de régimes applicables, surtout que la plupart des régimes applicables à ces différents types de polices sont quasi identiques à ceux de la police générale. Elles confèrent généralement des pouvoirs en tout point identiques dans l'un et l'autre cas. Cette situation est accentuée par le nombre sans cesse croissant de polices spéciales.

2- L'expansionnisme quantitatif des polices spéciales

Le nombre de polices spéciales n'a jamais cessé d'évoluer, depuis les premières lueurs de l'État du Cameroun jusqu'à ce jour. On peut globalement rattacher leur développement à celui des fonctions de l'État. Aussi est-il généralement admis que leur grand nombre actuel correspond à l'accroissement de l'interventionnisme étatique[83].

Les polices spéciales sont le domaine qui a enregistré véritablement des évolutions, contrairement à d'autres aspects de la police administrative ici étudiés. Mais cette évolution s'est faite dans le sens de la consolidation de l'idéologie de la construction nationale, dont on sait déjà qu'elle promeut l'autorité au détriment de la liberté. En effet, chaque création d'une police spéciale est la marque de la présence de l'État dans un domaine de l'activité socio-économique. C'est la marque de la présence de l'autorité étatique. La multiplication des polices spéciales que l'on observe donc aujourd'hui est, à n'en point douter, la marque de l'épanouissement de l'autoritarisme dans le droit administratif camerounais.

---

[83] Selon Christian BUNIET (BUNIET C., « Contribution à l'étude du régime contentieux des polices administratives spéciales », RDP 1981, p. 1919), « ***les polices administratives spéciales se multiplient dans les domaines les plus variés. Des pans entiers du droit administratif moderne s'organisent autour de cette institution : du droit de l'urbanisme et de la construction au droit de la protection de la nature et de l'environnement*** ».

À l'origine, les polices spéciales sont fondées sur des fondements très réduits, correspondant à un souci de synthétiser l'action publique dans les divers domaines de la vie sociale. Aujourd'hui, on assiste à une véritable explosion de leur nombre, signe d'un émiettement de la présence étatique dans la sphère socio-économique. Dans les années qui ont précédé l'indépendance, les principales polices spéciales portent sur la santé (police sanitaire), les établissements dangereux, insalubres et incommodes, les salles de spectacle, l'hygiène et la salubrité, le cinéma, etc. Progressivement, elles vont porter sur les mœurs, les débits de boissons et l'ivresse publique, les prix, les poids et mesures, etc. De nos jours, elles connaissent un expansionnisme considérable et vont même jusqu'à concerner un certain épanouissement humain, à travers les polices du bien-être physique et de l'épanouissement intellectuel, l'intégration sociale ainsi que l'harmonie sociale[84].

Au final, l'accroissement actuel des polices spéciales, que chacun peut observer du point de vue institutionnel, ne serait-ce qu'à travers l'atomisation de la fonction ministérielle, permet à l'autoritarisme de continuer de se déployer dans les diverses sphères de l'activité sociale, porté par une conception autoritaire de l'ordre public, laquelle traduit la bonne santé aujourd'hui encore de l'idéologie de la construction nationale qui l'inspire. Ceci peut encore plus aisément s'observer en ce qui concerne l'aménagement de la police administrative.

II- Un aménagement toujours caractérisé par un incontestable étatisme

L'aménagement de la police administrative au Cameroun, malgré les mutations idéologiques observées dans le domaine du droit administratif, reste fortement marqué par un étatisme incontestable, signe de la continuité d'un autoritarisme que certains auraient cru définitivement éradiqué. L'étatisme dont il s'agit ici traduit la bonne santé actuelle de l'idéologie de la construction nationale dans le droit administratif camerounais et s'exprime à travers l'hypertrophie des instruments de puissance publique dans l'armature institutionnelle chargée d'assurer le maintien de l'ordre public. De manière plus précise, l'exercice de cette mission administrative apparaît structurellement comme la priorité des priorités, d'où la vision maximaliste dont elle est marquée, alors même que son contrôle demeure très réduit.

A- Un aménagement de l'exercice particulièrement maximaliste

Le maximalisme ici tient au soin qui est mis dans la détermination des personnes chargées de mettre en œuvre la fonction étatique de police administrative. Cette

[84] Sur ces différents aspects : BEYEGUE BOULOUMEGUE E. G., *La police administrative au Cameroun*, *op.cit.*

détermination apparaît extrêmement large, d'où la multiplication des autorités et la diversification des forces de police administrative.

1- La multiplication des autorités de police administrative

L'aménagement maximaliste de l'exercice de la police administrative se caractérise d'abord par le nombre important de personnes juridiquement chargées d'exercer le pouvoir de police administrative[85]. Cette sorte d'organisation administrative dissuasive donne à l'aménagement de la police administrative un caractère autoritaire incontestable. Le maximalisme dont il s'agit ici a aussi une dimension qualitative importante, puisque les autorités administratives en question se recrutent à une échelle très élevée de la hiérarchie administrative.

S'agissant tout d'abord des autorités de police générale, celles-ci se recrutent tant à l'échelle nationale qu'à l'échelle régionale ou locale. Au niveau central, l'on a, au sommet de la hiérarchie, le président de la République, qui est l'autorité de police administrative suprême[86]. La curiosité en ce qui le concerne ici vient du fait que, au-delà de la disposition constitutionnelle selon laquelle « ***il veille à la sécurité intérieure et extérieure de la République*** [87] » et des prérogatives que lui donne la Constitution en période de crise, son pouvoir en la matière ne repose sur aucune base textuelle susceptible d'en donner la mesure. On estime alors que celui-ci repose sur une norme de nécessité, à savoir l'ordre public général. Cette situation est d'ailleurs entérinée par une partie de la doctrine, laquelle soutient que « ***le pouvoir de police est antérieur à la loi, il appartient par nature au pouvoir exécutif et puise originairement dans sa fonction les droits qui lui sont nécessaires pour maintenir l'ordre dont il est responsable***[88] ». Car « ***l'erreur en ce domaine provient de la conception qui voit à la source de tout pouvoir juridique une règle législative ou constitutionnelle… Affirmer la nécessité d'une détermination légale des compétences***

---

[85] Cette situation donne l'impression que le pouvoir de police administrative est distribué le plus largement possible pour donner à l'administration le maximum de moyens susceptibles de combattre les atteintes à l'ordre public.

[86] Selon une terminologie tirée de l'article 2 (1) du décret n° 2012 – 540 du 19 novembre 2012 portant organisation de la Délégation Générale à la Sureté Nationale qui dispose que « ***la sureté nationale est un corps de commandement et d'administration placé sous l'autorité du Président de la République qui en est le chef suprême*** ».

[87] Article 8 (3) de la loi constitutionnelle n° 96/06 du 18 janvier 1996 portant révision de la Constitution du 2 juin 1972. Il faut dire, s'agissant des pouvoirs de police administrative du Président de la République, que le décret n° 68 – DF – 33 du 29 janvier 1968 fixant les missions de défense des forces régulières supplétives et auxiliaires lui donne en son article 2 la direction supérieure du maintien de l'ordre (JOC 1er février 1968, pp. 274-277).

[88] TEITGEN P.-H., *La police municipale : Étude de l'interprétation jurisprudentielle des articles 91, 94 et 97 de la loi du 05 avril 1884*, précité, p. 379.

ne signifie pas que le législateur a le monopole exclusif en cette matière. Bien au contraire, des exigences vitales plus fortes que les textes ont conduit parfois la jurisprudence et la grande majorité de la doctrine à reconnaitre au profit d'un chef des pouvoirs correspondants à sa mission. C'est ainsi que les exigences de la fonction ministérielle impliquaient, en dehors de tout texte, la reconnaissance d'un large pouvoir d'organisation du service. De la même façon, ce sont les exigences propres à la mission du Chef de l'État qui postulent la reconnaissance, en dehors de toute habilitation précise, d'un pouvoir de réglementation autonome destiné à assurer le maintien de l'ordre public ou le fonctionnement continu des services publics[89] ***»***. C'est pourquoi le professeur PICARD peut conclure que « ***l'ordre public général crée lui-même, le cas échéant, les compétences de la fonction de sa propre concrétisation***[90] ***»***. Quoi que l'on pense de ces diverses conceptions, il reste que le président de la République exerce bel et bien un puissant pouvoir en matière de police administrative au Cameroun.

Il semble suivi en ce sens par le Premier ministre, mais le pouvoir de celui-ci en matière de police générale n'est pas clairement consacré, même s'il n'est pas impossible à fonder en droit. D'abord parce que c'est lui qui est constitutionnellement chargé de l'application des lois, conformément à l'article 12 alinéa 2 de la Constitution[91]. Il peut donc très bien prendre des décrets d'application des lois de police. Ensuite, il est constitutionnellement chargé de l'exercice du pouvoir réglementaire, il est vrai « ***sous réserve des prérogatives reconnues au Président de la République***[92] » en la matière. Mais cela n'empêche pas du tout qu'éventuellement, il exerce ce pouvoir dans le domaine de la police administrative. Enfin, il peut, en raison d'une délégation que peut lui faire le président de la République en ce domaine, conformément à l'article 10 de la Constitution, prendre des actes de police administrative générale[93].

La troisième autorité susceptible d'exercer un véritable pouvoir de police générale à l'échelle nationale semble être le ministre de l'Administration territoriale et de la

---

[89] VINCENT F., *Le pouvoir de décision unilatérale des autorités administratives*, Paris, L.G.D.J., 1966, B.D.P., p. 425.

[90] PICARD E., *La notion de police administrative*, tome 2, Paris, L.G.D.J., B.D.P., 1984, p. 603.

[91] Prérogative dont ne bénéficie pas formellement le Président de la République.

[92] Article 12 (3) de la Constitution.

[93] En effet, aux termes de l'alinéa 2 de cet article, « ***le Président de la République peut déléguer certains de ses pouvoirs au Premier Ministre, aux autres membres du Gouvernement et à certains hauts responsables de l'administration de l'État, dans le cadre de leurs attributions respectives »***. Egalement, selon l'alinéa 3 toujours de ce même article, « ***En cas d'empêchement temporaire, le Président de la République charge le Premier Ministre ou, en cas d'empêchement de celui-ci un autre membre du Gouvernement, d'assurer certaines de ses fonctions, dans le cadre d'une délégation expresse »***.

Décentralisation. En effet, aux termes du décret n° 2005/104 du 13 avril 2005 portant organisation du ministère de l'Administration territoriale et de la Décentralisation, il est chargé « ***du maintien de l'ordre public en rapport avec les forces spécialisées***[94] ». Le caractère général et à la limite vague de la formule ici employée donne la possibilité à cette autorité d'intervenir dans n'importe quel secteur de la vie sociale et dans n'importe quelle partie du territoire national. Si l'expérience montre que celui-ci préfère la plupart du temps ne pas faire usage de cette prérogative de police générale, cela n'enlève rien à la possibilité qui lui est juridiquement reconnue d'agir, les seules limites à respecter devant être les pouvoirs des autorités de police administrative qui lui sont hiérarchiquement supérieures, à savoir le président de la République et le Premier ministre, ainsi que les pouvoirs de police spéciale reconnus à d'autres autorités de police administrative, dans des compartiments spécifiques de l'ordre public[95]. Mais l'observation révèle une propension systématique de celui-ci à faire adopter des mesures de police générale plutôt par des autorités régionales ou locales placées sous son autorité, et qu'il instruit régulièrement dans ce sens.

Au niveau régional, l'on peut évoquer comme autorités de police administrative générale, le gouverneur de région et le président du Conseil régional. Le premier tire sa compétence du décret n° 2008/377 du 12 novembre 2008 fixant les attributions des chefs de circonscriptions administratives et portant organisation et fonctionnement de leurs services, lequel dispose en son article 4 (1) qu'« ***il (...) assure le maintien de l'ordre public, en application des lois et règlements en vigueur*** ». Quant au second, il tire sa compétence en la matière de l'article 65 de la loi n° 2004/019 du 22 juillet 2004 fixant les règles applicables aux régions, aux termes de laquelle le président du conseil régional « ***gère le domaine de la région et exerce les pouvoirs de police afférents à cette gestion, notamment en ce qui concerne la circulation sur ce domaine, sous réserve des attributions dévolues au représentant de l'État et aux maires***[96] ».

Au niveau départemental, l'autorité de police administrative par excellence est le Préfet, conformément à l'article 36 (1) du décret de 2008 précité. À cet effet, il

---

[94] Article 1er (2) a.

[95] En raison du fait que les compétences de police spéciale, en raison justement de leur spécialité, s'imposent aux compétences de police générale.

[96] Même si cette nature de compétence de police administrative générale peut être discutée, compte tenu du fait que ces pouvoirs s'exerçant dans les limites de la stricte gestion domaniale, ils peuvent être considérés comme relatifs à une police spéciale du domaine public régional ; ils doivent de notre point de vue être considérés comme des pouvoirs de police générale, car le but qui lui est ici assigné n'est pas du tout précisé, aussi peut-il agir pour préserver n'importe quel but de police générale.

« ***dispose des forces de police, de la gendarmerie et de l'armée dans les conditions fixées par les textes en vigueur*** ».

Au niveau local, on a le maire. Aux termes de l'article 86 de la loi n° 2004/018 du 22 juillet 2004 fixant les règles applicables aux communes, « ***il est chargé, sous le contrôle du représentant de l'État, de la police municipale et de l'exécution des actes de l'État y relatifs*** ». Ses pouvoirs en ce domaine sont particulièrement importants, au regard de l'objet assigné à la police municipale par l'article 87 de cette même loi, ainsi que ceux subséquents[97].

On peut donc constater que s'agissant seulement des autorités de police générale, on en dénombre pas moins de huit[98], à l'échelle nationale et locale, avec pour la plupart des pouvoirs particulièrement importants.

S'agissant ensuite des autorités de police spéciale, il est pratiquement impossible de les dénombrer toutes, tant elles sont nombreuses et disséminées dans les divers secteurs de la vie sociale. L'originalité du droit administratif camerounais réside ici dans le fait que l'on semble assimiler pouvoir administratif et pouvoir de police administrative. Pourtant, les deux réalités doivent être clairement distinguées, car si toutes les autorités de police administrative sont d'abord des autorités administratives, toutes les autorités administratives ne sont pas des autorités de police administrative. Malheureusement, la vision maximaliste des organes chargés d'assurer le maintien de l'ordre public va se caractériser ici par l'octroi à la majorité des autorités administratives de compétences en matière de police administrative. Ainsi, la plupart des chefs de départements ministériels sont chargés des missions de police administrative dans leurs domaines respectifs, et l'éclatement actuel de la fonction ministérielle n'est pas pour améliorer cette impression de trop-plein organique dans le maintien de l'ordre public, bien au contraire. Ce phénomène est d'ailleurs accentué par un autre plus récent, de création de structures administratives juridiquement autonomes, dotées des missions de police administrative, dans divers domaines de l'activité socio-économique, de plus en plus diversifiés. Qualifiées ailleurs d'autorités administratives indépendantes[99], elles ont ici du mal à trouver une

---

[97] L'objet de la police municipale est en effet détaillé à l'alinéa 2 de ce même article 87.

[98] Il ne faut en effet pas oublier de mentionner dans cette liste les sous-préfets, qui, dans leurs arrondissements respectifs, exercent également des pouvoirs de police générale.

[99] RFDA, numéro 5/2010, « Les autorités administratives indépendantes » ; *Les autorités administratives indépendantes*, Rapport public du CE pour 2001, Études et documents, n° 52, Doc. Fr ; GENTOT M., *Les autorités administratives indépendantes*, Montchrestien, 1994 ; DEGOFFE M., « Les autorités publiques indépendantes », AJDA 2008. 622 ; GUEDON M.-J., *Les autorités administratives indépendantes*, coll. « Systèmes », LGDJ, 1991 ; Sabourin P., « Les autorités administratives indépendantes. Une catégorie nouvelle ? » AJDA 1983. p. 275.

nature juridique cohérente[100]. Mais elles restent tout de même un instrument essentiel de multiplication des autorités de police administrative, signe d'un aménagement maximaliste de l'exercice de cette activité administrative, rôle que jouent également les forces de police administrative.

2- La diversification des forces de police administrative

On peut définir les forces de police administrative comme « ***l'ensemble des personnels qui sont chargés de l'exécution matérielle des décisions des autorités de police et plus généralement, de veiller au quotidien, sur « le terrain », au maintien de l'ordre public[101] »***. Ces forces sont au Cameroun de nature extrêmement diversifiée. Cette diversité est de nature tant quantitative que qualitative. En effet, au-delà de leur nombre important, ces forces vont des plus ordinaires aux forces d'élite. On peut ainsi procéder à une distinction en deux grands groupes, à savoir les forces civiles et les forces militaires. Si l'intervention des premières en matière de police administrative est tout à fait normale, en raison de leur nature justement civile, celle des forces militaires est en bien des points sujette à question, car la mission première de certaines d'entre elles n'est pas le maintien de l'ordre public.

S'agissant des forces civiles, elles sont ainsi qualifiées parce qu'elles n'ont pas une nature militaire. Il s'agit des forces de police municipale et des forces de la sûreté nationale.

Les premières sont créées par les communes. L'article 86 (2) de la loi n° 2004/018 dispose que « ***la création d'un service de police municipale est autorisée par délibération du conseil municipal qui en fixe les attributions, les moyens et les règles de fonctionnement »***. L'alinéa 2 de ce même texte poursuit en posant que « ***la délibération visée à l'alinéa (2) est soumise à l'approbation préalable du ministre chargé des collectivités territoriales »***. Bien que la loi ait prévu un mécanisme de contrôle de la création des polices municipales par l'approbation préalable du ministre chargé des collectivités territoriales, il convient de noter que la compétence donnée aux collectivités territoriales décentralisées de fixer les attributions, les moyens et les règles de fonctionnement de ces polices ne peut qu'aboutir à un paysage particulièrement éclaté en ce domaine, avec des polices municipales organisées de manière très colorée. Si bien que cela ne peut que conforter l'idée ici démontrée d'une extrême diversification des forces de police, même à l'échelle purement municipale. Au final, on en arrive à autant de formes de police municipale que de

[100] Pour une tentative de qualification, voir : PEKASSA NDAM G., « Les établissements publics indépendants : une innovation fondamentale du droit administratif camerounais », in Revue Africaine des Sciences Juridiques, vol. 2, n° 1, 2001, pp. 153-178.

[101] MINET C.-E., *Droit de la police administrative*, *op.cit.*, p. 135.

communes. L'observation de la pratique montre d'ailleurs une extrême diversité dans la structuration et le fonctionnement de ces instruments de maintien de l'ordre public, d'où la difficulté d'en systématiser le fonctionnement[102].

Le second type de force civile est constitué par les forces de la sûreté nationale. Elles sont chargées des missions de police administrative sur la base de deux dispositions du décret n° 2012 – 540 du 19 novembre 2012 portant organisation de la Délégation générale à la sûreté nationale. La première, l'article 3 (3) énonce, s'agissant de la sûreté nationale, qu'*« elle concourt à l'exercice de la police administrative »*, l'emploi du verbe concourir ici signifiant clairement que cette force n'est pas la seule, à l'assurer, mais qu'elle n'y participe que de manière partielle, laissant la possibilité d'une intervention d'autres forces. Si les dispositions de l'article 3 (3) peuvent paraître elliptiques, il convient d'y ajouter d'autres, plus dissertes, relativement à cette consécration de la sûreté nationale comme force de police administrative.

Aussi, la seconde disposition, à savoir celle de l'article 4 du même texte dispose-t-elle que la sûreté nationale est chargée « ***du maintien de l'ordre, de la paix, de la sécurité et de la salubrité publiques, ainsi que de la protection, plus particulièrement dans les agglomérations urbaines*** ». La sûreté nationale, autrement appelée police nationale[103], apparaît ici comme la force de police administrative par excellence. Elle « ***est un corps de commandement et d'administration placé sous l'autorité du Président de la République qui en est le chef suprême***[104] ». Cette mise sous autorité directe du président de la République de la sûreté nationale est une curiosité camerounaise, car elle se démarque de la plupart des schémas institutionnels observables même en Afrique. Dans tous les cas, elle est le signe d'une considération maximaliste de l'exercice de la police administrative, cette dernière devant à l'évidence être assurée par les plus hautes autorités dans l'État. C'est d'ailleurs cette haute autorité qui, en tant que chef des armées, est également chef des forces militaires intervenant dans le maintien de l'ordre public.

Les forces militaires, en s'ajoutant aux forces de police administrative, contribuent non seulement à diversifier celles-ci, mais aussi et surtout à les militariser, ou si l'on veut, à les rendre autoritaires, en raison des méthodes martiales qui sont les leurs. Ces forces sont au nombre de deux : la gendarmerie et l'armée.

---

[102] Ces différentes forces de police municipale sont principalement créées par les plus grandes communes, qui ici sont en fait systématiquement érigées en communautés urbaines.

[103] Les textes marquent leur prédilection pour l'expression « ***sûreté nationale*** ».

[104] Article 2 (1) du décret n° 2012 – 540 du 19 novembre 2012 portant organisation de la Délégation Générale à la Sureté Nationale, déjà cité.

La gendarmerie nationale est une composante des forces de défense. Placée sous l'autorité du ministre chargé de la Défense, elle est une force à caractère militaire, assurant également des missions civiles[105]. Il apparaît ainsi que la gendarmerie est une force en quelque sorte mixte, rassemblant les caractères d'une force civile et ceux d'une force militaire. Mais c'est certainement en raison du premier caractère que cette force est appelée à intervenir dans le domaine du maintien de l'ordre public, et précisément de la police administrative. Aussi l'article 2 du décret de 2001 portant organisation et fonctionnement de la gendarmerie nationale dispose-t-il que « ***la gendarmerie nationale exécute des missions de police administrative et de police judiciaire, dans les conditions fixées par les textes en vigueur »***. Comme on peut l'observer même à la lumière des expériences étrangères, la gendarmerie est une force qui intervient traditionnellement dans les missions de police administrative, malgré son caractère de force militaire. Mais il n'en demeure pas moins qu'elle contribue à diversifier les forces de police administrative au Cameroun, et donc à maximaliser l'organisation de l'exercice de la police administrative ici.

L'armée nationale quant à elle, n'a pas véritablement une tradition de maintien de l'ordre public, ou du moins, ce n'est pas là la raison de son existence. Elle est plutôt une force purement militaire, et fait partie de ce que l'on appelle techniquement les forces de défense. Elle a donc dans ce sens pour mission « ***d'assurer en tout temps, en toutes circonstances et contre toutes les formes d'agression, la sécurité et l'intégrité du territoire[106] »***. Sa mission est donc principalement tournée vers les attaques extérieures, et non vers la sécurité intérieure. Aussi son intervention ici peut-elle être le signe de ce maximalisme institutionnel dans l'exercice de la police administrative au Cameroun. La fréquence des interventions de l'armée dans le maintien de l'ordre public ici, à la limite de la banalisation, constitue une singularité observable bien avant l'indépendance[107], et qui ne s'est jamais interrompue jusqu'à ce jour.

---

105 Article 1er du décret n° 2001 – 181 du 25 juillet 2001 portant organisation de la gendarmerie. L'article 2 de ce même texte est plus explicite lorsqu'il énonce que « ***la gendarmerie nationale exécute des missions de police administrative et de police judiciaire dans les conditions fixées par les textes en vigueur »***.

106 Voir article 2 du décret n° 2001 – 178 du 25 juillet 2001 portant organisation générale de la défense et des états-majors centraux (JOC, novembre 2001, p. 1155).

107 Voir par exemple l'arrêté du 18 août 1932 abrogeant l'arrêté du 17 juin 1931 relatif à la participation de l'Armée et des formations de milice au maintien de l'ordre public dans les territoires sous mandat du Cameroun (JOC du 1er septembre 1932, pp. 496-501) qui, en son article 1er, dispose : « ***le maintien de l'ordre public sur le territoire du Cameroun incombe à l'autorité civile. Il est assuré normalement par la police, la gendarmerie, les détachements de garde indigène mis en permanence à la disposition de l'autorité civile, et subsidiairement par les fractions de garde indigène relevant directement du***

B- Un aménagement du contrôle essentiellement minimaliste

Contrairement à l'exercice de la police administrative qui, au plan institutionnel, obéit à une vision maximaliste, le contrôle auquel elle donne lieu obéit plutôt à une logique minimaliste. Ce déséquilibre, qui est le signe d'un étatisme certain, contribue à l'autoritarisme dont continue d'être marquée la police administrative. Ce minimalisme comporte des ressorts aussi bien juridictionnels que jurisprudentiels.

1- Le minimalisme juridictionnel

Il s'agit ici de tous les réductionnismes liés à l'organisation juridictionnelle, et qui impactent négativement le contrôle de la police administrative[108]. On peut observer ce phénomène à travers deux prismes saillants du paysage juridique camerounais, à savoir les garanties de contrôle et le champ du contrôle. Tous les deux apparaissent sous un jour minimal, lorsqu'on les confronte aux potentialités réelles qui sont les leurs.

Tout d'abord, les garanties de contrôle de la police administrative sont très réduites, en raison de certaines lacunes juridictionnelles imputables à l'organisation générale de la justice au Cameroun. De tout temps, celle-ci souffre de maux relatifs au statut des juges et à la question de l'accès à la justice. Les magistrats au Cameroun, quoiqu'on le dise, n'exercent pas du tout leurs missions dans des conditions véritables d'indépendance. Ils sont inféodés au pouvoir exécutif, d'où le self restreint qui les caractérise en tout point. Cette inféodation est d'abord liée à la conduite de leur carrière qui a vu se développer une sorte de fonctionnarisation de leur statut, à travers notamment la suppression de la règle de l'inamovibilité des juges, et la conservation de l'avancement au choix, alors même qu'ils sont soumis à un régime disciplinaire draconien. De plus, cette carrière est largement tributaire d'un organe, le conseil supérieur de la magistrature, qui est un organe fortement politisé, au regard tant de sa composition que de son fonctionnement.

La subordination des juges au pouvoir exécutif est l'un des vestiges du système autoritaire mis en vigueur au lendemain des indépendances, et dont la consolidation plus que jamais actuelle est le signe marquant de la bonne santé de l'idéologie de la construction nationale qui la sous-tend depuis lors. Le minimalisme juridictionnel

commandant des forces de police (portion centrale et annexe), par le bataillon de milice et par des troupes régulières de toutes armes ».

[108] Aussi, on comprend aisément que l'essentiel de ces lacunes ne concerne pas spécifiquement la police administrative, même si elle a un effet réducteur sur son contrôle. Pendant ce temps, d'autres portent spécifiquement et directement sur la police administrative.

prend également son assise dans les difficultés d'accès aux juges[109]. Celles-ci ont pour nom : l'éloignement toujours marqué du juge administratif, les difficultés à identifier le juge compétent, soit judiciaire, soit administratif, les complications procédurales liées à la technicité des instances, l'ignorance ou le faible niveau d'instruction des justiciables[110], etc.

Ensuite, le minimalisme juridictionnel de la police administrative prend une connotation plus subtile à travers « ***l'infiltration*** » de la justice administrative par le pouvoir exécutif. Cette infiltration se fait par le biais du ministère public. Ce dernier, organiquement inséré au sein de la juridiction administrative, est paradoxalement subordonné fonctionnellement au pouvoir exécutif à travers surtout le ministère de la Justice. Au point où on a pu valablement se poser la question de savoir si le ministère public était véritablement un organe de la juridiction administrative[111]. Cette infiltration, a un réel impact sur la définition de la politique jurisprudentielle du juge administratif, à travers notamment la question des avis que formule cet organe, dans chaque affaire, et semble revêtir une nature conforme pour l'instance de jugement. Toute cette alchimie institutionnelle a pour conséquence de réduire au maximum les possibilités de contrôle de l'administration, et donc de la police administrative, favorisant par là l'autoritarisme au sein de l'activité de maintien de l'ordre public.

Enfin, le minimalisme juridictionnel de la police administrative se caractérise par la réduction du champ du contrôle du juge administratif. Cette réduction du champ du contrôle concerne aussi bien le contrôle de légalité que le contrôle de responsabilité.

Le juge se voit tout d'abord interdire le recours aux mesures d'urgence lorsqu'il peut s'agir d'actes de police administrative. Et si en la matière, l'on a levé cette impossibilité en ce qui concerne le référé administratif[112], il est frappant de constater que le juge ne peut toujours pas prononcer le sursis à exécution d'une mesure de

---

[109] GUIMDO DONGMO B. R., « Le droit d'accès à la justice administrative au Cameroun : Contribution à l'étude d'un droit fondamental », in RASJ, vol. 4 n° 1, 2007, pp. 206 et suiv.

[110] *Idem.*

[111] NTAH à MATSAH H. M. M., *Le ministère public dans le contentieux administratif camerounais : Contribution à l'étude des organes de la juridiction administrative*, Thèse de Doctorat/Ph. D en droit public, Université de Yaoundé II, 2010.

[112] La loi du 29 décembre 2006 portant organisation et fonctionnement des tribunaux administratifs lève en effet cette hypothèque en son article 27 : « ***dans les cas d'urgence, le président du tribunal ou le magistrat qu'il délègue peut, sur requête et si le demandeur justifie de l'introduction d'un recours gracieux, les parties convoquées et après conclusion du ministère public, ordonner, en référé, toutes mesures utiles, sans faire préjudice au principal*** ».

police administrative[113]. Toujours dans le contrôle de légalité, le juge se voit interdire la connaissance d'un type d'acte administratif, qualifié d'acte de gouvernement. Cette notion étant ici particulièrement extensible, elle laisse la possibilité de qualifier un certain type d'acte de police comme faisant partie de la catégorie des actes de gouvernement, afin de les soustraire à toute connaissance de la part du juge administratif[114].

S'agissant du contrôle de responsabilité, le juge fait face à ce que la doctrine a qualifié d'îlot d'irresponsabilité[115], c'est-à-dire un certain type d'acte qui ne peut pas donner lieu à une condamnation de l'État au plein contentieux. Ces consécrations textuelles sont nombreuses dans le droit administratif camerounais, et concernent toutes la police administrative, même si c'est parfois de manière lointaine. Il s'agit ainsi de l'irrecevabilité des actions en réparation des dommages liés au terrorisme[116]. Il s'agit aussi de l'irresponsabilité de l'État législateur[117]. Il s'agit enfin de l'irresponsabilité de la puissance publique pour les dommages imputables au fonctionnement des services juridictionnels[118]. Tout ce réductionnisme juridictionnel démontre à n'en point douter l'enracinement actuel de l'idéologie de la construction nationale, qui sacralise les prérogatives de la puissance publique.

---

113 Article 30 de la loi de 2006 : « ***le recours gracieux contre un acte administratif n'en suspend pas l'exécution. Toutefois, lorsque l'exécution est de nature à causer un préjudice irréparable et que la décision attaquée n'intéresse ni l'ordre public, ni la sécurité ou la tranquillité publique, le Président du tribunal peut, saisi d'une requête, après communication à la partie adverse et conclusion du ministère public, ordonner le sursis à exécution*** ».

114 La notion d'acte de gouvernement ayant en effet ici une connotation fonctionnelle, rien n'empêche qu'elle serve à qualifier comme tels des actes de police administrative dont la justiciabilité pourrait aller à l'encontre des intérêts de la puissance publique, comme cela a été le cas pour les actes de refus de réparer les dommages causés par les activités terroristes.

115 ONDOA M., *Le droit de la responsabilité dans les États en développement. Contribution à l'étude de l'originalité des droits africains, op cit.*, p. 492.

116 Elle est consacrée par la loi n° 64-LF-16 du 26 juin 1964, qui pose en son article premier : « ***Est irrecevable, nonobstant toute disposition législative contraire, toute action dirigée contre la République fédérale, les États fédérés et les autres collectivités publiques dans le but d'obtenir la réparation des dommages de toute nature occasionnés par des activités terroristes ou par la répression du terrorisme*»**.

117 En effet, « ***au Cameroun, l'irresponsabilité de l'État législateur parait être une règle qui ne connait pas encore d'exception*** » lire : GUIMDO DONGMO B. R., *Cours de droit administratif général*, 2e année de Licence, Université de Yaoundé II, Année académique 2007/2008, inédit, p. 60.

118 Étant donné que la responsabilité relative aux dommages imputables à l'organisation des services juridictionnels peut être engagée, conformément à la jurisprudence *TAGNY Mathieu*, Arrêt n° 673/C.C.A., du 13 décembre 1957 et selon laquelle « ***le juge administratif peut connaître de toutes les mesures d'organisation des services judiciaires prises par l'exécutif*** », GUIMDO DONGMO B. R., *Cours de droit administratif général*, précité.

2- Le minimalisme jurisprudentiel

Le contrôle de la police administrative au Cameroun est marqué incontestablement par une politique jurisprudentielle auto limitative[119]. Le juge, surtout administratif, se contente d'un contrôle minimal, que ce soit en matière de contrôle de la légalité ou de contrôle de la responsabilité de l'administration. Cette attitude laisse sans limites les pouvoirs de la puissance publique en matière de maintien de l'ordre public, faisant ainsi prospérer l'autoritarisme, pointe avancée de l'idéologie de la construction nationale dans le droit administratif camerounais.

Au-delà du contrôle de la légalité externe exercé par le juge administratif, laquelle est « ***relative à la réglementation de la procédure administrative***[120] **»**, et qui est rigoureusement appréciée par le juge administratif, au point d'entraîner très souvent un nombre important de rejets ou d'irrecevabilités, le contrôle minimaliste du juge administratif s'apprécie surtout en ce qui concerne le contrôle de la légalité interne. Cette dernière met au goût du jour la distinction classique établie par la jurisprudence et la doctrine entre la légalité et l'opportunité[121]. Classiquement, il est considéré que le juge administratif n'est juge que de la légalité des actes administratifs, et non de leur opportunité. Le contrôle de l'opportunité apparaîtrait donc pour le juge comme un acte d'administration[122].

Mais cette distinction a été battue en brèche par les développements prodigieux du recours pour excès de pouvoir qui, s'il n'assimile pas purement et simplement légalité et opportunité, cantonne cette dernière à sa portion la plus congrue, c'est-à-dire à un niveau quasi nul[123]. Désormais, contrôler la légalité amène très souvent à contrôler l'opportunité d'une décision administrative[124]. Cette avancée

---

[119] Lire à ce propos, pour une vue générale de la politique jurisprudentielle suivie par le juge administratif camerounais : ATEBA EYONG A. R., *Le juge et la création du droit. Essai sur l'élaboration jurisprudentielle du droit administratif camerounais,* Thèse de doctorat Ph/D en droit public, 2 tomes, Université de Yaoundé II-SOA, 2014.

[120] BRAIBANT G., STIRN B., *Le droit administratif français*, Paris, 4ème édition, Presses de science po-Dalloz, 1997, p. 235.

[121] DUBISSON M., *La distinction entre la légalité et l'opportunité dans la théorie du recours pour excès de pouvoir*, Paris, L.G.D.J., 1957, 281 pages ;

[122] CHABANOL D., « Contrôle de légalité et libertés de l'administration », *AJDA*, janvier 1984, p. 15

[123] *Idem.*

[124] Sur une littérature abondante, on consultera utilement sur ce débat : PASBECQ C., « De la frontière entre la légalité et l'opportunité dans la jurisprudence du juge de l'excès de pouvoir », RDP 3-1980, pp. 803-849 ; INSTITUT FRANÇAIS DES SCIENCES ADMINISTRATIVES, *Le pouvoir discrétionnaire et le juge administratif,* Cahier, n° 16, 1978, Éditions Cujas, 91 pages ; COSTA J.P., « Le principe de proportionnalité dans la jurisprudence du Conseil d'État », AJDA 20 juillet-20 août 1988, pp. 434-437 ; WALINE M., « Étendue et limites du contrôle du juge administratif sur les actes de l'administration », EDCE 1956, p. 25 ; TCHEN V., « Police administrative, théorie générale »,

jurisprudentielle française est essentielle dans un domaine comme celui de la police administrative, où les actes des autorités de police administrative reposent sur un motif essentiellement subjectif, à savoir l'ordre public. Pour s'assurer donc que le pouvoir de police n'est pas détourné à d'autres fins, il importe que le juge contrôle de manière serrée les décisions qui sont fondées sur ce motif. En France, le contrôle effectué par le juge administratif en cette matière est qualifié de contrôle plénier, c'est-à-dire poussé à l'extrême. Une telle évolution est inconnue du juge administratif camerounais, qui continue à entretenir une jurisprudence constante qui distingue la légalité et l'opportunité et qui soustrait cette dernière de son champ de contrôle. Dans le même sens, le juge camerounais se refuse toujours à procéder à un contrôle de proportionnalité des mesures de police, pour vérifier leur degré d'adéquation avec la menace à l'ordre public. Cette technique perfectionnée de contrôle des mesures de police lui demeure totalement inconnue, au grand dam des droits des destinataires des mesures de police.

Sur le terrain de la responsabilité, le minimalisme jurisprudentiel est encore plus flagrant. Tout se passe comme si en la matière, le principe était celui de l'irresponsabilité, assorti juste de quelques exceptions. La responsabilité pour faute tout d'abord, est fortement rationalisée, à travers deux techniques constantes dans la jurisprudence administrative. La première est celle qui consiste à définir de manière étriquée la notion de fait dommageable. La seconde consiste à entretenir une conception limitée de la notion de préjudice indemnisable. Dans le premier cas, il assimile le fait dommageable à l'existence d'une faute (non graduée), celle-ci fondée sur une illégalité. Dans le second cas, s'il consacre la nature duale du préjudice, à savoir celui matériel et celui moral, il pose comme principe que ledit préjudice soit « ***certain, spécial, direct, et porte atteinte à une situation légitime*** ». Une telle jurisprudence lui permet de limiter au maximum les hypothèses de responsabilité de la puissance publique, et donc d'entretenir un minimalisme certain du principe de responsabilité en matière de police administrative. Ce minimalisme atteint son paroxysme en ce qui concerne la responsabilité sans faute, laquelle est quasi inexistante en ce domaine.

Tout semble donc mis en œuvre pour assurer le contrôle le plus minimal de l'activité de police administrative, tant sur le terrain de la légalité que sur celui de la responsabilité. Ce contrôle minimal correspond à une politique jurisprudentielle savamment orchestrée dans le système juridique, dans le but de promouvoir les seuls intérêts de la puissance publique, conformément à l'idéologie de la construction nationale. Couplé à un exercice maximaliste de l'activité de police administrative, ce

---

Jurisclasseur administratif, fasc. 200. Cet auteur parle en la matière d' « ***inavouable contrôle de l'opportunité*** ».

minimalisme du contrôle de cette activité fait de l'aménagement de la police administrative une manifestation exemplaire de la persistance de l'idéologie de la construction nationale.

Au total, en considérant le domaine de la police administrative, particulièrement en analysant ses fondements et son aménagement, l'on ne peut que faire le constat de l'omniprésence de l'autoritarisme, si chère à l'idéologie de la construction nationale. Cette dernière n'a donc jamais disparu de l'environnement juridique camerounais. Elle continue d'irriguer des pans importants du droit administratif, à l'instar de la police administrative, et semble même promise encore à un bel avenir, si l'on s'en tient à la tendance des réformes actuelles qui semblent plus orientées vers la remise en cause des acquis libéraux du début des années 90. Ceci amène d'ailleurs à poser la question de savoir si les idéologies meurent. En considérant le cas ici analysé, il semble que non. Les idéologies ne meurent pas. Elles peuvent régresser, tomber momentanément en léthargie, parfois même disparaître pendant une certaine période, mais elles trouvent toujours le moyen de se maintenir, de se réinventer, de renaître comme le phœnix de ses cendres. Le droit administratif camerounais est encore, pour une large part, un droit de la construction nationale[125].

---

[125] Il convient sans doute de rappeler que de l'indépendance jusqu'à ce jour, la gestion de l'État du Cameroun n'a jamais cessé d'être considérée comme une œuvre de construction nationale. Ainsi, à l'aube des années 90, à l'occasion du congrès du RDPC (parti gouvernant depuis sa création en 1985) du 28 juin 1990, au cours duquel le vent des réformes libérales fut annoncé, le président de la République Paul BIYA, par ailleurs président de cette formation politique, affirmait : « ***Il y a cinq ans, nous jetions à Bamenda les fondements du Rassemblement démocratique du peuple camerounais. Notre but : rechercher ensemble des solutions adaptées à l'œuvre de construction nationale*** ». Ainsi, il n'est pas exagéré de soutenir que toute l'action du parti au pouvoir ici se résume en une promotion idéologique de la construction nationale. Et parlant de la démocratie, il affirme dans le même discours que « ***cette construction doit se faire en préservant les acquis de l'unité nationale, dans la paix et la stabilité, dans le respect de la loi et de l'ordre, en préservant nos mœurs et traditions*** » (Cf. Droits et libertés. Recueil des nouveaux textes, Yaoundé, Éditions SOPECAM, 1991, pp. 8-15, surtout pp. 12-13).

SYNTHÈSE GÉNÉRALE DES TRAVAUX

Joseph Magloire NGANG[1]

Le séminaire organisé du 02 au 04 novembre 2015, à l'initiative du Centre de recherches constitutionnelles, administratives et financières (CERCAF), sur le thème : « ***Les fondements du droit administratif au Cameroun*** », a constitué une importante rencontre scientifique dont on peut doublement apprécier la portée. La première, qu'on pouvait immédiatement relever sur site et très significative du point de vue de l'organisation sociale de la vie universitaire, est qu'il a été un moment de resserrement des liens trop souvent marqués de distance entre les enseignants et les étudiants. La seconde, de caractère scientifique, est qu'il a servi de cadre d'imprégnation à la doctrine juridique des étudiants nouvellement promus en cycle de recherche et un moment d'échanges que se sont eux-mêmes offert les enseignants du département de droit public interne sur une thématique bien redoutée pour sa complexité.

L'étendue des débats ainsi que la richesse des échanges qui s'en sont suivis ont globalement permis de déceler au Cameroun, un droit administratif qui a émergé au terme d'un processus ponctué par de grandes séquences historiques dont la reconstitution sous forme de repères ne révèle pas au point de départ une initiative d'ensemble, mais dénote une convergence d'éléments apparus de manière successive dans le temps. C'est sous des influences multiples résultant à la fois des textes, de la jurisprudence et des écrits, hérités de la « colonisation » d'abord, élaborés ensuite dans le cadre d'un État souverain, que vont être formalisés les concepts ***fondamentaux*** permettant de définir et de poser les jalons d'un régime de règles spécifiques applicables à l'administration au Cameroun. C'est cet ensemble de données sources, reliées entre elles, qui, par assemblage, ont servi de passerelle permettant de réintroduire l'univers de la matière par le concept de ***fondement***. Mais, plutôt qu'une thèse, ce sont finalement des suites d'idées, à la recherche d'une identité sous l'angle des critères propres, qui se sont exprimées autour du sujet. Restituées dans leur contexte, elles dégagent une constante à savoir que, des fondements entendus comme « ***racine d'un système*** », aux fondements définis comme « **sources** », fonder une science, « ***c'est donner ses preuves, c'est apporter les***

[1] *Docteur Ph.D., Chargé de Cours-FSJP, Université de Yaoundé II*

titres de sa légitime prétention à la vérité »[2]. Cette astreinte au devoir de vérité a mué l'ensemble des réflexions en un exercice de légitimation, imposant, pour bien saisir l'essence du droit administratif camerounais, de l'approcher sans préjugés et sans préconception, car la marche du Cameroun est tributaire d'un processus qui s'est globalement déroulé sans bénéfice d'inventaire, et c'est un tel inventaire qu'il s'agit aujourd'hui de refaire sans doute pour pouvoir avancer demain.

La question de savoir s'« ***il existe un droit administratif camerounais*** », était-elle alors importante pour interroger le système à la racine et comprendre que les institutions politico-administratives du Cameroun acquises avant et après les indépendances ont évolué en ayant le temps de prendre des positions intermédiaires ; qu'elles occupent aujourd'hui une place dans un univers où leur passé a longtemps pesé sur leurs conceptions. La séquence introductive essentiellement organisée autour de la question existentielle tendait à affirmer l'hypothèse de l'existence d'un droit administratif camerounais, qu'a permis de vérifier par la suite l'analyse de la structure des règles juridiques qui gouvernent l'activité administrative des personnes publiques et celles qui régissent la solution par la voie juridictionnelle des litiges résultant de cette activité. Mis progressivement en lumière de suite des interventions successives, le droit administratif au Cameroun se positionne au cœur du droit public et intéresse l'ensemble des principes de fonctionnement des institutions administratives et le contenu de leurs rapports sociaux ; c'est à la fois le droit de l'organisation de l'administration et de ses relations avec les administrés. Dès lors, il apparaît que le droit administratif camerounais n'a pas un fondement, il a des fondements multiples (I). Et parce que dans son processus d'émergence, des facteurs sociaux ont eu un rôle important, la question de ses sources n'a jamais été normalisée, d'où il résulte également que c'est un droit reçu, territorialisé et enclin à l'autonomie (II).

I- Le droit administratif camerounais, un droit aux fondements multiples

Les réflexions menées autour de la question des fondements du droit administratif camerounais ont constitué un moment majeur des activités du séminaire, démontrant globalement qu'une institutionnalisation de la vie publique a cours au Cameroun, initiée de manière concrète sous la colonisation ; elle a généré une organisation sociale sous forme étatique basée sur un socle d'institutions. Avec l'avènement de l'indépendance, l'État a acquis l'ensemble des attributs conférés par la souveraineté, au premier rang desquels figure un territoire à l'intérieur duquel s'organise un ordre juridique. Aussi, s'il existe un droit administratif camerounais inspiré et reçu comme un legs de l'histoire, ses fondations actuelles méritent d'être

[2] MARIN (L), *De la représentation, Recueil*, Paris, Seuil, 1994, p 1.

repassées au crible d'un raisonnement critique, pour comprendre qu'il y a une réelle évolution lorsqu'il s'agit par exemple d'observer l'administration en action. Au Cameroun, contrairement à la France, le droit administratif processuel et substantiel est liberticide, a-libéral ; l'administration courante ainsi que le juge administratif se laissent dominer par des réflexes protecteurs de l'ordre public, quand bien même les lois consacrent au profit des citoyens l'exercice des libertés individuelles.

L'essentiel des questions relatives aux fondements a ainsi aidé à faire la genèse de la matière sous deux grands aspects constitutifs. D'abord du point de vue des **fondements idéologiques**, un grand mouvement d'idées s'observe dans le temps avec au départ une tendance à la construction nationale qui imprègne l'ordre administratif depuis les indépendances, et qui épouse un contenu droit-développement à la faveur de l'unification opérée au tournant de l'année 1972, avant d'être investie des signes de la libéralisation dès le début des années 90. De la sorte, la structure matérielle de la matière sera marquée à sa formation initiale par une œuvre jurisprudentielle d'inspiration française, pour connaître ensuite un essor avec un bloc de textes et trouver finalement un fondement constitutionnel concret.

L'hypothèse générale s'agissant des sources jurisprudentielles repose sur le fait que l'œuvre du juge a présidé à la formation d'un ensemble de règles originales fondées sur les aspirations nationales et une reproduction spéciale des règles tirées de l'inspiration française. Même si l'on assiste à une formation sélective des règles par application du droit français, le juge camerounais s'est progressivement démarqué de la méthode de raisonnement juridique présente dans le droit importé, lorsqu'il s'active à résoudre les litiges propres aux réalités nationales. L'idée d'un droit national construit par le juge camerounais est donc actuellement confirmée par la construction des règles nationales applicables aux préoccupations non importées, la dilution du droit importé dans la résolution des préoccupations non importées, la reformulation juridique des solutions importées par les sources formelles du droit camerounais et la refondation idéologique des préoccupations importées par les sources matérielles du droit camerounais.

En ce qui concerne la portée des textes, le droit administratif camerounais apparaît à la lumière de ses textes fondateurs, toujours comme étant le fruit d'une inspiration de l'administration coloniale. Pendant longtemps, l'appareillage normatif qui régissait l'administration au Cameroun a eu pour fondement un ensemble de règles édictées par la métropole française. Ainsi, ont été transposés au Cameroun les principes d'une justice administrative calquée sur le modèle français, si l'on excepte la promulgation au niveau local des actes normatifs de la puissance colonisatrice. Mais avec les indépendances, les signes évidents d'un droit administratif autonome vont naître, confirmés en premier lieu par les constitutions successives qui traiteront notamment des collectivités locales (constitution du 04 mars 1960), de la Cour fédérale de justice (1er septembre 1961), et en second lieu par les dispositions infra-constitutionnelles dans l'ordre desquelles les lois de 1990 relatives aux libertés auront une portée particulière. En clair, la configuration organique et matérielle du droit administratif camerounais est désormais à l'image des orientations normatives contenues dans la Constitution vue sous l'angle du bloc de constitutionnalité ; la Constitution nationale assigne au droit administratif une part importante de la mission de sauvegarde de l'unité nationale, politiquement exaltée et juridiquement consacrée qui irrigue des procédures normatives en matière administrative. Contrairement au lien libéral que l'on établit entre la Constitution de France et le droit administratif, au Cameroun, la lettre de la Constitution comporte des marques flagrantes d'un verrouillage administratif des droits et libertés fondamentaux et induit corrélativement un pouvoir public monocentré.

Du point de vue ***des fondements théoriques***, les critères de puissance publique et de service public qui sont les concepts-cadres de la doctrine administrative française alimentent également ici les controverses les plus vives. Pour la doctrine évoquée, parler de puissance publique en droit administratif camerounais est la preuve même que le droit français n'a pas été sans influence sur les droits africains. Appréhendé de façon duale, ce critère constitue un élément clé dans la détermination du champ du droit administratif et de manière subsidiaire, sert de fondement à la compétence du juge administratif. Au demeurant, la puissance publique occupe une place centrale en droit administratif camerounais ; elle lui sert de référent pertinent pour l'identification des sujets du droit administratif et la délimitation du contenu de ce droit. En tant que fondement de la compétence du juge administratif, elle a une portée relative, car si la juridiction administrative connaît par principe des actes de puissance publique, il y a des actes relevant de cette même catégorie qui lui échappent, soit parce qu'ils sont dévolus au juge judiciaire, soit parce que le critère de service public est absent de leur contenu. Aussi, non moins important, le service public demeure également un élément de définition du droit administratif et constitue la pierre angulaire de la construction de l'État. La convergence des deux critères très présents dans les idéologies imposera une trajectoire singulière au droit administratif camerounais qui progressera d'un droit administratif autoritariste à un droit administratif libéral en passant par le stade de la construction nationale.

II- Le droit administratif camerounais, un droit enclin à l'autonomie

L'autonomie du droit administratif a été la question dominante de la deuxième séquence des travaux, permettant de réenvisager sous la double dimension formelle et matérielle la survivance du lien entre les sources qui ont nourri le droit administratif applicable au Cameroun et son contenu actuel. Autrement dit, c'est dans les méandres de l'histoire de l'État, connue de ses nombreux soubresauts, que l'idée d'étudier les fondements du droit administratif avait sa source d'inspiration la plus profonde, puisqu'après tout il était question de remonter aux fondements « matériels primitifs de solutions retenues »[3] ; le droit administratif camerounais ne pouvant s'affirmer que s'il se manifeste dans le cadre d'un système juridique qui assume son autonomie par rapport à un autre, c'est-à-dire si ses sources formelles émanent d'autorités relevant de son État de rattachement. Idée longtemps querellée par la thèse du mimétisme, signe de temps, l'autonomie du droit administratif camerounais est apparue comme relevant d'une analyse fondamentale, voire la lecture actuelle la plus évidente qui soit.

D'abord appréhendée sous sa dimension formelle, la question de l'autonomie a permis de situer le débat dans l'ordre des rapports d'un système à un autre, établissant un lien nécessaire entre la souveraineté de l'État et l'autonomie des sources du droit. Or, il a fallu attendre l'accession à la souveraineté pour rompre avec la subordination à la puissance coloniale ; c'est-à-dire qu'avant les indépendances, seules prévalent les règles - communes ou particulières - édictées pour **administrer** les territoires unis à l'empire colonial par le lien de la domination. Ce droit colonial qui a d'abord servi de trait d'union a ensuite constitué le socle immédiat de référence après les indépendances par l'édiction d'une clause de reconduction. Cet angle d'appréciation a permis d'identifier une première dimension de l'autonomie qui n'est évidemment pas illustrée avec le droit administratif camerounais, et ce jusqu'à l'indépendance, car l'autonomie ainsi envisagée revient à soutenir que le droit administratif camerounais est indépendant de celui de son ex-colonisateur ou tuteur ; que les règles que ce dernier édicte ne pouvaient être introduites dans l'ordre des entités territoriales, fussent-elles d'anciennes colonies, qu'au terme d'une réception formelle. Pourtant si des signes évidents de distanciation par rapport à la métropole sont déjà visibles sous le régime de l'autonomie interne, puis de l'autonomie élargie, les règles juridiques émanant de l'État tutélaire s'appliquaient sur le territoire camerounais en toute régularité.

Sous la dimension matérielle, par contre, le principe de l'autonomie apparaît sous une vue plus claire et concerne le contenu des sources formelles du droit et donc, les solutions de fond. Ainsi le droit administratif se présente comme un ensemble cohérent de solutions qui expriment à un moment donné et dans un contexte propre une approche de l'administration, de ses rapports avec les citoyens. Cette hypothèse

---

[3] Lire utilement sur la question de l'autonomie du droit administratif camerounais, ONDOA (M), *Introduction historique au droit camerounais : la formation initiale, éléments pour une théorie de l'autonomie des droits africains,* Yaoundé, Éditions Le Kilimandjaro, 2013, 319 p.

tirée de l'expérience du droit réellement vécu n'exclut pas que ce droit dérive du droit français inspirateur, et conserve son originalité en raison de l'originalité des solutions qu'il apporte aux problèmes qu'il tend à résoudre. Logiquement, trois phases d'évolution sont recensées : d'abord la période coloniale ou plus précisément la période de tutelle, qui a donné lieu à l'élaboration d'un droit « colonial » camerounais sous l'empire de la Lettre de Cachet de 1774 qui consacre le principe de la spécialité législative instituant une séparation des ordres juridiques français et coloniaux. Ensuite va être élaboré un « droit particulier au Cameroun » qui se concrétisera de 1916 avec la tutelle jusqu'à l'ordonnance du 30 décembre 1958 fixant le statut du Cameroun. La souveraineté acquise avec les indépendances faisant obstacle à l'application du droit étranger sous réserve de le soumettre au mécanisme de réception des règles dans l'ordre interne prévu par la Constitution, il s'en est enfin suivi une reconduction du droit colonial camerounais antérieurement à la proclamation de l'indépendance, affirmant sa spécificité, tout en partageant avec la reconduction sélective, de nombreux points communs.

En guise de leçon finale, on peut retenir que le droit français a offert une source d'inspiration indéniable au droit camerounais, qui l'a reçu par le biais de la législation et de la jurisprudence en reprenant l'essentiel de ses grands concepts ainsi que ses standards organisationnels de la justice administrative, puis s'est frayé un chemin aux côtés du droit civil et s'est spécialisé pour devenir autonome avec les indépendances. Si l'application du droit français au Cameroun a eu un fondement par le biais notamment du principe de la spécialité législative et de la clause de reconduction, elle survit actuellement sous la forme de critères non juridiques, et ce au nom de la solidarité idéologique.

TABLE DES MATIERES

Questions juridiques aux éditions L'Harmattan

Dernières parutions

CONCILIATION ET MÉDIATION DEVANT LA JURIDICTION ADMINISTRATIVE
Actes du colloque du Conseil d'État du 17 juin 2015
Sous la direction de Jacques Biancarelli et Béatrice Blohorn-Brenneur
Voici près de 25 ans que le Conseil d'État, confronté à une judiciarisation croissante de la société, réfléchit aux modes alternatifs de règlement des différends afin de les pacifier et de rendre les justiciables davantage confiants en la justice administrative. Après avoir rappelé le contexte juridique et les enjeux d'une telle impulsion, un bilan comparatif des pratiques du juge administratif et du juge judiciaire a permis de mesurer combien il est nécessaire et urgent de compléter la boîte à outils dont dispose le premier. Voici une réflexion, les références et les outils nécessaires à la juridiction administrative.
(Coédition GEMME, 24.00 euros, 246 p.)
ISBN : 978-2-343-07270-8, ISBN EBOOK : 978-2-336-39774-0

L'ERREUR JUDICIAIRE
Apprendre à douter pour lutter contre les erreurs judiciaires
Sous la direction de Xavier Pin
L'erreur judiciaire hante autant qu'elle jalonne l'histoire de notre justice pénale. Nous avons tous en mémoire de retentissants procès ayant vu des individus accusés ou condamnés, avant d'être disculpés, graciés ou réhabilités. Le législateur y est sensible au point de réformer régulièrement la procédure pénale pour tenter d'éviter, de corriger ou de réparer, autant que possible, de telles erreurs. Une loi du 20 juin 2014 réforme les procédures de révision et de réexamen des condamnations pénales définitives : elle est l'occasion d'essayer de comprendre ces fiascos judiciaires.
(Coll. Droit privé et sciences criminelles, 15.00 euros, 126 p.)
ISBN : 978-2-343-07284-5, ISBN EBOOK : 978-2-336-39807-5

LE DROIT CONSTITUTIONNEL DE LA Vᵉ RÉPUBLIQUE
(Treizième édition)
Lascombe Michel, Toulemonde Gilles
Cet ouvrage s'adresse aux étudiants en droit, aux élèves des instituts d'études politiques et aux candidats aux concours administratifs. Il couvre l'essentiel du programme de droit constitutionnel, c'est-à-dire aussi bien les constitutions françaises depuis 1789 que l'actuel texte constitutionnel. Cette nouvelle édition tient compte des derniers développements induits par les changements politiques, des dernières réformes des règlements des assemblées et de la jurisprudence la plus récente.
(Coll. Logiques Juridiques, 42.00 euros, 506 p.)
ISBN : 978-2-343-07916-5, ISBN EBOOK : 978-2-336-39877-8

LA PROXIMITÉ EN DROIT INTERNATIONAL PRIVÉ DE LA FAMILLE
Bouyahia Sabrine Maya - Préface de Lotfi Chedly et Marie Goré
Parmi les méthodes proposées pour trancher les litiges présentant un élément d'extranéité, figure celle reposant sur le principe de proximité. L'étude porte sur deux systèmes de droit international privé de la famille différents (droit français et droit tunisien) pour mettre en exergue d'une

part l'adaptation de cette méthode aux spécificités de chaque ordre étatique et d'autre part son adéquation avec tous les différents systèmes de droit.
(Coll. Logiques Juridiques, 54.00 euros, 618 p.)
ISBN : 978-2-343-05464-3, ISBN EBOOK : 978-2-336-39866-2

QUARTIER-FEMMES ÉCROU 10970
Boh-Petit Dominique
Cellule 24 : une femme dit toute sa souffrance d'être enfermée. Elle a tué. Son histoire est à la rubrique des faits divers. La Cour d'assises la jugera. Bien des années plus tard, elle est libérée. La vie doit reprendre. Ce récit est parfaitement conforme à la réalité. Tout a existé et existe encore.
(Coll. La justice au quotidien, 15.00 euros, 130 p.)
ISBN : 978-2-343-07436-8, ISBN EBOOK : 978-2-336-39812-9

GABELOUS ET CONTREBANDIERS
Histoire des fermiers généraux de Dijon (1760-1780)
Evrard Sébastien - Préface de Marc Fradet
En exhumant un registre du personnel de la direction des fermes de Dijon, l'auteur retrace, entre 1760 et 1780, la vie méconnue de centaines d'agents au service du doit et de l'impôt. Ces derniers servaient un système protecteur (la retraite fait son apparition dès 1768), parfois très rémunérateur, mais qui s'avère aussi, sous certains aspects, une machine à broyer les hommes : le régime des sanctions que met en place la Ferme est d'une efficacité redoutable. En définitive, la Ferme présente un aspect mitigé.
(Coll. Mémoires des Douanes, 28.50 euros, 278 p.)
ISBN : 978-2-343-06683-7, ISBN EBOOK : 978-2-336-39845-7

DICTIONNAIRE OHADA
(3e édition)
Bitsamana Hilarion Alain
Ce dictionnaire spécial du droit des affaires OHADA propose une définition claire et précise, avec tous les compléments nécessaires, des principaux termes utilisés tous les jours se rapportant à l'OHADA. Un ouvrage de référence permettant de décoder l'OHADA, accessible à toute personne s'intéressant au monde des affaires en Afrique comme à l'étranger.
(39.00 euros, 398 p.)
ISBN : 978-2-343-07656-0, ISBN EBOOK : 978-2-336-39786-3

LA DÉJUDICIARISATION ET LES PROCÉDURES NON CONTENTIEUSES EN AFRIQUE
Amboulou Hygin Didace
La déjudiciarisation comprend l'ensemble des mécanismes de gestion des différends en rationalisant les moyens matériels et humains de la justice, afin de pallier les déficiences du système judiciaire et de limiter les surcharges des juridictions. Les institutions de nombreux pays sont analysées et les déjudiciarisations en droit public et en droit privé sont abordées.
(Coll. Études africaines, 17.50 euros, 156 p.)
ISBN : 978-2-343-06928-9, ISBN EBOOK : 978-2-336-39805-1

COMMENT RENFORCER L'INDÉPENDANCE DE LA MAGISTRATURE AU SÉNÉGAL ?
Ngom Babacar
Préface de Amadou Mahtar Mbow
L'ouvrage présente dans une première partie les garanties légales d'indépendance de la justice, notamment la règle de la séparation des pouvoirs, le principe de la soumission des juges à l'autorité de la loi et celui de l'inamovibilité du magistrat du siège. Après une analyse critique de ces dispositions, l'auteur formule des propositions de renforcement de l'indépendance de la magistrature.
(13.50 euros, 124 p.)
ISBN : 978-2-343-05158-1, ISBN EBOOK : 978-2-336-39837-2

LE DROIT PÉNAL DES AFFAIRES AU CAMEROUN
Djila Kouayi Kemajou Rose
Préface de Victor-Emmanuel Bokalli
Dans le domaine des affaires, la liberté d'entreprendre et d'investir comporte de nombreux risques, au rang desquels le risque pénal. La délinquance en col blanc n'étant plus réservée aux grandes sociétés commerciales, les moyens de lutte et de sécurisation des investisseurs nécessitent un droit pénal des affaires dont l'objectif est la recherche d'une éthique dans ce domaine.
(Coll. Études africaines, 35.50 euros, 350 p.)
ISBN : 978-2-343-07840-3, ISBN EBOOK : 978-2-336-39777-1

50 ANS DE MARIAGE
Réflexions d'un notaire sur l'évolution du couple ces cinquante dernières années
Dauptain Pierre
De la pilule contraceptive jusqu'au mariage pour tous, l'auteur nous propose une réflexion sur les lois qui ont accompagné l'évolution du couple au cours des cinquante dernières années. Il analyse cette évolution pour aborder les problématiques juridiques et morales qui font tant débat de nos jours. Il s'appuie sur des travaux de juristes ou de sociologues, des articles de presse, mais aussi sur les chansons et les films qui ont marqué ces années et qui témoignent de façon si éclairante des changements de mentalités.
(Éditions Pepper, 16.50 euros, 148 p.)
ISBN : 978-2-343-07677-5, ISBN EBOOK : 978-2-336-39690-3

MÉTHODOLOGIE ET ASPECTS FORMELS DE LA RECHERCHE
Petit manuel à l'usage des juristes
Marain Gaëtan
L'ouvrage propose un véritable apprentissage du formalisme qui doit permettre aux étudiants et aux professionnels confrontés à la rédaction d'une thèse ou d'un mémoire juridique d'aborder ce travail avec sérénité. L'auteur donne une méthode de recherche pour définir le sujet, trouver et compulser les références utiles, échafauder un plan. Il aborde également les thèmes des citations d'auteur, notes de bas de page, mise en page. Il traite enfin du travail de relecture et de l'épreuve de soutenance.
(19.00 euros, 178 p.)
ISBN : 978-2-343-07638-6, ISBN EBOOK : 978-2-336-39556-2

RISQUES, ACCIDENTS ET CATASTROPHES
Liber amicorum
En l'honneur de Madame le professeur Marie-France Steinlé-Feuerbach
Sous la direction Hervé Arbousset, Caroline Lacroix et Benoît Steinmetz
L'étude et l'analyse des risques sont au cœur des réflexions du Professeur Steinlé-Feuerbach. Ses nombreux écrits de doctrine sur la thématique des accidents et des catastrophes ont amené à ce que ses collègues et amis lui dédient cet ouvrage. Ces mélanges donnent une vue d'ensemble d'une matière devenue une véritable discipline transcendant le clivage droit public-droit privé.
(Coll. Sciences criminelles, 34.00 euros, 334 p.)
ISBN : 978-2-343-07169-5, ISBN EBOOK : 978-2-336-39677-4

ÉTAT, COLLECTIVITÉS TERRITORIALES ET DROITS SOCIAUX
Étude du droit comparé
Sous la direction d'Olivier Lecucq
Comment, selon leur organisation territoriale respective, La France, l'Espagne et l'Italie œuvrent à la satisfaction des droits sociaux. Quels sont les rôles de l'État en ce domaine ? Quelles sont les actions qui en découlent et comment se coordonnent-elles ? Quelles en sont les implications en termes d'égalité des citoyens et des territoires ? L'ouvrage tente de répondre à ces questions en interpellant la réalisation de l'État social dans un contexte de crise, de réduction des déficits et de maîtrise des dépenses.
(Coll. Bibliothèques de droit, 22.50 euros, 221 p.)
ISBN : 978-2-343-07585-3, ISBN EBOOK : 978-2-336-39683-5

LE PRINCIPE DE PRÉCAUTION
Au carrefour de la philosophie, du droit et des sciences
Calderaro Norbert
La notion de principe de précaution, qui donne lieu à beaucoup de controverses, nécessite de la part d'un juriste une analyse objective pour écarter ce qu'elle n'est pas et définir son contenu véritable. Après un aperçu des sources philosophiques, l'auteur réalise une synthèse du principe de précaution en droit international, européen, en droit comparé et en droit interne. Il intègre notamment les tout derniers développements de la jurisprudence du Conseil d'État.
(18.50 euros, 180 p.)
ISBN : 978-2-343-05457-5, ISBN EBOOK : 978-2-336-39452-7

LES COLLECTIVITÉS TERRITORIALES ET LA SPÉCULATION
Goasdoué Mélissa - Avant-propos de Michel Verpeaux
Préface de Julien Martin
L'ancien dispositif empêchant la conclusion d'opérations financières spéculatives par les collectivités locales ayant échoué, un nouveau dispositif fonctionnant au cas par cas a été mis en place. Après une étude des imperfections de la notion de spéculation puis des liens unissant ces imperfections à l'échec du précédent dispositif dans la protection des collectivités contre les risques spéculatifs, le présent ouvrage s'attache à démontrer comment et dans quelle mesure cette protection est désormais rendue possible.
(Coll. Droit des collectivités territoriales, série Travaux, 15.00 euros, 140 p.)
ISBN : 978-2-343-07619-5, ISBN EBOOK : 978-2-336-39520-3

LE DROIT DE LA GUERRE
Traité sur l'emploi de la force armée en droit international (3 volumes)
Cumin David
Aussi ancien que la guerre et que le droit international dont il constitue le cœur historique, le droit de la guerre existe. Croisant droit et polémologie, portant sur les conflits armés internationaux et internes, ce traité expose, explique et reconstruit l'ensemble du droit international contemporain relatif à l'emploi de la force armée - auteurs et acteurs de la belligérance, ses buts, moyens, théâtres, régimes - et propose une analyse critique de la responsabilité réparatrice et punitive.
Volume 1 (Coll. Droit comparé, 46.00 euros, 458 p.)
ISBN : 978-2-343-06498-7, ISBN EBOOK : 978-2-336-39588-3
Volume 2 (Coll. Droit comparé, 60.00 euros, 760 p.)
ISBN : 978-2-343-07707-9, ISBN EBOOK : 978-2-336-39589-0
Volume 3 (Coll. Droit comparé, 48.00 euros, 468 p.)
ISBN : 978-2-343-07708-6, ISBN EBOOK : 978-2-336-39590-6

LA RESPONSABILITÉ DE PROTÉGER
Nouvelle approche du droit international
Gandou D'Isseret Crépin Gyscard
Le droit d'ingérence humanitaire se comprend comme une éthique de détresse, une obligation de protéger les personnes en danger de mort. La responsabilité de protéger traduit en acte la nécessité impérative de prendre soin de l'homme, ou de la collectivité humaine en général, quand les conditions de son existence connaissent une détérioration significative ou quand elles sont sur le point de le devenir.
(Coll. Harmattan Congo, 16.50 euros, 152 p.)
ISBN : 978-2-343-06724-7, ISBN EBOOK : 978-2-336-39575-3

L'HARMATTAN ITALIA
Via Degli Artisti 15; 10124 Torino
harmattan.italia@gmail.com

L'HARMATTAN HONGRIE
Könyvesbolt ; Kossuth L. u. 14-16
1053 Budapest

L'HARMATTAN KINSHASA
185, avenue Nyangwe
Commune de Lingwala
Kinshasa, R.D. Congo
(00243) 998697603 ou (00243) 999229662

L'HARMATTAN CONGO
67, av. E. P. Lumumba
Bât. – Congo Pharmacie (Bib. Nat.)
BP2874 Brazzaville
harmattan.congo@yahoo.fr

L'HARMATTAN GUINÉE
Almamya Rue KA 028, en face
du restaurant Le Cèdre
OKB agency BP 3470 Conakry
(00224) 657 20 85 08 / 664 28 91 96
harmattanguinee@yahoo.fr

L'HARMATTAN MALI
Rue 73, Porte 536, Niamakoro,
Cité Unicef, Bamako
Tél. 00 (223) 20205724 / +(223) 76378082
poudiougopaul@yahoo.fr
pp.harmattan@gmail.com

L'HARMATTAN CAMEROUN
BP 11486
Face à la SNI, immeuble Don Bosco
Yaoundé
(00237) 99 76 61 66
harmattancam@yahoo.fr

L'HARMATTAN CÔTE D'IVOIRE
Résidence Karl / cité des arts
Abidjan-Cocody 03 BP 1588 Abidjan 03
(00225) 05 77 87 31
etien_nda@yahoo.fr

L'HARMATTAN BURKINA
Penou Achille Some
Ouagadougou
(+226) 70 26 88 27

L'HARMATTAN SÉNÉGAL
10 VDN en face Mermoz, après le pont de Fann
BP 45034 Dakar Fann
33 825 98 58 / 33 860 9858
senharmattan@gmail.com / senlibraire@gmail.com
www.harmattansenegal.com

L'HARMATTAN BÉNIN
ISOR-BENIN
01 BP 359 COTONOU-RP
Quartier Gbèdjromèdé,
Rue Agbélenco, Lot 1247 I
Tél : 00 229 21 32 53 79
christian_dablaka123@yahoo.fr

Achevé d'imprimer par Corlet Numérique - 14110 Condé-sur-Noireau
N° d'Imprimeur : 133710 - Dépôt légal : novembre 2016 - *Imprimé en France*

www.ingramcontent.com/pod-product-compliance
Lightning Source LLC
LaVergne TN
LVHW011435061026
849535LV00004BA/819
* 9 7 8 2 3 4 3 1 0 8 2 2 3 *